Isa Upanishads: Los Antiguos Sutras de los Upanishads

Upanishads Sutras

Published by Upanishads Sutras, 2024.

ISA UPANISHADS: LOS ANTIGUOS SUTRAS DE LOS UPANISHADS

First edition. June 29, 2024.

Copyright © 2024 Upanishads Sutras.

ISBN: 979-8227823076

Written by Upanishads Sutras.

Tabla de Contenido

Más allá del cambio

A^{UM} QUE ES EL TODO.

ESTE ES EL CONJUNTO.

DE LA TOTALIDAD SURGE LA TOTALIDAD.

SI LA TOTALIDAD PROCEDE DE LA TOTALIDAD, LA TOTALIDAD SIGUE EXISTIENDO.

EN EL CORAZÓN DE ESTE MUNDO FENOMENAL, DENTRO DE TODAS SUS FORMAS CAMBIANTES, MORA EL SEÑOR INMUTABLE.

ASÍ PUES, VE MÁS ALLÁ DE LO CAMBIANTE Y, DISFRUTANDO DE LO INTERIOR, DEJA DE TOMAR PARA TI LO QUE PARA OTROS SON RIQUEZAS.

SEGUIR ACTUANDO EN EL MUNDO, SE PUEDE ASPIRAR A TENER CIEN AÑOS.

ASÍ, Y SÓLO ASÍ, PUEDE UN HOMBRE LIBERARSE DE LA INFLUENCIA VINCULANTE DE LA ACCIÓN.

NO ILUMINADOS SON ESOS MUNDOS NUBLADOS POR LA CEGADORA OSCURIDAD DE LA IGNORANCIA.

EN ESTA MUERTE SE HUNDEN TODOS LOS QUE MATAN AL YO.

AUM PURNAMADAH PURNAMIDAM PURNAT PURNAMUDACHYATE PURNASYA PURNAMADAYA PURNAMEVA VASHISHYATE.

AUM QUE ES EL TODO.

ESTE ES EL CONJUNTO.
DE LA TOTALIDAD SURGE LA TOTALIDAD.
SI LA TOTALIDAD PROCEDE DE LA TOTALIDAD, LA TOTALIDAD SIGUE EXISTIENDO.

Nos adentramos hoy en uno de los mundos más encantadores y misteriosos: el de los Upanishads. Los días de los Upanishads fueron los más elevados en lo que a la búsqueda espiritual se refiere.

Nunca antes y nunca después la conciencia humana ha alcanzado tales alturas del Himalaya.

Los días de los Upanishads fueron realmente dorados, por muchas razones. La más importante de ellas está contenida en este mantra semilla:

AUM PURNAMADAH PURNAMIDAM PURNAT PURNAMUDACHYATE PURNASYA PURNAMADAYA PURNAMEVA VASHISHYATE El énfasis de los Upanishads está en la TOTALIDAD. Recuerda, no se trata de la perfección, sino de la totalidad. En el momento en que uno se interesa en ser perfecto, entra el ego. El ego es perfeccionista -el deseo del ego es ser perfecto- y la perfección conduce a la humanidad hacia la locura.

La plenitud es totalmente diferente; su sabor es distinto. La perfección está en el futuro: es un deseo.

La plenitud es ahora: es una revelación. Hay que alcanzar la perfección y, por supuesto, todo logro lleva su tiempo; tiene que ser gradual. Hay que sacrificar el presente por el futuro, el hoy por el mañana. Y el mañana nunca llega; lo que llega es siempre el hoy.

La existencia no conoce nada del futuro ni nada del pasado; sólo conoce el presente. Ahora es el único tiempo y aquí el único espacio. En el momento en que te desvíes del ahora y del aquí acabarás en una especie de locura. Caerás en fragmentos; tu vida se convertirá en un infierno. Te desgarrarás: el pasado tirará de una parte de ti hacia sí y el futuro de la otra. Te volverás esquizofrénico, escindido, dividido. Tu vida será sólo una angustia profunda, un temblor, una ansiedad, una tensión.

No sabrás nada de dicha, no sabrás nada de éxtasis porque el pasado no existe.

Y la gente sigue viviendo en los recuerdos, que no son más que huellas dejadas en la arena; o proyecta una vida en el futuro, que también es tan inexistente como el pasado. Uno ya no es, el otro aún no es, y entre los dos se pierde lo real, el presente, el ahora.

La plenitud es del ahora. Si puedes estar simplemente aquí, ¡entonces este mismo momento es la revelación! Entonces no es gradual, es súbito, ¡es una explosión!

La palabra upanishad es tremendamente importante. Significa simplemente sentarse cerca de un Maestro; es una comunión. El Maestro vive en plenitud; vive herenow, palpita herenow. Su vida tiene una música, su vida tiene una alegría, un silencio de inmensa profundidad. Su vida está llena de luz.

Basta con sentarse en silencio al lado de un Maestro, porque la presencia de un Maestro es contagiosa, la presencia del Maestro es sobrecogedora. Su silencio te llega al corazón. Su presencia te atrae magnéticamente: te saca del fango del pasado y del futuro. Te trae al presente.

Upanishad es una comunión, no una comunicación. Una comunicación es cara a cara y una comunión es de corazón a corazón. Este es uno de los mayores secretos de la vida espiritual, y en ningún otro lugar, en ninguna otra época, fue comprendido tan profundamente como en los días de los Upanishads.

Los Upanishads nacieron cerca de cinco mil años antes. Una comunión secreta, una transmisión más allá de las escrituras, una comunión, una transmisión más allá de las escrituras, una comunión más allá de las palabras... esto es el UPANISHAD: tú sentado en silencio, no sólo escuchando mis palabras, sino escuchando también mi presencia. Las palabras son sólo excusas para colgar el silencio.

El silencio es el verdadero contenido, la palabra es sólo un recipiente. Si te interesas demasiado por la palabra te pierdes el espíritu.

Así que no te intereses demasiado por la palabra. Escucha el latido de la palabra. Cuando un Maestro habla, esas palabras proceden de su núcleo más íntimo. Están llenas de su color, de su luz. Llevan algo del perfume de su ser. Si estás abierto y vulnerable, receptivo, acogedor, penetrarán en tu corazón y se desencadenará un proceso.

Lo que Carl Gustav Jung llama sincronicidad explica exactamente lo que ocurre entre un Maestro y un discípulo. No es lo mismo que lo que ocurre entre un profesor y un alumno. Entre un maestro y un alumno hay una comunicación; el maestro transfiere cierta información al alumno, pero no hay transformación, sólo información. El propio profesor no se transforma, él mismo no ha llegado. Está repitiendo palabras de otros maestros, incluso puede estar repitiendo palabras de otros Maestros, pero no se ha conocido a sí mismo; sus palabras son prestadas. Puede ser muy erudito, puede estar muy bien informado, pero eso no es lo real. Lo real no es la información, sino la transformación.

Y a menos que uno se transforme, no puede desencadenar el proceso de transformación en los demás.

Carl Gustav Jung llama a esto sincronicidad. El Maestro no puede causar tu iluminación. No es un proceso científico, es mucho más poético. No es una ley como la ley de causa y efecto; es mucho más líquida, mucho más suelta, mucho más flexible. El Maestro no puede hacer que la iluminación ocurra en ti, pero puede desencadenar el proceso, y eso también sólo si tú lo permites, no en contra de tu voluntad. No puede hacerte nada a menos que seas totalmente receptivo. Esto sólo puede ocurrir en una relación amorosa.

Entre el maestro y el alumno hay un negocio: entre el Maestro y el discípulo hay una relación amorosa. El discípulo está entregado; ése es el significado de "sentarse". Está entregado, ha dejado a un lado su ego. Está simplemente abierto, con una confianza tremenda. Por supuesto, la duda obstaculizará el proceso.

La duda es perfectamente buena cuando estás recogiendo información: cuanto más dudes, más información podrás recoger, porque cada duda creará preguntas en ti y las preguntas son necesarias para encontrar respuestas. Pero cada respuesta será puesta en duda de nuevo a su vez, creando más preguntas. y así sucesivamente Pero con un Maestro la duda es un obstáculo. No es de hacer una pregunta, es una búsqueda del alma; es indagación del corazón, no es curiosidad intelectual. NO es curiosidad, es mucho más importante - es una cuestión de vida o muerte.

Cuando uno está cansado de todas las preguntas y de todas las respuestas, cuando está harto de toda filosofía, sólo entonces acude a un Maestro. Cuando uno ha acumulado mucha información y aún permanece ignorante, y toda esa información no crea ninguna luz dentro de su alma, entonces viene a un Maestro, para que se siente a su lado. Ya no hay preguntas; ahora sabe una cosa: que todas las preguntas son inútiles. Lo ha intentado y ha visto toda su inutilidad. Ahora se sienta en silencio, abierto, disponible, receptivo, como un útero.

El discípulo se vuelve femenino, y sólo en esos momentos femeninos el Maestro, sin ningún esfuerzo por su parte, empieza a desbordar al discípulo. Sucede de forma natural. El DISCÍPULO NO ESTÁ haciendo nada, el MAESTRO NO ESTÁ haciendo nada - no se trata de hacer nada en absoluto. El Maestro es él mismo y el discípulo está abierto.

Cuando la nariz no está cerrada por el frío y se pasa junto a una flor, de repente se siente su fragancia. La flor no está haciendo nada en particular; es natural que desprenda su fragancia.

Si estás abierto a recibirlo, lo recibirás.

La palabra upanishad significa venir a un Maestro, y uno viene a un Maestro sólo cuando está cansado de maestros, cansado de enseñanzas, cansado de dogmas, credos, filosofías, teologías, religiones. Entonces se acude a un Maestro.

Y la forma de llegar a un Maestro es la entrega. No es que tu ser se rinda, sólo el ego, la falsa idea de que eres alguien, alguien especial. En el momento en que dejas a un lado la idea del ego, se abren las puertas - para el viento, para la lluvia, para el sol - y la presencia del Maestro empezará a entrar en ti, creando una nueva danza en tu vida, dándote un nuevo sentido de la poesía, del misterio, de la música.

Es sincronicidad. El Maestro late a un cierto ritmo, baila en un cierto plano. Si estás preparado, la misma danza comienza a suceder en ti - al principio sólo un poco, pero eso es suficiente, ese poco es suficiente. Al principio sólo gotas de rocío, pero pronto se vuelven oceánicas.

Una vez que has probado la alegría de estar abierto, no puedes volver a cerrarte. Puede que primero abras sólo una ventana o una puerta, y luego abras todas las ventanas y todas las puertas.

Y llega un momento en la vida de un discípulo en que no sólo se abren ventanas y puertas, ¡incluso desaparecen los muros! Está completamente abierto, disponible multidimensionalmente. Este es el significado de la palabra upanishad.

Los Upanishads están escritos en sánscrito; el sánscrito es la lengua más antigua de la tierra. La propia palabra sánscrito significa transformado, adornado, coronado, decorado, refinado, pero recuerda la palabra "transformado". La propia lengua se transformó porque muchas personas llegaron a lo último y, como utilizaban la lengua, algo de su alegría penetró en ella, algo de su poesía penetró en las células mismas, en la fibra misma de la lengua. Incluso la lengua se transformó, se iluminó. Tenía que ocurrir. Al igual que ocurre hoy en Occidente, las lenguas se vuelven cada vez más científicas, exactas, matemáticas, precisas.

Tienen que serlo porque la ciencia les está dando su color, su forma, su figura. Si la ciencia crece, el lenguaje en el que se exprese tendrá que ser científico.

Lo mismo ocurrió cinco mil años antes en la India con el sánscrito. Tantas personas se iluminaron y todas hablaban sánscrito; su iluminación entró en él con toda su música, con toda su poesía, con toda su celebración. El sánscrito se volvió luminoso El sánscrito es la lengua más poética y musical que existe.

Un lenguaje poético es justo lo contrario de un lenguaje científico. En el lenguaje científico cada palabra tiene que ser muy precisa en su significado; tiene que tener un solo sentido. En un lenguaje poético, la palabra tiene que ser líquida, fluida, dinámica, no estática, permitir muchos significados, muchas posibilidades. La palabra no debe ser precisa en absoluto; cuanto más imprecisa sea, mejor, porque así podrá expresar todo tipo de matices.

De ahí que los sutras sánscritos puedan definirse de muchas maneras, puedan comentarse de muchas maneras: permiten mucho juego. Por ejemplo, hay ochocientas raíces en sánscrito y de esas ochocientas raíces se han derivado miles de palabras, igual que de una raíz crece un árbol y muchas ramas y miles de hojas y cientos de flores. Cada raíz se convierte en un inmenso árbol de gran follaje.

Por ejemplo, la raíz RAM puede significar en primer lugar "estar tranquilo", en segundo lugar "descansar", en tercer lugar "deleitarse", en cuarto lugar "deleitar", en quinto lugar "hacer el amor", en sexto lugar "unirse", en séptimo lugar "hacer feliz", en octavo lugar "ser feliz", en noveno lugar "jugar", en décimo lugar "estar en paz", en undécimo lugar "quedarse quieto", en duodécimo lugar "detenerse, detenerse por completo", y en decimotercer lugar "Dios, divino, lo absoluto". Y estos son sólo algunos de los significados de la raíz. A veces los significados están relacionados entre sí, a veces no; a veces incluso son contradictorios entre sí. De ahí que el lenguaje tenga una cualidad multidimensional. Se puede jugar con esas palabras y a través de ese juego se puede expresar lo inexpresable; se puede insinuar lo inexpresable.

La lengua sánscrita se llama DEVAVANI, la lengua divina. Y ciertamente es divina en el sentido de que es la lengua más poética y musical. Cada palabra tiene una música a su alrededor, un cierto aroma.

¿Cómo ocurrió? Sucedió porque la utilizaron muchas personas que estaban llenas de armonía interior. Por supuesto, esas palabras se volvieron luminosas: las utilizaban personas que estaban iluminadas. Algo de su luz se filtró a las palabras, llegó a las palabras; algo de su silencio entró en la propia gramática, en el propio lenguaje que utilizaban.

La escritura en la que se escribe el sánscrito se llama DEVANAGARI; DEVANAGARI significa "morada de los dioses", y así es ciertamente. Cada palabra se ha convertido en divina, sólo porque ha sido utilizada por personas que habían conocido a Dios o la piedad.

Este Upanishad en el que nos adentramos hoy es el más pequeño -puede escribirse en una postal- y, sin embargo, es el documento más grandioso que existe. No hay documento de tal luminosidad, de tal profundidad en ninguna parte de toda la historia de la humanidad. El nombre del Upanishad es ISA UPANISHAD.

El mundo de los Upanishads está muy cerca de mi enfoque. De hecho, lo que estoy haciendo aquí es dar un renacimiento al espíritu de los Upanishads. Ha desaparecido incluso de la India, y no ha aparecido en escena al menos desde hace tres mil años. Hay una brecha de tres mil años, y en estos tres mil años la India ha destruido su propio logro.

Lo primero es que los Upanishads no son antivida, no están a favor de renunciar a la vida. Su enfoque es integral: la vida debe vivirse en su totalidad. No enseñan escapismo. Quieren que VIVAS en el mundo, pero de tal manera que permanezcas POR ENCIMA del mundo, en cierto sentido trascendental al mundo, viviendo en el mundo pero sin ser de él. Pero no te enseñan que hay que renunciar a la vida, que hay que escapar de la vida, que la vida es fea o que la vida es pecado. Se alegran de la vida. Es un don de Dios; es la forma manifiesta de Dios.

Hay que recordar esto fundamental. Los Upanishads dicen que el mundo es la forma manifiesta de Dios y que Dios es la forma no manifiesta del mundo, y que todo fenómeno manifiesto tiene en su interior un noúmeno no manifiesto.

Cuando ves una flor, la flor es sólo la forma manifiesta de algo que hay dentro de ella, su esencia, que es inmanifestada, que es su alma, su propio ser. No puedes atraparla, no puedes encontrarla diseccionando la flor. Para eso se necesita un enfoque poético, no científico. El enfoque científico analiza; la perspectiva poética es totalmente diferente. La ciencia nunca encontrará ninguna belleza en la flor porque la belleza pertenece a la forma no manifiesta. La ciencia diseccionará la forma manifiesta y encontrará todo tipo de sustancias de las que está hecha la flor, pero se perderá su alma.

Todos y cada uno tienen ambos, el cuerpo y el alma. El cuerpo es el mundo y el alma es Dios, pero el cuerpo no está CONTRA el alma, el mundo no está contra Dios. El mundo manifiesta a Dios, expresa a Dios. Dios es silencio y el mundo es el canto de ese silencio. Y lo mismo ocurre contigo. Cada persona tiene ambas cosas: lo manifiesto, la estructura cuerpo-mente, y lo no manifiesto, tu conciencia.

La religión consiste en descubrir lo inmanifestado en lo manifiesto. No se trata de escapar a ninguna parte; es explorar lo más profundo de uno mismo. Es explorar el centro silencioso, el centro del ciclón. Y siempre está ahí; en cualquier momento puedes encontrarlo. No es algo que haya que encontrar en otra parte, en el Himalaya o en un monasterio. Está dentro de ti. Puedes descubrirlo en el Himalaya, puedes descubrirlo en el mercado.

Los Upanishads dicen que elegir entre lo absoluto y lo relativo es un error. Cualquier elección te hará parcial; no estarás completo. Y sin totalidad no hay dicha, sin totalidad no hay santidad; sin totalidad siempre vas a estar un poco torcido, loco. Cuando eres íntegro estás sano porque eres total.

Lo relativo significa el mundo, el mundo cambiante, fenoménico, y lo absoluto significa el centro inmutable del mundo cambiante. Encuentra lo inmutable en lo cambiante. Y está ahí, así que no hay duda; sólo tienes que conocer la técnica para descubrirlo. Esa técnica es la meditación.

Meditar significa simplemente sintonizar con lo inmanifestado. El cuerpo está ahí, puedes verlo; la mente está ahí, también puedes verla. Si cierras los ojos, verás la mente con toda su actividad, con todo su funcionamiento. Los pensamientos pasan, los deseos surgen, los recuerdos afloran, y toda la actividad de la mente estará ahí; puedes observarla.

Una cosa es cierta: el observador no es la mente. El que es consciente de las actividades de la mente no forma parte de la mente. El observador está separado, el testigo está separado. Ser consciente de este testigo es haber encontrado lo esencial, lo central, lo absoluto, lo inmutable.

El cuerpo cambia: antes eras un niño, luego un joven o una joven, luego la vejez...

Un día estabas en el vientre de la madre, luego naciste, y un día vuelves a morir y desapareces en el vientre de la existencia. El cuerpo sigue cambiando, cambiando continuamente.

La mente sigue cambiando. Por la mañana estás contento, por la tarde enfadado, por la noche triste. Los estados de ánimo, las emociones, los sentimientos, siguen cambiando; los pensamientos siguen cambiando. La rueda sigue moviéndose a tu alrededor. Esto es el ciclón; el mundo fenoménico es el ciclón. Nunca es el mismo, ni siquiera durante dos momentos consecutivos.

Pero algo es siempre lo mismo, siempre, nunca cambia: es el testigo. Encontrar ese testigo es encontrar a Dios.

De ahí que los Upanishads no te enseñen a adorar, te enseñan a meditar. Y la meditación se puede hacer en cualquier lugar porque la cuestión es conocer al testigo. Si vas a un monasterio, allí tendrás que aplicar el mismo método; si vas a las montañas, allí tendrás que aplicar el mismo método.

Puede ser en el hogar, en la familia, en el mercado: el mismo método.

De hecho, en el mundo es más fácil ver el cambio. Cuando vayas al desierto será más difícil ver el cambio porque en el desierto casi nada parece cambiar, o el cambio es tan sutil que no es visible. Pero en el mercado, sentado al borde de una carretera, puedes ver el cambio continuamente, el tráfico en la carretera cambiando; nunca es lo mismo.

Vivir en el monasterio es vivir en un mundo estático, en un mundo inactivo. Es vivir como una rana en un estanque, en un pozo, encerrado. Vivir en el océano te hará más consciente de los cambios.

Es bueno estar en el mundo: ése es el mensaje de los Upanishads. Los videntes de los Upanishads no eran ascetas. Por supuesto que renunciaron a muchas cosas, pero la renuncia no vino a través del esfuerzo, vino a través de la comprensión, vino a través de la meditación. Renunciaron al ego porque vieron que no es más que una entidad fabricada por la mente. No tiene realidad ni sustancia; es pura sombra, y desperdiciar la vida con él es estúpido. Decir que renunciaron no es correcto; sería mejor decir que, como se volvieron tan conscientes, se marchitó por sí mismo.

Se volvieron no posesivos. No es que no poseyeran cosas, sino que se volvieron no posesivos. Usaban las cosas. No eran mendigos. Vivían alegremente, disfrutando de todo lo que estaba a su alcance, pero no eran posesivos, no se aferraban. Ésa es la verdadera renuncia: vivir en el mundo y, sin embargo, no ser en absoluto posesivos. Amaban, pero no eran celosos. Amaban totalmente, pero sin ningún egoísmo, sin ninguna idea de dominar al otro.

Esto es lo que intento hacer aquí, y hay tontos en la India que piensan que estoy en contra de la cultura india.

Por supuesto que estoy en contra de lo que ha sucedido en estos tres mil años - eso no es verdadera cultura, eso es una desviación, eso es feo. Eso ha hecho pobre a la India, eso ha mantenido a la India como esclava durante veintidós siglos; eso ha hecho a la India tan hambrienta, insalubre, antihigiénica, por la sencilla razón de que si enseñas a la gente que la vida no es buena para vivir -sólo vale la pena renunciar a ella, no tiene valor, el único valor que tiene es renunciar a ella, la única virtud es estar en contra de la vida-, naturalmente la vida va a sufrir.

Pero este no es el mensaje de los Upanishads, y los Upanishads son el alma misma de este país, y no sólo de este país sino de todas las personas que han sido religiosas en cualquier lugar. Encontrarán en los Upanishads su propio corazón, se regocijarán en los Upanishads porque los Upanishads enseñan la totalidad.

Hay que vivir lo relativo como lo relativo, sabiendo que es relativo, sabiendo que es cambiante y recordando continuamente lo inmutable. Permanece en lo inmutable y sigue viviendo en lo cambiante. Permanece centrado en lo inmutable, pero permite que el mundo cambiante y hermoso se mueva a tu alrededor con todas sus estaciones, con todos sus colores, con toda su belleza y esplendor. Disfrútalo también, porque es la forma manifiesta de Dios. Este es un enfoque muy holístico.

El primer sutra:

AUM PURNAMADAH PURNAMIDAM PURNAT PURNAMUDACHYATE PURNASYA PURNAMADAYA PURNAMEVA VASHISHYATE AUM Ese es el todo.

"Eso" significa lo último, lo absoluto, el aspecto oculto de la realidad, lo invisible, lo inmanifestado.

Puedes llamarlo Dios verdad, nirvana, Tao, Dhamma, Logos.

QUE ES EL TODO.

ESTO TAMBIÉN ES EL TODO.

Y por "esto" se entiende el mundo fenoménico, el mundo manifiesto, el mundo que te rodea.

"Eso" significa tu centro, "esto" significa tu circunferencia. Y ambos son un todo, de hecho ambos son un todo.

DE LA TOTALIDAD SURGE LA TOTALIDAD.

De "eso" surge "esto", y de la totalidad sólo puede nacer la totalidad. No se puede diseccionar la totalidad, no se puede dividir la totalidad. De la totalidad sólo nace la totalidad, así que ambas están completas.

SI LA TOTALIDAD PROCEDE DE LA TOTALIDAD, LA TOTALIDAD SIGUE EXISTIENDO.

Aunque la totalidad proceda del todo, eso no significa que el todo, el todo original, empiece a perder algo. No pierde nada; sigue siendo el todo. Esta es una afirmación tremendamente importante. Será bueno que intentes comprenderla a través de TU experiencia.

Amas a alguien; eso no significa que porque hayas dado; al contrario, puede ser incluso más. No es economía ordinaria. En la economía ordinaria si das algo, por supuesto tendrás menos. Si tienes diez de economía ordinaria. En la economía ordinaria si das algo, por supuesto tendrás menos. Si tienes diez rupias contigo y le das cinco a alguien, no podrás seguir teniendo diez rupias, y ciertamente no podrás tener quince rupias; sólo te quedarán cinco rupias. Esta es la economía ordinaria, la economía del mundo exterior.

El mundo interior es totalmente diferente. Das amor y sigues teniendo el mismo amor o incluso más, porque al dar, tu amor empieza a fluir. Puede que haya estado latente, estancado; al compartir empieza a fluir. Es como sacar agua de un pozo: en el momento en que sacas agua de un pozo, de los manantiales ocultos empieza a llegar más agua al pozo para llenar el espacio. Si no sacas agua del pozo, el agua se ensuciará, incluso puede volverse venenosa. Y los manantiales no se utilizarán; se bloquearán. Si sigues sacando agua todos los días, cada vez fluirá más agua en el pozo y los manantiales se harán más grandes porque se utilizarán más.

Pero la gente vive en la economía exterior incluso en su vida interior. La esposa se enoja mucho si encuentra a su marido siendo amigable con otra mujer. El marido se vuelve agresivo, celoso, si descubre que su esposa está pasando un buen rato con otra persona, simplemente disfrutando, riendo.

Esto es pura estupidez. Es no comprender el mundo interior y la metaeconomía interior. Sigue pensando en términos de dinero: si su mujer se ha reído con otro, ya no podrá reírse con él; ¡se ha perdido mucha risa! Ahora es un perdedor, y por supuesto eso crea ira.

De hecho, si la esposa no se ríe con mucha gente, no disfruta de la amistad, no es cariñosa, con mucha gente, sus fuentes de amor morirán; tampoco podrá amar a su marido. Olvidará cómo amar, sus fuentes se secarán.

Por eso ves a maridos y mujeres tan tristes y aburridos el uno del otro; es normal que ocurra. Van en contra de una ley interior natural: tienes más cuanto más das. Dar no destruye nada en ti; de hecho, es creativo. La persona que ama a mucha gente podrá amar más totalmente a su mujer o a su marido.

Pero la humanidad aún no ha comprendido este sencillo fenómeno. Seguimos comportándonos de forma muy infantil y estúpida.

Es como si tu amado te dijera: "Sólo puedes respirar cuando estoy yo, y cuando no estoy yo, deja de respirar, porque se perderá mucho aliento, se perderá mucha vida. Y cuando vuelvas a casa y hayas estado respirando en todos los sitios, en todas partes, ¡estarás casi muerto! Así que cuando no esté contigo, ¡deja de respirar!". Y el marido insiste también: "¡Cuando no estoy en casa dejas de respirar, para que cuando estemos juntos se produzca una GRAN respiración!". ¡Pero ambos morirán!

Así es como hemos matado el amor en el mundo, hemos matado todo lo valioso, porque toda nuestra lógica es estúpida. Es bueno que el marido salga a pasear por la mañana y respire aire fresco, haga footing y corra por la playa y disfrute del sol. Y la mujer también va y disfruta de las flores, los árboles y la hierba. Y cuando estén juntos podrán estar más vivos el uno con el otro, más cariñosos el uno con el otro. Estarán en su mejor momento, llenos de vida para compartir.

Pero esto aún no ha sucedido.

Mis sannyasins tienen que recordarlo: los celos matan el amor, la posesividad mata el amor. No tengas celos si quieres que surja un gran amor; si quieres que tu vida crezca multidimensionalmente necesita libertad. Tú necesitas libertad y la persona que amas necesita libertad. Sólo en la libertad hay expansión, crecimiento.

La palabra que los Upanishads utilizan para lo absoluto es BRAHMA; proviene de una raíz sánscrita bri; bri significa crecer, expandirse. De ahí que para el universo la palabra sánscrita sea brahmand.

Sólo en este siglo Albert Einstein descubrió la idea, la hipótesis de que el universo se expande. Cinco mil años antes de Albert Einstein, los Upanishads decían lo mismo:

que el universo está en continuo crecimiento y expansión. El nombre que dieron al universo, brahmand, significa lo que sigue expandiéndose, lo que crece continuamente. No hay fin para ese crecimiento, no hay límite para ese crecimiento.

Un sannyasin, un meditador, tiene que vivir su vida de tal manera que todo siga creciendo, expandiéndose, sin ningún límite. Tu amor, tu alegría, tu silencio, tu vida: todo debe poder crecer. Y esto sólo puede suceder si permites lo mismo a los demás.

Pero lo que hemos estado haciendo durante miles de años es justo lo contrario: invadimos el territorio de los demás, destruimos el espacio de todos en nombre del amor, en nombre de la amistad.

Utilizamos palabras bonitas para ocultar realidades feas.

Si realmente amas a una persona, le dejarás todo el espacio posible; nunca coartarás su libertad. Ese es el único indicio de tu amor, ¡no esas estúpidas cartas de amor que escribes! Eso lo puede hacer cualquier tonto, ¡un ordenador lo puede hacer mucho mejor que tú! Un ordenador puede escribir cartas de amor, no hay ningún problema en ello. Tu amor sólo puede demostrarse por una cosa: cuánta libertad le das al otro, incluso la libertad de amar a los demás; ésa es la única indicación de tu amor.

Y el milagro es que, cuanto más nos permitamos amar a tantas personas como sea posible, encontrarás a la persona infinitamente cariñosa contigo, porque el amor no es dinero, el amor no es una mercancía. Es una energía interior que crece al compartir, que muere al no compartir.

Cada Upanishad comienza con un mantra semilla. El mantra semilla significa que contiene toda la Upanishad. Si puedes entender el mantra semilla, habrás entendido todo el Upanishad.

Todo el Upanishad es sólo el árbol que crece del mantra semilla. Este es un mantra semilla:

AUM PURNAMADAH PURNAMIDAM PURNAT PURNAMUDACHYATE PURNASYA PURNAMADAYA PURNAMEVA VASHISHYATE En este pequeño sutra está contenido todo el Upanishad. Lo que sigue es sólo un crecimiento de esta semilla.

Esta es la parte no manifestada de él. entonces todo el Upanishad es la parte manifestada de él.

Y cada mantra semilla está precedido por el sonido místico AUM; que contiene incluso el mantra semilla.

Si entiendes AUM lo has entendido todo. Los Upanishads están escritos de una manera tan hermosa: primero AUM... si puedes entender eso no hay necesidad de seguir adelante. AUM no significa nada; no es una palabra, por lo tanto no está escrito alfabéticamente, es un símbolo.

Contiene tres sonidos: A, U, M. Éstos son los sonidos básicos: A, U, M; todos los demás sonidos salen de estos tres sonidos. Esta es la trinidad básica de sonidos, y de ella surge toda la música de la vida.

AUM significa exactamente lo que la gente Zen llama "el sonido de una mano aplaudiendo". AUM es la música más íntima de tu ser. Cuando todos los pensamientos y deseos y recuerdos se han ido, han desaparecido, y la mente está absolutamente quieta y en silencio, no hay ruido en el interior, empiezas a oír una música tremendamente hermosa que no consiste en ningún significado. Es música pura sin ningún significado, te da una gran alegría, te llena de celebración, te hace bailar. Te gustaría gritar "¡Aleluya!". Pero la música en sí no tiene ningún significado; es música pura, no contaminada por ningún significado.

AUM representa esa música interior, esa armonía interior, ese zumbido interior que ocurre cuando tu cuerpo, tu mente, tu alma están funcionando juntos en profundo acuerdo, cuando lo visible y lo invisible, lo manifestado y lo no manifestado están danzando juntos. cuando son como dos amantes en profundo abrazo de amor, fusionándose. fundiéndose el uno en el otro, lo manifestado haciendo el amor a lo no manifestado, lo no manifestado haciendo el amor a lo manifestado cuando lo manifestado y lo no manifestado ya no son dos sino que se han convertido en uno.

En los Upanishads se representa con el número cien. El número cien se utiliza para simbolizar el estado último de unidad. Los dos ceros en el número cien representan "esto" y "aquello", lo manifiesto y lo no manifiesto, lo fenoménico y lo nouménico - dos ceros. Ambos son enteros, y cuando estos dos enteros se convierten en uno, el número uno en cien representa esa unidad.

Cien es un número simbólico; tiene un mensaje. Los dos -el cuerpo y el alma, el mundo y Dios, lo cambiante y lo inmutable, el tiempo y la intemporalidad, la materia y la conciencia- están representados por los dos ceros. Cuando esos dos ceros se convierten en uno, cuando no son antagónicos entre sí -como en estos tres mil años han hecho los llamados religiosos-... Han destruido este hermoso símbolo; han puesto esos dos ceros uno contra el otro. Han creado una negatividad vital; en lugar de afirmar la vida, la han condenado como pecado. Cuando estos dos ceros se funden en una relación amorosa, en un profundo abrazo de amantes entre sí, entonces nace la unidad. Eso está representado por el número uno entre cien.

Una existencia material plena con una vida espiritual plena: eso es la plenitud. Y ese es mi mensaje para ti.

Ser un materialista espiritual - o un espiritualista materialista - porque para mí no están separados. El aspecto interior es espiritual, el aspecto exterior es material.

Las religiones han dividido a la humanidad en materialistas y espiritualistas. Ahora la Rusia soviética, China y otros países comunistas creen que son materialistas. Son comunistas: niegan a Dios, niegan la conciencia, niegan el alma, niegan lo inmanifestado; sólo creen en la materia. La palabra "materia" significa lo que se puede medir; la "materia" viene de "metro" - lo que se puede medir. No creen en lo inconmensurable. Pero lo inconmensurable está ahí: que creas o no en ello no importa. Creer o no creer no afecta a la realidad. Lo inconmensurable está ahí, y no sólo lo dicen los místicos, ahora también lo dicen los físicos, que lo inconmensurable está ahí.

La existencia es inconmensurable; es tan vasta que no se puede medir. Y la inmensidad también se expande, cada día se hace más y más grande. Ya es infinita, ¡y sigue haciéndose cada vez más infinita! Ya es perfecto, y sigue haciéndose cada vez más perfecto, de una perfección a otra perfección. Nunca es imperfecto, así que no se trata de ir de la imperfección a la perfección. Siempre es perfecto, siempre es infinito, pero continúa expandiéndose.

Esta es la paradoja de la física moderna. Esto ha sido una paradoja para todos los místicos, pero a ellos no les preocupaba. Por eso se les llama místicos: aceptan la paradoja, disfrutan en la paradoja.

Les encanta lo paradójico porque saben que la verdad sólo puede ser paradójica. Pero la física moderna está muy desconcertada, porque la física se basa en la lógica y la lógica no puede aceptar la paradoja. O tiene que ser "esto" o "aquello", siempre es o lo uno o lo otro.

La mística nunca es una cosa o la otra, y si es una cosa o la otra, entonces no es mística. La mística es AMBAS COSAS.

Todas las personas religiosas, supuestamente religiosas, están contra mí -cristianos, mahometanos, hindúes, jainistas, budistas- por la sencilla razón de que estoy enseñando la totalidad. Estoy enseñando a mis sannyasins: sed materialistas espirituales - ¡porque ambos lo son! ¿Qué podemos hacer? No es una cuestión de nuestra elección; ya es el caso: la materia está ahí y la conciencia está ahí. Los lógicos siempre están eligiendo...

Los llamados espiritualistas del mundo siguen intentando demostrar que el mundo es ilusorio para poder demostrar que sólo existe el espíritu, el mundo no existe - es maya, es ilusorio, es falso, está hecho de la misma materia de la que están hechos los sueños. Y el materialista sigue haciendo lo mismo desde la otra polaridad. Dice que no hay conciencia, que la conciencia es un epifenómeno. Karl Marx dice que la conciencia es un subproducto de la materia y nada más; no tiene sustancia propia. La materia es real y la conciencia no es más que una sombra. Es la misma lógica.

Berkeley dice: la conciencia es real y la materia es sólo una sombra, un pensamiento, nada más que un sueño. Pero su lógica es la misma: ambos temen aceptar ambas cosas, ambos eligen una. Viven en el mundo de lo uno o lo otro.

Pero el verdadero místico, el místico upanishádico, acepta ambos; ni siquiera los llama dos: son uno apareciendo como dos. Son dos aspectos de una misma realidad: lo interior y lo exterior, lo material y lo espiritual.

Así que para mí no hay problema: se es científico y religioso, se es materialista y espiritualista.

Vive en el mundo y vive alegremente, pero también permanece centrado en tu conciencia. Esto es traer de vuelta los Upanishads. ¡Es una resurrección!

EN EL CORAZÓN DE TODO ESTE MUNDO FENOMENAL, DENTRO DE TODAS SUS FORMAS CAMBIANTES, MORA EL SEÑOR INMUTABLE.

Dios está presente en todas partes; sólo hacen falta ojos para ver. Entonces lo verás en las rocas y en las estrellas y en los pájaros y en los animales y en la gente que te rodea. Pero la primera experiencia tiene que ocurrir dentro de ti; sólo entonces podrás verle en todas partes.

ASÍ PUES, VE MÁS ALLÁ DE LO CAMBIANTE Y, DISFRUTANDO DE LO INTERIOR, DEJA DE TOMAR PARA TI LO QUE PARA OTROS SON RIQUEZAS.

Lo inmutable es Dios y lo cambiante es el mundo.

... IR MÁS ALLÁ DEL CAMBIO...

No contra el cambio, recuerda: más allá. Más allá no es contra. "Más allá" significa VIVIR en él, pero vivir de tal manera que permanezcas por encima de él, como una flor de loto. Crece en el lago, pero va más allá del lago. Vive en el agua, pero el agua no puede tocar sus hojas aterciopeladas. Incluso por la mañana, cuando las gotas de rocío se acumulan en las hojas o pétalos del loto, permanecen separadas. Las gotas de rocío están ahí en las hojas y puedes verlas, tan hermosas al sol de la mañana, como perlas, pero están separadas. La hoja permanece absolutamente seca; las gotas de rocío no pueden mojarla.

Ese es el camino de un sannyasin, ese es el camino de los Upanishads: vivir en el mundo y, sin embargo, no ser de él.

... IR MÁS ALLÁ DE LO CAMBIANTE, Y, DISFRUTANDO DEL INTERIOR...

No fuerces: disfruta de lo interior, y entonces comprenderás muy fácilmente mi planteamiento. No se trata de forzar. La meditación no debe ser forzada; no debes empezar una especie de regimentación, una disciplina violenta. No eres un soldado, ¡eres un sannyasin!

Un sannyasin simplemente disfruta de lo interno; también disfruta de lo externo. Disfruta. Disfruta de lo exterior y en la misma ola de disfrute entra en lo interior, es la misma ola. Es como respirar: la respiración entra y la respiración sale. ¿Crees que son dos respiraciones distintas? Es la misma respiración que sale y entra y sale y entra... Es la misma respiración, es el mismo proceso. La misma respiración entra y sale.

Disfruta de lo exterior, cabalga en el disfrute, y entra también en lo interior con la misma alegría, con la misma danza. No crees divisiones, no las hay. Todas las divisiones son fabricadas por los sacerdotes, los hipócritas, los moralistas. Siguen creando demarcaciones que: "Esto es exterior y esto es interior".

No hay ninguna línea que pueda delimitar lo que es exterior y lo que es interior; forman parte de un proceso, de un todo.

Igual que sales de tu casa... Cuando hace demasiado frío por la mañana sales de casa para sentarte al sol, para tomar el sol. Y cuando hace demasiado calor te levantas y entras. No es cuestión de forzar; sólo un poco de conciencia de que ahora hace demasiado calor, así que te metes dentro, a la sombra, al frescor de la casa. Y cuando hace demasiado frío dentro, sólo un poco de conciencia y sales.

Disfruta de lo exterior y de lo interior de la misma manera, y sigue avanzando, cabalgando la misma ola de disfrute.

Y no hagas distinciones: es la misma onda, la misma realidad. ASÍ QUE, MÁS ALLÁ DEL CAMBIO, Y, DISFRUTANDO DEL INTERIOR...

No lo conviertas en algo muy serio. No pongas cara larga porque estás meditando, ¡porque eres un sannyasin! Mira las fotos de tus santos: ¡unas caras tan largas que vivir con esos santos será un infierno! No creo que estos santos puedan entrar nunca en el cielo, o, dondequiera que vayan crearán su infierno. El infierno está en su seriedad.

Una vez le preguntaron a Buda: "¿Qué dices que ocurre cuando muere una persona iluminada? ¿Va al cielo?"

Buda dijo: "¡No hagas preguntas sin sentido! Dondequiera que esté la persona iluminada, allí está el cielo -dondequiera que esté, no importa dónde-, dondequiera que esté... Si va al infierno, el infierno se transformará. Su presencia lleva el cielo a su alrededor".

El cielo gira en torno al Buda, en torno a la persona despierta. No se puede enviar a una persona iluminada al infierno - imposible; y no se puede enviar a los llamados santos al cielo - imposible. El infierno está tan arraigado en sus seres; dondequiera que estén crearán aburrimiento para sí mismos y para los demás.

Los santos no son buena compañía; los pecadores son mucho mejor. He vivido con ambos y, créanme, los pecadores son mucho mejor compañía que los santos. Los santos son totalmente aburridos. Los santos son muy jugosos sólo si son santos en el sentido de los Upanishads, en el sentido en que yo llamo a mis sannyasins.

Mis sannyasins son santos, pero no en el sentido ordinario de ser un santo hindú o un santo jainista o un santo cristiano. El santo cristiano parece ser el peor, tan aburrido que puedo creer a Friedrich Nietzsche de que Dios está muerto; ¡debe haberse suicidado! Rodeado de todos estos santos, ¿qué puede hacer, qué más puede hacer? Debe haberse suicidado, sintiéndose completamente aburrido. ¡Y esta compañía va a estar allí para la eternidad ahora! No puede escapar.

Los Upanishads están llenos de ALEGRÍA, llenos de flores y fragancia.

... DISFRUTAR DEL INTERIOR - no imponerlo - DEJA DE TOMAR PARA TI LO QUE PARA LOS DEMÁS SON RIQUEZAS.

Y el Isa Upanishad no dice eso, renuncia al mundo. Dice:

... DEJA DE TOMAR PARA TI...

No poseas, no te hagas dueño de personas o cosas; sólo utilízalas como un regalo del universo.

Y cuando estén disponibles, úsalos; cuando no lo estén, disfruta de la libertad. Cuando tengas algo, disfrútalo; cuando no lo tengas, disfruta de no tenerlo: eso también tiene su propia belleza.

Si tienes un palacio donde vivir, ¡disfrútalo! Si no tienes, disfruta de una choza y la choza se convertirá en un palacio. Es el DISFRUTE lo que marca la diferencia. Entonces vive bajo un árbol y disfrútalo. No eches de menos el árbol y las flores y la libertad y los pájaros y el aire y el sol. Y cuando estés en un palacio, no te lo pierdas: disfruta del mármol y de las lámparas de araña...

Sigue disfrutando estés donde estés, y no poseas nada. Nada nos pertenece. Venimos con las manos vacías al mundo y nos vamos con las manos vacías. El mundo es un regalo, así que disfrútalo mientras esté ahí.

Y recuerda que el universo siempre te da lo que necesitas.

Un místico sufí solía decir cada día en sus oraciones: "Gracias, Dios, por todo lo que haces por mí. ¿Cómo puedo pagártelo? Me siento tan agradecido".

Una vez sucedió que estaba viajando y durante tres días se les negó refugio porque se pensaba que eran herejes, se pensaba que eran antirreligiosos, rebeldes. No les dieron comida, ni siquiera agua, ni refugio. Durante tres días, hambrientos, sedientos...

Y al tercer día, mientras rezaba, volvió a decirle a Dios: "¡Gracias! ¿Cómo puedo pagarte? ¡Me siento tan agradecido! "

Ahora era demasiado Sus discípulos dijeron: "¡Es hora de decir algo!". Ellos dijeron: "¡Esperad un momento! ¿Por qué dais las gracias? Llevamos tres días hambrientos, sedientos, sin cobijo, en el desierto, a merced de los animales salvajes. ¿Por qué dais las gracias?"

Y el sufí se rió y dijo: "No lo entiendes, ¡esto es lo que debo haber necesitado durante estos tres días! Dios siempre me da lo que necesito. Esto debía ser lo que yo necesitaba, de lo contrario no me lo habría dado. Se lo agradezco. Él siempre cuida de mí. No se preocupa por lo que yo deseo; siempre me da lo que considera justo. Le doy las gracias... tres días de ayuno, tres días sin refugio, tres días a cielo abierto con estrellas en el desierto, durmiendo en el desierto, y ningún animal salvaje nos ha atacado. ¿Y por qué estás tan triste? Debe haber sido nuestra verdadera necesidad".

Esta es la confianza, y esta es la actitud alegre. ¡Este es el verdadero sannyas!

SEGUIR ACTUANDO EN EL MUNDO, SE PUEDE ASPIRAR A TENER CIEN AÑOS.

Continúa actuando en el mundo, y ahora recuerda: UNO PUEDE ASPIRAR A TENER CIEN AÑOS. No significa sólo una larga vida. Por supuesto, eso también significa, porque los videntes upanishádicos no estaban en contra de la vida; querían vivir mucho y vivir alegremente, así que era perfectamente bueno - ese significado es perfectamente correcto.

Aspira a vivir mucho y aspira a vivir profundamente, y aspira a vivir intensa y apasionadamente -¡perfectamente! - pero no olvides el símbolo del cien. Ese es su verdadero significado, el significado superior, el significado invisible.

... UNO PUEDE ASPIRAR A TENER CIEN AÑOS.

Incluso viviendo y actuando en el mundo puedes convertirte en uno. Esos dos ceros de este mundo y aquel, esos dos ceros del cuerpo y el alma, esos dos ceros de lo cambiante y lo inmutable, pueden encontrarse y fundirse en uno incluso mientras actúas en el mundo, así que no hay necesidad de renunciar.

ASÍ, Y SÓLO ASÍ, PUEDE UN HOMBRE LIBERARSE DE LA INFLUENCIA VINCULANTE DE LA ACCIÓN.

No renunciando a la acción, sino actuando con tal conciencia, con tal meditación profunda, uno se libera de la acción y de sus efectos vinculantes.

NO ILUMINADOS SON ESOS MUNDOS NUBLADOS POR LA CEGADORA OSCURIDAD DE LA IGNORANCIA.

Los Upanishads llaman a la gente ignorante... si están viviendo en la mitad son ignorantes. El materialista es ignorante, el espiritualista es ignorante, porque ambos desconocen el todo. Sólo el que conoce el todo sabe.

EN ESTA MUERTE SE HUNDEN TODOS LOS QUE MATAN AL YO.

Y dividir tu ser en dos, es como matar tu propio ser, asesinarte, matarte No te paralices, no te paralices. Acepta tu totalidad y vívela con alegría.

AUM PURNAMADAH Purnamidam PURNAT PURNAMUDACHYATE PURNASYA PURNAMADAYA PURNAMEVA VASHISHYATE AUM ESO ES EL TODO.

ESTE ES EL CONJUNTO.

DE LA TOTALIDAD SURGE LA TOTALIDAD.

SI LA TOTALIDAD PROCEDE DE LA TOTALIDAD, LA TOTALIDAD SIGUE EXISTIENDO.

Vivir en tu propia luz

La primera pregunta:
Pregunta 1:
MAESTRO,
¿QUÉ ES DIOS?
Prem Sukavi,

DIOS no es una persona. Este es uno de los mayores malentendidos, y ha prevalecido tanto tiempo que se ha convertido casi en un hecho. Incluso si una mentira se repite continuamente durante siglos está destinada a aparecer como si fuera una verdad.

Dios es una presencia, no una persona. De ahí que toda adoración sea pura estupidez. Hay que orar, no rezar. No hay nadie a quien rezar; no hay posibilidad de diálogo entre tú y Dios. El diálogo sólo es posible entre dos personas, y Dios no es una persona, sino una presencia, como la belleza, como la alegría.

Dios significa simplemente piedad. Es por este hecho que Buda negó la existencia de Dios.

Quería subrayar que Dios es una cualidad, una experiencia, como el amor. Al amor no se le puede hablar, se le puede vivir. No es necesario crear templos del amor, no es necesario hacer estatuas del amor, e inclinarse ante esas estatuas no será más que una tontería. Y eso es lo que ha estado ocurriendo en las iglesias, en los templos, en las mezquitas.

El hombre ha vivido bajo esta impresión de Dios como persona, y a través de ella han sucedido dos calamidades. Uno es el llamado hombre religioso, que piensa que Dios está en algún lugar por encima m del cielo y tienes que alabarlo. para persuadirlo de que te confiera favores, para que te ayude a cumplir tus deseos, para que tus ambiciones tengan éxito, para que te dé la riqueza de este mundo Y del otro mundo. Y esto es pura pérdida de tiempo y energía.

Y en el polo opuesto, las personas que vieron la estupidez de todo aquello se convirtieron en ateos; empezaron a negar la existencia de Dios. En cierto sentido tenían razón, pero también estaban equivocados. Empezaron a negar no sólo la personalidad de Dios, sino incluso la experiencia de Dios.

El teísta se equivoca, el ateo se equivoca, y el hombre necesita una nueva visión para poder liberarse de ambas prisiones.

Dios es la experiencia última del silencio, de la belleza, de la dicha, un estado de celebración interior. Una vez que empieces a ver a Dios como piedad, se producirá un cambio radical en tu enfoque. Entonces la oración ya no es válida; la meditación pasa a ser válida.

Martin Buber dice que la oración es un diálogo; entonces entre tú y Dios hay una relación "yo-tu" - la dualidad persiste. Buda está mucho más cerca de la verdad: simplemente abandonas todo el parloteo de la mente, te deslizas fuera de la mente como una serpiente se desliza fuera de la vieja piel. Te vuelves profundamente silencioso. No hay diálogo ni monólogo. Las palabras han desaparecido de tu conciencia. No hay ningún deseo por el que haya que pedir favores, ninguna ambición que satisfacer.

Uno es ahora y aquí. En esa tranquilidad, en esa calma, tomas conciencia de la cualidad luminosa de la existencia. Entonces los árboles, las montañas, los ríos y la gente están rodeados de un aura sutil. Todos irradian vida, y es una vida en diferentes formas. El florecimiento de una existencia en millones de formas, en millones de flores.

ESTA experiencia es Dios. Y es un derecho de nacimiento de todos, porque lo sepas o no, ya formas parte de él. La única posibilidad es que no lo reconozcas o que lo reconozcas.

La diferencia entre la persona iluminada y la no iluminada no es de calidad, ambas son absolutamente iguales. Sólo hay una pequeña diferencia: que la persona iluminada es consciente; reconoce lo último impregnando el todo, impregnando el todo, vibrando, pulsando.

Reconoce el latido del universo. Reconoce que el universo no está muerto, está vivo.

Esta vitalidad es Dios.

La persona no iluminada está dormida, adormecida y llena de sueños. Esos sueños funcionan como una barrera; no le permiten ver la verdad de su propia realidad. Y, por supuesto, cuando ni siquiera eres consciente de tu propia realidad, ¿cómo puedes ser consciente de la realidad de los demás? La primera experiencia tiene que ocurrir dentro de ti. Una vez que hayas visto la luz en tu interior, podrás verla en todas partes.

Hay que liberar a Dios de todo concepto de personalidad. La personalidad es una prisión. Dios tiene que liberarse de cualquier forma particular; sólo entonces puede tener todas las formas. Tiene que liberarse de cualquier nombre particular para que todos los nombres lleguen a ser suyos.

Entonces una persona VIVE en oración - no reza, no va al templo, a la iglesia.

Dondequiera que se siente, reza; haga lo que haga, reza, y en esa oración crea su templo. Siempre se está moviendo con su templo a su alrededor. Dondequiera que se siente, el lugar se vuelve sagrado, todo lo que toca se convierte en oro. Si está en silencio, su silencio es de oro; si habla, su canto es de oro. Si está solo, su soledad es divina; si se relaciona, su relación es divina.

Lo básico, lo más fundamental, es ser consciente de tu propio núcleo más íntimo, porque ése es el secreto de toda la existencia. Ahí es donde los Upanishads son tremendamente importantes.

No hablan de un Dios, hablan de la piedad. No se preocupan por la oración. Todo su énfasis está en la meditación.

La meditación tiene dos partes: el principio y el final. El principio se llama dhyana y el final se llama samadhi. Dhyana es la semilla, samadhi es la floración. Dhyana significa tomar conciencia de todo el funcionamiento de tu mente, de todas las capas de tu mente -tus recuerdos, tus deseos, tus pensamientos, tus sueños-, tomar conciencia de todo lo que ocurre en tu interior.

Dhyana es consciencia, y samadhi es cuando la consciencia se ha vuelto tan profunda, tan profunda, tan total que es como un fuego y consume toda la mente y todas sus funciones. Consume pensamientos, deseos, ambiciones, esperanzas, sueños. Consume todo aquello de lo que está llena la mente.

Samadhi es el estado en el que la consciencia está ahí, pero no hay nada de lo que ser consciente dentro de ti; el testigo está ahí, pero no hay nada de lo que ser testigo.

Comienza con dhyana, con meditación, y termina en samadhi, en éxtasis, y sabrás lo que es Dios.

No es una hipótesis, es una experiencia. Hay que VIVIRLO, es la única manera de saberlo.

La segunda pregunta:

Pregunta 2:

MAESTRO,

SU DISCURSO SOBRE EL ISA UPANISHAD FUE MUY HERMOSO. HE OIDO DECIR QUE LOS UPANISHADS SON COMENTARIOS O AMPLIACIONES DE LOS VEDAS. ¿ES ESTO CIERTO? ME INCLINO ANTE USTED.

Anand Santamo,

LOS UPANISHADS no son comentarios sobre los Vedas, ni tampoco extensiones de los Vedas.

Por supuesto, los hindúes siguen insistiendo en que son comentarios o ampliaciones de los Vedas, pero eso es una falsedad perpetuada por el sacerdocio por sus propias razones.

De hecho, los Upanishads son rebeliones contra los Vedas. Otro nombre para los Upanishads es vedanta.

Los sacerdotes han estado diciendo que vedanta significa la culminación de los Vedas; la palabra puede interpretarse así, pero en realidad significa el FIN de los Vedas y el comienzo de algo absolutamente nuevo. Los Vedas son muy ordinarios comparados con los Upanishads.

Los Upanishads dicen que hay dos tipos de conocimientos: el inferior y el superior. El conocimiento inferior es el reino del sacerdocio, de los eruditos, de los pundits, y el conocimiento superior es el mundo de los Budas, de los despiertos. El sacerdote es un hombre de negocios; todo su esfuerzo consiste en explotar a la gente en nombre de la religión. Oprime a la gente, domina a la gente y, por supuesto, sigue diciendo: "Es por tu propio bien". Hace que la gente tenga miedo del infierno y esté ávida de alegrías celestiales. Esto es un truco psicológico. El sabe que la gente tiene miedo, el sabe que la gente es codiciosa, entonces estas son las dos cosas que el manipula: miedo y codicia. Y esto lo hacen todos los sacerdotes de todas las religiones en todas las tradiciones en todo el mundo.

Los Upanishads son rebeliones contra el sacerdocio. Los Upanishads no son en absoluto comentarios sobre los Vedas - los Vedas son muy mundanos, ordinarios. Sí, de vez en cuando se puede encontrar un sutra en los Vedas que es hermoso, pero eso es sólo el uno por ciento a lo sumo. El noventa y nueve por ciento es pura basura, mientras que los Upanishads son oro puro al cien por cien - son declaraciones de aquellos que han conocido.

Los Vedas están llenos de oraciones pidiendo cosas mundanas: mejores cosechas, mejores vacas, más dinero, mejor salud, fama, poder, prestigio. No sólo eso, los Vedas están continuamente rezando "Destruye a los enemigos", "Destruye a los que se nos oponen". Están llenos de celos, ira, violencia. No tienen nada que ver con los Upanishads.

Los Upanishads no son comentarios y tampoco son la culminación de los Vedas. Los Upanishads son un comienzo totalmente nuevo. La propia palabra UPANISHAD es de inmensa importancia. La palabra UPANISHAD deriva de la raíz sánscrita SHAD. SHAD tiene muchos significados y todos son significativos. El primer significado es "sentarse".

La gente Zen dice:

Sentado en silencio, sin hacer nada, llega la primavera y la hierba crece sola.

Ese es el significado de SHAD: simplemente sentarse en silencio en meditación profunda; no sólo sentarse físicamente, sino también sentarse psicológicamente en profundidad. Puedes sentarte físicamente en una postura de yoga, pero la mente sigue corriendo, persiguiendo; entonces no es estar sentado de verdad. Sí, físicamente pareces quieto, pero psicológicamente estás corriendo en todas direcciones.

SHAD significa sentarse tanto física como psicológicamente. porque cuerpo y mente no son dos cosas, no son dos entidades separadas. Cuerpo y mente son una sola realidad. No deberíamos usar la frase "cuerpo y mente"; deberíamos hacer una sola palabra, "cuerpo-mente". El cuerpo es la envoltura externa de la mente y la mente es la parte interna del cuerpo. A menos que ambos estén en una postura sentada, sin correr a ninguna parte -al pasado, al futuro-, sin correr a ninguna parte, simplemente estando en el presente, ahora y aquí... ése es el significado de shad; es el significado mismo de la meditación.

También significa "asentarse". Siempre estás en un caos, en un estado de agitación, inquieto, siempre dudando, confuso, sin saber qué hacer, qué no hacer. No hay claridad en tu interior: te rodean muchas nubes, mucho humo. Cuando todas estas nubes han desaparecido, cuando todo este caos ha desaparecido, cuando no hay confusión en absoluto, se llama asentamiento.

Cuando uno está absolutamente asentado, surge la claridad, una nueva perspectiva. Uno empieza a ver lo que es el caso.

Los ojos ya no están cubiertos por ningún humo; por primera vez tienes ojos para ver lo que es.

El tercer significado de shad es "acercarse". Estás confundido, vives en la oscuridad, no sabes quién eres, no conoces el sentido de tu vida, de tu existencia. Tienes que acercarte a alguien que haya llegado a casa, que haya encontrado el camino. Tienes que acercarte a un Buda, a un Maestro iluminado: un Lao Tzu, un Zaratustra, un Jesús, un Mahoma. Tienes que acercarte a alguien que arde en Dios, que irradia piedad, en cuya presencia te sientes bañado, refrescado, en cuya presencia algo empieza a caer de tu corazón -toda la carga, la angustia, la ansiedad- y algo empieza a brotar dentro de ti: una nueva alegría, una nueva percepción. De ahí el significado de "acercarse".

UPA-NI-SHAD se compone de tres palabras. SHAD es sentarse, asentarse, acercarse - acercarse a un Maestro, sentarse a su lado en un estado asentado, silencioso. Y del prefijo UPA que significa cerca, próximo, en sintonía, en armonía, en comunión... Cuando estás asentado, sentado en silencio al lado del Maestro, sin hacer nada, sin correr a ninguna parte, entonces surge una armonía entre tú y el Maestro, una cercanía, una intimidad, una proximidad, una posibilidad de comunión, el encuentro del corazón con el corazón, el encuentro del ser con el ser, una fusión, una comunión. Y NI significado abajo, rendido, en un estado de oración, en un estado de egolessness.

Este es todo el significado de la palabra UPANISHAD: sentarse en un estado estable, sin confusión, claro, acercarse al Maestro sin ego, rendido, en profunda oración, apertura, vulnerabilidad, para que una comunión se haga posible.

Esto es UPANISHAD - lo que está sucediendo ahora mismo entre tú y yo. Este sentarse en silencio, en un estado de ánimo profundo, amoroso, de oración, escuchándome no a través del intelecto sino a través del corazón, bebiendo, no sólo escuchando - ¡esta comunión es UPANISHAD! Estamos viviendo UPANISHAD, y esa es la única manera de entender lo que son los Upanishads. Tiene que convertirse en una experiencia viva para ti.

Los Vedas consisten en todo tipo de conocimientos de aquellos días. Son una especie de Enciclopedia Británica, por supuesto muy primitiva, de al menos diez mil años de antigüedad - como mínimo - es posible que sean mucho más antiguos. Los eruditos no se deciden; hay una gran controversia sobre el momento en que se compusieron los Vedas. Es posible que no se compusieran en un solo periodo, sino en periodos diferentes. Hay gente que dice que tienen por lo menos noventa mil años de antigüedad; así que de noventa mil años a diez mil años, un largo tramo de tiempo.

Los Vedas se llaman SAMHITAS; SAMHITA significa compilación, enciclopedia. Contienen todo tipo de cosas, todo tipo de información de aquellos días. Los Upanishads son pura religiosidad, nada más. Cada palabra es un dedo apuntando a la luna. No son recopilaciones de todo tipo de conocimientos; toda su insistencia es por la experiencia inmediata de lo que es. El énfasis está en la experiencia directa, no prestada, ni de las escrituras, ni de otros. Tiene que ser tu propia verdad; sólo entonces libera.

Jesús dice: La verdad libera. Ciertamente la verdad libera, pero tiene que ser la tuya propia. Si es ajena, en lugar de liberar, encarcela. Los cristianos están encarcelados. Jesús está liberado. Los hindúes están encarcelados, Krishna está liberado. Los budistas están encarcelados, Buda está liberado. La liberacion llega experimentando la verdad por ti mismo; no tiene que ser solo una acumulacion de informacion, tiene que ser una transformacion interior.

Los Upanishads hacen hincapié en la experiencia inmediata y directa de la divinidad. ¿Y por qué pedir prestado cuando es posible beber directamente de la fuente? Pero la información parece ser barata.

La transformación parece ardua. Transformación significa que tendrás que pasar por una gran revolución interior; la información no requiere ninguna revolución en ti, ningún cambio radical en ti. La información es simplemente un añadido: seas como seas sigues siendo el mismo, pero cada vez tienes más conocimientos.

El conocimiento no es sabiduría; el conocimiento es, por el contrario, un obstáculo para la sabiduría. Cuantos más conocimientos adquieres, menos posibilidades tienes de alcanzar tu propia experiencia, porque el conocimiento engaña: engaña a los demás, te engaña a ti. Sigue dándote la sensación de que sabes, pero ese "como si" no hay que olvidarlo. Ese "como si" puede olvidarse fácilmente y uno puede ser engañado.

Recuerda un dicho muy significativo de los Upanishads: Aquellos que son ignorantes, están destinados a perderse en la oscuridad; y aquellos que son conocedores, están destinados a perderse en una oscuridad mucho mayor que la de los ignorantes.

El ignorante es al menos sincero: sabe que no sabe; al menos esta parte de verdad está ahí. Pero el entendido tapa sus heridas, su ignorancia, sus agujeros negros. Los cubre con escrituras y empieza a fingir que sabe. Hace daño a los demás, pero eso es secundario, mucho más importante es que se hace daño a sí mismo Se perderá en una oscuridad mucho más profunda.

Por eso es muy difícil que los expertos, los eruditos, los llamados sabios, se iluminen; es un milagro si sucede. Los pecadores están más fácilmente dispuestos a pasar por la transformación porque no tienen nada que perder - excepto sus cadenas. excepto su ignorancia. Pero la persona conocedora teme perder su conocimiento; ése es su tesoro. Se aferra a él, lo protege de todas las maneras posibles. Encuentra racionalizaciones, excusas por las que el conocimiento tiene que ser protegido. Pero, de hecho, al proteger su conocimiento simplemente está protegiendo su ignorancia. Detrás del conocimiento se esconde su ignorancia. El conocimiento es solo una mascara que cubre su cara original.

No puedes ver su rostro original, él mismo no puede verlo. Lleva una máscara y al mirarse en el espejo piensa: "Este es mi rostro original".

Es muy difícil para el conocedor abandonar su conocimiento y volverse ignorante de nuevo. A menos que reúna el coraje de volver a ser ignorante, de volver a ser como un niño, inocente, sin saber nada, lo que Dionisio llama AGNOSIA, pasar a un estado de no saber...

Es ciertamente muy arduo para la persona conocedora - toda su VIDA ha estado acumulando conocimiento. Ha malgastado toda su vida, ha invertido toda su vida en conocimiento. ¿Cómo puede abandonarlo? Así que lo protege, lucha por él.

Y esto es lo más asombroso del mundo: ¡el prisionero lucha para que no puedas sacarlo de la prisión! Y, por supuesto, es muy listo y muy astuto, así que puede jugar con las palabras y puede citar escrituras, pero todas sus citas son como las de un loro; no entiende nada.

Los Upanishads hacen hincapié en la experiencia directa. Los Vedas pertenecen a los sacerdotes, a los eruditos, a los brahmanes, que son los sacerdotes más antiguos del mundo. Y, por supuesto, al ser los más antiguos, son los más astutos de todo el mundo. Ninguna otra religión puede derrotar al sacerdote hindú, obviamente: ha vivido durante tanto tiempo, se ha vuelto muy astuto en explotar, se ha vuelto muy astuto en racionalizar, en proteger.

Los Upanishads son una dimensión totalmente diferente. Por supuesto, no hablan el lenguaje de la rebelión -son muy suaves-, pero la rebelión está ahí. Como los Upanishads no pudieron crear la revolución, Buda tuvo que hablar en un tono más duro.

Buda dice la misma verdad que los Upanishads, pero su manera ha cambiado. Viendo que los Upanishads no han tenido ningún impacto - porque los sacerdotes empezaron a manejar : Upanishads también y empezaron a decir que los Upanishads no son más que comentarios sobre los Vedas - Buda tuvo que estar más alerta. No era tan blando como los Upanishads. Por supuesto, su mensaje es el mismo, pero han pasado dos o tres mil años desde que se compusieron los Upanishads y una cosa que Buda tenía absolutamente clara es que hay que ser muy duro. Ha afilado su espada.

Veinticinco siglos han pasado de nuevo, el mismo período. Upanishads y Buda están divididos por veinticinco siglos; entre Buda y yo han pasado de nuevo veinticinco siglos. Tengo que afilar aún más mi espada, porque Buda también ha fracasado.

La ignorancia del hombre es tan profunda y los sacerdotes son tan astutos que uno tiene que ser realmente duro. Si uno tiene compasión tiene que ser cruel, sólo entonces toda esta estupidez que existe en nombre de la religión puede ser destruida y el hombre puede ser liberado. El hombre necesita liberarse de todas las jaulas, de todos los grilletes.

La tercera pregunta:

Pregunta 3:

MAESTRO,

¿PODRÍA DECIR ALGO SOBRE LA SINCERIDAD?

Yoga Punya,

El HOMBRE puede vivir de dos maneras: o puede vivir según los dictados de los demás -los puritanos, los moralistas- o puede vivir según su propia luz. Es fácil seguir a otros, es conveniente y cómodo, porque cuando sigues a otros ellos se sienten muy bien y felices contigo.

Tus padres estarán contentos si sigues sus ideas, aunque sus ideas no valen absolutamente nada porque sus ideas no han iluminado sus vidas, y es tan evidente. Han vivido en la miseria, y aun así quieren imponer sus ideas a los niños. No pueden ver un hecho simple: que su vida ha sido un fracaso. que su vida no ha sido creativa, que su vida nunca ha saboreado la dicha, que no han sido capaces de descubrir la verdad. No han conocido el esplendor de la existencia, no tienen ni idea de lo que se trata. Aun así, sus egos insisten en que los niños deben ser obedientes, deben seguir sus dictados.

Los padres hindúes obligarán al niño a convertirse en hindú, y ni siquiera pensarán ni por un momento en lo que les ha ocurrido. Han seguido esas mismas ideas toda su vida y su vida está vacía; nada ha florecido. Pero disfrutan con la idea de que sus hijos son obedientes y les siguen. Han vivido en la miseria, en el infierno, y sus hijos vivirán en la miseria y en el infierno, pero creen que aman a sus hijos. Con toda buena intención destruyen el futuro de sus hijos.

Los políticos intentan por todos los medios que la sociedad viva de acuerdo con sus ideas y, por supuesto, fingen ante los demás y ante sí mismos que están haciendo un servicio público. Todo lo que hacen es destruir la libertad de las personas. Intentan imponer ciertas supersticiones que les impusieron sus padres, sus líderes y sus sacerdotes.

Los políticos, los sacerdotes, los pedagogos, todos ellos están intentando crear una falsa humanidad; están creando seres humanos insinceros. Puede que no lo hayan pretendido, pero eso es lo que ha ocurrido. Y un árbol debe ser juzgado por sus frutos; no importa cuál haya sido la intención del jardinero. Si estaba sembrando semillas de malas hierbas y esperando, pretendiendo, deseando que salieran rosas sólo por sus buenas intenciones, no van a salir rosas de las malas hierbas. Ha destruido todo el campo. Imponer a alguien una determinada estructura de carácter es hacerle insincero, es hacerle hipócrita.

Sinceridad, Yoga Punya, significa vivir según nuestra propia luz. Por lo tanto, el primer requisito para ser sincero es ser meditativo. Lo primero no es ser moral, no es ser bueno, no es ser virtuoso: lo más importante es ser meditativo - para que puedas encontrar un poco de luz dentro de ti y entonces empezar a vivir de acuerdo a esa luz Y a medida que vives crece y te da una profunda integridad.

Como procede de tu propio ser más íntimo, no hay división.

Cuando alguien te dice: "Hazlo, DEBERÍAS hacerlo", naturalmente se crea una división en ti. No quieres hacerlo, querías hacer otra cosa, pero alguien -los padres, los políticos, los curas, los que están en el poder- quieren que sigas una determinada ruta. Nunca quisiste seguirla, así que la seguirás sin querer. Tu corazón no estará en ella, no estarás comprometido con ella, no tendrás ninguna implicación con ella. Lo harás como un esclavo. No es tu elección, no es tu libertad.

Los primeros discípulos de Jesús le habían elegido; era SU elección y habían elegido un camino muy arriesgado: estar con Jesús era peligroso. Siempre ha sido así: estar con cualquiera que te dé libertad es peligroso porque te hará tan independiente que estarás continuamente en lucha con la sociedad, con el establishment, con los intereses creados. Estarás en una lucha constante toda tu vida. Por supuesto, esa lucha vale la pena y no es una maldición, es una bendición, porque sólo a través de esa lucha creces, te expandes. Tu conciencia se vuelve cada vez más clara; se convierte en una cima. Tienes que pagar por ello; no es barato. De ahí el riesgo.

Las pocas personas que siguieron a Jesús estaban tomando un camino peligroso: podrían haber sido crucificados, y fueron torturados de muchas maneras. Pero hoy ser cristiano no tiene ningún riesgo, de ahí que sea falso.

Las personas que seguían a Buda vivían peligrosamente, y vivir peligrosamente es la única forma de vivir. Pero eran personas sinceras: seguían su propia voz interior contra toda la sociedad, contra toda la tradición, la convención. Siguieron a un rebelde y se convirtieron en rebeldes por derecho propio.

Los budistas fueron quemados vivos igual que los primeros cristianos, arrojados a los leones y a las fieras, torturados de todas las formas posibles. Pero aún así alcanzaron la experiencia última de la piedad, y pagaron por ello. Pero ser budista ahora es muy cómodo, no hay ningún problema, cualquiera puede ser budista. Y lo mismo ocurre con todas las religiones.

Ahora mismo estar conmigo es peligroso. Estarás continuamente en problemas; dondequiera que vayas te encontrarás con la oposición. Los cristianos, los hindúes, los mahometanos, los jainistas, los budistas se opondrán. Te torturarán, te condenarán, no te aceptarán en ningún sitio. Pero te volverás sincero, tendrás algo de autenticidad. Y sufrirás todas estas torturas con alegría porque las has elegido.

Incluso elegir el infierno es hermoso, en lugar de que te obliguen a vivir en el cielo. Si te obligan a vivir en el cielo, es el infierno, y si eliges el infierno, es el cielo, porque es tu propia elección. Lleva tu vida a su cima más alta.

Sinceridad significa no vivir una doble vida - y casi todo el mundo vive una doble vida. Dice una cosa, piensa otra. Nunca dice lo que piensa, dice lo que es conveniente y cómodo, dice lo que será aprobado, aceptado, dice lo que esperan los demás. Ahora lo que dice y lo que piensa se convierten en dos mundos diferentes. Dice una cosa, hace otra y, naturalmente, tiene que ocultarlo. No puede exponerse porque entonces se descubriría la contradicción y tendría problemas. Habla de cosas bellas y vive una vida fea.

Esto es lo que, hasta ahora, la humanidad se ha hecho a sí misma. Ha sido un pasado de pesadilla.

El hombre nuevo es ahora una necesidad absoluta porque el viejo está totalmente podrido. El viejo está continuamente en conflicto consigo mismo; está luchando consigo mismo. Haga lo que haga se siente miserable. Si sigue su propia voz interior siente que va en contra de la sociedad, en contra de la gente poderosa, en contra del establishment. Y ese establishment ha creado una conciencia en ti; esa conciencia es un procedimiento muy tramposo, una estrategia. Es el policía que llevas dentro, implantado por la sociedad, que no deja de condenarte: "Esto está mal, esto no está bien. No deberías hacerlo, deberías sentirte culpable por ello: estás siendo inmoral".

Si sigues tu voz, tu conciencia se ensañará contigo; no te dará tregua, te torturará, te hará desgraciado. Y tendrás miedo, miedo de que alguien lo descubra. Y es muy difícil esconderse porque la vida significa relación: alguien tiene que saberlo, alguien tiene que descubrirlo. No estás solo.

Por eso los cobardes escaparon a los monasterios, a las cuevas del Himalaya, por una sola razón:

que allí no serán descubiertos en absoluto. Pero, ¿qué clase de vida se puede vivir en una cueva? Ya te has suicidado. Estar en una cueva es estar en una tumba, ¡y vivo! Si estás muerto y en una tumba, me parece bien, ¿dónde más puedes estar? Pero vivo Y en una tumba, ¡es un verdadero infierno!

En los monasterios la gente lleva una vida miserable; por eso tienen caras tan largas, no porque sean religiosos. Esas caras largas son el simple resultado de una vida cobarde. Si estás en el mundo viviendo con la gente no puedes esconderte por mucho tiempo; puedes engañar a algunas personas por un tiempo, pero no para siempre. ¿Y cómo puedes engañarte a ti mismo? Aunque los demás no te descubran, sabes que llevas una doble vida, y la culpa...

Y todo el mundo es culpable, y los curas quieren que seas culpable porque cuanto más culpable eres, más en manos de los curas estás. Tienes que acudir a ellos para librarte de tu culpa. Tienes que ir al Ganges a bañarte, tienes que ir a la Meca, a la Kaaba, para librarte de tu culpa. Tienes que ir al sacerdote católico a confesarte para que puedas librarte de la culpa. Tienes que ayunar y hacer otros tipos de penitencias y austeridades para castigarte a ti mismo. Pero, ¿cómo puedes ser feliz? ¿Cómo puedes estar alegre y feliz? ¿Cómo puedes alegrarte en una vida en la que constantemente te sientes culpable y te castigas, te condenas?

Y si eliges NO seguir tu voz interior y seguir los dictados de otros - lo que ellos llaman moralidad, etiqueta, civilización, cultura - entonces también esa voz interior empezará a fastidiarte, te fastidiará continuamente. Te dirá que no estás siendo fiel a tu naturaleza. Y si sientes que no estás siendo fiel a tu naturaleza, entonces tu moralidad no puede ser un regocijo; será sólo un gesto vacío.

Esto es lo que le ha ocurrido al hombre: el hombre se ha vuelto esquizofrénico.

MI esfuerzo aquí es ayudarte a convertirte en uno. Por eso no enseño ninguna moralidad, ningún carácter. Todo lo que enseño es meditación para que puedas oír más claramente tu voz interior y seguirla, cueste lo que cueste. Porque si sigues tu voz interior sin sentirte culpable, inmensa va a ser tu recompensa, y mirando hacia atrás descubrirás que el coste no era nada. Parecía muy grande al principio, pero cuando hayas llegado al punto en que la sinceridad se vuelva natural, espontánea, cuando ya no haya ninguna división, ninguna escisión en ti, entonces verás que está ocurriendo una celebración y el coste que has pagado no es nada comparado con ella.

Me preguntas, Yoga Punya: ¿PODRÍAS DECIR ALGO SOBRE LA SINCERIDAD?

La sinceridad es la fragancia de la meditación.

La cuarta pregunta:

Pregunta 4:

MAESTRO,

EN ESTE MOMENTO LA EMISORA CRISTIANA, NCRV, DE HOLANDA, HA INICIADO UNA SERIE DE OCHO PROGRAMAS SOBRE MOVIMIENTOS ESPIRITUALES TITULADA: Not To Be Believed. EL PRODUCTOR-MINISTRO, SIPKE VAN DER LAND, QUE HA ESTADO AQUÍ CON SU EQUIPO PARA FILMARLES A USTEDES Y LA VIDA EN EL ASHRAM, TITULÓ EL PRIMER PROGRAMA:

Bhagwan, el gurú del sexo de Poona. AL FINAL DE LA PELÍCULA COMENTA: "BHAGWAN NUNCA TE MIRA, MIRA POR ENCIMA DE NOSOTROS. ¿QUÉ CLASE DE MAESTRÍA ES ÉSTA, EN LA QUE ALGUIEN TIRA DE LA GENTE HACIA ÉL SIN PRESTARLES NINGUNA ATENCIÓN? JESÚS SE HUMILLÓ PARA SER IGUAL A NOSOTROS COMO SIERVO, PERO BHAGWAN NO. BHAGWAN SE ELEVA POR ENCIMA DE LA HUMANIDAD - ALTIVO, UN GOBERNANTE EXTRAÑO".

¿PODRÍA COMENTARLO?

Prem Pushpa,

EL CRISTIANO, el hindú, el mahometano, no pueden entenderme, están decididos a no entenderme. Va en contra de sus intereses creados. Me tienen miedo y tratarán por todos los medios de confundir a la gente.

Como se trata de una emisora cristiana, tienen que haber venido con ideas preconcebidas, con la mente cerrada. Habían llegado ya con conclusiones, de ahí que todo lo que digan sólo demuestre algo sobre ellos, nada sobre mí. Y recuerda, su título es correcto:

¡NO SE PUEDE CREER!

Han recibido muchas cartas -yo también he recibido muchas cartas- y ha habido muchos comentarios en los periódicos de Holanda. Y casi todos los periódicos han hecho una pregunta:

que todo su programa sobre mí no da ninguna indicación sobre el título, BHAGWAN, SEX GURU DE POONA. Todo su programa no tiene nada que ver con el título. La gente está meditando.

la gente está sentada en silencio escuchándome, la gente está trabajando... No tiene ninguna relación con el programa. Lo que han filmado y lo que han intentado proyectar es totalmente irrelevante. Pero parece que ni siquiera eran conscientes de que el título no tiene nada que ver con el programa, ¡no tiene nada que ver con el sexo!

¿Y qué ha contestado este director? - Porque los periódicos le preguntaron al director: "¿Por qué ha puesto un título que no tiene nada que ver con el programa? Demuestra prejuicios". Así que él ha respondido que, "Ese era nuestro propósito, ese es nuestro propósito de una compañía de radiodifusión cristiana: exponer todo lo que no es cristiano." No les preocupa la verdad, ¡como si la verdad fuera cristiana! La verdad no es ni hindú ni cristiana ni mahometana.

Y hay que recordarle que Jesús no era cristiano. El cristianismo nunca existió en aquellos días. Jesús nació judío, vivió judío y murió judío. Yo puedo ser un poco cristiano - de hecho, ¡más cristiano que Jesús! - Pero Jesús no puede ser cristiano en absoluto. Primero deberían condenar a Jesús - por qué no era cristiano; eso servirá mejor a su propósito.

Y deberían hacer una película sobre Jesús. Jesús se movía con una prostituta, María Magdalena - ¡debió ser un gurú del sexo! Siempre estaba en compañía que este director no aprobaría - jugadores, borrachos, prostitutas. ¡Él mismo era un borracho! Debería hacer una película sobre Jesús.

¡Y hay rumores de que era homosexual! No sé hasta qué punto son ciertos, pero existe la posibilidad... ¡porque se movía constantemente con esos doce chicos! Y los religiosos son conocidos, muy conocidos, por ser homosexuales. ¡La homosexualidad es un fenómeno religioso! Cuando mantienes a los hombres separados de las mujeres y a las mujeres separadas de los hombres, la homosexualidad es un subproducto natural.

También ha dicho en una entrevista a un periódico que "los sannyasins de Bhagwan dicen que 'sentimos una energía inmensa, que sentimos la presencia de Bhagwan transformándonos'. "Y él dice: "Yo viví allí unos días, ¡no sentí nada!".

Cuando crucificaron a Jesús había al menos cien mil personas presentes. ¿Sintieron algo? Si hubieran sentido algo Jesús se habría salvado. Esas cien mil personas podrían haberlo salvado fácilmente, porque sólo había unos pocos policías; podrían haber sido destruidos, asesinados por las masas. Pero nadie podía sentir ninguna energía, nadie podía ver ninguna piedad en Jesús. De hecho, la gente se burlaba y se reía de él.

Esperaban que mostrara algún milagro y gritaban: "Has estado mostrando milagros, lo hemos oído. Hemos oído que caminabas sobre el agua, hemos oído que has dado ojos a los ciegos, hemos oído que has curado enfermedades incurables, incluso hemos oído que resucitaste a Lázaro de la muerte, lo reviviste de nuevo - ¡ahora muéstranos el milagro!".

Y esta gente volvió a casa muy frustrada porque no se produjo ningún milagro. Jesús murió como cualquier hombre corriente. Y recuerden, eran gente sencilla, ¡no periodistas!

Este director de NCRV, si hubiera estado presente allí, se habría sentido muy frustrado porque habría ido con todo el equipo para filmar algún milagro, ¡y no estaba ocurriendo!

¿Cree que los hindúes sintieron la energía de Buda? ¿Cree que los jainistas sintieron la energía de Buda o que los budistas sintieron la energía de Mahavira? Mahavira y Buda fueron contemporáneos, vivieron en la misma parte del país, Bihar, se movieron por los mismos pueblos y ciudades continuamente durante cuarenta años, muchas veces se quedaron en el mismo pueblo y una vez al menos se alojaron en una casa -la mitad estaba ocupada por Buda y la otra mitad por Mahavira- y aun así sus discípulos no fueron capaces de sentir la energía del otro. ¿Qué ocurría?

¿No podían sentir los judíos la energía de Jesús?

Es un fenómeno sencillo de entender: para sentir la energía tienes que estar en un estado determinado. Es como -él lo entenderá mejor- es como llevar un aparato de radio encima, pero si no lo pones no fluirá música por él. Incluso si lo pones, y no fijas la aguja en un punto determinado no recibirá. Se necesita apertura, y la aguja tiene que estar en un punto determinado; se necesita una armonía profunda. Ya sea con Jesús, Buda o Mahavira, no importa: con quienquiera que estés en sintonía sentirás la energía.

Pero es como un hombre que se encuentra ante la salida del sol con los ojos cerrados y dice: "No hay sol, porque no puedo ver". Y los que dicen que lo hay son todos falsos, ¡no hay que creerles! -porque no puedo ver, y llevo horas aquí de pie".

Tienes que abrir los ojos para ver el sol. Y el sol es un fenómeno burdo: la energía de un Maestro es un fenómeno muy sutil - a menos que estés profundamente enamorado no lo sentirás.

Y el dice: BHAGWAN NUNCA TE MIRA.

¡En cierto modo es verdad! Nunca os miro porque sois dos: lo falso y lo real. No me preocupa lo falso. No miro tu máscara. NO miro lo accidental en ti, miro lo esencial, miro el núcleo mismo de tu ser. No me preocupan tus máscaras ni la personalidad; toda mi preocupación es el centro de tu ser.

¿Y por qué debería mirarle? Debió de sentirlo, porque recuerdo perfectamente que nunca le miré. - porque no había nada que mirar, sólo un hombre vacío, un recipiente sin contenido.

¿Por qué debería perder el tiempo mirando a esa gente? Sólo por compasión se les permite, y esto tampoco va a suceder mucho tiempo más. En la nueva comuna voy a impedir que entren todas esas personas.

Desde luego que miro, pero mi forma de mirar es la que miro detrás de la máscara, porque es ahí donde está mi trabajo.

Dice... NOS MIRA.

Eso es cierto, porque miro al yo trascendental que hay en ti y eso es algo que está por encima de ti, que te sobrepasa. Eres mucho más que tu cuerpo, mucho más que tu mente, y yo miro ese "mucho más". Y eso es lo real y lo que hay que enfocar. No soy psicoanalista, no me interesa lo superficial, sino lo que te sobrepasa. Me preocupa tu más allá.

Y dice: ¿QUÉ CLASE DE MAESTRÍA ES ÉSTA EN LA QUE ALGUIEN ATRAE A LA GENTE HACIA SÍ SIN PRESTARLES ATENCIÓN?

El ego necesita atención, el ego se alimenta de atención, el ego quiere que se le preste atención; está constantemente anhelando atención. Mientras estuvo aquí, debe haber estado anhelando atención.

Ha sido uno de los problemas aquí: siempre que viene gente -periodistas de todo tipo- todo su empeño es que el ayuntamiento les preste mucha atención. Quieren una entrevista privada conmigo, quieren hacerme preguntas directamente. Yo no soy un político. Por supuesto, si se dirigen al presidente o al primer ministro de cualquier país, les prestarán una gran atención. No me interesa en absoluto lo que escriben, lo que muestran en la televisión. No me preocupa en absoluto si escriben negativa o positivamente, si hacen una película apoyándome o condenándome. Para mí es lo mismo.

Yo existo aquí para mis sannyasins, toda mi energía es para ellos; no hay que malgastarla en gente estúpida.

Debió de sentir que no se le prestaba atención, y yo nunca presto atención a esas personas. Vienen con mentes cerradas, vienen con grandes egos, y no estamos aquí para alimentar sus egos. En la nueva comuna serán excluidos; ¡ésa será la única atención que les prestaremos!

Y dice: JESÚS SE HUMILLÓ PARA SER IGUAL A NOSOTROS.

Lo que voy a decir no tiene nada que ver con Jesús; tiene que ver con lo que dice este hombre, el director de NCRV. Así que recuérdalo.

El dice: JESÚS SE HUMILLÓ PARA SER IGUAL A NOSOTROS...

Eso significa simplemente que sabía que no era igual a ti. "Se humilló para ser igual a nosotros". Él NO lo era - yo sí, así que ¿por qué debería humillarme? ¿Por qué? Simplemente soy igual, ¡no hay necesidad de humillarse!

SE HUMILLÓ PARA SER IGUAL A NOSOTROS COMO SIERVO...

No soy ni amo ni siervo. No te poseo, no soy tu dueño. Si Jesús trató de ser un SIRVIENTE PARA ti, eso SIGNIFICA que en algún lugar en el fondo debe HABER sido consciente de que te posee, de que ÉL es tu dueño - de lo contrario, ¿por qué? Ni tú eres un siervo para mí, ¿por qué yo debería ser un siervo para ti? Aquí todos somos amigos. No hay necesidad de ser un sirviente o de SER humillante.

¿Y crees que esto es verdad? Jesús se llamó a sí mismo el hijo unigénito de Dios - el ÚNICO. ¿Cómo puede ser igual a ti? Tú naciste del pecado, él nació de una madre virgen. ¡Yo no nací de una madre virgen! Mi madre está aquí, puedes preguntarle. Y no soy el hijo unigénito de Dios, porque Dios no existe, así que no hay duda de que soy el hijo unigénito de Dios. ¡Esto es pura mierda!

El Dios cristiano debe ser homosexual porque toda la trinidad consiste en tres hombres - ¡ninguna mujer! En la tierra Jesús nace de una madre virgen. Eso es una tontería, un absurdo - ¡ilógico, anticientífico! En segundo lugar, es el hijo unigénito de Dios; Dios debe haberlo llevado en su vientre.

Porque no es una mujer, y no hay ninguna mujer en la trinidad cristiana - ¡a menos que el Espíritu Santo funcione de forma doble!

Esto no es correcto acerca de Jesús. Arrastró a los cambistas fuera del templo con violencia; esa no es la forma de actuar de un hombre humilde. Con un látigo en la mano los echó del templo. Yo no he hecho nada parecido. Nunca entro en un templo - nunca creo que valga la pena entrar en ningún templo. Y este látigo, ¿es la forma de actuar de un hombre humilde? ¡Y echar a los cambistas del templo!

Maldijo una higuera porque tenían hambre... Jesús y sus discípulos tenían hambre y la higuera estaba sin higos. Se enfadó mucho y maldijo a la higuera. La higuera murió inmediatamente.

¿Así se comporta un hombre humilde? Entonces, ¿por qué fue crucificado si era tan humilde?

Y hacer todos esos supuestos milagros -caminar sobre las aguas, resucitar a los muertos-, ¿es el camino de un hombre humilde? Todos esos milagros son estrategias para demostrar superioridad.

Este hombre, el director de NCRV, está diciendo puras tonterías. No sabe nada de Jesús, no sabe nada de mí.

Y él dice:... PERO NO BHAGWAN. BHAGWAN SE ELEVA POR ENCIMA DE LA HUMANIDAD - ¡ALTIVO! UN GOBERNANTE EXTRAÑO.

Nunca he gobernado a nadie. ¡Nunca salgo de mi habitación para gobernar a nadie! ¿Qué clase de gobierno ha visto aquí? Nunca ordeno a nadie, no doy ningún mandamiento a nadie. Y nunca he dicho que esté por encima de la humanidad. Lo que digo es que TODOS estamos por encima de la humanidad. La humanidad es sólo un puente, no un lugar donde vivir, sino algo que hay que superar.

Y "Bhagwan", la palabra "Bhagwan", crea malentendidos en las mentes cristianas, porque la traducen inmediatamente como "Dios" Bhagwan significa simplemente "el Bendito", y yo soy ciertamente un Bendito, ¡no puedo negarlo! ¿Sólo para ser humilde tengo que falsificar, empezar a mentir sobre mí mismo? YO SOY dichoso, YO SOY el Bendito - y tú puedes ser dichoso y también puedes ser el Bendito. Lo que me ha ocurrido a mí puede ocurrirte a ti, porque también es tu derecho de nacimiento.

Pero había venido con una idea particular. En cierto modo es bueno que la gente me tenga tanto miedo. Es bueno: demuestra que el impacto les está haciendo temblar. Holanda se está convirtiendo en uno de mis países naranjas más importantes. Los cristianos tienen miedo, eso es bueno. Haz que tengan tanto miedo como sea posible. ¡Haz que todos te tengan miedo! ¡Que tiemblen todos - antes de que se derrumben! Es bueno...

Siguiendo a Nadie Sabe

La primera pregunta:

Pregunta 1:

MAESTRO,

¿SE TRATA DE UNA NUEVA FASE DE SU TRABAJO: DOS DISCURSOS COMPLETOS SIN UN SOLO CHISTE?

Premananda,

¡GRACIAS por recordármelo! Me había olvidado de los chistes. Aquí hay dos chistes para los dos discursos:

Una noche, bajo una lluvia torrencial, un joven volvía a casa del trabajo en coche cuando vio a una atractiva mujer empapada en la acera. Se detuvo y se ofreció a llevarla a casa. Cuando llegaron a su apartamento, ella le invitó a tomar una copa.

Después de unas copas, una cosa llevó a la otra y muy pronto estaban en el dormitorio de ella haciendo el amor.

De repente se dio cuenta de que era muy tarde y su mujer se pondría furiosa con él.

Antes de marcharse le pidió a la joven un trozo de tiza. Se la colocó detrás de la oreja y procedió a conducir hasta su casa.

En casa, su mujer le gritó: "¿Dónde has estado?".

"No te lo vas a creer, cariño", respondió el hombre. "Esta tarde volvía a casa del trabajo bajo una lluvia torrencial y me he parado a recoger a una mujer que estaba en la acera. La llevé a casa, me invitó, tomamos una copa, ¡y me he pasado las dos últimas horas haciendo el amor!".

"¡No me jodas!", gruñó la esposa. "¡Has estado otra vez en el billar con los chicos! Puedo ver la tiza detrás de tu oreja".

Y la segunda:

Un marido celoso contrató al mejor detective de la ciudad para espiar a su mujer. El detective volvió al cabo de unos días con el brazo escayolado.

"¿Qué ha pasado?", preguntó el marido con impaciencia.

El detective comenzó: "A las dos de la tarde del sábado, vi a su esposa caminando de la mano con otro hombre".

"¿Adónde han ido?", preguntó el marido.

"Se registraron en un hotel y les dieron una habitación en el segundo piso".

"¿Y después?", insistió el marido.

"Luego me subí a un árbol y me senté en una rama a observarles a través de la ventana abierta. Se sentaron en el borde de la cama, besándose y abrazándose. Entonces él se quitó la ropa..."

"Y entonces, ¿qué pasó?", espetó el marido enfurecido.

"Bueno, entonces se quitó la ropa...", continuó el detective con cautela.

"¡Dime, dime qué pasó después!", gritó el marido furioso.

"Bueno, señor, verá, en ese momento la rama en la que estaba sentado se rompió. Caí al suelo y no pude ver más".

¿Conseguiste...? ¡Te lo perdiste! ¡Piénsalo más tarde!

La segunda pregunta:

Pregunta 2:

MAESTRO,

¿PODRÍA DECIRME SU OPINIÓN SOBRE J. KRISHNAMURTI, QUE DICE QUE NO SERÁS LIBRE Y POR TANTO NO SERÁS FELIZ MIENTRAS SIGAS CUALQUIER TRADICIÓN, RELIGIÓN O MAESTRO?

Wolfgang,

GAUTAM EL BUDDHA ha dividido a las personas iluminadas en dos categorías. A la primera categoría la denomina ARHATAS y a la segunda BODHISATTVAS. El ARHATA y el BODHISATTVA están ambos iluminados; no hay diferencia entre su experiencia, pero el arhata no es un Maestro y el BODHISATTVA es un Maestro. El ARHATA ha alcanzado la misma verdad, pero es incapaz de enseñarla, porque la enseñanza es un arte totalmente diferente.

Por ejemplo, puedes ver una hermosa puesta de sol, puedes experimentar su belleza tan honda, tan profundamente como cualquier Vincent van Gogh, pero eso no significa que seas capaz de pintarla. Pintarla es un arte totalmente diferente. Experimentar es una cosa, ayudar a otros a experimentarlo no es lo mismo.

Ha habido muchos ARHATAS pero muy pocos BODHISATTVAS. El BODHISATTVA es a la vez iluminado y hábil para enseñar lo que le ha sucedido. Es el arte más grande del mundo; ningún otro arte puede compararse con él, porque decir lo indecible, ayudar a la gente a salir de su sueño, encontrar e inventar dispositivos para llevar lo que le ha sucedido a aquellos que están sedientos de ello y ayudarles a conseguirlo... es un don poco común.

Krishnamurti es un ARHATA, no un BODHISATTVA. Su iluminación es tan grande como la de cualquier otro; es un Buda, un Jesús, un Lao Tzu. En la iluminación no hay grados; o se está iluminado o no se está iluminado. Una vez que una persona se ha iluminado, tiene el mismo sabor, la misma fragancia que cualquiera que se haya iluminado o se vaya a iluminar. Pero relatar la experiencia, comunicar la experiencia no es posible para todos.

Una vez preguntaron a Buda: "¿Cuántas personas se han iluminado entre tus discípulos?".

Dijo: "Muchos". Mostró... "¡Mira!" Manjushri estaba sentado a su lado y Sariputra y Modgalyayan y Mahakashyap. Dijo: "Estas cuatro personas están ahora aquí presentes - se han iluminado".

Si se han iluminado, ¿por qué no son tan famosos como tú? ¿Por qué nadie los conoce? ¿Por qué no tienen miles de seguidores?".

Buda dijo: "Se han iluminado pero no son Maestros. Son ARHATAS, no son BODHISATTVAS".

El ARHATA lo sabe pero no puede darlo a conocer a los demás; el BODHISATTVA lo sabe y puede darlo a conocer a los demás. Krishnamurti es un ARHATA. Por eso no puede comprender el hermoso mundo de un Maestro y sus discípulos.

Me preguntas, Wolfgang: ¿PODRÍA DECIRME SU OPINIÓN SOBRE J.

KRISHNAMURTI, ¿QUIEN DICE QUE NO SERAS LIBRE Y POR LO TANTO NO SERAS FELIZ MIENTRAS SIGAS CUALQUIER TRADICION, RELIGION O MAESTRO?

Tiene razón. Si sigues una tradición, religión o Maestro -recuerda la palabra "seguir"- no serás libre ni dichoso, no conocerás la verdad última de la vida: siguiendo nadie la conoce. ¿Qué puedes hacer siguiendo una tradición? Te convertirás en un imitador. Una tradición significa algo del pasado, ¡y la iluminación tiene que ocurrir ahora mismo! Una tradición puede ser muy antigua: cuanto más antigua, más muerta.

Una tradición no es más que las huellas en la arena del tiempo de la gente iluminada, pero esas huellas no están iluminadas. Puedes seguir esas huellas muy religiosamente y no te llevarán a ninguna parte, porque cada persona es única. Si recuerdas la singularidad de la persona, entonces ningún seguimiento te va a ayudar, porque no puede haber una rutina fija.

Ésa es la diferencia entre ciencia y religión: la ciencia depende de la tradición. Sin Newton, sin Edison, Albert Einstein no habría podido existir. Necesita una cierta tradición; sólo sobre esa tradición, sobre los hombros de los gigantes del pasado en el mundo de la ciencia, puede sostenerse. Por supuesto, cuando te subes a los hombros de alguien puedes mirar un poco más lejos que la persona sobre cuyos hombros estás, pero esa persona es necesaria.

La ciencia es una tradición, pero la religión no es una tradición: es una experiencia individual, absolutamente individual.

Una vez que algo se conoce en el mundo de la ciencia no es necesario volver a descubrirlo, será una tontería volver a descubrirlo. No es necesario descubrir la teoría de la gravitación: ya lo hizo Newton. No hace falta sentarse en un jardín a observar cómo cae una manzana y llegar a la conclusión de que debe haber una fuerza en la Tierra que tira de ella hacia abajo. Newton lo ha hecho; ahora forma parte de la tradición humana. Se puede enseñar a cualquier persona que tenga un poco de inteligencia; incluso los escolares lo saben.

Pero en la religión hay que descubrir una y otra vez. Ningún descubrimiento se convierte en patrimonio en la religión.

Buda descubrió, pero eso no significa que puedas simplemente seguir a Buda. Buda era único, tú eres único por derecho propio, así que la forma en que Buda ha entrado en la verdad no te va a ayudar. Tú eres un tipo diferente de casa; las puertas pueden estar en diferentes direcciones. Si te limitas a seguir ciegamente a Buda, ese mismo seguimiento será engañoso.

Las tradiciones no se pueden seguir. Puedes entenderlas y entenderlas puede ser de inmensa ayuda, pero seguirlas y entenderlas son cosas totalmente distintas.

Así que Krishnamurti tiene razón cuando está en contra de seguir, pero cuando empieza a decir que ni siquiera es necesario comprender, entonces está equivocado. Entonces está hablando el lenguaje de un ARHATA y desconoce el mundo del BODHISATTVA. Comprender es posible, puedes comprender a Buda.

¿Qué hace desde hace cuarenta años? ¿Qué esfuerzos realiza desde hace cuarenta años? ¿Cómo llegó Wolfgang a conocer las ideas de Krishnamurti? Está tratando de explicar, está tratando con gran esfuerzo de hacerte entender. No puedes seguir a Krishnamurti, pero sin duda puedes comprender su visión, su perspectiva, y eso será un enriquecimiento. No te aportará la iluminación, pero puede servirte de trampolín.

Krishnamurti dice que es afortunado por no haber leído ninguna escritura religiosa. Eso no es cierto. En primer lugar, no es cierto: de joven le enseñaron todas las escrituras antiguas, no sólo de una tradición, sino de todas las tradiciones, porque fue educado por teólogos, teósofos, grandes sintetizadores de todos los caminos, todas las religiones y todas las tradiciones. La teosofía fue uno de los mayores esfuerzos jamás realizados para acercar todas las tradiciones entre sí: Hinduismo, Mahometanismo, Cristianismo, Judaísmo, Jainismo, Budismo, Taoísmo. La teosofía intentaba descubrir el núcleo esencial de todas ellas, y a Krishnamurti se le enseñó de todas las maneras posibles todo lo que es grande.

Puede que lo haya olvidado, y sé que debe de haberlo olvidado porque no miente, no dice nada deliberadamente falso. Pero vivió en una especie de hipnosis durante veinticinco años.

Los teósofos se apoderaron de él cuando sólo tenía nueve años, y entonces fue educado de una manera muy especial. Se han ensayado en él muchos métodos secretos: se le ha enseñado mientras dormía, se le ha enseñado mientras estaba en profunda hipnosis, de modo que no lo recuerda en absoluto.

Sólo recientemente los psicólogos rusos están tratando de encontrar la manera de enseñar a los niños mientras duermen, porque si podemos enseñar a los niños mientras duermen mucho tiempo se puede ahorrar. Y una cosa más: cuando un niño está dormido se le puede enseñar más fácilmente porque no hay distracciones.

Su inconsciente puede ser enseñado directamente, lo que es más fácil. Cuando enseñamos a un niño a través de su conciencia es difícil, porque en última instancia la enseñanza tiene que llegar al inconsciente, sólo entonces se convierte en tuya. Y para llegar al inconsciente a través del consciente se necesita mucho tiempo, mucha repetición. Tienes que seguir repitiendo una y otra y otra vez, entonces solo lentamente se asienta en el fondo del consciente, y desde ese fondo lentamente penetra en el inconsciente.

Pero en el sueño profundo, o más exactamente en la hipnosis -hipnosis significa sueño, sueño creado deliberadamente- se puede llegar directamente al inconsciente; se puede pasar por alto el consciente, y se puede poner una cosa en el inconsciente. El consciente no sabrá nada de ello.

A Krishnamurti le enseñaron todas las grandes escrituras en una profunda hipnosis; lo ha olvidado por completo.

No sólo eso: incluso ha sido manipulado para escribir mientras estaba en hipnosis. Su primer libro, A LOS PIES DEL MAESTRO, fue escrito bajo hipnosis, de ahí que simplemente se encoja de hombros cuando le preguntas por ese primer libro, que es realmente un documento raro de inmenso valor. Pero se limita a decir: "No sé nada al respecto, cómo sucedió. No puedo decir que lo haya escrito".

Krishnamurti ha sido experimentado por los teósofos de muchas maneras sutiles, por lo que no es consciente de que ha estado familiarizado con todas las grandes escrituras y todos los grandes documentos, y lo que sigue diciendo tiene reflejos de todas esas enseñanzas Están ahí, pero de una forma muy sutil. No puede citar las escrituras, pero lo que dice es la esencia misma de las escrituras.

Hay que comprender una tradición, y si puedes comprender muchas tradiciones, por supuesto que te enriquecerá. No te iluminará, pero te ayudará a alcanzar la meta, te empujará hacia ella.

No seas seguidor de ninguna tradición: no seas cristiano, hindú o mahometano.

Pero será una desgracia que desconozcas las bellas palabras de Jesús, será una verdadera desgracia que no conozcas la gran poesía de los Upanishads.

Será como si una persona no ha escuchado ninguna gran música - Beethoven, Bach, Mozart, Wagner. Si uno no ha escuchado, le faltará algo. Será una desgracia si no has leído a Shakespeare, Milton, Dostoievski, Kalidas, Bharbhuti, Rabindranath, Kahlil Gibran. Si no has conocido a Tolstoi, Chejov, Maxim Gorki, algo en ti seguirá faltando. Lo mismo ocurre si no has leído a Lao Tzu, Chuang Tzu, Lieh Tzu, Gautam Buda, Bodhidharma, Baso, Lin Chi, Sócrates, Pitágoras, Heráclito. Son perspectivas muy diferentes y únicas, pero todas ellas te ayudarán a ampliarte.

Así que no diré que las tradiciones son inútiles; diré que se vuelven peligrosas si las sigues ciegamente. Intenta comprender, empápate del espíritu. Olvídate de la letra, sólo bebe del espíritu. Es ciertamente peligroso pertenecer a una religión porque eso significa que estás encajonado, aprisionado en un determinado credo, dogma. Pierdes tu libertad, pierdes tu indagación, tu exploración.

Es peligroso vivir rodeado de una pequeña filosofía. Serás una rana en el pozo; no conocerás el océano. Pero comprender es un fenómeno totalmente diferente. El propio esfuerzo por comprender todas las religiones del mundo te hará libre de credos y dogmas.

Eso es lo que ocurre aquí. Hablo de todas las religiones por la sencilla razón de que no te vuelvas adicto a un solo punto de vista. La vida es multidimensional. Ciertamente Moisés ha aportado algo que nadie más ha hecho. A menos que entiendas a Moisés te perderás esa perspectiva, esa dimensión; por eso serás más pobre.

Y la gente que escucha a Krishnamurti, ¡empieza a seguirlo! Hay krishnamurtianos que le escuchan desde hace cuarenta o incluso cincuenta años. Me he encontrado con ancianos de la misma edad que Krishnamurti que le han escuchado durante cincuenta años, desde 1930, y no han llegado a ninguna parte. Todo lo que han aprendido es una especie de negatividad: "Esto está mal, aquello está mal". Pero, ¿qué está bien? Sobre eso no parece haber ni siquiera un atisbo en su ser.

No te conviertas en parte de una religión, sino que visita, sé un invitado de todas las religiones. En el templo hay una belleza, en la mezquita también, un tipo diferente de belleza, en la iglesia de nuevo una experiencia diferente.

Y este es todo nuestro patrimonio; todo el pasado de la humanidad te pertenece. ¿Por qué elegir?

El seguidor elige. Insiste en ser cristiano; evitará los Upanishads, evitará el Dhammapada, no se preocupará por el Corán. Se está paralizando innecesariamente, paralizándose a sí mismo.

También digo que no sigas, pero no estoy de acuerdo con la afirmación de que: no intentes comprender. Intentar comprender no es seguir; tu comprensión se vuelve más clara, más aguda.

Krishnamurti sigue leyendo novelas policíacas. ¿Sigue hc esas novelas de detectives? ¿Intenta convertirse en detective? Si puede leer novelas policíacas, ¿qué hay de malo en leer los Upanishads?

Y las novelas policíacas son ordinarias, juveniles, infantiles. Los Upanishads son las cumbres del Himalaya de la conciencia humana. No los sigas - no hay necesidad de seguir a nadie.

Mis sannyasins no son mis seguidores, son sólo mis compañeros. La palabra satsang, la palabra upanishad, significa la compañía de un Maestro. El discípulo es un compañero, un compañero de viaje, y por supuesto si viajas con alguien que conoce el territorio, que ha explorado el territorio, tu viaje será más fácil, tu viaje será más enriquecedor, tu viaje tendrá menos peligros innecesarios; podrás alcanzar la meta antes que solo.

Las tradiciones sólo se vuelven peligrosas cuando uno se aferra a ellas; entonces sí que hay peligro. Las tradiciones son esfuerzos de grupo para evitar que ocurra lo inesperado. Si te conviertes en parte de ellas, entonces es peligroso, porque entonces la tradición se convierte en un obstáculo para que explores. La tradición insiste en la creencia: creer en ella y creer sin indagar. Eso es lo que hace la gente, los cristianos, los hindúes y los mahometanos: creer en algo sobre lo que nunca han indagado. Y creer en algo sin indagar es una falta de respeto hacia la verdad y hacia uno mismo.

No, creer no te va a ayudar, sólo saber puede liberarte.

Y dice lo mismo de un Maestro. Es cierto sobre noventa y nueve de los llamados Maestros, pero no es cierto sobre el único, el verdadero Él tiene noventa y nueve por ciento de razón, porque dondequiera que haya monedas verdaderas también tiene que haber monedas falsas. Una tradición está muerta; una religión es una filosofía, una creencia, un dogma. Si crees en ella, parece significativa; sus argumentos parecen ser muy grandes. En el momento en que te pones al lado y miras con distancia, puedes ver la estupidez. Puedes ver que hay suposiciones que no han sido probadas, que no han sido establecidas.

Una mañana se vio a un gran filósofo caminando por la calle tocando todos los postes por los que pasaba. Alguien le preguntó: "Oiga, profesor, ¿por qué toca todos esos postes?".

El filósofo sonrió y dijo: "¿Y por qué no tocas todos esos palos?".

¡Es difícil responder por qué no se toca!

Los filósofos tienen sus propios argumentos; puede que no seas capaz de argumentar contra ellos. Pueden silenciarte; pueden aportar grandes pruebas, argumentos lógicos, racionalizaciones. Pueden silenciarte, pero eso no te ayudará.

Tras pronunciar un discurso en la Universidad de Columbia, el célebre filósofo Bertrand Russell respondía a las preguntas del público. La pregunta crítica de un estudiante le hizo detenerse en seco.

Durante un minuto no dijo nada, con la mano en la barbilla. Luego miró al alumno y reformuló la pregunta, haciéndola más precisa. Preguntó al alumno: "¿Dirías que ésta sigue siendo tu pregunta?".

El alumno respondió encantado: "Sí".

Lord Russell volvió a reflexionar, esta vez incluso más tiempo, y por dos veces pareció a punto de hablar. Luego dijo: "Muy buena pregunta, joven. No creo que pueda responderla".

Pero hay muy pocos filósofos como Bertrand Russell que acepten que no pueden responder.

Inventarán respuestas, seguirán y seguirán creando pruebas, inventando pruebas. Para cada tontería pueden encontrar pruebas, pueden argumentar.

Todas las religiones se basan en teologías, y la propia palabra "teología" es una contradicción en sí misma.

"Theo" significa Dios, "logy" significa lógica, lógica sobre Dios. De hecho, no hay lógica sobre Dios; hay amor pero no lógica. Puedes acercarte al fenómeno Dios o a la piedad a través del corazón, a través del amor, pero no a través de la lógica.

Al seguir una tradición o una religión, ¿qué estás haciendo? Tu planteamiento pasa obligatoriamente por la cabeza. El seguimiento siempre es desde la cabeza: estás convencido lógicamente, de ahí que sigas, pero no es una relación amorosa.

Alcanzar el amor sólo es posible cuando encuentras un Maestro amoroso. No puedes enamorarte de Jesús ahora, no puedes enamorarte de Buda ahora; ya no están ahí. Esas gotas de rocío han desaparecido en el océano. Sólo puedes enamorarte de un Maestro vivo. Buda debe haber sido muy hermoso, pero el amor sólo puede darse entre dos corazones vivos.

Krishnamurti tiene razón sobre el noventa y nueve por ciento de los llamados gurús, pero hay que arriesgarse. Si te vuelves demasiado precavido, nunca podrás encontrar al verdadero. Para encontrar al verdadero tendrás que pasar por muchos falsos.

Un buscador estadounidense llegó al Everest tras un largo y arduo viaje alrededor del mundo en busca de un Maestro. Y finalmente encontró a un gran anciano sentado en silencio en la cima del Everest.

El buscador americano dijo: "Ah, gran gurú, he dedicado toda mi vida a la búsqueda de la verdad, la honestidad, el amor y la justicia. He viajado a las cuatro esquinas de la tierra para experimentar cada agonía y cada pasión. Ahora acudo a ti para preguntarte: ¿adónde voy ahora?".

El gurú le dijo: "Vuelve y hazlo todo de nuevo, hijo mío".

"¡Gracias, gracias! ¿Qué puedo hacer para recompensarte?"

Y el gurú dijo: "¿Tienes cigarrillos americanos?".

Tiene razón sobre el noventa y nueve por ciento de los gurús, pero se equivoca sobre el uno por ciento, y ese uno por ciento es realmente lo que importa. Se equivoca con Buda, se equivoca con Lao Tzu, se equivoca con Jesús.

Pero para encontrar a un Maestro vivo hay que buscar, y de hecho, todos esos falsos gurús te ayudan en cierto modo porque experimentándolos tomas conciencia de lo que es falso. Y conocer lo falso como falso es el principio de conocer lo verdadero como verdadero, lo real como real. Si tienes absolutamente claro lo falso, de repente tienes claro lo que es real, lo que es auténtico. Así que incluso los falsos gurus están sirviendo, de forma indirecta, a los verdaderos buscadores.

Wolfgang, un Maestro es aquel que no te dirá que le sigas. pero sin duda te dirá que estés en silencio con él. No tiene nada que ver con seguir. Un verdadero y auténtico Maestro no quiere crear pseudoréplicas, copias al carbón; te ayuda a descubrir tu rostro original. No te impondrá ninguna estructura; al contrario, te ayudará a deshacerte de todas las estructuras impuestas. No te condicionará; sólo te descondicionará y luego te dejará a ti mismo No te reacondicionará.

Cuando pasas de un falso guru, entonces sucede lo siguiente: el nuevo falso guru te descondicionará y luego te reacondicionará. Si te conviertes en hindú de ser cristiano, primero serás descondicionado para que puedas deshacerte de tu cristianismo, y luego se te impondrá el hinduismo.

Eso es lo que le está sucediendo a la gente Hare Krishna: ahora están siendo condicionados como hindúes. Han vivido en un tipo de prisión llamada Cristianismo, ahora vivirán en otro tipo de prisión llamada Hinduismo. Es lo mismo, no hay diferencia; sólo la prisión es diferente. Sales de una prisión e inmediatamente entras en otra.

El verdadero Maestro te sacará de una prisión y te impedirá entrar en otra.

Ciertamente es difícil encontrar un verdadero Maestro, pero eso no significa que uno no deba intentar encontrarlo; eso no significa que sea imposible -difícil, por supuesto, pero no imposible. Y cuando has llegado a un Maestro que simplemente imparte su amor, su ser, su presencia, que comparte su alegría, su risa contigo, y no hay ningún deseo de condicionarte, de forzarte a seguir un determinado patrón, entonces su presencia puede tener un inmenso significado catalizador; puede ser un agente catalizador. En su presencia puede empezar a suceder algo en ti que no sucederá solo durante siglos, quizá durante toda la vida.

J. Krishnamurti es un hombre hermoso pero unidimensional, muy lineal, una sola línea; sigue una sola pista.

Por lo tanto, no encontrarás ninguna contradicción en él. Durante cincuenta años ha estado repitiendo simplemente lo mismo una y otra vez. Sin saberlo, ha condicionado a la gente; simplemente repitiendo lo mismo una y otra vez durante cincuenta años ha hipnotizado a la gente. Ha creado una gran dificultad para esas personas: él mismo no es un Maestro, no puede impartir su experiencia - es un ARHATA, no un BODHISATTVA - y ha impedido que esas personas vayan en busca de algún otro Maestro viviente. Ha creado un verdadero lío en muchas personas: habrían ido en busca de un Maestro pero él se lo ha impedido. Su lógica es clara, atractiva, muy atractiva para el egoísta, particularmente para la llamada intelligentsia, muy atractiva, porque la llamada intellegentsia siempre tiene miedo de rendirse, de dejar caer el ego - son gente egoísta. Y cuando él dice: "No hay necesidad de seguir, no hay necesidad de ir a ningún Maestro, no hay necesidad de ninguna iniciación", se sienten muy felices.

Su ego se salva pero su ego está ahí.

Ahora el ego tiene incluso el apoyo de Krishnamurti, y todos sus argumentos serán utilizados por el ego.

Y eso es lo que les ha pasado a miles de personas que le han escuchado. No ha sido una bendición, debido a su lógica lineal.

Antiguamente, la gente como Krishnamurti solía permanecer en silencio. Esa era la manera del ARHATA - porque sabe que no puede impartir, que no tiene habilidad, permanece en silencio. No va por el mundo diciéndole a la gente: "Yo no puedo impartir y nadie más puede hacerlo tampoco".

Es la primera vez que un ARHATA intenta enseñar a la gente, y por supuesto es una contradicción. Se supone que el ARHATA no debe enseñar, y cuando un ARHATA empieza a enseñar enseñará en contra de la enseñanza, y las personas que se interesarán por él serán egoístas.

Puedes encontrar a los egos muy cultos alrededor de Krishnamurti, y están ahí porque él se ha convertido en su racionalización: no hay necesidad de rendirse. Y lo irónico es que el hecho sorprendente es que el propio Krishnamurti pasó por muchas iniciaciones, tuvo muchos Maestros.

De hecho, yo no tuve ningún Maestro y él tuvo muchos Maestros, ¡pero quizá por eso él está en contra de los Maestros y yo no! - porque yo no he tenido ninguna experiencia de lo falso. Nunca he estado con ningún Maestro, he trabajado por mi cuenta. Me llevó mucho tiempo, muchas vidas, pero nunca he sido iniciado por nadie. ¡Tal vez por eso tengo debilidad por los Maestros!

Y ha sido forzado y regimentado de todas las maneras posibles por los teósofos. Y ellos tenían muchos secretos a su disposición y él fue iniciado en todo tipo de ceremonias y en todo tipo de misterios secretos, esotéricos, que no están disponibles para el público. Debió cansarse.

Y hay que recordar siempre un hecho: no estaba allí por voluntad propia, había sido elegido y adoptado. Pertenecía a un brahmán muy pobre, hijo de un brahmán muy pobre, tan pobre que ni siquiera era capaz de educar a sus hijos. Y cuando Annie Besant y Leadbeater encontraron a estos dos hermanos, Krishnamurti y Nityananda, nadando en un río junto a Adyar, donde está la sede del Movimiento Teosófico, la sede mundial cerca de Madrás... Leadbeater tenía cierta sensibilidad para descubrir talentos; descubrió a muchas personas con talento. Tenía un cierto sentido para ver inmediatamente la posibilidad, el potencial. Inmediatamente se lo dijo a Annie Besant... habían ido a dar un paseo matutino y vio a estos dos niños; Nityananda debía tener once años y Krishnamurti nueve. Y dijo: "Estos dos niños tienen un valor inmenso: ¡pueden convertirse en maestros del mundo!".

Así que los buscaron. Descubrieron que pertenecían a un hombre muy pobre; la madre está muerta, el padre es sólo un empleado muy pobre en una oficina. Es difícil educar y alimentar bien a los niños. Cuando se enteró de que Annie Besant quería adoptarlos, se alegró mucho y se los dio de buen grado.

Y, por supuesto, tanto Nityananda como Krishnamurti fueron educados como príncipes o incluso mejor que eso. Tuvieron los tutores más eruditos; pasaron por la educación privada en la India, en Francia, en Inglaterra, en América, en todo el mundo. Los mantuvieron alejados del público para que no se contaminaran. Se les impidió conocer a la gente común. Fueron criados como personas especiales, elegidos - elegidos para ser maestros del mundo. Y se les impuso una gran disciplina. Por supuesto, todo fue a regañadientes; ellos mismos no habían elegido el camino. Debió haber una resistencia - naturalmente, obviamente. en el fondo debieron resistirse.

Nityananda murió, y mi sensación es que murió debido a una disciplina demasiado rigurosa: ayunar, levantarse temprano, a las tres de la mañana. Y enfermó, pero la disciplina continuó. Eran duros maestros, querían hacer superhombres, y por supuesto cuando quieres hacer de alguien un superhombre la disciplina tiene que ser dura, ardua.

Nityananda murió. Eso también ha sido una herida en la mente de Krishnamurti, en su corazón: que su hermano estuvo a punto de morir a causa de la disciplina. Y veinticinco años de riguroso entrenamiento deben haber creado un antagonismo, una resistencia.

Así que cuando llegó el momento de su declaración -los teósofos se reunieron de todo el mundo y Krishnamurti iba a declararse la nueva encarnación de Gautam el Buda, el Maestro del Mundo-, cuando subió a la plataforma para declarar, todo el mundo se quedó estupefacto, la gente no podía creer porque él simplemente negó. Dijo: "No soy el Maestro de nadie, no acepto discípulos, no enseño ninguna disciplina y disuelvo toda esta organización que se ha creado a mi alrededor."

En torno a él se creó una organización con seis mil miembros en todo el mundo. La organización se llamaba "La Estrella de Oriente". Disolvió la organización, distribuyó el dinero a los donantes. porque tenía mucho dinero. Sorprendió a todo el mundo: habían trabajado tanto tiempo en él y simplemente se escapó en el último momento.

Y esa herida ha permanecido en él, y no puede perdonar a todos esos Maestros, sus disciplinas, sus enseñanzas - no puede perdonar, de ahí que esté en contra. Y él mismo es un ARHATA, no puede ser un Maestro. Y todo el pasado de su vida está lleno de resistencia.

Mi experiencia es totalmente distinta, todo lo contrario: No he tenido a nadie que me impusiera nada; todo lo que he hecho lo he hecho por mí mismo. De ahí que no vea en mí ningún antagonismo contra los Maestros, contra el discipulado.

Pero ciertamente en un noventa y nueve por ciento estaré de acuerdo con él: Muktananda, el Reverendo Moon, Prabhupad, todo tipo de gente estúpida, explotando - explotando la gran búsqueda que ha surgido en el corazón de la humanidad.

El hombre se encuentra en una nueva frontera, va a entrar en un nuevo territorio. Hay que dar un nuevo paso.

De ahí la gran búsqueda en todo el mundo de la verdad, de la meditación, del interior. Lo exterior ha fracasado: la ciencia ha demostrado ser ilusoria, todas sus promesas se han ido por el desagüe; y el hombre sabe ahora absolutamente que "Lo que hemos estado haciendo hasta ahora era básicamente erróneo: el viaje tiene que ser hacia el interior."

Ahora hay charlatanes, gente que puede explotar esta oportunidad, pero esto es comprensible; no se puede hacer nada al respecto. El buscador tiene que pasar a través de todos estos explotadores, engañadores, hipócritas, y tiene que ser consciente para que pueda encontrar un día al verdadero hombre - el hombre que puede descondicionarte y que no te recondicionará de nuevo, que te dejará en absoluta libertad para ser tú mismo Ten cuidado con los falsos Maestros - y hay muchos y de muchos tipos. Los hay de todos los tamaños y formas y pueden ser muy atractivos, porque cumplen tus expectativas.

El verdadero Maestro nunca cumplirá tus expectativas; no tiene ningún deseo de manipularte. Cumplir tus expectativas significa un profundo deseo de manipularte. Tienes que estar alerta, vigilante. Si alguien intenta satisfacer tus expectativas, debes saber perfectamente que no es libre, que no puede darte la libertad.

En la India, como en otros países y otras tradiciones también, la gente tiene expectativas, ciertas expectativas. Por ejemplo, un cristiano espera que la persona iluminada sea similar a Jesús; ahora bien, eso es absolutamente imposible. Jesús no puede repetirse, no necesita repetirse. Para repetir a Jesús se necesita todo el contexto y ese contexto ya no es posible. Jesús existió en un mundo judío, con todas las expectativas, deseos, esperanzas y promesas. Ahora ese mundo ha desaparecido; han pasado dos mil años. Tanta agua ha bajado por el Ganges que ya nada es igual. ¿Cómo puede repetirse Jesús?

Pero el cristiano espera de un verdadero Maestro que sea igual a Jesús. Ningún verdadero Maestro puede ser como Jesús. Jesús no era como Moisés, ese era el problema. Por eso los judíos eran tan antagónicos: esperaban que fuera igual que Moisés. Moisés vivía en un mundo totalmente diferente; pertenecía al contexto egipcio, creció fuera de ese contexto, sólo tiene sentido en esa referencia. Jesús no puede ser un Moisés, es imposible. Y los judíos esperaban que fuera igual que Moisés, y como no lo era lo mataron.

Ahora los cristianos hacen lo mismo: esperan que el verdadero Maestro sea una réplica de Jesús, una imitación de Jesús. Ningún verdadero Maestro puede ser una réplica; sólo algún necio puede imitar, sólo algún mediocre puede ser un calco. Esto es un insulto tan profundo al propio ser -copiar a otro- que ningún hombre inteligente puede hacerlo jamás. Pero lo mismo ocurre con otras tradiciones.

Los budistas esperan que venga Buda, y tiene que ser exactamente como Buda. Y los jainistas tienen sus expectativas y los hindúes también. Los hindúes no pueden aceptar a Mahavira como un Maestro iluminado porque no es como Krishna, y los jainistas no pueden aceptar a Krishna como un Maestro iluminado porque no es como Mahavira. Los jainistas no pueden aceptar a Buda como una persona iluminada porque no es como Mahavira, y los budistas a su vez no pueden aceptar a Mahavira porque no es como Buda. Ninguna tradición puede aceptar a los iluminados de otras tradiciones porque las expectativas difieren.

Por ejemplo, los jainistas piensan que el Maestro iluminado debe estar desnudo. Ahora bien, Jesús no cumple eso, Mahoma no está desnudo, Zaratustra no está desnudo, Krishna no está desnudo. Al contrario, Krishna amaba las ropas hermosas, amaba los ornamentos.

En aquellos tiempos, en la India, los hombres solían llevar adornos, y eso parece realmente lógico y natural.

Si observas la naturaleza lo verás: mira el pavo real. El pavo real hembra no es ornamental; es el pavo real macho el que es ornamental. No te equivoques, cuando veas el hermoso pavo real con sus plumas de los colores del arco iris, recuerda que es el macho, no la hembra. La hembra es bella por el mero hecho de ser hembra; no necesita ornamentación. ¡Le basta con ser famale! El pobre macho necesita otros artilugios.

Cuando escuches el hermoso sonido del cuco, recuerda que es el macho, no la hembra. La hembra no necesita tener una voz tan hermosa para cantar; le basta con ser hembra. La hembra simplemente se sienta escondida en un bosquecillo de mangos, y el macho sigue derramando su corazón, ¡escribiendo cartas de amor!

Toda la naturaleza es una prueba de que la mujer parece ordinaria y el hombre muy bello. Es extraño que el hombre haya empezado a comportarse al revés, que las mujeres intenten ser bellas, que usen adornos, pintalabios, pestañas postizas y todo eso. Es una locura. ¡Que el hombre use todas esas cosas! Es pobre, necesita algo. La mujer es perfectamente bella como es. El mero hecho de ser femenina tiene una gracia, una belleza; no hay necesidad de ningún otro añadido.

En la época de Krishna las cosas eran perfectamente naturales: los hombres solían llevar adornos. Si has visto las estatuas de Krishna, las imágenes, verás: lleva ropas de seda, ropas coloridas, con una corona con una pluma de pavo real en ella, y con una flauta, tratando de hacer lo que el cuco macho sigue haciendo, y está de pie en una pose de baile.

Ahora bien, los jainistas no pueden aceptarlo como un iluminado; esta no es la forma de ser iluminado.

¡Parece un actor! Según la mitología jainista ha ido al séptimo infierno - el séptimo es el último. Sólo la gente muy peligrosa es arrojada al séptimo. Incluso Adolf Hitler no llegara al septimo; estara en algun lugar, como mucho en el tercero, no mas que eso. Krishna esta en el septimo y Krishna no sera liberado en esta fase de la creacion.

Los jainistas tienen ciclos: un ciclo significa una creación; luego toda la creación se disuelve, desaparece en la nada, y entonces comienza otra creación, otro ciclo. Krishna será liberado sólo cuando comience el segundo ciclo, no en este ciclo. Cuando todos estos soles y lunas y estrellas y todo este universo se disuelve a través de los agujeros negros cuando todo se ha ido y dejado - no queda nada - entonces comienza el segundo ciclo. Krishna regresará sólo después de que la primera creación se haya ido, no antes de eso;

tomará la eternidad. Están muy enfadados con Krishna - qué clase de iluminado es.

¡Estas expectativas! Los jainistas no pueden creer que Jesús esté iluminado, porque según ellos una persona iluminada no puede ser crucificada - imposible. De hecho, tienen este mito de que cuando Mahavira camina por la carretera... y es un hombre desnudo y sin zapatos, y tú conoces las carreteras indias. Y Mahavira caminó veinticinco siglos antes; sólo trata de imaginar qué tipo de caminos - no debe haber estado caminando - ¡caminos sin caminos!

La historia es la siguiente: cuando camina por la carretera, aunque haya una espina se vuelve inmediatamente del revés porque la persona iluminada ha acabado con todos sus karmas, ya no puede sufrir ningún dolor.

El dolor se sufre debido a tus karmas pasados; debes haber cometido algún pecado en el pasado. Ha acabado con todos los pecados, está completamente libre de todos los karmas, así que no hay dolor posible. ¿Qué pensar, qué decir sobre la crucifixión?

Los jainistas no pueden creer que Jesús esté iluminado. Según ellos, no son los judíos quienes lo crucifican, no es el gobernador romano quien lo crucifica; son sus malas acciones pasadas, sus karmas pasados los que le están creando este dolor, esta agonía.

Si observas todas estas expectativas podrás comprender que ninguna persona iluminada puede ir de acuerdo con tus expectativas; tiene que vivir su vida auténticamente. Y si quiere explotarte, cumplirá tus expectativas. Si quiere explotar a los jainistas, irá desnudo, ayunará y ellos serán felices. Si quiere satisfacer las expectativas de los cristianos, se convertirá en la Madre Teresa de Calcuta: servirá a los pobres, a los lisiados, a los enfermos. Si quiere cumplir las expectativas de los mahometanos, se convertirá en un Ayatolá Jomaníaco: tomar la espada, porque eso es lo que hizo Mahoma. Y recuerde, los mahometanos creen que fue por compasión, porque si alguien va a ir al infierno, aunque se le pueda impedir con una espada se le debe impedir. Y cualquiera que no sea mahometano irá al infierno, así que hay que convertir a todo el mundo en mahometano, por el medio que sea, pero HAY QUE HACERLO. Así que el Ayatolá Jomaníaco es el Maestro mahometano más perfecto en este momento.

Estos tontos pueden fingir porque tienen que mirar a la multitud, cuáles son sus expectativas; pueden cumplir sus expectativas. Pero un verdadero Maestro viviente está obligado a estar totalmente libre de tus expectativas. No puede adaptarse a ti; si tienes que estar con él, tienes que adaptarte a él.

Y por eso a los egoístas les resulta difícil estar con un Maestro, y disfrutan de la compañía de Krishnamurti -por la sencilla razón de que él no te está pidiendo que disuelvas tu ego ni que te rindas ni que te ajustes de ninguna manera. No te pide nada. No te está dando ninguna visión, simplemente está aclarando el punto de vista de un ARHATA. Pero el ARHATA nunca ha ayudado a nadie, y no puede ayudar.

Y ahora han surgido muchos nuevos tipos de gurús; están proliferando por todo el mundo.

Los gurús religiosos están ahí y luego están los psicoanalistas y los terapeutas. Están ocupando el lugar; se están volviendo muy importantes. Y, por supuesto, entienden algo sobre el mecanismo de la mente y pueden ayudarte un poco, pero ellos mismos están en un profundo lío.

Conversación entre dos psiquiatras:

"La mayoría de mis pacientes están perturbados. Permítame hacerle algunas preguntas - para darle un ejemplo. ¿Cuál tiene curvas suaves y a veces es incontrolable?"

"Un lanzador de béisbol, por supuesto".

"Después, ¿qué lleva falda y tiene unos labios que te dan placer?".

"Obviamente, un escocés tocando una gaita".

"Conoces las respuestas, ¡pero es increíble las extrañas respuestas que recibo de mis pacientes!".

Estos psicoanalistas, ahora son los gurús de la Nueva Era. Conocen ciertos trucos sobre la mente, pero no tienen ni idea de lo más íntimo de tu ser. Tienes que ser muy cuidadoso y cauteloso porque nunca ha habido un deseo tan tremendo de transformación, de ahí que haya mucha gente que no desaprovechará esta oportunidad para explotarte.

En ese sentido Krishnamurti tiene razón, pero sólo sobre el noventa y nueve por ciento. Y para mí eso no es nada comparado con el uno por ciento restante. Ese noventa y nueve por ciento puede ser ignorado, ese uno por ciento no debe ser olvidado porque esa es la única esperanza: un Maestro que puede hacerte libre, que no te hace esclavo; un Maestro que puede hacerte incondicionado y no te reacondiciona; un Maestro que no te da ninguna doctrina, dogma, un credo en el que creer, sino que comparte su alegría, su celebración contigo.

La última pregunta:

Pregunta 3:

MAESTRO,

POR FAVOR, CUENTE UN CHISTE DEL QUE ME PUEDA REÍR EL RESTO DE MI VIDA.

Prem Raquibo,

NO HAY BROMAS DE ESE TIPO; es imposible. No puede ocurrir por la propia naturaleza de las cosas, porque un chiste sólo puede reírse cuando se oye por primera vez. No puedes reírte de él durante el resto de tu vida, a menos que seas tan estúpido, tan rematadamente estúpido, que cada vez que lo oigas hayas olvidado por completo que lo has oído antes. Y te lo contarás a ti mismo, porque ¿quién te lo va a contar toda la vida? Yo sólo puedo decírtelo una vez, luego tendrás que decírtelo a ti mismo.

¡O tienes que ser completamente estúpido o estar loco!

He oído hablar de un hombre que estaba sentado en una sala de espera de una estación de ferrocarril y el tren llegaba tarde, como siempre llegan los trenes indios. En la India dicen que el horario existe para saber cuánto se retrasa el tren. Si no, ¿cómo vas a saber cuánto se retrasa? Tarde va a llegar.

Y en la India dicen que un billete es válido durante veinticuatro horas. Es válido durante veinticuatro horas porque nadie sabe cuándo llegará el tren. Si llega en veinticuatro horas, ¡también es un milagro!

Así que estaba esperando, sentado en su silla, y las demás personas de la sala de espera se quedaron un poco perplejas. Finalmente, una persona sintió tanta curiosidad que no pudo contenerla. Dijo: "Señor, no debería entrometerme, pero ¿qué está pasando?". - porque el hombre estaba sentado con los ojos cerrados; movía los labios. A veces se reía y a veces fruncía el ceño; a veces se reía a carcajadas y a veces hacía un gesto con las manos como si estuviera tirando algo. ¿Qué ocurría?

El hombre preguntó: "¿Qué están haciendo? No es asunto nuestro y no debemos inmiscuirnos, y es absolutamente privado lo que estás haciendo, pero perdona... ¿podrías iluminarme un poco?".

El hombre respondió: "No tiene nada de privado, ¡me estoy contando chistes a mí mismo!".

El hombre dijo: "Eso... eso puedo entenderlo. A veces te ríes y te ríes a carcajadas - debes estar divirtiéndote. Pero a veces frunces el ceño y pones esa cara tan fea y tiras algo, apartas algo con las manos".

Dijo: "¡Sí, cuando oigo un chiste que ya he oído antes!".

¡Se está contando chistes a sí mismo!

Ahora, Raquibo, ¿una broma para toda la vida...? ¡Nunca ha ocurrido! Sólo puedes reírte la primera vez, porque todo el arte, el secreto de un chiste es el final inesperado. Ese es todo el secreto: el giro inesperado. El chiste se mueve primero en una línea determinada y luego da un giro tan inesperado que, lógicamente, te quedas estupefacto por un momento. Estabas avanzando en el chiste esperando que ocurrieran ciertas cosas, y entonces lo que ocurre no es lo lógico. Ocurre algo ilógico, y es eso ilógico lo que hace bello el chiste, lo que te hace estallar en carcajadas.

La lógica no es divertida, es una cosa seria. Y cuando empiezas a oír un chiste, por supuesto tu mente empieza a funcionar lógicamente. Empiezas a esperar lógicamente que esto va a pasar, esto va a pasar, y entonces al final viene algo que no podías haber imaginado. Es tan ilógico, tan ridículo. ¡Es tan absurdo! La conmoción... y toda la energía iba en una dirección, subiendo hasta el clímax, y de repente todo se vuelve loco. Toda la energía estalla en risas. Es una cierta tensión que se libera. La lógica crea tensión y el chiste la libera. Es el remate lo que hace el truco.

Pero esto sólo puede ocurrir una vez. Si conoces el remate, te resultará muy difícil disfrutarlo porque lo estarás esperando. Ya lo conoces; ahora forma parte de tu lógica. Así que no puede haber ninguna energía creciente, no puede haber ninguna tensión; te sentarás relajadamente.

Un hombre que entraba en la madurez llevaba algún tiempo preocupado por su pene. Había crecido muy torcido y le habían salido verrugas y pelos en los lugares más inapropiados. Su estado había empeorado con los años y decidió consultar a un médico.

El médico local examinó minuciosamente su herramienta y afirmó que la amputación era la única posibilidad para un ejemplar como el suyo.

El pobre hombre fue a otro médico para que le diera una segunda opinión. También lo examinó a fondo y le dijo que tenía que quitárselo.

Ahora, presa del pánico, el hombre acudió a un especialista para que le diera una opinión definitiva. Éste examinó detenidamente el pinchazo, se recostó en su sillón durante un rato en actitud contemplativa y luego dijo: "No, señor, creo que la amputación es innecesaria". El paciente suspiró aliviado. "Sí", continuó el médico, "¡en un santiamén se caerá solo!".

La entrega es del corazón

La primera pregunta:

Pregunta 1:

MAESTRO,

MI AMIGO, QUE TIENE UN DOCTORADO EN INFORMÁTICA, Y CUYA TESIS FUE SOBRE "INTELIGENCIA ARTIFICIAL", DICE QUE EL HOMBRE ES UN ORDENADOR BIOQUÍMICO Y NADA MÁS. EL BUDA HA DICHO QUE TODAS LAS COSAS ESTÁN COMPUESTAS Y QUE NO HAY YO, NI ALMA, NI ESPÍRITU, NI "YO", LO QUE PARECE COINCIDIR CON EL PUNTO DE VISTA DE MI AMIGO. ¿PODRÍA AYUDARME, POR FAVOR, PORQUE SIENTO QUE HAY ALGO QUE FALTA EN ESTOS PUNTOS DE VISTA, PERO NO PUEDO VERLO POR MÍ MISMO?

Prem Hamid,

El HOMBRE es sin duda un bioordenador, pero también algo más. Sobre el noventa y nueve coma nueve por ciento de las personas puede decirse que sólo son bioordenadores y nada más. Ordinariamente uno es sólo el cuerpo y la mente, y ambos son compuestos. A menos que uno pase a la meditación, no puede encontrar eso que es algo más, algo trascendental al cuerpo y a la mente.

Los psicólogos, en particular los conductistas, llevan medio siglo estudiando al hombre, pero estudian al hombre ordinario, y por supuesto su tesis queda demostrada por todos sus estudios. El hombre ordinario, el hombre inconsciente, no tiene nada más en él que el compuesto cuerpo-mente. El cuerpo es el lado exterior de la mente y la mente el lado interior del cuerpo. Ambos nacen y ambos morirán algún día.

Pero hay algo más. Ese algo más hace a un hombre despierto, iluminado, un Buda, un Cristo. Pero un Buda o un Cristo no están disponibles para ser estudiados por Pavlov, Skinner, Delgado y otros. Su estudio es sobre el hombre inconsciente, y por supuesto cuando estudias al hombre inconsciente no encontrarás nada trascendental en él. Lo trascendental existe en el hombre inconsciente sólo como un potencial, como una posibilidad; aún no se ha realizado, aún no es una realidad. Por lo tanto, no puedes estudiarlo.

Sólo puedes estudiarlo en un Buda, pero incluso entonces el estudio es obviamente muy difícil, muy cercano a lo imposible, porque lo que estudiarás en un Buda será de nuevo su comportamiento. Y si estás decidido a que no hay nada más, si ya has llegado a esa conclusión, entonces incluso en su comportamiento sólo verás reacciones mecánicas, no verás su espontaneidad. Para ver esa espontaneidad también tienes que participar en la meditación.

La psicología sólo puede llegar a ser una verdadera psicología cuando la meditación se convierte en su fundamento. La palabra "psicología" significa la ciencia del alma. La psicología moderna no es todavía una ciencia del alma.

Buda ciertamente ha negado el yo, el ego, el "yo", pero no ha negado el alma y el yo y el alma no son sinónimos. Niega el yo porque el yo sólo existe en el hombre inconsciente. El hombre inconsciente necesita una cierta idea del "yo", de lo contrario estará sin centro. No conoce su verdadero centro. Tiene que inventar un centro falso para poder al menos funcionar en el mundo, de lo contrario su funcionamiento se volverá imposible. Necesita una cierta idea del "yo".

Seguro que has oído hablar de la famosa afirmación de Descartes: "COGITO ERGO SUM - Pienso, luego existo".

A un profesor, que enseñaba la filosofía de Descartes, le preguntó un alumno: "Señor, yo pienso, pero ¿cómo sé que soy?".

El profesor fingió echar un vistazo a la clase. "¿Quién hace la pregunta?", dijo.

"Lo soy", respondió el estudiante.

Se necesita una cierta idea del "yo", de lo contrario el funcionamiento se vuelve imposible. Por eso, como no conocemos el "yo" real, lo sustituimos por un "yo" falso, algo inventado, compuesto.

Buda niega el yo porque para él "yo" es simplemente otro nombre para el ego, con un poco de color de espiritualidad, por lo demás no hay diferencia. Su palabra es anatta. Atta significa "yo", anatta significa "no-yo". Pero no niega el alma. De hecho, dice que cuando se abandona completamente el yo, sólo entonces se llega a conocer el alma. Pero no dice nada sobre ella porque no se puede decir nada sobre ella.

Su enfoque es vía negativa. Él dice: Tú no eres el cuerpo, tú no eres la mente, tú no eres el yo Él sigue negando, eliminando. Elimina todo lo que puedas concebir, y luego no dice nada de lo que queda. Lo que queda es tu realidad: ese cielo completamente puro, sin nubes, sin pensamiento, sin identidad, sin emoción, sin deseo, sin ego, no queda nada. Todas las nubes han desaparecido... sólo el cielo puro.

Es inexpresable, innombrable, indefinible. Por eso guarda absoluto silencio al respecto. Sabe que si se dice algo al respecto, volverás inmediatamente a tu vieja idea del yo. Si dice: "Hay un alma en ti", ¿qué vas a entender? Pensarás: "Él lo llama alma y nosotros lo llamamos yo, es lo mismo". El yo supremo tal vez, el yo espiritual; no es el ego ordinario". Pero espiritual o no espiritual, la idea de que yo sea una entidad separada es la cuestión.

Buda niega que seas una entidad separada del todo. Eres uno con la unidad orgánica de la existencia, así que no hay necesidad de decir nada sobre tu separación. Incluso la palabra "alma" te dará una cierta idea de separación; estás obligado a entenderla a tu manera inconsciente.

Hamid, tu amigo dice que EL HOMBRE ES UN ORDENADOR BIOQUÍMICO Y NADA MÁS.

¿Puede un ordenador bioquímico decir eso? ¿Puede un ordenador bioquímico negar el yo, el alma? Ningún bioordenador ni ningún otro tipo de ordenador tiene idea del yo o del no-yo. Tu amigo lo está haciendo - ciertamente ÉL no es un ordenador bioquímico. Ningún ordenador bioquímico puede escribir una tesis sobre inteligencia artificial. ¿Crees que la inteligencia artificial puede escribir una tesis sobre la inteligencia artificial?

Se necesita algo más.

Y está absolutamente equivocado al pensar que Buda dice también lo mismo:

... QUE TODAS LAS COSAS ESTÁN COMPUESTAS Y NO HAY YO, NI ALMA, NI ESPÍRITU, NI "YO".

Se equivoca al pensar que Buda está de acuerdo con su punto de vista, en absoluto. La experiencia de Buda es la meditación. Sin meditación nadie puede tener idea de lo que dice Buda. La observación de tu amigo es desde el punto de vista de un observador científico. No es su experiencia, es su observación. Está estudiando los ordenadores bioquímicos, la inteligencia artificial, desde fuera. ¿Quién estudia desde fuera?

¿Puede concebir que dos ordenadores se estudien mutuamente? El ordenador sólo puede tener lo que se le ha dado; no puede tener más que eso. Hay que darle la información y luego la guarda en su memoria: es un sistema de memoria. En matemáticas puede hacer milagros. Un ordenador puede ser mucho más eficiente que cualquier Albert Einstein en lo que a matemáticas se refiere, pero un ordenador no puede ser un meditador. ¿Te imaginas un ordenador sentado en silencio sin hacer nada, que llegue la primavera y la hierba crezca sola...?

Hay muchas cualidades que son imposibles para el ordenador. Un ordenador no puede estar enamorado.

Puedes tener muchos ordenadores juntos, pero no se enamorarán. Un ordenador no puede experimentar la belleza. Un ordenador no puede conocer la dicha. Un ordenador no puede tener conciencia.

Un ordenador es incapaz de sentir el silencio. Y éstas son las cualidades que demuestran que el hombre tiene algo más que inteligencia artificial.

La inteligencia artificial puede hacer trabajos científicos, trabajos matemáticos, cálculos... grandes cálculos y muy rápidos y muy eficientes, porque es una máquina. Pero una máquina no puede ser consciente de lo que hace. Un ordenador no puede sentir aburrimiento, no puede sentir falta de sentido, no puede experimentar angustia. Un ordenador no puede iniciar una investigación sobre la verdad, no puede renunciar al mundo y convertirse en sannyasin, no puede ir a las montañas o a los monasterios. No puede concebir nada más allá de lo mecánico, y todo lo que es significativo está más allá de lo mecánico.

Un policía empieza a perseguir a un coche tras darse cuenta de que el conductor es un ordenador, un robot, que lleva sombrero, fuma un puro y conduce con una mano colgando de la ventanilla.

Por fin consigue detener el coche. Se acerca a él y ve con sorpresa que hay un hombre sentado junto al ordenador.

"¿Estás loco?", exclama el agente, "¿dejando conducir tu ordenador?".

"Disculpe, agente", responde el hombre, "¡le he pedido que me lleve!".

Sí, en los cuentos es posible, pero no en la realidad.

Al Sr. Polanski le gusta jugar con relojes de cuco. Una lluviosa mañana de domingo desmonta su reloj de cuco y lo vuelve a montar.

A las doce en punto la familia se reúne, esperando a que el bonito pajarito cante su canción... no pasa nada.

Esperan hasta la una: no hay cuco. A las dos siguen esperando a que aparezca el pájaro.

Por fin, a las tres, se abre la puertecita y sale el cuco.

"¡Maldita sea!", chilla. "¿Alguno de ustedes sabe la hora?"

La segunda pregunta:

Pregunta 2:

MAESTRO,

USTED HABLÓ AYER SOBRE KRISHNAMURTI Y LOS MAESTROS, Y QUE PODEMOS ENTENDER, PODEMOS SABER, PODEMOS RENDIRNOS Y PODEMOS ENAMORARNOS DEL MAESTRO, PERO NO DEBEMOS SEGUIR Y CREER EN EL MAESTRO. ¿ES POSIBLE ENTREGARSE SIN CREER? MI CORAZON ME DICE QUE RENDIRSE Y CREER ES LO MISMO. NO PUEDO SENTIR LA DIFERENCIA. ¿QUÉ ES RENDIRSE Y CREER? QUIERO CREER. NECESITO CREER. SI TÚ DICES QUE LA MEDITACIÓN ES LA FUENTE Y YO HAGO MEDITACIÓN, TE CREO, CONFÍO EN TI.

Dhyan Anna,

La RENDICIÓN no es posible en absoluto si crees, porque creer es de la cabeza y rendirse es del corazón. Creer significa estar convencido lógicamente, intelectualmente, de que lo que se dice es correcto.

El ARGUMENTO te atrae. Creer no tiene nada que ver con el corazón; es absolutamente de la mente, un fenómeno de la mente. Creer no es una cuestión de amor.

Creer significa que intelectualmente estás convencido porque no puedes ver ningún argumento que pueda destruirlo; todos los argumentos que manejas lo demuestran. Pero en el fondo hay una corriente de duda. La creencia no puede destruir la duda, sólo puede disimularla. Puede cubrirla tan perfectamente que PUEDES olvidarte de la duda, pero siempre está ahí. Rasca un poco a cualquier creyente y encontrarás la duda ahí. Por eso los creyentes siempre han tenido miedo de escuchar cualquier cosa que vaya en contra de su creencia.

La Iglesia Católica sigue prohibiendo a los católicos: no leer esto, no leer aquello. Siguen poniendo en su lista negra libros prohibidos para los católicos. La biblioteca del Vaticano tiene miles de documentos tremendamente hermosos -durante miles de años han estado reuniendo- de todas esas escrituras que han quemado, prohibido, vetado. Pero ellos han guardado algunas copias en la biblioteca del Vaticano solo como un pasado historico, y lo que se ha hecho en el pasado y lo que ha sido destruido en el pasado -algunas pruebas de eso. Todo lo que iba en contra del cristianismo era destruido.

Lo mismo han hecho los mahometanos, los hindúes, casi todos los creyentes del mundo.

¿Por qué este miedo? - Porque todos son conscientes de que el creyente no está libre de dudas; la duda está ahí y cualquiera puede volver a levantarla. De alguna manera han conseguido que se asiente, de alguna manera han cubierto la herida, pero la herida no se ha curado; está ahí, y debajo de la cubierta sigue extendiéndose.

La gente cree en Dios, pero ¿significa eso que su duda ha desaparecido? Si la duda ya no existe, ¿qué necesidad hay de creer?

Creer es un antídoto, es una medicina. Si estás sano, no necesitas ninguna medicina: si no tienes dudas, no necesitas creer.

La creencia es muy superficial; te divide. El creyente es sólo la parte superficial de ti y la parte restante, la mayor parte, las nueve décimas partes de tu ser, permanece llena de dudas. Hay confusión dentro de cada creyente y tiene miedo, mucho miedo de encontrarse con algo que pueda perturbar su creencia - y cualquier cosa puede perturbar su creencia.

A los comunistas no se les permite leer nada en contra del comunismo. En Rusia, el gobierno no permite nada que vaya en contra del comunismo. ¿Por qué este miedo? El miedo es porque saben que si entran cosas contra el comunismo en su país, la gente empezará a pensar de nuevo; surgirán sus dudas.

Anna, lo primero que tienes que entender es: creer es de la cabeza y entregarse es del corazón. La entrega no es una creencia, no es una convicción intelectual, es simplemente lo último en amor. NO PUEDES dar ninguna prueba de tu entrega; puedes dar mil y una pruebas lógicas de tu creencia, pero de tu entrega no puedes dar ni una sola prueba. Y todo lo que digas te parecerá absurdo a ti mismo; se quedará corto. La entrega tiene una belleza trascendental, y la creencia es tan ordinaria y la prueba tan mundana.

Ese es el problema por el que la gente se siente un poco avergonzada si se le pregunta por su amor. Si le preguntas a un hombre por qué se ha enamorado de cierta mujer, se sentirá un poco avergonzado. Le estás preguntando algo que no puede responder, de ahí la vergüenza. ¿Por qué...? Puede que consiga decir algo, pero ni te convencerá ni él mismo sentirá que vale la pena decirlo. Puede decir que la mujer es guapa, que por eso... pero todo eso son racionalizaciones, no razones para su rendición.

La entrega no tiene razones ni motivos. Rendirse significa simplemente un acontecimiento, no un hacer.

Creer es un hacer -lo haces, te esfuerzas-, pero la entrega ocurre desde el más allá. Simplemente estás poseído por ella.

Los amantes lo saben, cómo se vuelven poseídos. Si dices: "Porque la mujer es hermosa", la otra persona puede decir: "Pero nadie más se ha enamorado de ella. Y ha sido hermosa incluso antes de que tú la conocieras, y es hermosa, pero yo no me he enamorado de ella. ¿Cómo es que te has enamorado de ella?".

De hecho, es una racionalización, no es cierto. De alguna manera intenta salvar la cara. No quiere decir que no sabe por qué ha sucedido, simplemente ha sucedido. No quiere aceptar que está viviendo algo irracional, que ha permitido que le ocurra algo ilógico.

La realidad es: la mujer está guapa porque tú te has enamorado de ella, no al revés.

No es por su belleza por lo que te has enamorado. si no, el mundo entero se habría enamorado antes que tú. Todo lo contrario: ella te parece bella porque tú estás enamorado. El amor embellece.

Y enamorarse de un hombre o de una mujer es el tipo más bajo de amor. Cuando te enamoras de un Buda, de un Cristo o de un Krishna, es el amor más elevado, el crescendo. ¡Es algo fuera de lo común! Es extravagante. Ni siquiera puedes dar razones para tu amor ordinario, ¿qué razones puedes dar cuando te enamoras de un Maestro? No hay ninguna razón.

El otro día Vivek me contaba un chiste. Me dijo: "Maestro, ¿sabes por qué los judíos tienen el cuello corto?".

Y yo dije... (MAESTRO SE MEZCLA LOS HOMBROS)

Y ella respondió: "¡Sí, por eso!".

Cuando amas, ¿qué puedes decir sino encogerte de hombros? Y si sigues encogiéndote de hombros todo el día, ¡tendrás el cuello corto!

Ana, me preguntas: ¿ES POSIBLE RENDIRSE SIN CREER?

No sólo es posible sin creer, sino que sólo es posible si no hay creencia. Con la creencia no hay posibilidad: la creencia es un falso sustituto. La entrega surge de la confianza, y confianza y creencia no son sinónimos.

Ahí es donde Anna está confundida: piensa que confiar y creer son lo mismo, pero no lo son. Creer es de la cabeza, confiar es del corazón. La creencia tiene argumentos, la confianza no los tiene. La creencia es intelectual, la confianza es supraintelectual. No puedes decir una sola palabra a favor de tu confianza, y si la dices puedes ser refutado inmediatamente con mucha facilidad. Cualquier tonto puede destruir tu argumento a favor de la confianza, porque de hecho no hay argumento posible.

Dices, Ana: MI CORAZÓN ME DICE QUE RENDIRSE Y CREER ES LO MISMO.

No es el corazón, Anna, es la cabeza. Estás confundida. No sabes lo que es el corazón y lo que es la cabeza, y esto le pasa a casi todo el mundo. La gente vive a través de la cabeza. Incluso si aman, aman a través de la cabeza. Dicen: "Creo que estoy enamorado". Pienso, eso es lo primero y luego viene el amor. No es cuestión de pensar en absoluto; que pienses o no, no importa. Si estás enamorado, estás enamorado. El amor no viene a través de la cabeza.

Tú dices: Mi corazón me dice que rendirse y creer es lo mismo.

No, es tu cabeza la que te dice que ambas cosas son lo mismo: creer es rendirse. Este es el lenguaje de la cabeza, creer es el lenguaje de la cabeza. La entrega pertenece a una dimensión totalmente diferente, no tiene nada que ver con la creencia. Por eso la creencia puede ser perturbada, pero la entrega no puede ser perturbada.

Y esta ha sido mi experiencia de trabajo con miles de sannyasins: casi siempre ocurre que cuando un hombre viene a mí su enfoque es intelectual. Hay algunas excepciones, no es una regla absoluta; pero puede decirse que casi el noventa y nueve por ciento de los hombres están orientados hacia la cabeza, y cuando un hombre viene a mí lo hace por convicción lógica. Escuchándome, intentando comprenderme, si se siente convencido se convierte en sannyasin.

Pero su sannyas no tiene mucho valor. Cualquier día puede abandonar el sannyas. Cualquiera puede destruir su creencia porque está basada en la lógica, y la lógica es sólo un juego. Si te encuentras con una persona que es más lógica que tú, destruirá tus pruebas.

Nunca he encontrado una sola prueba que no pueda ser destruida. De hecho, demostrar cualquier cosa es difícil. refutarla es muy fácil. Si dices: "La puesta de sol es hermosa", se puede argumentar que no lo es, y más fácilmente. Cualquiera puede objetar, cualquiera puede decir: "¡Dame la prueba! ¿Qué entiendes por belleza? ¿Qué es la belleza? ¿Y cómo puedes probar que esta puesta de sol es bella?" Y estarás perdido. Sabes que es hermosa, pero ese saber no es de la cabeza, ese saber es del corazón, y el corazón no puede discutir, simplemente sabe.

El problema es que la cabeza tiene todas las preguntas y el corazón todas las respuestas. La cabeza tiene todas las dudas y las creencias y el corazón sólo tiene la confianza. Ese es el sabor del corazón.

Hay una hermosa historia de Chéjov,. una parábola:

En un pueblo había un hombre del que se pensaba que era un completo idiota y, por supuesto, se sintió muy ofendido. Intentó por todos los medios convencer a la gente, pero cuanto más lo intentaba más se sabía que era un idiota.

Un místico pasaba por el pueblo, y el idiota se acercó al místico y le dijo: "¡Sálvame de alguna manera, mi vida se ha vuelto imposible! La gente de este lugar piensa que soy un idiota. ¿Cómo puedo librarme de esto? - porque me está torturando día y noche. Se ha convertido en una pesadilla. Tengo miedo incluso de enfrentarme a alguien en la ciudad, porque vaya donde vaya la gente empieza a reírse. Me he convertido en el hazmerreír. Sólo tú puedes mostrarme el camino. ¿Qué debo hacer?"

El místico dijo: "Esto es muy sencillo. A partir de mañana por la mañana empieza a hacer a la gente esas preguntas que no tienen respuesta".

Dijo: "Por ejemplo, ¿qué?".

El místico dijo: "Si alguien dice: "¡Mira qué hermosa es la rosa!", inmediatamente planteas la pregunta: "¿Quién lo dice? ¿Cuál es la prueba? ¿Qué es la belleza? Si alguien habla del tiempo, pregunta inmediatamente: '¿Qué es el tiempo? Si alguien pregunta por Dios, pregúntale: '¡Dame la prueba!

Si alguien habla de amor, no pierdas la oportunidad: ¡sigue preguntando! No hagas ninguna declaración por tu parte. Simplemente haz las preguntas y haz que la gente se sienta avergonzada, ¡porque estas son las preguntas que nadie puede responder!".

Y en siete días el hombre fue considerado por los aldeanos como uno de los mayores genios, porque ahora no estaba haciendo ninguna declaración por lo que no estaba disponible para que lo refutaran. Él simplemente estaba negando a los demás.

Ese es todo el arte del ateísmo: sigue diciendo que no, y nadie podrá convencerte. El sí viene del corazón, y la cabeza es muy eficiente para decir no. Y nadie puede probar... nada puede ser probado por la cabeza. Y cuanto más alto es el valor, más difícil es demostrarlo.

Cuando los hombres vienen a mí lo hacen a través del intelecto; su sannyas no es muy fiable. Pero cuando las mujeres vienen a mí... y por supuesto, de nuevo hay excepciones, pero muy pocas, la misma proporción.

El 99% de las mujeres seguirán siendo sannyasins.

Es por eso que he dado mi comuna totalmente para ser disciplinado, para ser controlado por las mujeres sannyasins - por la sencilla razón de que su acercamiento a mí es a través del corazón; son más fiables. El uno por ciento de los hombres son fiables, el uno por ciento de las mujeres no son fiables - pueden abandonar sannyas. Pero el noventa y nueve por ciento de las mujeres son fiables: vienen a través del corazón. Nadie puede refutar sus corazones. Su acercamiento es a través de la confianza y el amor.

Anna, tienes que entender la diferencia entre la cabeza y el corazón. Te costará un poco porque la sociedad ha confundido a todo el mundo. Todo el mundo está hecho un lío: nadie sabe dónde está el corazón y dónde la cabeza.

Sólo tienes que estar aquí - ella es nueva - pronto podrás sentir claramente la diferencia.

Usted dice: NO PUEDO SENTIR LA DIFERENCIA.

Sí, ahora será difícil, pero haz un poco más de silencio. En silencio la distinción vendrá muy fuerte.

Tú dices: QUIERO CREER. ¡NECESITO CREER!

Por eso te resulta difícil marcar la diferencia. Necesitas desesperadamente creer, tienes miedo de no creer, porque no sabes nada de la confianza. Una vez que conoces la confianza, ¿a quién le importa creer? ¿A quién le importa? Creer no es una necesidad de nadie. Es la estrategia de los curas que te imponen que creer es una necesidad - NO es una necesidad. La confianza ciertamente es una necesidad, es un alimento, pero la creencia es sólo comida artificial, tal vez muy colorida, pero no nutritiva.

Usted dice: SI DICES QUE LA MEDITACIÓN ES LA FUENTE Y YO HAGO MEDITACIÓN, TE CREO, CONFÍO EN TI.

Por favor, confía pero no creas. Y por supuesto, la meditación es el camino, la fuente - por eso te he dado el nombre de Dhyan Anna. Dhyan Anna significa meditación, oración. A través de la meditación llegarás a la oración La oración es la forma más elevada de amor, de confianza. A través de la meditación uno encuentra el corazón, y surge la oración. Y a través de la meditación, en última instancia, uno encuentra el ser. Y en el momento en que has encontrado el ser no hay nada más que encontrar... has llegado a casa.

La tercera pregunta:

Pregunta 3:

MAESTRO,

SE PUEDE LEER EN LA BIBLIA QUE JESUS ADVIRTIO SOBRE OTROS AMOS QUE VENDRIAN EN EL FUTURO. ¿CREES QUE SUS ADVERTENCIAS TAMBIEN TE INCLUIAN A TI? TU MENSAJE ES MUY DIFERENTE DE PARTES IMPORTANTES DE LAS ENSENANZAS DE JESUS.

¿CÓMO ES POSIBLE QUE LOS MAESTROS ILUMINADOS DIGAN TANTAS COSAS CONTRARIAS?

Dieter,

Primero hay que comprender UNA COSA de gran importancia. Jesús se iluminó sólo en el último momento en la cruz. De ahí que sus afirmaciones anteriores a esa experiencia no sean las de una persona iluminada -cercanas, muy cercanas, aproximadas, pero en lo que se refiere a la verdad no hay nada como la verdad aproximada.

Esto no se ha dicho a los cristianos en absoluto, que Jesús se iluminó en el último momento. En la cruz se iluminó, en la cruz se convirtió en Cristo.

Para mí, la cruz no es importante por las mismas razones que para los cristianos. Para ellos, la cruz es importante porque Jesús fue crucificado, y la cruz se ha convertido en el símbolo de la crucifixión. Para mí eso es absolutamente erróneo, es una especie de negación de la vida, es adorar a la muerte, es hacer demasiado alboroto por la crucifixión.

Yo llamo al cristianismo "Crucianismo" porque no se preocupa por Cristo, sino más bien por la cruz. Yo también amo el símbolo de la cruz, pero por una razón totalmente distinta: no por la crucifixión, sino porque Jesús se iluminó en la cruz, tomó conciencia de la inmortalidad de su ser último. Para mí no es la crucifixión, no es la muerte, sino el comienzo de la vida eterna.

En el último momento Jesús le dice a Dios: "¿Me has abandonado?". Y eso muestra que todavía vivía en la mente, esperando, deseando, esperando - incluso de Dios. Se esperaba que en el último momento ocurriera algún milagro. No sólo la gente que se había reunido allí esperaba un milagro mirando al cielo -que apareciera una mano divina y Jesús resucitara a la gloria suprema; que se salvara en el último momento-, sino que el propio Jesús también esperaba.

Él dice: "¿Me has abandonado?" ¿Qué significa? Es una queja, no es una oración. Es frustración, es decepción. Y la desilusión sólo es posible si había algún deseo profundo, algún anhelo que satisfacer. Dios le ha fallado, no ha acudido en su ayuda. Tenía esperanzas.

Y estos son los signos de una persona no iluminada. Estos son simbólicos del ego, de la cabeza, de la mente, del proceso mismo de la mente.

Pero también era un hombre de gran inteligencia: enseguida reconoció que lo que está diciendo es erróneo, que el propio deseo es erróneo. No hay que esperar nada del universo, no hay que sentirse decepcionado, no hay que sentirse frustrado. ¡Esto no es confianza! ¡Esto no es una relación amorosa! Esto no es un sí absoluto, es un sí condicional: "Si cumples estas condiciones, por supuesto que te estaré agradecido. Pero como no se han cumplido las condiciones estoy enfadado". Hay enfado en su voz; hay ansiedad, decepción.

Pero entendió el punto, e inmediatamente lo corrigió. Un solo instante... y ya no es Jesús, se convierte en Cristo. De repente miró al cielo y dijo: "¡Perdóname! Venga tu reino, hágase tu voluntad, no la mía. Hágase tu voluntad".

Esto es rendición. Ha dejado la mente, ha dejado el ego y todas las expectativas. "Que se haga tu voluntad". En este estado sin ego se ilumino. Pero desafortunadamente ocurrio en el ultimo momento, y no le quedo tiempo.

Buda vivió cuarenta años después de su iluminación, por lo que todo lo que dice tiene un significado totalmente distinto de lo que dice Jesús en el Nuevo Testamento. Es poesia, es hermoso, pero aun asi esta tanteando en la oscuridad, haciendo todo lo posible por alcanzar la luz, pero alcanzo la luz en el ultimo momento. No pudo decir ni una sola palabra. Murió iluminado, pero no pudo vivir iluminado.

Murió demasiado pronto: sólo tenía treinta y tres años. Si entiendes esto, entonces tu pregunta será muy sencilla.

Si me preguntas, Dieter: PUEDES LEER EN LA BIBLIA QUE JESUS ADVIRTIO SOBRE OTROS AMOS QUE VENDRIAN EN EL FUTURO.

Ese es el miedo de una persona no iluminada, el miedo a que alguien pueda sustituirle, a que alguien pueda venir y convencer a la gente de otras cosas. Ese miedo es perfectamente comprensible en una persona no iluminada, porque es celosa. Teme que una vez que se haya ido, sus enseñanzas sean destruidas. Está demasiado preocupado por el futuro.

La persona no iluminada vive en el pasado o en el futuro, y Jesús hizo ambas cosas en el Nuevo Testamento. Habla continuamente del pasado; intenta demostrar que "Yo soy el Mesías que estabais esperando. Soy el hombre predicho por los profetas de la antigüedad. El Antiguo Testamento simplemente me ha preparado el camino". Está demasiado preocupado por el pasado. Está demasiado preocupado por convencer a los judíos de que él es el Mesías esperado. ¿A quién le importa?

La gente me ha preguntado: "Hemos oído que Buda volverá al cabo de veinticinco siglos.

Han pasado veinticinco siglos. ¿Eres el Buda?" ¿Por qué debería serlo? Sólo soy yo mismo. ¿Por qué debería ser el Buda? Él hizo lo suyo, yo voy a hacer lo mío. ¡No soy un calco de nadie!

¿Por qué debería ser un Buda? Si quiere venir, allá él, pero yo no soy la encarnación de nadie.

Los hindúes me han preguntado que "Krishna dice: 'Siempre que haya necesidad vendré'. ¿Eres tú ese?".

No lo soy, ¡en absoluto! Sólo soy yo mismo. ¡Si Krishna tiene que cumplir su promesa, vendrá!

Jesús se preocupa demasiado por el pasado. De hecho, esa preocupación le trajo todos los problemas. Si no se hubiera preocupado por ser el Mesías puede que los judíos no le hubieran crucificado, porque entonces empezaron a preguntar por las señales que tiene que dar el Mesías, y entonces empezaron a preguntar que "Tienes que cumplir esto y tienes que cumplir lo otro - sólo entonces podremos aceptarte, que eres el Mesías".

Y luego entró en una argumentación innecesaria, pero todo su esfuerzo era demostrar que "yo soy el Mesías esperado". Esto es preocuparse por el pasado, y sólo una persona no iluminada se preocupa por el pasado.

Y también está muy preocupado por el futuro. Advierte sobre otros Maestros que vendrán en el futuro. "Y tened cuidado con ellos", dice, "porque os distraerán; os apartarán del camino" - el camino que él ha mostrado. Se está asegurando de que ningún seguidor sea apartado del redil incluso cuando él ya no esté. ¡Esto es demasiado comercial!

Y la razón es que se iluminó en el último momento y no tuvo tiempo de corregir.

para cambiar sus declaraciones. Sus declaraciones se hicieron en un estado no iluminado.

Por eso su actitud hacia Dios es muy infantil. Llama a Dios ABBA - ¡papá, papá!

No hay papá - ¡papá está muerto! Es infantil. Es la necesidad de un niño, porque el niño no puede estar sin el padre. de ahí que Dios se convierta en el padre.

Y ha ocurrido algo extraño: ahora a los sacerdotes cristianos se les llama padres. Alguien define un monasterio: un lugar donde viven padres solteros No tienen mujer, no tienen hijos, y son padres. ¿Qué clase de padres son estos? Pero si Dios puede ser padre sin esposa, entonces por supuesto ellos también pueden ser padres sin esposa. A los sacerdotes católicos se les llama padres.

Monjas católicas llamadas madres, hermanas, ¡madres superioras! La gente que ha renunciado a la vida, que ha renunciado a la familia, sigue aferrada a algunas ideas de la familia. Ahora Dios se convierte en el padre, pero el padre es necesario.

Jesús seguía siendo un poco infantil en su acercamiento a Dios. Buda tiene una madurez, una tremenda madurez. Es tan maduro que puede decir que Dios no existe. La existencia es suficiente, no se necesita más. No hay creador, la creación es suficiente. La creación misma es creatividad divina; es el proceso de la creatividad.

Este miedo de Jesús simplemente muestra el miedo de un hombre de negocios judío. Teme que sus clientes se vayan a otra parte. ¡H se está asegurando de que incluso en el futuro los clientes nunca dejar la tienda!

Se irá, eso es seguro, tarde o temprano se irá, pero se está asegurando de que sus sacerdotes sigan dominando el mundo; sus representantes, sus papas, seguirán y seguirán siempre dominando el mundo.

La idea misma de dominar el mundo, de cambiar el mundo entero al cristianismo, es en algún sentido sutil un viaje del ego, un número del ego. Pero es comprensible de una persona no iluminada; no se puede esperar más que eso.

Y tú me preguntas: ¿CREES QUE SUS ADVERTENCIAS TAMBIÉN TE INCLUÍAN A TI?

El futuro es absolutamente desconocido. Nadie conoce el futuro; ni siquiera el iluminado conoce el futuro. Ésa es la belleza del futuro: es impredecible. Sí, se pueden hacer algunas inferencias, pero sólo son inferencias.

Pero todas las religiones han intentado demostrar que sus fundadores son omniscientes. Los jainistas dicen que Mahavira es omnisciente: conoce todo el pasado, todo el presente, todo el futuro. Y eso es pura estupidez, porque es un hecho bien conocido -Buda lo ha mencionado, fueron contemporáneos- que se sabe que Mahavira mendigó en una casa en la que no había vivido nadie durante años: ¡y estaba de pie frente a la casa con su cuenco para mendigar!

Y los vecinos le dijeron: "¡Esa casa está vacía y lleva años vacía! Y usted es una persona omnisciente - ¿no puede ver que no hay nadie en la casa?". Y lo sabe todo sobre el futuro - ¡no sabe nada de esta casa que tiene delante! De hecho, si la gente no ha vivido en esa casa durante muchos años, incluso una persona no iluminada será capaz de deducir, viendo la situación de la casa -el polvo que se ha acumulado, las puertas que están cerradas desde hace años-, que aquí no vive nadie. Se puede ver fácilmente si en esta casa vive gente o no. Donde vive gente la casa tiene una cualidad diferente, viveza; donde no vive nadie la casa está muerta.

Buda también menciona, sólo en broma, sobre Mahavira, que una vez estaba caminando por la carretera temprano por la mañana. Era una mañana de invierno, había demasiada niebla, ¡y pisó la cola de un perro!

Y cuando el perro ladró, se dio cuenta de que había un perro. Y sabe todo sobre el pasado y todo sobre el futuro.

Nadie sabe del futuro ni del pasado. La persona iluminada sólo se conoce a sí misma, y eso es suficiente. Conociéndose a sí mismo, esencialmente conoce a todo el mundo - esencialmente, recuerda, no en detalles. Esencialmente entiende a todo el mundo porque se conoce a sí mismo. Conociéndose a sí mismo, conoce tu potencial, tu posibilidad. Conociéndose a sí mismo sabe que estás en la oscuridad. Conociendose a si mismo sabe como ha alcanzado su luz, y puede ayudarte a alcanzar la misma luz.

Pero la persona iluminada sólo se conoce a sí misma y nada más. Se conoce a sí mismo totalmente.

absolutamente, todo su ser está lleno de luz, pero eso no significa que lo sepa todo sobre toda la existencia y el pasado y el futuro, todo. ¡Eso es una tontería! Debido a esta tontería han surgido tantos problemas para la religión.

La Biblia habla de la Tierra como si fuera plana. Ese fue el problema: que en la Edad Media los científicos que descubrieron por primera vez que la tierra es un globo, circular, redonda, se metieron en problemas porque iban en contra de la Biblia, y la Biblia es omnisciente. ¿Cómo pueden atreverse a decir algo en contra de Moisés, de Jesús y de todos los profetas? - porque hablan de la tierra como plana.

La Biblia cree que el Sol gira alrededor de la Tierra, y se puede entender por qué, porque todos vemos al Sol moverse, por la mañana al salir y por la tarde al ponerse. Vemos el arco del sol dando vueltas: es una inferencia común.

Cuando Galileo descubrió por primera vez que esto es erróneo, que sólo lo es aparentemente, que es una ilusión visual, que la verdad es justo lo contrario -la TIERRA gira alrededor del Sol, no el Sol alrededor de la Tierra-, se metió en un lío. Era muy viejo cuando lo descubrió, setenta años o más, y estaba muy enfermo.

Cuando se publicó su libro fue llamado por el Papa. Fue allí, y debe haber sido un hombre de gran comprensión... Amo a ese hombre. Muchos lo han condenado por lo mismo, pero yo no lo condeno. Le respeto por lo mismo por lo que ha sido condenado durante trescientos años o más.

El Papa le preguntó: "¿Has escrito esto?".

Dijo: "Sí, he escrito".

El Papa dijo: "Esto va en contra de la Biblia. ¿Estáis dispuestos a cambiarlo? De lo contrario, ¡os matarán o quemarán vivos!".

Me dijo: "Estoy perfectamente dispuesto a cambiarlo. No hace falta que se tomen la molestia de quemarme, perdónenme. Declaro que es el sol el que gira alrededor de la tierra, no la tierra. Pero recuerde que mi declaración no cambiará nada: ¡la Tierra seguirá girando alrededor del Sol! ¿A quién le importa Galileo?" Él respondió: "Ni el sol escuchará ni la tierra escuchará. Pero si les resulta ofensivo, ¡estoy perfectamente dispuesto a cambiarlo!".

La gente ha pensado que era cobarde; yo no lo creo. Tenía sentido del humor. No era cobarde, pero tampoco estúpido, eso es seguro. Habría sido una estupidez insistir por algo tan insignificante. ¿Por qué molestarse? No era un suicida, eso es seguro. Si hubiera sido suicida, si hubiera tenido alguna idea de suicidio, entonces esta era una buena oportunidad para convertirse en mártir. Entonces el suicidio toma color espiritual: uno se convierte en mártir, en revolucionario.

Pero se rió de todo como si fuera una broma y dijo: "Lo cambiaré inmediatamente, ¡declaro!".

Pero recordó al Papa que "mi declaración no cambiará nada: nadie me escucha".

Ahí está el punto que aclaró al final y que corrigió con una nota a pie de página. Y en la nota al pie escribió que. "Aunque lo corrijo porque va en contra de la Biblia -y soy la última persona en perturbar la religión de nadie- pero la verdad es que la tierra gira alrededor del sol".

Esta gente... si intentas mirar en los Vedas, en el Gita, en la Biblia, en el Corán, encontrarás mil y una cosas que están absolutamente equivocadas, pero puedo entender por qué están equivocadas.

Estaban escribiendo miles de años antes, y en aquella época esa era la noción general; simplemente hablaban de esa manera.

Incluso hoy en día, aunque sabemos que la Tierra gira alrededor del Sol, nuestro lenguaje sigue transmitiendo la vieja idea - amanecer, atardecer - y creo que va a permanecer para siempre; no cambiaremos el lenguaje.

¿Qué significa ahora? No significa nada. No hay salida ni puesta del sol, porque el sol nunca da la vuelta a la tierra, así que ¿qué quiere decir con salida y puesta? Pero el lenguaje transmite la idea antigua porque el lenguaje se creó en aquellos días.

Ni Jesús sabe, ni Mahavira, ni Buda, ni nadie, acerca del futuro, ¡pero los seguidores intentan por todos los medios posibles que su Maestro sea omnisciente, omnipresente, omnipotente! Y todo esto son viajes del ego. Y si el propio Maestro aún no está iluminado, él mismo fingirá.

Jesús dice ciertamente: "Estad alerta, cautelosos. porque habrá muchos que vendrán y que hablarán de tal manera, de forma tan convincente que podréis ser distraídos del camino correcto".

Simplemente tiene miedo. De lo contrario, el camino correcto no debe tener miedo en absoluto.

La verdad va a ganar. No son Jesús o Krishna o Buda o Mahavira los que van a ganar: siempre es la verdad la que gana. Entonces, ¿por qué preocuparse? Pero estas advertencias ayudan a mantener a la gente prisionera; estas advertencias hacen que la gente tenga miedo.

No sabía nada de mí, no puede saberlo. No sé nada de los Maestros que vendrán al mundo, y NO te haré tener cuidado con los Maestros que vendrán. Me gustaría que disfrutaras de todos los Maestros que encontrarás en el futuro. No pierdas ni una sola oportunidad. Disfruta de la verdad venga de donde venga. La cuestión es estar con la verdad, no conmigo. Si estás con la verdad estás conmigo. La verdad no es posesión de nadie; no es mía, ni de Cristo, ni de Buda.

En tiempos de Buda, Buda era la expresión más clara de la verdad, por eso la gente estaba con él. En la época de Jesús poca gente estaba con Jesús porque podían ver algo bello en él.

Y siempre ha sido así. Si estás conmigo, no estás conmigo, estás con la verdad. Porque sientes la verdad siendo impartida, comunicada, derramada sobre ti, por eso estás conmigo. Así que dondequiera que encuentres la verdad en el futuro cuando yo no esté aquí, aliméntate de ella. No te aferres a las personas. Las personas son insignificantes, la verdad es significativa.

Y preguntas, Dieter: TU MENSAJE ES MUY DIFERENTE DE PARTES IMPORTANTES DE LAS ENSEÑANZAS DE JESÚS.

Tiene que ser así, porque han pasado dos mil años. ¿CÓMO puedo ser exactamente igual que Jesús y POR QUÉ debería serlo? No es necesario. En dos mil años han cambiado muchas cosas:

el lenguaje, la comprensión de la gente, el enfoque de la gente. El hombre se ha vuelto más maduro.

Jesús habla de una manera muy infantil.

Por supuesto, la gente, los Maestros que vendrán después de mí hablarán de una manera mucho mejor que yo, obviamente, porque habrán aprendido más. A medida que pase el tiempo se dispondrá de expresiones cada vez mejores. Pero empezamos a aferrarnos y eso crea problemas.

Jesús habló en SU contexto, yo estoy hablando en MI contexto. Él no podía hablar de la manera que el siglo veinte entenderá. Yo no puedo hablar de la manera que Jesús había elegido porque esas personas ya no están aquí para las que él hablaba. Una humanidad diferente está aquí; una humanidad mucho más madura, mucho más madura está aquí.

El hombre ha alcanzado la mayoría de edad. Ahora hablar de Dios como el padre es una tontería; después de Sigmund Freud es una tontería. Jesús no tenía ni idea de Sigmund Freud; yo también tengo que ocuparme de Sigmund Freud, porque Sigmund Freud dirá que hablar de Dios como padre es simplemente una proyección, y tiene razón. Es tu anhelo de pertenecer a una figura paterna, es tu deseo infantil de depender de alguien, no quieres ser independiente. Ahora, después de Sigmund Freud, no puedo hablar de la misma manera que habló Jesús. Pero la experiencia última es la misma, la expresión será diferente.

Lo que Jesús experimentó en el último momento en la cruz yo lo he experimentado, pero esa experiencia es de silencio absoluto. Para ponerlo en lenguaje, para crear métodos que ayuden a otros a experimentarlo, ciertamente estoy en una posición mucho mejor que Jesús o Buda o Mahavira. Naturalmente, los Maestros que me sigan estarán en una posición mucho mejor que la mía. Tendrán un acercamiento mucho más preciso a la verdad, porque el hombre está en continuo crecimiento. El hombre no se deteriora, el hombre crece, el hombre alcanza cimas más altas.

Y tú preguntas: ¿CÓMO ES POSIBLE QUE MAESTROS ILUMINADOS PUEDAN DECIR TANTAS COSAS CONTRARIAS?

Sólo PARECEN contrarios, porque el lenguaje cambia, las expresiones cambian, las formas y los métodos cambian; de otro modo no serían contrarios. Y un hombre como yo está OBLIGADO a ser no sólo contrario a Jesús y a Buda y a Mahavira: voy a ser muchas veces contradictorio conmigo mismo por la sencilla razón de que estoy tratando de reunir a todas las religiones en una síntesis superior; los diferentes enfoques tienen que unirse. Estoy creando una orquesta.

Buda toca la flauta en solitario. Por supuesto, cuando toca la flauta en solitario tiene una consistencia, pero no es tan rica como cuando la flauta pasa a formar parte de una orquesta. Entonces tiene una riqueza totalmente diferente, multidimensional. Pero entonces hay que estar en sintonía con los demás; hay que estar continuamente alerta para no desentonar. Alguien toca la tabla, otro el sitar y tú la flauta; los tres tienen que estar en armonía. Y, por supuesto, son tres instrumentos distintos, MUY diferentes entre sí, pero ponerlos en armonía puede crear un tipo de música superior.

Jesús es un solitario, Buda también, Mahavira también. En el pasado tenía que ser así porque todos vivían en mundos pequeños. Buda nunca salió de Bihar, sólo una pequeña provincia de este país; Jesús estaba confinado, Krishna estaba confinado. Ahora el mundo entero se ha convertido en una pequeña aldea, una aldea global. Puedes verlo: ¡el mundo entero se ha reunido aquí! Buda no fue tan afortunado; estaba rodeado de Biharis. Jesús estaba rodeado de judíos. Krishna estaba rodeado de hindúes. Sólo podían actuar en solitario; estaban atados porque sus oyentes, las personas con las que trabajaban, pertenecían a una determinada tradición.

Ahora trabajo con todas las tradiciones juntas. Aquí están los judíos, los hindúes, los mahometanos, los cristianos, los parsis, los sijs, los jainistas y los budistas. Todas las tradiciones se han reunido aquí. Es un experimento único en toda la historia de la humanidad; nunca había ocurrido de esta manera.

Incluso las personas que se trasladan a otros países siguen llevando sus instrumentos solistas.

Por ejemplo, Maharishi Mahesh Yogi, aunque trabaja en Occidente. Pero el método que él llama Meditación Trascendental es un método hindú muy antiguo de cantar un mantra; no es ni trascendental ni meditación; ¡es sólo una vieja basura de cantar un mantra! Cualquier palabra sirve; se repite continuamente. Crea un estado de autohipnosis y nada más. Aunque trabaje en Occidente, sólo utiliza un método autohipnótico inventado miles de años antes por los hindúes.

Ahora hay monjes Zen trabajando en América, hay centros Zen en América, pero lo que están haciendo allí es el viejo método de Buda. Hay sufíes trabajando en Occidente, pero están utilizando el método inventado por Jalaluddin Rumi, de hace mil años.

Estoy usando TODOS los métodos posibles, y cuando todos estos métodos se encuentren por supuesto que va a haber una gran contradicción. Si no entiendes sólo verás contradicciones y contradicciones. Si entiendes entonces entenderás la armonía de todos estos instrumentos juntos.

La gente está haciendo Vipassana y haciendo la danza Sufi y haciendo Yoga y haciendo Tantra y usando métodos Zen, zazen y otros métodos. Y no sólo los métodos antiguos - están haciendo todo lo que ha pasado en este siglo después de Sigmund Freud, todos los métodos psicológicos, todos los grupos de psicoterapia.

Esta es una reunión del mundo entero. Es una religiosidad universal la que estoy creando aquí. Si lo entiendes, será multidimensional. Si no lo comprendes, si sigues aferrado a una tradición determinada, te parecerá contradictorio.

La última pregunta:

Pregunta 4:

MAESTRO,

¿CUÁL ES LA DIFERENCIA ENTRE EXPERIMENTAR Y DARSE UN CAPRICHO?

Deva Tapodhana,

LA DIFERENCIA entre experimentar y complacerse es la conciencia; no hay otra diferencia. no hay otra distinción. Si no eres consciente, es indulgencia; si eres consciente, es experimentar - la

MISMA cosa. Puede ser comer, puede ser hacer el amor, escuchar música.

disfrutar del cielo nocturno lleno de estrellas, sea lo que sea. Si no estás allí conscientemente, si no eres testigo de ello, si permaneces inconsciente, mecánico, como un robot, entonces es indulgencia. Si eres consciente, entonces es experimentar. Y experimentar es hermoso, la indulgencia es fea. Pero recuerda la distinción que estoy haciendo.

En el pasado todas las religiones han etiquetado cosas; yo no estoy etiquetando cosas. Ellos han etiquetado cosas:

"Esto es indulgencia y esto es experimentar". No estoy etiquetando las cosas; las cosas no se pueden etiquetar.

Las cosas siguen igual.

Buda comiendo su comida y tú comiendo la tuya: desde el punto de vista externo, objetivo, ambos están haciendo lo mismo. Tú estás comiendo, Buda está comiendo. ¿De qué se trata? Buda está experimentando, tú estás complaciéndote. La diferencia no está en el acto, sino en tu conciencia. Buda come como un testigo, y comerá sólo lo necesario porque es totalmente consciente. Disfrutará de la comida, disfrutará más de lo que tú puedas disfrutar, porque es más consciente. Tú no disfrutarás de la comida: simplemente seguirás atiborrándote, no disfrutarás. Y, de hecho, no estás allí para disfrutar; estás en otra parte, siempre en otra parte. Nunca estás donde estás, en otro sitio. Puedes estar en la tienda, puedes estar en el campo, puedes estar en la fábrica, puedes estar hablando con un amigo: físicamente estás comiendo, pero psicológicamente no estás allí.

Buda está allí totalmente: física, psicológica y espiritualmente. Cuando está comiendo, simplemente está comiendo.

A un maestro zen, Rinzai, le preguntaron: "¿Cuál es tu sadhana? ¿Cuál es tu práctica espiritual?".

Me dijo: "Nada del otro mundo, nada de lo que presumir; es muy sencillo: cuando tengo hambre como y cuando tengo sueño me acuesto".

El hombre dijo: "¡Pero eso es lo que hacemos todos!".

Rinzai dijo: "Ahí te equivocas -retira tus palabras- porque yo he vivido como tú, tengo las dos experiencias. He vivido como un robot -como tú he sido yo-, así que conozco la diferencia. Comes cuando no tienes hambre, comes porque es hora de comer, comes porque la comida es deliciosa, comes porque te invitan a comer. No te importa cuál sea la necesidad. Duermes porque es un hábito; que lo necesites o no no es lo importante. Y mientras comes, no sólo comes, sino que haces mil y una cosas más: quizá hacer el amor en tu fantasía.

Y cuando estás dormido ciertamente no estás haciendo sólo una cosa, dormir - estás soñando.

Toda la noche tu mente sigue y sigue creando sueños sobre sueños".

Así que no etiqueto, Tapodhana, nada como experimentar y complacerse. La cuestión es de conciencia.

Dos borrachos en una taberna ven caer un bicho sobre la barra. El primer borracho dice: "Un bicho".

El otro asiente y dice: "Un bicho".

El primero se asoma de nuevo y dice: "Mariquita".

El otro borracho dice: "¡Muy buena vista!".

En un circo, un borracho parlanchín miraba perplejo a un contorsionista mientras éste realizaba su número. Incapaz de controlarse, gritó: "¿Qué te pasa? Parece que estoy borracho".

Hay una historia sobre un pequeño que fue abandonado por sus padres en el Parque Nacional de Yellowstone. Fue criado por una manada de perros salvajes. Años más tarde lo encontraron caminando a cuatro patas, comiendo carne cruda y viviendo al aire libre. Lo llevaron a la escuela, donde en un año se sacó el bachillerato, el instituto y la universidad. Al día siguiente de doctorarse, murió perseguido por un coche.

Aunque obtengas el doctorado, seguirás persiguiendo el coche: ¡un hábito inconsciente! Puedes convertirte en un experto, pero eso no te transformará; seguirás siendo indulgente. Puedes escapar del mundo, pero eso no cambiará nada: seguirás siendo indulgente.

Aprende a ser consciente.

Un tren atraviesa el campo a toda velocidad cuando, desde la distancia, el maquinista observa lo que parece una pareja haciendo el amor apasionadamente, tumbada justo en las vías.

El maquinista acciona el silbato... una, dos, una y otra vez, pero la pareja no responde. El maquinista entra en pánico y, como último recurso, pisa el freno de emergencia. Los amantes siguen con su juego, ajenos a todo.

Finalmente, el tren se detiene a pocos metros de la pareja. El maquinista está furioso.

Sale de su camarote y se dirige hacia ellos.

"¿Qué coño estáis haciendo?", les grita. "¿No habéis visto venir el tren? ¿No habéis oído el silbato? Deberíais estar en casa, detrás de las puertas de las habitaciones".

El hombre de las vías mira al conductor muy fríamente y le dice: "Escucha, amigo, ella venía. Yo venía, y tú venías... ¡pero tenías los frenos!".

Unidos en una profunda unión

EL ÚNICO SER NUNCA SE MUEVE, SIN EMBARGO ES DEMASIADO VELOZ PARA LA MENTE.

LOS SENTIDOS NO PUEDEN ALCANZARLO, PERO SIEMPRE ESTÁ MÁS ALLÁ DE SU ALCANCE.

PERMANECIENDO INMÓVIL, SUPERA TODA ACTIVIDAD, PERO EN ELLA DESCANSA EL ALIENTO DE TODO LO QUE SE MUEVE.

SE MUEVE, PERO NO SE MUEVE.

ESTÁ LEJOS, PERO ESTÁ CERCA.

ESTÁ DENTRO DE TODO ESTO, Y SIN EMBARGO SIN TODO ESTO.

AQUEL QUE VE TODO COMO NADA MÁS QUE EL YO, Y EL YO EN TODO LO QUE VE, TAL VIDENTE SE RETIRA DE LA NADA.

PARA LOS ILUMINADOS, TODO LO QUE EXISTE NO ES MÁS QUE EL YO, ASÍ QUE ¿CÓMO PODRÍA CONTINUAR CUALQUIER SUFRIMIENTO O ENGAÑO PARA AQUELLOS QUE CONOCEN ESTA UNICIDAD?

EL QUE TODO LO IMPREGNA, ES RADIANTE, ILIMITADO E IMPOLUTO, INVULNERABLE Y PURO.

ÉL ES EL CONOCEDOR, LA MENTE ÚNICA, OMNIPRESENTE Y AUTOSUFICIENTE.

HA ARMONIZADO LA DIVERSIDAD A TRAVÉS DEL TIEMPO ETERNO.

AUM PURNAMADAH PURNAMIDAM PURNAT
PURNAMUDACHYATE PURNASYA PURNAMADAYA
PURNAMEVA VASHISHYATE.
AUM QUE ES EL TODO.
ESTE ES EL CONJUNTO.
DE LA TOTALIDAD SURGE LA TOTALIDAD.
LA TOTALIDAD PROCEDE DE LA TOTALIDAD, LA
TOTALIDAD SIGUE EXISTIENDO

AUM representa la música de la existencia, el sonido sin sonido, el sonido del silencio, cuando todo tu ser zumba de alegría. Aum representa la armonía última, lo que Heráclito llama "la armonía oculta". Hacerse uno con esta música de la existencia es alcanzar el florecimiento, la plenitud.

En el momento en que pierdes la discordia con el todo, en el momento en que estás en sintonía con el todo -sintonía significa simplemente "en sintonía"-, cuando eres uno con el todo, cada fibra de tu ser, cada célula de tu ser baila, sin razón alguna. Es la danza por la danza, la alegría que no tiene causa, por eso es eterna, la alegría que no tiene motivación, la alegría que no depende de nada. Es tu música intrínseca, natural, tu espontaneidad.

Todos los Upanishads comienzan con este recuerdo:
AUM QUE ES EL TODO.
ESTE ES EL CONJUNTO.

ESO representa el núcleo más íntimo de ESTO. Se llama ESO porque aún no lo conoces.

Los que saben, para ellos sólo existe esto y no aquello, o sólo aquello y no esto. La dualidad desaparece, pero para los ciegos la dualidad está ahí. Todo es dual, si no eres plenamente consciente - dividido.

Esto significa lo que se puede ver y aquello que es invisible. Esto es la rueda y aquello es el eje. La rueda se mueve sobre el eje, pero el eje no se mueve. Todo movimiento depende de algo inmóvil: todo cambio depende de algo eterno El tiempo depende de la intemporalidad.

El nacimiento y la muerte suceden en algo que nunca nace y nunca muere.

Esto representa todo lo que conocen los no iluminados y lo que se conoce cuando te iluminas. Cuando estás lleno de luz tienes claridad, percepción, transparencia; puedes ver a través y a través. En esa visión, esto empieza a fundirse en aquello; la circunferencia desaparece en el centro. El centro está naturalmente oculto, está destinado a estar oculto; sólo la circunferencia está disponible para los sentidos. Sólo puedes ver la superficie, no puedes ver las profundidades. Si vas al océano, sólo puedes ver la superficie y la agitación superficial; no puedes ver la profundidad. Para ver la profundidad tendrás que bucear profundamente, y en lo que se refiere a lo último, no basta con bucear profundamente: tendrás que bucear tan profundamente que desaparezcas totalmente, que te conviertas en uno con ello. En esa unidad se realiza Dios.

La gente que sigue discutiendo sobre Dios no sabe nada de Dios. Los que saben, no pueden discutir sobre Dios. Sí, su propia presencia es una prueba, su propia existencia irradia lo último, su "esto" rebosa de "aquello", pero no pueden probar lógica, intelectualmente la existencia de Dios. Dios no es un objeto, por lo tanto no se puede poner ante ti. No puede convertirse en una experiencia colectiva.

Por eso la ciencia sigue negando a Dios, y la ciencia SEGUIRÁ negando a Dios porque la ciencia depende de la observación colectiva; sólo cree en aquello que puede ser observado por todo el mundo. Cree en la roca porque la roca puede ser observada por todo el mundo; todo el mundo puede estar de acuerdo en que existe.

La palabra "objeto" es significativa; "objeto" significa aquello que obstaculiza. Si intentas atravesar un muro, recibirás un fuerte golpe del muro. El muro es un objeto: se opone a que lo atravieses. No se puede atravesar una roca: se opone, impide, obstaculiza.

Dios no es un objeto: puedes pasar a través de Dios, estás pasando a través de Dios en cada momento. Estás respirando a Dios; el latido de tu corazón es el latido del corazón de Dios. Pero Dios está tan cerca... incluso la palabra "cerca" no es correcta. porque la palabra "cerca" o "cercanía" muestra distancia.

Este ventilador está cerca de mí, pero está separado. Este micrófono está aún más cerca, pero sigue estando separado.

El cuerpo está aún más cerca, pero sigue estando separado. Dios es inseparable de ti; de ahí que incluso la palabra "cercanía" no sea correcta. Dios es tu mismo ser, tu misma conciencia. No puede ser un objeto, no puede impedírtelo; te ayuda, te alimenta. Es tu subjetividad. Como es tu núcleo más íntimo, permanece oculto incluso para ti mismo, a menos que des un giro de ciento ochenta grados, a menos que retrocedas sobre ti mismo.

Seguro que has visto el símbolo -un símbolo muy antiguo y muy significativo también- de una serpiente comiéndose su propia cola. Muchas escuelas de misterios antiguas utilizaban ese símbolo; es ciertamente muy indicativo. La serpiente comiéndose su propia cola significa un giro de ciento ochenta grados. La serpiente está vuelta sobre sí misma, la conciencia ha retrocedido sobre sí misma Y la serpiente ha representado en casi todas las culturas del mundo la sabiduría. jesús dice: Sed sabios como una serpiente. Y en Oriente la serpiente, la serpiente, ha simbolizado la energía interior del hombre, la kundalini; de ahí que se la llame el poder de la serpiente. La energía está enrollada en el centro más bajo de tu ser; cuando se desenrolla, la serpiente empieza a subir hacia arriba. Simplemente representa que hay algo en la serpiente que puede utilizarse como metáfora.

La serpiente puede agarrar su propia cola; el perro no puede hacerlo. Los perros lo intentan -habrás visto perros intentándolo- y cuanto más lo intentan, más locos se vuelven, porque la cola sigue saltando con ellos.

Piensan que es algo separado. Intentan agarrarlo, y cuando no pueden agarrarlo... por supuesto que lo intentan desesperadamente, pero cuanto más lo intentan más perdidos están. Sólo la serpiente puede hacerlo, ningún otro animal.

Lo mismo ocurre en la iluminación: tu energía empieza a moverse sobre sí misma, se convierte en un círculo.

Dios es tu subjetividad; no puedes encontrar a Dios en ninguna otra parte. Pero una vez que hayas encontrado a Dios dentro de ti, lo encontrarás también en todas partes. Todos los argumentos son estúpidos, y estos argumentos son realmente infantiles. Las pruebas que se han dado de Dios son tan infantiles que uno se pregunta qué estaban haciendo esos teólogos. Con sus argumentos sólo demuestran una cosa: ¡que eran tontos!

Dios es una experiencia, indemostrable, porque tus sentidos no pueden alcanzarlo. Si Dios fuera un objeto, tus sentidos podrían alcanzarlo. Dios tampoco es un pensamiento, de ahí que tu mente no pueda captarlo.

Pero hemos hecho de Dios un objeto; se han creado estatuas. Esas estatuas son objetos; están hechas de piedra o de madera o de algún otro material. Y hacer de Dios un objeto es la mayor blasfemia, porque Dios es subjetividad. Estás cambiando toda la idea de Dios; lo estás reduciendo a una cosa. Dios no es una cosa.

Por eso Gautam el Buda llama a Dios "la nada". Recuerda que cuando utiliza la palabra "nada" quiere decir "no-nada", no niega. No está diciendo que Dios no exista; la palabra "nada" significa simplemente que no es una cosa.

Y los templos y las iglesias, todos han hecho de Dios una cosa, aunque no haya ninguna estatua - en las mezquitas no hay estatuas. Pero la gente reza a Dios como si estuviera AHÍ, no en lo más profundo de tu conciencia sino en otro lugar. Es lo mismo - Ya sea que te inclines ante una estatua o ante un Dios en algún lugar sobre las nubes, sigue siendo un objeto. ¿a quién rezas? Tu plegaria significa que has aceptado la idea de que Dios está separado de ti. Tú eres la oración y él es el orado. Tú eres el alabador y él es el alabado.

Se acepta la separación, y eso es irreligiosidad.

Pero la gente sigue peleándose por todo. De hecho, quieren pelear; pelear parece ser su alegría. Entonces Dios es una de las excusas más hermosas para pelear porque nunca se puede decidir de manera concluyente.

En un pueblo de un solo caballo, frente al almacén general, dos hombres estaban luchando. Un niño de diez años estaba entre los espectadores que disfrutaban de la batalla. Un forastero se acercó y le preguntó qué ocurría.

"Mi padre y un hombre están teniendo una pelea de verdad", explicó el chico.

"¿Cuál es tu padre?", preguntó el desconocido.

"¡Eso", dijo el chico, "es por lo que se están peleando!".

Y esto es lo que los religiosos han estado haciendo durante siglos. Creen que están creando grandes ideas filosóficas. Los profesores de filosofía y los profesores de teología no saben nada de sí mismos, pero intentan demostrar que su idea de Dios es verdadera. Ellos mismos viven en la inconsciencia absoluta. Si no fueran inconscientes no discutirían sobre Dios; VIVIRÍAN a Dios, RADIARÍAN a Dios. Dios seria su fragancia, su presencia.

Un despistado profesor de filosofía salía una noche a cenar con su mujer.

"No me gusta la corbata que llevas", dijo. "Me gustaría que subieras y te pusieras otra".

El profesor obedeció en silencio. Pasaron minutos y minutos hasta que, finalmente, la impaciente esposa subió a ver qué había ocurrido. En su habitación encontró a su marido desvestido y metiéndose en la cama.

¡Vieja costumbre! En cuanto se quitó la corbata pensó que había llegado la hora de irse a la cama.

Y éstas son las personas que siguen proponiendo grandes sistemas de pensamiento. Immanuel Kant ha creado uno de los mayores sistemas filosóficos del mundo, y él mismo era un hombre tan inconsciente que parece casi imposible cómo un hombre puede ser tan inconsciente. Hay miles de anécdotas sobre su vida.

Un día llegó a casa después de su paseo vespertino... Era una persona muy regular en sus hábitos, en sus rutinas. Nunca se casó por la sencilla razón de que la mujer podría perturbar su patrón. Nunca permitió ninguna amistad porque entonces tienes que ser educado con los amigos. Y si quieres irte a la cama y tu amigo está sentado, sólo por etiqueta, amaneramiento, tienes que seguir hablando. Y era un hombre tan mecánico que a las nueve exactas -y las nueve significaban las nueve, ni un minuto antes, ni un minuto después- se iba a la cama. Nunca se casó por la sencilla razón de que las mujeres son ilógicas y no lo entenderían, y habría peleas innecesarias.

Tenía un criado, y el criado solía declarar sólo la hora. No hacía falta decir nada, simplemente venía y decía: "Señor, son las nueve", y se metía en la cama.

El criado se extrañó de que fueran casi las diez de la noche y su luz siguiera encendida, así que fue a echar un vistazo a lo que había pasado. Miró por la ventana y no podía creer lo que veían sus ojos: estaba en un rincón de la habitación con los ojos cerrados, ¡y su bastón estaba tirado en la cama!

Cuando llegó después del paseo se olvidó de quién es quién -¡una pequeña confusión! Y eran las nueve, así que ni siquiera tuvo tiempo de pensar en el asunto, de averiguar quién es quién. Tenía tanta prisa.

El criado entró, le sacudió y le preguntó: "¿Qué te pasa? ¿Qué haces?"

Y me dijo: "Yo también estaba pensando qué me pasaba, ¡porque me siento muy cansado! Ahora sé lo que pasa". Cuando vio el bastón sobre la cama descansando, entonces se dio cuenta.

Y estas personas han creado grandes sistemas de pensamiento, y hablan de Dios y hablan de la verdad y hablan del amor y hablan de la belleza. y definen lo que es virtud y lo que es pecado. ¡Tan inconscientes!

En Oriente tenemos un enfoque totalmente diferente. No se puede pensar en un fenómeno semejante con un Gautam Buda o con un vidente de los Upanishads, porque todo el enfoque consiste en ser cada vez más consciente. Hay que ser una llama de conciencia, hay que estar alerta y ser consciente. Por un lado está Immanuel Kant, por otro lado está Gautam Buda.

Su principal discípulo, Ananda, que vivió con él durante cuarenta años y le sirvió con gran amor... Solía observarle de todas las formas posibles, porque le seguía continuamente como una sombra, y cada uno de sus movimientos era hermoso, era una gracia. También le vigilaba cuando dormía. Como solía dormir en la misma habitación por si el Maestro le necesitaba por la noche, solía vigilarle mientras dormía. Despierto o dormido, su gracia era la misma, su belleza era la misma, su silencio era el mismo.

Un día le preguntó a Buda: "No debería hacer tales preguntas -parece tan estúpido-, pero no puedo contener mi curiosidad. Tú duermes, pero yo te he observado durante horas. A veces, en mitad de la noche, me despierto y te observo; a veces, justo antes de que te levantes temprano por la mañana, te observo, pero mi experiencia ha sido tal que me parece que sigues despierto incluso mientras duermes.

Pareces tan vivo, tan fresco. Y una cosa más: nunca cambias de postura. Te vas a dormir y te despiertas con la misma postura. ¿Cuál es el secreto?"

Buda dijo: "No hay ningún secreto en ello. El CUERPO se duerme; una vez despierto, ¡estás despierto!

- No importa si es de día o de noche, la llama interior sigue ardiendo. El cuerpo se duerme porque el cuerpo se cansa, y ahora ya no hay mente, así que no surge en absoluto la cuestión de la mente."

Sólo hay dos cosas. En la persona no iluminada hay tres cosas: el cuerpo, la mente y el alma. Y debido a la mente no puede ver el alma. La mente es una confusión, un caos; todo es humo, todo son nubes. El iluminado no tiene mente; sólo hay silencio. Así que tiene el cuerpo y tiene el alma. El cuerpo se cansa, necesita descansar, pero el alma nunca está cansada, no necesita descansar; siempre está despierta. El cuerpo siempre está dormido y el alma siempre está despierta. La naturaleza del cuerpo es ser inconsciente y la naturaleza del alma es ser consciente. Estas son cualidades intrínsecas. Una vez que la mente ya no está ahí, entonces incluso en tu sueño sólo duerme el cuerpo, no tú.

En Oriente hemos llamado religiosas a estas personas: las que han conocido ese despertar que ya no puede ser nublado por ningún sueño. Occidente ha estado pensando en Kant y Hegel y Fichte y Bertrand Russell y Nietzsche y Wittgenstein - estas personas, como si fueran grandes exploradores de la verdad. Son pensadores.

Y recuerda siempre, sólo un ciego piensa en la luz El hombre que tiene ojos lo sabe: no necesita pensar en ello. Estos son ciegos - por muy inteligentes que sean en la argumentación pero son ciegos.

El Upanishad pertenece a los videntes. Expresa lo que se experimenta en el acuerdo último, cuando ya no eres una entidad separada del todo, cuando la gota de rocío se desprende de la hoja de loto y se convierte en el océano.

El primer sutra:

EL ÚNICO SER NUNCA SE MUEVE, SIN EMBARGO ES DEMASIADO VELOZ PARA LA MENTE.

Te encontrarás con muchas afirmaciones autocontradictorias, por la sencilla razón de que la verdad es paradójica. Tiene que ser paradójica por la sencilla razón de que contiene el todo, y el todo significa que lo contradictorio también está contenido en ella. Contiene los dos polos, el negativo y el positivo. Contiene el día y la noche, la vida y la muerte, el verano y el invierno. Contiene todos los opuestos; en él esos opuestos ya no son opuestos, son complementarios. Así que no pienses en ellos como contradicciones.

Para el vidente, para el que ha llegado a la cima última de la meditación, el que ha alcanzado SAMADHI, todas las polaridades están unidas en una sola existencia. No están separadas, NADA está separado. La existencia es una unidad orgánica, por lo que decir algo sobre ella tendría que ser paradójico si se quiere abarcar toda la verdad. Así que vendrá una y otra vez de diferentes lados. Hay que disolver las contradicciones, hay que hablar de ellas, para que tomes conciencia de su complementariedad.

La primera es:

EL ÚNICO SER NUNCA SE MUEVE, SIN EMBARGO ES DEMASIADO VELOZ PARA LA MENTE.

Nunca se mueve y, sin embargo, es muy veloz, inmóvil y, sin embargo, se mueve. Pero recuerda, estos dos fenómenos no están separados: el movimiento y el no-movimiento. Permítanme recordarles de nuevo la metáfora de la rueda y el eje: el eje permanece inmóvil; es gracias al eje inmóvil que la rueda se mueve. Se apoyan mutuamente. Si el eje también se mueve, la rueda no podrá moverse. Al permanecer inmóvil, ayuda a la rueda a moverse.

El mundo es la rueda. La palabra sánscrita para el mundo es SAMSARA; SAMSARA significa simplemente la rueda - literalmente significa la rueda. Por eso el sánscrito es una lengua que pertenece a una categoría totalmente diferente: es una lengua transformada, transformada por los videntes. Cada palabra ha sido acuñada de tal manera que puede ser utilizada de dos formas: puede ser utilizada en un sentido mundano, también puede ser utilizada en un sentido sagrado. Es el lenguaje más expresivo sobre lo último, sobre lo inexpresable.

La palabra sánscrita para el mundo es samsara; samsara significa la rueda. Sigue moviéndose. Pero no olvides el eje, el centro mismo del que depende todo el movimiento, y tiene que estar inmóvil. La rueda y el eje no son enemigos; están asociados, en una profunda amistad. Están juntos; están unidos en una profunda unión.

EL ÚNICO SER NUNCA SE MUEVE, SIN EMBARGO ES DEMASIADO VELOZ PARA LA MENTE.

Hay que entender una cosa más: siempre que los Upanishads dicen "el Yo único", recuerda, es exactamente lo que dice Buda cuando llama a la realidad última "no-yo". Su expresión es opuesta. Los Upanishads hablan el lenguaje de la afirmación, Buda habla el lenguaje de la negación. Los Upanishads son vía AFIRMATIVA, y el enfoque de Buda -o al menos la expresión de Buda- es vía NEGATIVA. Ambos enfoques son válidos; depende de con quién hables.

Los Upanishads se hablaron en un contexto diferente; se hablaron veinticinco siglos antes de que llegara Buda -de hoy, cinco mil años antes de hoy-. Era un mundo totalmente distinto. Los videntes upanishádicos no iban de un lugar a otro; no hablaban a las multitudes, no discutían con las mentes escépticas. Hablaban sólo a sus discípulos, a unos pocos elegidos; era un contexto totalmente diferente. Hablar con tus propios discípulos es ciertamente diferente a hablar con aquellos que son escépticos, dudosos, antagónicos.

Los días en que nació el Isa Upanishad eran días de mucha inocencia, de profunda inocencia.

La gente era sencilla, no filosófica. No les preocupaba mucho la lógica; eran personas confiadas, honestas, sinceras, auténticas.

Y entonces los videntes upanishádicos vivían en sus pequeños ashrams.

El ashram, la comuna del Maestro y los discípulos, es un descubrimiento upanishádico. No es un monasterio; ése es un fenómeno totalmente diferente. En inglés, el ashram se traduce normalmente como monasterio, pero no es un monasterio. Un monasterio es algo CONTRA el mundo; un monasterio significa que has escapado del mundo; un monasterio simplemente muestra una condena del mundo.

El ashram no es una condena del mundo. Es más bien un lugar de aprendizaje, donde se aprende el arte de VIVIR en el mundo. La gente solía acudir a los maestros upanishádicos para aprender a vivir en el mundo.

En aquellos tiempos, este era el proceso de la vida. Suponiendo que una persona fuera a vivir cien años, la vida se dividía en cuatro partes. Los primeros veinticinco años todo el mundo tiene que estar con algún Maestro despierto para que pueda tener un sabor del más allá, para que pueda tener alguna experiencia de lo sagrado. Esta primera etapa se llamaba BRAHMACHARYA. Recuerda, traducir BRAHMACHARYA como "celibato" no es correcto. La palabra BRAHMACHARYA significa simplemente vivir como un dios, vivir con la experiencia del Brahma, lo absoluto, vivir meditativamente. Si tengo que traducir BRAHMACHARYA lo traduciré como "la vida de meditación".

Esos veinticinco años, la parte inicial de la vida... parecerá extraña. ¿Por qué Dios tiene que ser experimentado al principio? - Por muchas razones. Primero: la primera parte de la vida es la parte más inocente, más valiente, aventurera, viva, inteligente. Una vez que te cargas con las experiencias de la vida empiezas a volverte astuto. Vivir en un mundo y no ser astuto es muy difícil.

Para enfrentarte al mundo tendrás que ser astuto, para enfrentarte al mundo tendrás que estar en guardia, ser precavido;

de lo contrario te engañarán, te explotarán. Para estar en el mundo tendrás que estar continuamente luchando y compitiendo; tendrás que ser ambicioso y violento y agresivo. Y si todas estas experiencias se convierten en parte de tu conciencia -y están destinadas a convertirse en parte- entonces la confianza será más difícil, la duda será más fácil.

Lo he oído:

Johnson era un jugador compulsivo, pero siempre dispuesto a dar y compartir. Así que cuando perdió todo su dinero en una partida de póquer, Brown, uno de sus compinches, le dio un billete de veinte dólares para que le sirviera hasta el día siguiente. De camino a casa, una mujer mal vestida se le acercó con una historia de mala suerte.

"No puedo seguir", suplicó. "No he comido en todo el día. Si no me ayudas, me voy a ahogar".

El generoso Johnson le entregó el billete de veinte dólares.

"Nunca olvidaré su amabilidad", dijo agradecida. "Me has devuelto la fe en la humanidad".

A la mañana siguiente, Johnson se fijó en un artículo del periódico sobre el cadáver de una mujer desconocida que había sido sacado del río. La descripción de sus ropas coincidía con la mujer con la que había entablado amistad.

Se quedó perplejo.

Conoció a Brown en el almuerzo.

"¿Qué hiciste después de dejarnos ayer?", preguntó Brown.

"Me fui andando a casa", dijo Johnson.

"¿Gastaste dinero?"

"No. ¿Por qué?"

"Eso está bien", dijo Brown con una sonrisa. "Nos preguntábamos qué pasaría cuando intentaras gastar ese billete falso de veinte dólares que te di".

En este mundo estás destinado a corromperte - este mundo está muy corrompido. Es debido a este hecho que en los días de los Upanishads, los conocedores, los videntes han decidido que antes de tener cualquier experiencia del mundo es mejor tener algún sabor de Dios, porque ese sabor te salvará de las influencias corruptoras del mundo. Si has conocido algo superior, entonces lo inferior no puede perturbarte; si has conocido algo más profundo, entonces lo superficial no importa. Es muy científico y muy psicológico La primera parte de la vida, veinticinco años, tuvo que dedicarse a la meditación, a vivir con un Maestro, a servir al Maestro, a estar con el Maestro, a disfrutar de su presencia, a regocijarse de su presencia. No era un monasterio; era una escuela, una academia, una verdadera universidad para aprender el arte de la vida.

Y cuando después de veinticinco años comenzaba la segunda etapa... era la etapa llamada la etapa del cabeza de familia, GRIHASTHA. Entonces uno se casa, va a trabajar al mundo, gana dinero, vive una vida mundana, pero ahora tiene un centro interior, un arraigo. El mundo no puede perturbarle, y sabe que esa experiencia tiene que ser alcanzada de nuevo, que la luz tiene que ser alcanzada de nuevo.

Cualquier atisbo que haya tenido en esos veinticinco años le perseguirá, le recordará una y otra vez que este mundo es sólo momentáneo. No se volverá loco por el dinero, el poder o el prestigio.

Realizará todas las acciones del mundo, pero en el fondo permanecerá impasible. Se convertirá en una rueda en lo que respecta al exterior, pero en su interior seguirá siendo un eje, inmutable, frío. Tanto si tiene éxito como si fracasa, será lo mismo. Sea rico o pobre, será lo mismo. Si se hace muy famoso o sigue siendo un don nadie, todo es lo mismo, porque ha experimentado una alegría dentro de sí mismo; ahora no puede ser engañado por nada del exterior.

Y esta experiencia también es necesaria para reforzar la primera experiencia de veinticinco años.

Esto es un examen, esto es criterio de si lo que has conseguido lo has conseguido realmente, o sólo ha sido a la luz del Maestro, en su presencia, algo prestado. Tienes que ir al mundo -esa es la prueba- para que puedas ver que es algo que se ha convertido en parte de tu propio ser y que nada te lo puede quitar. Ni siquiera alejarte del Maestro va a afectarlo; es tuyo, auténticamente tuyo. Es un procedimiento hermoso y científico.

Y después de veinticinco años, cuando la persona alcance la edad de cincuenta, sus hijos estarán listos para salir de los ashrams, de esos extraordinarios dispositivos de aprendizaje. Sus hijos ya estarán listos. Tendrán veinticinco años y estarán de vuelta a casa. Ahora se casarán y ocuparán el lugar del padre.

Y trata de ver la visión oriental de la psique humana: cuando el hijo vuelve y se casa, y si el padre sigue reproduciendo hijos, es feo. Es como cuando nace tu hijo pequeño y juega con barquitos de juguete y tú también estás jugando con barquitos de juguete. Será estúpido; simplemente demostrarás que eres retrasado. Si sigues llevando un osito de peluche... está perfectamente bien para un niño, pero un hombre de cincuenta años que lleva un osito de peluche y no puede irse a dormir sin un osito de peluche será feo; mostrará inmadurez; el hombre no ha crecido.

Cincuenta es la hora, ¡basta! Veinticinco años has vivido en el mundo; es suficiente para ver que no es más que un drama. Es suficiente para experimentar su falsedad, su ilusoriedad. Está hecho de la misma materia de la que están hechos los sueños. Basta con verlo. Y ahora tus hijos jugarán al mismo juego, y tú también estás jugando al mismo juego; no parece correcto.

En el momento en que su hijo regrese, en los días de los Upanishads, el padre comenzará a alejarse de los empleos, el trabajo, el dinero, el juego del poder - todos los juegos. Ahora hay que darle el lugar al hijo, no a regañadientes - con regocijo, felizmente. Ahora déjale jugar a los juegos. De lo contrario, los padres también están en el mismo juego, sus hijos están en el mismo juego, incluso sus nietos están en el mismo juego. Los nietos persiguen a las chicas y los abuelos persiguen a las chicas. Parece tan feo, como si nadie hubiera crecido. Puede que físicamente sean viejos, pero no maduros psicológicamente.

Envejecer no es crecer, recuérdalo. Madurar es un proceso psicológico. Así que cuando un hombre tenía cincuenta años comenzó a dar lugar a sus hijos, y no había competencia. Ahora hay competencia en todos los campos.

Alguien como Morarji Desai, que a sus ochenta y cinco años sigue intentando ser primer ministro del país... Entonces, ¿qué pasa con los niños? Si te interesan los ositos de peluche, ¿qué pasa con los niños? ¿Qué pasa con los jóvenes que realmente necesitan espacio y oportunidades? Estos viejos locos siguen y siguen; no paran. No hay edad de jubilación para los políticos, no hay edad de jubilación para los ricos. Nunca se jubilan, sólo mueren. Sólo entonces tienen que jubilarse a regañadientes, de lo contrario no se jubilarán.

Hay un colegio en Londres, un colegio de medicina; el hombre que fundó el colegio, que dio el dinero, presidió toda su vida el consejo de administración, y cuando murió se abrió su testamento y todos quedaron perplejos y conmocionados. Su testamento decía: "Todo mi dinero es para el colegio, siempre que siga presidiéndolo". Después de muerto... ¡y sigue presidiendo! Después de doscientos años sigue presidiendo esa facultad de medicina. Su cuerpo ha sido preservado. Su cuerpo se sienta en el lugar del presidente... y la reunión de la junta y él preside. Por supuesto, alguien más hace todo el trabajo como presidente en funciones, ¡pero el verdadero presidente está allí en la silla! Incluso la gente no quiere retirarse después de la muerte - él no se ha retirado.

Ahora piensa en esa reunión, ¡cómo se sentirán los otros directores que están vivos, sentados con un hombre muerto, un cadáver! Y él es el presidente, y deben estar dirigiéndose a él, "Señor, señor presidente..."

Pero esta es la situación en todo el mundo. En Sri Lanka, un hombre de noventa años es ahora el primer ministro. Ahora bien, estas personas muertas están obligadas a crear malos sentimientos en la generación más joven, y dicen que es la generación más joven la que está equivocada. Pero no es así.

Cuando la gente no vivía tanto, cuando la gente no vivía más de setenta años, no pasaba nada; la generación más joven podía tolerarlos, esperando que fueran a morir tarde o temprano: no te apures, no los mates. Pero ahora la ciencia médica ha hecho posible que la gente viva indefinidamente.

En Rusia hay miles de personas que han superado los ciento cincuenta años y siguen trabajando. ¿Y ahora qué quieren? La generación más joven se enfadará. Tarde o temprano, los más jóvenes empezarán a matar a estos viejos: ¡hay que matarlos! 1 ¿Cuánto tiempo puedes tolerarlo? ¡Destruirán toda tu vida! Cuando tengas cien años, puede que mueran, ¡pero entonces habrá otros más jóvenes que te empujarán a la tumba!

Los ashrams se llamaban GURUKULS. GURUKUL significa el lugar donde el Maestro vive y su familia - sus discípulos son su familia - donde el Maestro vive con sus discípulos - la familia del Maestro, la comuna del Maestro.

Cuando los niños empezaron a venir, el padre, la madre, los ancianos tienen que desalojar y con alegría, porque ahora están siendo relevados. Veinticinco años permanecerán en el hogar para poder ayudar a sus hijos a estar en el mundo, para poder entregárselo todo a los hijos. Para cuando sus nietos empiecen a volver a casa ellos volverán a los ashrams.

Este es el círculo completo de la vida, cuatro etapas. Comienza en el ashram y termina en el ashram. Comienza en el ashram como discípulo y termina en el ashram como Maestro. El círculo está completo. Un hombre de setenta y cinco años -veinticinco años de experiencia con un Maestro, luego veinticinco años de tiempo de prueba en el mundo, luego veinticinco años de lenta retirada, no una renuncia apresurada, una retirada muy meditativa, lentamente... y luego de vuelta al bosque, al ashram. Ahora llega como Maestro por derecho propio; una vida plenamente vivida, experimentada de todas las formas posibles, sagradas y mundanas, se convierte él mismo en Maestro... y volverán a venir niños.

En los Upanishads, el Maestro se dirigía a personas inocentes, no contaminadas por el mundo, no escépticas, no corrompidas, confiadas, amorosas.

Después de veinticinco siglos, Buda se dirigía a un público totalmente distinto. Los Ashrams habían desaparecido, muerto; toda la hermosa institución murió. Murió a causa de los jainistas - ellos son los culpables, porque los jainistas insistieron en que los Maestros no debían vivir en un solo lugar. Los jainistas tienen una actitud muy negativa hacia la vida y son tan antiguos como los Upanishads. Insistían en el ascetismo, insistían en renunciar al mundo e insistían en que uno no debía vivir en un lugar porque si vives en un lugar el tiempo suficiente puedes apegarte al lugar. Su miedo al apego era tal, estaban tan obsesionados con el miedo que vivían en una especie de fobia, de pánico.

Al muni jainista, al monje jainista, sólo se le permite permanecer tres días en una ciudad, después debe marcharse, porque si permanece más tiempo existe la posibilidad de que empiece a cultivar la amistad, de que se encariñe con la gente, de que se apegue al lugar, a la gente, de que no le guste moverse.

Los jainistas están en contra de los ashrams. Ashram significa que el Maestro vive allí permanentemente con sus discípulos.

Los jainistas insistían en que el monje jainista debía ser un vagabundo; no debía quedarse en ningún sitio. Destruyeron la hermosa institución de los Upanishads, la destruyeron por completo. Y atrajeron más a la gente porque la gente es tan tonta, que se sienten atraídos por cualquier tipo de cosa antinatural. Se sintieron atraídos por los munis jainistas; pensaron que estos eran los verdaderos renunciantes del mundo - porque los videntes upanishádicos vivían muy ordinariamente, como vive todo el mundo. La única diferencia era que solían vivir en los bosques. Por supuesto, vivir en los bosques era mucho más hermoso que vivir en el mercado. No estaban en contra del mercado, pero conocían la belleza del bosque, la naturaleza y todas sus alegrías y todos sus climas. No estaban allí contra el mundo; amaban la belleza de la naturaleza. No estaban allí por ninguna razón negativa, estaban allí por una razón positiva. Amaban los árboles, los animales salvajes, las flores, el silencio de los bosques. Estaban inmensamente enamorados del bosque. Eran poetas. Ir al bosque no era una renuncia, era regocijarse en la naturaleza. Recuerda la diferencia.

Los jainistas iniciaron un tipo de tradición totalmente diferente en la India -la tradición del errante- y destruyeron toda la institución del ashram. Y los errantes no pueden ser Maestros, porque ¿qué se puede enseñar en tres días viviendo en un lugar? Y siguen moviéndose. Tienen miedo, mucho miedo de relacionarse con la gente. ¿Qué pueden enseñar? Ellos mismos tienen miedo, viven del miedo; toda su orientación es el miedo al mundo. Destruyeron las hermosas universidades que existían alrededor de los Maestros.

Mi esfuerzo aquí es crear de nuevo un verdadero ashram, una verdadera comuna. Por eso quiero mudarme a los bosques. No estoy en contra del mundo, en contra del mercado, pero conozco la belleza de las colinas, de los lagos, de los océanos, y me gustaría que la experimentaras y que la experimentaras conmigo para que puedas compartir mi visión, para que puedas bailar con los árboles y cantar con los pájaros, para que puedas empezar a sentir el zumbido que llega cuando te encuentras con el universo... AUM... para que puedas sentir esa música, la música eterna, la música celestial.

Buda llegó después de que los jainistas hubieran destruido por completo la institución de los ashrams. Tuvo que hablar a los escépticos, tuvo que hablar a la multitud, tuvo que hablar a gente que nunca había conocido la meditación. De ahí que haya elegido la expresión de lo negativo. Él dirá: "Lo último es un no-yo". Pero los Upanishads dicen: "Lo último es el Yo supremo", pero ambos significan lo mismo.

LOS SENTIDOS NO PUEDEN ALCANZARLO.
SIEMPRE ESTÁ FUERA DE SU ALCANCE.

Obviamente, los sentidos sirven para captar el mundo objetivo. Puedes ver con tus ojos el mundo entero, excepto tus propios ojos. Si quieres ver tus ojos tendrás que tener un espejo, y entonces tampoco estás viendo tus ojos, sólo estás viendo el reflejo en el espejo. Y esos no son tus ojos, sólo un reflejo, y el reflejo puede no ser correcto; todo depende del espejo y de la calidad del espejo. El espejo puede estar hecho en la India - y puedes estar viendo los ojos de otra persona que no tienen nada que ver contigo. Y habrás visto que hay muchas clases de espejos. En algunos espejos te ves muy pequeño. En algunos espejos muy alto, en algunos espejos muy gordo, en algunos espejos muy delgado. Todo depende del espejo cómo te veas. De hecho, no creo que haya ningún espejo que te represente EXACTAMENTE, al cien por cien; no puede haberlo.

Fíjate bien: tus ojos son capaces de verlo todo EXCEPTO a sí mismos; tu mano puede agarrarlo todo excepto a sí misma Tus sentidos están hechos para la realidad externa; son tus alcances hacia lo externo. Pero hacia lo interno son impotentes; no pueden asir tu interioridad, y ahí es donde está tu realidad. Pueden asir la rueda, pero el eje permanece más allá de ellos.

PERMANECIENDO INMÓVIL, SOBREPASA TODA ACTIVIDAD, PERO EN ELLA DESCANSA EL ALIENTO DE TODO LO QUE SE MUEVE.

Es el eje.

... EN ÉL DESCANSA EL ALIENTO DE TODO LO QUE SE MUEVE.

Y una vez que has experimentado tu centro absoluto, inmóvil, entonces sabes que TODA actividad depende de él - aunque no esté activo.

Este es el significado del énfasis upanishádico de la "acción en la inacción", o el énfasis zen del "esfuerzo sin esfuerzo", o la afirmación de Bohidharma de que si puedes sentarte en silencio sin hacer nada, todo sucederá. No debes hacer nada, sólo sentarte en silencio para poder tener una experiencia de tu eje.

Sentado en silencio eres más consciente del eje que de la rueda. Si estás activo, sigues en la rueda, en el tiovivo... o en el tiovivo de la pena, todo depende de ti, ¡más o menos es el tiovivo de la pena! Te aferras a la rueda y la rueda sigue moviéndose.

Sentarse en silencio significa simplemente establecerse en el centro mismo donde cesa toda actividad, pero también es la fuente de toda actividad. Lo inactivo es la fuente de la actividad, la nada es la fuente de todas las cosas.

SE MUEVE, PERO NO SE MUEVE.

Caminas, das un paseo matutino: en cierto modo te estás moviendo, en cierto modo no te estás moviendo. Tu cuerpo se mueve, tu mente se mueve, pero tu conciencia es la misma. Eras un niño, luego te hiciste joven, luego viejo. Todo se ha movido y, sin embargo, nada se ha movido; tu conciencia sigue siendo la misma.

Por eso es muy difícil... si no llevas un registro, si no tienes un certificado de nacimiento, si no tienes un calendario, es muy difícil juzgar tu edad. Si cierras los ojos y tratas de averiguar tu edad, no serás capaz de averiguarlo en absoluto.

Por eso, si vas a las tribus primitivas donde no existen relojes, ni calendarios, y nadie sabe cuándo nació porque la gente no puede contar más allá de sus diez dedos... Incluso la persona que puede contar los diez dedos se considera muy instruida, educada, culta. Se convierte en sacerdote o jefe. Si preguntas a la gente: "¿Cuántos años tienes?", no podrán responderte; no hay manera.

No puedes juzgar por tu propio ser interior; se necesita alguna medida exterior. ¿Por qué? - Porque cuando cierras los ojos y miras en tu interior siempre es lo mismo, nunca cambia - y en cierto modo, todo ha cambiado. No serás capaz de reconocer tu fotografía cuando tenías un día - ¿o crees que serás capaz de reconocer? Y en el vientre materno, en nueve meses, pasaste por todas las etapas por las que ha pasado la vida - millones de años. Primero fuiste como un pez y finalmente fuiste como un mono - ¡y muy pocas personas superan esa etapa!

Puede que Darwin tenga razón sobre algunas personas: un Buda, un Cristo, un Zaratustra, un Lao Tzu... de hecho, ¡no puedo contar ni siquiera a Darwin! Puede que tenga razón sobre algunas personas, que han evolucionado más allá de los monos, pero en lo que respecta a los demás, sólo han descendido de los árboles, eso es cierto, pero no han evolucionado. No han llegado a ser mejores que los monos.

Observa tu mente y verás: el mono sigue saltando. Tu mente es un mono y da saltos más largos -saltos cuánticos- que los que puede dar cualquier mono. El mono puede saltar de una rama a otra rama, de un árbol a otro árbol, pero no mucho, pero tú puedes saltar de la tierra a la luna. Tu mente se ha convertido en un mono más grande.

Todos los niños llegan a esa etapa en el vientre materno. Si le enseñan una foto o una serie de fotos, no podrá creer que "¡éste soy yo!". El primer día en el vientre materno, ¿crees que serás capaz de reconocerlo? Será sólo un punto, casi invisible a simple vista; necesitarás un microscopio para verlo. Y entonces... pero todos esos cambios son periféricos; en el centro sigues siendo el mismo. Nada ha cambiado, nada cambia nunca.

Fíjate cuando mañana salgas a dar un paseo matutino: el cuerpo se mueve, pero algo en ti permanece inmóvil.

SE MUEVE, PERO NO SE MUEVE.

ESTÁ LEJOS, PERO ESTÁ CERCA.

Está lejos si vas a través de la mente, está muy lejos. De hecho, está tan lejos que nunca lo alcanzarás. Pero si vas A TRAVÉS de la meditación está muy cerca, más cerca que tu propio ego; es lo más cercano. Es tu propio ser, pero depende. Si vas a través de la mente, habrás tomado el camino más largo posible; si vas a través de la no-mente, habrás tomado el camino más corto posible.

ESTÁ DENTRO DE TODO ESTO, Y SIN EMBARGO SIN TODO ESTO.

Está tanto dentro como fuera. Pero primero tienes que experimentarlo dentro, porque es el punto más cercano, la puerta más cercana por la que puedes entrar en el templo de Dios. Entonces lo verás en el árbol y en la roca, en los animales, en la gente - lo verás en todas partes. Una vez que lo hayas reconocido dentro de ti, no podrás dejar de reconocerlo en ninguna parte.

AQUEL QUE VE TODO COMO NADA MÁS QUE EL YO Y EL YO EN TODO LO QUE VE, TAL VIDENTE SE RETIRA DE LA NADA.

Toda la idea de la renuncia no es aria, pero los indios creen que esa es su cultura. Eso es simplemente desconocimiento absoluto de lo que están hablando. La renuncia es un fenómeno no ario; no tiene nada que ver con la cultura india ni con la religión india.

Proviene de los jainistas, y los jainistas no forman parte de la cultura india.

Cuando los arios llegaron a la India, cerca de diez mil años antes, la India era un país muy civilizado. Cuando llegaron los arios, la India era floreciente; no estaba despoblada. Ahora los exploradores han descubierto Harappa y Mohenjodaro. Estas dos ciudades, deben haber pasado por tremendas calamidades porque ambas ciudades muestran indicaciones de que siete veces fueron destruidas. Porque han ido a excavar y han encontrado siete capas; la más antigua es la séptima en la parte inferior.

Uno es incapaz incluso de comprender cuántos años tiene la más antigua, pero de algún modo fue destruida -quizá un gran terremoto, alguna convulsión en la tierra- y está cubierta de tierra. Luego, la segunda vez, la ciudad volvió a poblarse y la tercera vez... siete veces ha sido poblada y destruida.

Naturalmente ha sido destruido por alguna calamidad natural y la posibilidad es que el Himalaya se estaba levantando muy cerca, y cuando una montaña tan grande se levanta, entonces todo a su alrededor hay grandes trastornos, obligados a ser así. Tan grande, enorme... la montaña más grande subiendo significa que en miles de kilómetros a la redonda todo cambiará. Y el Himalaya sigue creciendo. Es la montaña más joven del mundo, sigue creciendo, sigue haciéndose más alta. Pero cuando la primera vez que debe haber surgido de la tierra se puede pensar qué calamidad no debe haber rodeado todo el norte de la India; Harappa y Mohenjodaro fueron destruidas siete veces.

En Harappa y Mohenjodaro se han encontrado estatuas que sólo pueden relacionarse con la religión de los jainistas: estatuas desnudas, sentadas como Mahavira en postura de loto o de pie como Mahavira, meditando. Sólo se sabe que los jainistas meditan de pie: ninguna otra religión ha prescrito que la meditación deba hacerse de pie. Y todos están desnudos: sólo la religión jainista ha creído en los Maestros desnudos. Harappa y Mohenjodaro deben haber sobrevivido un poco. La religión jainista parece ser mucho más antigua que la religión hindú; debe haber venido de Harappa y Mohenjodaro. Harappa y Mohenjodaro debieron ser culturas jainistas; quedaron restos de ella y se infiltraron en la mente aria.

Por lo demás, los arios nunca han sido partidarios de retirarse de la vida; siempre se han regocijado en ella. Pero los jainistas han contaminado toda la mente; han logrado corromper toda la idea.

TAL VIDENTE, DICE EL Isa Upanishad, NO SE RETIRA DE NADA.

No hay necesidad de retirarse porque todo es Dios. Retirarse del mundo significa retirarse de la manifestación de Dios. Retirarse es un acto impío, renunciar. Los Upanishads creen en el regocijo, no en la renuncia, y ese es también mi enfoque.

Por eso me gustaría decir a los supuestos defensores de la cultura india que NO son realmente defensores de la cultura india. Yo sí lo soy, porque todo lo que digo está enraizado en la visión upanishádica: Regocijaos en todo, ¡porque todo es Dios! Desde lo más bajo hasta lo más alto, todo es divino. Ciertamente estoy en contra de la actitud jainista de retraimiento, de renuncia, pero no estoy en contra de la actitud upanishádica: estoy totalmente a favor de ella.

PARA EL ILUMINADO, TODO LO QUE EXISTE NO ES MÁS QUE EL YO...

El Ser supremo, Dios mismo.

ENTONCES, ¿CÓMO PODRÍA CONTINUAR CUALQUIER SUFRIMIENTO O ENGAÑO PARA AQUELLOS QUE CONOCEN ESTA UNIDAD?

No hay cuestión de sufrimiento o engaño. En el momento en que abandonas tu ego y te conviertes en uno con el todo, todo sufrimiento desaparece. El sufrimiento es sólo ilusorio; es un sueño, una pesadilla. Cuando despiertas, todos los sueños desaparecen.

Cuando despiertas, todos los sueños desaparecen. La vida se convierte en pura alegría, una danza, una celebración.

EL QUE TODO LO PENETRA, ES RADIANTE...

Dios significa lo que lo impregna todo, y es muy radiante. Todo lo que necesitas es abrir los ojos.

Pero primero tienes que ver su resplandor en tu interior; sólo entonces podrás reconocerlo en el exterior. Es ilimitado, porque el universo es vasto y no hay fronteras. Es inmaculado, porque no hay nada que pueda mancharlo.

Son declaraciones inmensas: eres inmaculado, eres radiante, eres ilimitado. Sólo tienes que dejar caer el ego y te haces uno con esta infinitud, con esta eternidad que es la existencia.

Es INVULNERABLE Y PURO.

Tú también.

ÉL ES EL CONOCEDOR, LA MENTE ÚNICA...

Lo que Buda llama no-mente, los Upanishads lo llaman la mente una", pero significan lo mismo.

ÉL ES EL CONOCEDOR...

Dios es el conocedor. Cuando te conviertes en conocedor eres un dios. CONOCER ES ser un dios, porque él es el conocedor:

OMNIPRESENTE...

Está presente en todas partes, porque no hay nada más que pueda estar presente.

Recuerda, los Upanishads no creen en ningún diablo, en ningún Satán, no creen en ningún infierno, porque todo es divino - ¿cómo puede haber un infierno? El infierno es tu creación, la sombra del ego. Es sólo una ilusión - no existe.

HA ARMONIZADO LA DIVERSIDAD A TRAVÉS DEL TIEMPO ETERNO.

Dios es la armonía de todo lo que es, y puedes observar: todo es armonioso. Los árboles se mecen con el viento; hay armonía. No luchan contra el viento, bailan con él. Las estrellas se mueven en tremenda armonía. Esta vasta existencia es una gran orquesta: todo está afinado con todo lo demás. No hay conflicto, ni división, ni desarmonía.

Sólo el hombre puede creer que está separado porque tiene consciencia, y la consciencia te da la alternativa. O puedes pensar que estás separado -entonces caes en la miseria y el infierno- o puedes intentar comprender la unidad y de repente hay dicha. Ser uno con el todo es dicha: estar separado con el todo es miseria.

AUM PURNAMADAH PURNAMIDAM PURNAT PURNAMUDACHYATE PURNASYA PURNAMADAYA PURNAMEVA VASHISYATE.

AUM QUE ES EL TODO.

ESTE ES EL CONJUNTO.

DE LA TOTALIDAD SURGE LA TOTALIDAD.

SI LA TOTALIDAD PROCEDE DE LA TOTALIDAD, LA TOTALIDAD SIGUE EXISTIENDO.

Amor absoluto, libertad absoluta

La primera pregunta:
Pregunta 1:
MAESTRO,
SENTADO INQUIETO, RETORCIÉNDOSE SIN CESAR, ¿SIGUE LLEGANDO LA PRIMAVERA Y LA HIERBA CRECE SOLA?
Anand Daniel,
LA PRIMAVERA sigue llegando. No depende de si estás sentado en silencio o inquieto, de si estás sentado o no estás sentado. No depende de ti; viene por sí misma. Y la hierba sigue creciendo, pero si no estás sentado en silencio te la perderás. Vendrá, pero no podrás sentirla. Vendrá, pero no podrás experimentarla. La hierba crecerá, pero tú no crecerás.

El sol sale, la noche desaparece, pero la luz es sólo para los que tienen ojos y sólo para los que abren los ojos: de lo contrario permaneceréis en la oscuridad. El sol estará ahí, la luz estará ahí, pero tú no serás bañado por su luz; seguirás siendo el mismo.

La cuestión es si estás cerrado o abierto. El silencio te abre; el ruido interior te mantiene cerrado a la existencia, tanto dentro como fuera. El exterior es un mundo hermoso: todo el cielo con las estrellas, las flores, los pájaros cantando, las nubes flotando, los ríos, las montañas. Y el mundo interior es aún mucho más bello, porque el exterior es la parte manifiesta del interior y el interior es más vasto que el exterior. Lo inmanifestado es ilimitado, lo manifiesto está destinado a ser limitado. Lo no manifestado contiene todas las posibilidades futuras; lo manifestado sólo contiene lo que se ha hecho realidad en el pasado. Lo inmanifestado contiene todos los universos que ocurrirán en la eternidad venidera. Por supuesto, es mucho más grande que lo exterior.

Entre los dos está la mente. Entre el interior y el exterior hay un muro -una Muralla China- de pensamientos, deseos, recuerdos, expectativas, frustraciones. Y debido a la espesura de la muralla y al ruido constante que hay en ella... cada recuerdo ansía ser escuchado, cada deseo te acosa para que lo cumplas, cada imaginación te obliga a realizarlo, cada expectativa te tortura, te acosa para que consigas cumplirla. El ruido es grande; hay un gran conflicto.

Los deseos son antagónicos entre sí.

Si quieres ser poderoso, por supuesto que tendrás que elegir algunos deseos y tendrás que dejar algunos deseos. Hay deseos de ser famoso, deseos de ser rico, deseos de ser poderoso, y deseos de estar sano, y deseos de ser amado, y deseos de ser creativo; todos ellos no pueden cumplirse simultáneamente. Y siempre que elijas. los deseos no elegidos te fastidiarán; intentarán arrastrarte hacia ellos.

Este caos no puede permitirte ver ni la belleza que te rodea ni la belleza que reside en ti. No puede permitirte ver los arco iris en la circunferencia y no puede permitirte ver la fuente de toda alegría, de toda verdad, de toda belleza dentro de ti - el reino de Dios dentro de ti.

Pregúntame tú, Daniel: ¿SENTADO LIBREMENTE, PREGUNTANDO SIN FIN, VUELVE LA PRIMAVERA...?

Ciertamente... la primavera llega, pero no para ti. No estás disponible, no estás ahí. Estás tan ocupado, tan ocupado, que no puedes ver hacia fuera, no puedes ver hacia dentro. Tus ojos están cubiertos con capas de deseos y pensamientos.

La hierba sigue creciendo porque está sentada en silencio sin hacer nada, pero tú no estás sentado en silencio sin hacer nada.

Si puedes sentarte en silencio sin hacer nada como la hierba, tú también crecerás.

Así es como el ignorante se ilumina: haciendo silencio... justo ahora... sólo un momento de silencio, una pausa... y puedes oír los cantos de los pájaros y puedes sentir de repente el silencio. Entonces ya no hay aquí cinco mil sannyasins: la Sala de Buda está vacía, y ese vacío es una gran experiencia. Es un éxtasis.

La primavera se siente de repente: ¡se puede sentir ahora mismo! Entonces nada te distrae. Este ruido del avión no es una distracción; incluso profundizará tu silencio, se convertirá en un contraste con el silencio, ayudará a definir el silencio.

El ruido exterior no es una distracción; pero la mente interior que permanece continuamente en un estado de locura es la única distracción.

Y hay insensatos que renuncian al mundo en busca del silencio. El mundo no te perturba; lo que perturba es tu mente - y ellos no renuncian a la mente. Cuando un hindú se convierte en monje sigue siendo hindú. ¿Ves lo absurdo? Ha renunciado a la sociedad hindú, ¡pero sigue teniendo la idea de ser hindú! Si has renunciado a la sociedad hindú... entonces esta idea de ser hindú fue dada por la misma sociedad, ¿cómo puedes llevarla?

Alguien se hace monje cristiano, pero sigue siendo cristiano: católico, protestante...

La mente es tan estúpida; si observas sus estupideces te sorprenderás, ¡te asombrarás! ¿Cómo puedes ser católico si has renunciado al mundo? Pero la gente renuncia al mundo, no renuncia a la mente, ¡y la mente es un subproducto del mundo! Si un niño es criado por hindúes, se convierte en hindú porque sus padres cultivan la ideología hindú, o cristiana, o mahometana, o jainista.

Justo el otro día hablaba de cómo el jainismo destruyó el bello concepto de los ashrams upanishádicos. Cuando pasé por la Sala de Buda de regreso, miré especialmente a mis sannyasins jainistas: ¡no parecían contentos! Incluso mis sannyasins. Pero siempre que critico el hinduismo he visto a los mismos sannyasins, tan alegres. Por supuesto que los hindúes se sienten ofendidos. Incluso mis sannyasins de alguna manera en el fondo siguen llevando su mente.

No te enseño a renunciar al mundo, te enseño a renunciar a la mente. Y eso es lo que significa este dicho Zen inmensamente bello:

SENTADO EN SILENCIO, SIN HACER NADA, LLEGA LA PRIMAVERA Y LA HIERBA CRECE SOLA.

Y ése es exactamente el significado de la palabra upanishad: sentarse en silencio, sin hacer nada, al lado de un Maestro -es decir, al lado de la primavera-, dejar que la primavera te posea, que te lleve con ella como un maremoto.

Tu ser interior no es algo que haya que desarrollar; ya es perfecto. No es necesario ningún desarrollo espiritual, sólo hay que descubrirlo. Y una vez que el silencio cae sobre ti, empiezas a descubrirlo. Es el ruido y el polvo que crea la mente lo que sigue obstaculizando el descubrimiento.

La segunda pregunta:

Pregunta 2:

MAESTRO,

MIS PADRES ESTÁN MUY DECEPCIONADOS CONMIGO, SE PREOCUPAN TODO EL TIEMPO. ELLOS HAN HECHO POSIBLE QUE YO ESTÉ AQUÍ, ASÍ QUE ¿CÓMO PUEDO ALEJARME DE ELLOS? ¿QUÉ LES DEBO A MIS PADRES?

Prem Shunya,

EL PROBLEMA de la familia es que los hijos superan la infancia, pero los padres nunca superan la paternidad. El hombre aún no ha aprendido que la paternidad no es algo a lo que haya que aferrarse para siempre. Cuando el niño es una persona adulta, tu paternidad ha terminado. El niño lo necesitaba, estaba indefenso.

Necesitaba a la madre, al padre, su protección; pero cuando el niño puede valerse por sí mismo, los padres tienen que aprender a retirarse de la vida del niño. Y como los padres nunca se retiran de la vida del niño, siguen siendo una angustia constante para ellos mismos Y para los niños. Destruyen, crean culpa; no ayudan más allá de cierto límite.

Ser padre es un gran arte. Dar a luz no es nada: cualquier animal puede hacerlo; es un proceso natural, biológico, instintivo. Dar a luz a un niño no es nada grandioso, no es nada especial; es muy ordinario. Pero ser padre es algo extraordinario; muy pocas personas son realmente capaces de ser padres.

Y el criterio es que los verdaderos padres darán libertad. No se impondrán al niño, no invadirán su espacio. Desde el principio, su esfuerzo consistirá en ayudar al niño a ser él mismo o ella misma. Deben apoyar, fortalecer, alimentar, pero no imponer sus ideas, no dar lo que se debe y lo que no se debe. No deben crear esclavos.

Pero eso es lo que hacen los padres de todo el mundo: todo su esfuerzo consiste en satisfacer sus ambiciones a través del niño. Por supuesto, nadie ha sido nunca capaz de cumplir sus ambiciones, por lo que todos los padres están sumidos en la confusión. Sabe que la muerte se acerca cada día, puede sentir que la muerte se hace más y más grande y que la vida se encoge, y sus ambiciones siguen sin cumplirse, sus deseos siguen sin realizarse.

Sabe que ha sido un fracaso. Es perfectamente consciente de que morirá con las manos vacías, igual que había venido, con las manos vacías, se irá.

Ahora todo su esfuerzo es cómo implantar sus ambiciones en el niño. Él se habrá ido, pero el niño vivirá de acuerdo con él. Lo que él no ha podido hacer, el niño podrá hacerlo. Al menos, a través del niño, cumplirá ciertos sueños.

No va a ocurrir. Lo único que ocurrirá es que el hijo seguirá sin sentirse realizado como padre y el hijo seguirá haciendo lo mismo con sus hijos. Esto sigue y sigue de una generación a otra. Seguimos contagiando nuestras enfermedades; seguimos infectando a los niños con nuestras ideas que no han demostrado ser válidas en nuestras propias vidas.

Alguien ha vivido como cristiano, y su vida puede mostrar que ninguna dicha ha pasado por ella.

Alguien ha vivido como un hindú y se ve que su vida es un infierno pero quiere que sus hijos sean hindúes o cristianos o mahometanos. ¡Qué inconsciente es el hombre!

Lo he oído:

Un hombre muy triste y afligido visitó a un médico en Londres. Se sentó en una silla de la sala de espera e ignoró a los demás pacientes. Finalmente, el médico le hizo pasar al despacho interior, donde, tras un minucioso examen, el hombre se mostró aún más serio, triste y desdichado que nunca.

"En realidad no te pasa nada -explicó el médico-, sólo estás deprimido. Lo que necesita es olvidar su trabajo y sus preocupaciones. Salga a ver una película de Charlie Chaplin y ríase un rato".

Una mirada triste se dibujó en el rostro del hombrecillo. "Pero yo soy Charlie Chaplin", dijo.

Es un mundo muy extraño. No conoces la vida real de la gente; todo lo que conoces son sus máscaras. Los ves en las iglesias, los ves en los clubes, en los hoteles, en los salones de baile, y parece que todo el mundo se regocija, todo el mundo vive una vida celestial, excepto tú, claro, porque sabes lo miserable que eres por dentro. Y lo mismo ocurre con todos los demás. Todos llevan máscaras, engañan a todo el mundo, pero ¿cómo puedes engañarte a ti mismo? Sabes que la máscara no es tu rostro original.

Pero los padres siguen fingiendo ante sus hijos, siguen engañando a sus propios hijos. Ni siquiera son auténticos con sus propios hijos. No confiesan que su vida ha sido un fracaso; al contrario, fingen que han tenido mucho éxito. Y les gustaría que los hijos también vivieran como ellos han vivido.

Prem Shunya, preguntas: MIS PADRES ESTÁN TAN DESAPROPIADOS DE MÍ...

No te preocupes en absoluto: ¡todos los padres están decepcionados con sus hijos! Y digo todos, sin excepción. Incluso los padres de Gautam el Buda estaban muy decepcionados con él, los padres de Jesucristo estaban muy decepcionados con él, obviamente. Habían vivido un cierto tipo de vida -eran judíos ortodoxos- y este hijo, este Jesús, iba en contra de muchas ideas tradicionales, convenciones. El padre de Jesús, José, debía de esperar que ahora que se estaba haciendo viejo su hijo le ayudaría en la carpintería, en su trabajo, en su tienda... ¡y el estúpido de su hijo empezó a hablar del reino de Dios! ¿Crees que fue muy feliz en su vejez?

El padre de Gautam Buda era muy viejo y sólo tenía un hijo, que también le nació cuando era muy viejo. Toda su vida esperó, rezó, adoró e hizo todo tipo de rituales religiosos para tener un hijo, porque ¿quién iba a cuidar de su gran reino? Y un día el hijo desapareció del palacio. ¿Crees que estaba muy contento? Estaba tan enojado, violentamente enojado, ¡que hubiera matado a Gautam Buda si lo hubiera encontrado! Su policía, sus detectives buscaban por todo el reino. "¿Dónde se esconde? ¡Tráiganmelo!"

Y Buda lo sabía, que sería capturado por los agentes de su padre, así que lo primero que hizo fue abandonar los límites del reino de su padre; escapó a otro reino, y durante doce años no se supo nada de él.

Cuando se iluminó, regresó a casa para compartir su alegría, para decir al padre que "he llegado a casa", que "me he dado cuenta", que "he conocido la verdad y éste es el camino".

Pero el padre estaba tan enfadado que temblaba y se estremecía; era viejo, muy viejo. Le gritó a Buda: "¡Eres una desgracia para mí!".

Vio a Buda, que estaba allí de pie con una túnica de mendigo y una escudilla, y le dijo: "¿Cómo te atreves a presentarte ante mí como un mendigo?

Eres hijo de un emperador, ¡y en nuestra familia nunca ha habido un mendigo! Mi padre fue emperador, su padre también, ¡y durante siglos hemos sido emperadores! Has deshonrado toda la herencia".

Buda escuchó durante media hora, no dijo una sola palabra. Cuando el padre se quedó sin gasolina, se calmó un poco... le salían lágrimas de los ojos, lágrimas de rabia, de frustración. Entonces Buda dijo: "Sólo te pido un favor. Por favor, enjuga tus lágrimas y mírame: no soy la misma persona que había salido de casa, estoy totalmente transformado. Pero tus ojos están tan llenos de lágrimas que no puedes ver. Y sigues hablando con alguien que ya no existe. Ha muerto".

Esto desencadenó otro enfado, y el padre dijo: "¿Intentas enseñarme? ¿Crees que soy tonto? ¿No puedo reconocer a mi propio hijo? Mi sangre corre por tus venas, ¿y no puedo reconocerte?".

Buda dijo: "Por favor, no me malinterpretes. El cuerpo ciertamente te pertenece, pero no mi conciencia. Y mi conciencia es mi realidad, no mi cuerpo. Y tienes razón en que tu padre fue un emperador y su padre también, pero por lo que sé de mí mismo fui un mendigo en mi vida pasada y también fui un mendigo en una vida anterior, porque he estado buscando la verdad. Mi CUERPO ha llegado a través de ti, pero tú has sido sólo como un pasaje. No me has creado, has sido un médium, y mi conciencia no tiene nada que ver con tu conciencia. Y lo que estoy diciendo es que ahora he vuelto a casa con una nueva conciencia, he pasado por un renacimiento. Mírame, mira mi alegría".

Y el padre miró al hijo, sin creer lo que decía. Pero una cosa era cierta:

que estaba tan enfadado pero el hijo no ha reaccionado en absoluto. Eso era absolutamente nuevo: conocía a su hijo.

Si sólo fuera la persona mayor se habría enfadado tanto como el padre o incluso más, porque era joven y su sangre estaba más caliente que la del padre. Pero no está enfadado en absoluto, hay una paz absoluta en su rostro, un gran silencio. No le molesta ni le distrae la ira del padre. El padre ha abusado de él, pero no parece haberle afectado en absoluto.

Se secó las lágrimas de los viejos ojos, miró de nuevo, vio la nueva gracia...

Shunya, tus padres estarán decepcionados de ti porque deben haber estado tratando de cumplir algunas expectativas a través de ti. Ahora que te has convertido en un sannyasin, todas sus expectativas han caído al suelo. Naturalmente están decepcionados. pero no te sientas culpable por ello, de lo contrario destruirán tu alegría, tu silencio. tu crecimiento Permanece imperturbable, despreocupado. No te sientas culpable. Tu vida es tuya y tienes que vivir según tu propia luz.

Y cuando hayas llegado a la fuente de la alegría, tu dicha interior, acércate a ellos para compartirla. Se enfadarán; espera, porque la ira no es algo permanente; llega como una nube y pasa. Espera, ve allí, estate con ellos, pero sólo cuando estés seguro de que puedes permanecer tranquilo, sólo cuando sepas que nada creará ninguna reacción en ti, sólo cuando sepas que serás capaz de responder con amor aunque estén enfadados. Sólo así podrás ayudarles.

Tú dices: SE PREOCUPAN TODO EL TIEMPO.

Eso es cosa suya. Y no creas que si hubieras seguido sus ideas no se habrían preocupado. Se habrían preocupado igualmente; es su condicionamiento. Sus padres se habrán preocupado y los padres de sus padres también; esa es su herencia. Y tú les has decepcionado porque ya no te preocupas. Se están extraviando. Son desgraciados, sus padres han sido desgraciados, y así sucesivamente... ¡hasta Adán y Eva! Y os estáis desviando, de ahí la gran preocupación.

Pero si te preocupas, pierdes una oportunidad, y entonces te habrán arrastrado de nuevo al mismo fango. Se sentirán bien, se alegrarán de que hayas vuelto a la vieja forma tradicional, convencional, pero eso no va a ayudarte ni a ti ni a ellos.

Si sigues siendo independiente, si alcanzas la fragancia de la libertad, si te vuelves más meditativo -y para eso estás tú aquí: para volverte más meditativo, para ser más silencioso, más amoroso, más dichoso-, entonces un día podrás compartir tu dicha. Para compartir primero tienes que tenerla; sólo puedes compartir lo que ya tienes.

Ahora mismo tú también puedes preocuparte, pero dos personas preocupándose simplemente multiplican las preocupaciones; no se ayudan mutuamente.

Tú dices: SE PREOCUPAN TODO EL TIEMPO.

Debe haberse convertido en su condicionamiento. Es el condicionamiento de todos en el mundo.

Una familia recibía a un rabino, y el hombre de la casa, impresionado por el honor, advirtió a sus hijos que se comportaran con seriedad en la mesa porque iba a venir el gran rabino. Pero en el transcurso de la comida se rieron de algo y él les ordenó levantarse de la mesa.

El rabino se levantó y se dispuso a marcharse.

"¿Pasa algo?", preguntó el padre preocupado.

"Bueno", dijo el rabino, "¡yo también me reí!".

No te preocupes por su seriedad, por que se preocupen por ti. Intentan inconscientemente hacerte sentir culpable. No dejes que lo consigan, porque si lo consiguen te destruirán a ti y también destruirán una oportunidad para ellos que habría sido posible A TRAVÉS de ti.

Tú dices: ELLOS HAN HECHO POSIBLE QUE YO ESTÉ
AQUÍ.

Da gracias por ello, pero no hay por qué sentirse culpable.

¿CÓMO PUEDO ALEJARME DE ELLOS?

No hay por qué apartarse de ellos, pero tampoco hay por qué
seguirlos. Sigue amándolos. Cuando medites, después de cada
meditación reza a la existencia para que "Algo de mi meditación
llegue a mis padres".

Reza por ellos, sé cariñoso con ellos, pero no les sigas. Eso no te
ayudará ni a ti ni a ellos.

Tú dirás: ¿QUÉ LE DEBO A MIS PADRES?

Debes esto: que tienes que ser tú mismo. Les debes esto: que
tienes que ser dichoso, que tienes que ser extático, que tienes que
convertirte en una celebración para ti mismo, que tienes que
aprender a reír y a regocijarte. Esto es lo que les debes: les debes la
iluminación.

Ilumínate como Gautam el Buda y luego acude a tus padres
para compartir tu alegría. Ahora mismo, ¿qué puedes hacer? Ahora
mismo nada es posible. Ahora mismo sólo puedes rezar.

Así que no estoy diciendo que te alejes de ellos, estoy diciendo
que no los sigas, y esta es la única manera en que puedes serles
de alguna ayuda. Ellos te han ayudado físicamente, tú tienes que
ayudarles espiritualmente.

Será la única forma de recompensarles.

La tercera pregunta:

Pregunta 3:

MAESTRO,

¿POR QUÉ SÓLO ME SIENTO PLENAMENTE VIVA
CUANDO ESTOY ENAMORADA? ME DIGO QUE
DEBERÍA SER CAPAZ DE ENCENDERME SIN EL OTRO,
PERO HASTA AHORA NO HA HABIDO SUERTE. ¿ES UN
ESTÚPIDO JUEGO DE "ESPERAR A GODOT"? CUANDO

TERMINÓ LA ÚLTIMA RELACIÓN AMOROSA, ME JURÉ A MÍ MISMA QUE NO IBA A DEJAR QUE SE REPITIERA EL MISMO PROCESO DE MUERTE, PERO AQUÍ ESTOY DE NUEVO, SINTIÉNDOME MEDIO VIVA, ESPERANDO A QUE ÉL VENGA.

Prem Idama,

UNO PERMANECE en la necesidad del otro hasta ese punto, hasta esa experiencia, cuando uno entra en su propio núcleo más íntimo. A menos que uno se conozca a sí mismo, permanece en la necesidad del otro. Pero la necesidad del otro es muy paradójica; su naturaleza es paradójica.

Cuando estás solo te sientes solo, sientes que echas de menos al otro; tu vida parece ser sólo la mitad Pierde alegría, pierde fluidez, florecimiento; se queda desnutrida. Si estás con el otro, surge un nuevo problema porque el otro empieza a invadir tu espacio. Empieza a ponerte condiciones, a exigirte cosas, a destruir tu libertad... y eso duele.

Así que cuando estés con alguien, sólo por unos días, cuando la luna de miel todavía está ahí... y cuanto más inteligente seas, más pequeña será la luna de miel, recuerda. Sólo para la gente completamente estúpida puede ser un asunto largo; la gente insensible puede ser algo para toda la vida. Pero si eres inteligente, sensible, pronto te darás cuenta de lo que has hecho. El otro está destruyendo tu libertad, y de repente te das cuenta de que necesitas tu libertad porque la libertad tiene un valor inmenso. Y decides no volver a molestar al otro.

De nuevo, cuando estás solo eres libre, pero te falta algo, porque tu soledad no es verdadera soledad; es sólo soledad, es un estado negativo. Te olvidas de la libertad. Eres libre, pero ¿qué hacer con esta libertad? No hay amor, y ambos son necesidades esenciales.

Y hasta ahora la humanidad ha vivido de una manera tan insana que sólo puedes satisfacer una necesidad: o puedes ser libre, pero entonces tienes que abandonar la idea del amor... Eso es lo que han estado haciendo los monjes y monjas de todas las religiones: abandona la idea del amor, eres libre; no hay nadie que te lo impida, no hay nadie que interfiera contigo, nadie que te exija nada, nadie que te posea. Pero entonces su vida se vuelve fría, casi muerta.

Puedes ir a cualquier monasterio y mirar a los monjes y a las monjas: su vida es fea. Apesta a muerte; no huele a vida. No hay danza, ni alegría, ni canciones. Todas las canciones han desaparecido, toda la alegría ha muerto. Están paralizados, ¿cómo pueden bailar? Están paralizados, ¿cómo pueden bailar? No hay nada que bailar. Sus energías están atascadas, ya no fluyen. Para fluir se necesita al otro; sin el otro no hay flujo.

Y la mayoría de la humanidad se ha decidido por el amor y ha abandonado la idea de la libertad. Entonces la gente vive como esclavos. El hombre ha reducido a la mujer a una cosa, a una mercancía, y por supuesto la mujer ha hecho lo mismo a su manera sutil: ha convertido a todos los maridos en calzonazos.

Lo he oído:

En Nueva York unos cuantos maridos calzonazos se unieron. Crearon un club para protestar, para luchar: el Movimiento de Liberación Masculina, o algo así. Y, por supuesto, eligieron a uno de los maridos más calzonazos como presidente del club.

La primera reunión tuvo lugar, pero el presidente nunca apareció. Todos estaban preocupados. Todos corrieron a su casa y le preguntaron: "¿Qué te pasa? ¿Te has olvidado?"

Me dijo: "No, pero mi mujer no me deja. Ella dice: '¡Si sales, nunca te permitiré entrar!'. Y tanto riesgo no puedo correr".

He oído decir que en las puertas del paraíso hay dos tableros; de hecho, hay dos puertas. En un tablón está escrito: "Aquellos que son calzonazos deben pararse aquí". Esta es la puerta para ellos, y la otra es para los pocos seres humanos que no son calzonazos. San Pedro ha estado esperando y esperando que algún día se vuelva alguien que se pare en la otra puerta que no está destinada a los que son calzonazos, pero nadie se ha parado nunca en esa puerta.

Un día San Pedro se sorprendió: un hombre muy pequeño, delgado y débil llegó y se quedó allí. Pedro se quedó perplejo, asombrado. Preguntó al hombre: "¿Sabe leer?".

Me dijo: "Sí, sé leer: soy doctor, profesor de filosofía".

Entonces Pedro dijo: "Esta puerta es sólo para los que no son maridos calzonazos. ¿Por qué estáis aquí cuando toda la cola está en la otra puerta?".

Me dijo: "¿Qué puedo hacer? ¡Mi mujer me ha dicho que me quede aquí! Y aunque DIOS me lo diga, ¡no puedo abandonar este lugar a menos que mi mujer me lo permita!".

El hombre ha reducido a la mujer a esclava y la mujer ha reducido al hombre a esclavo. Y, por supuesto, ambos odian la esclavitud, ambos se resisten a ella. Se pelean constantemente; cualquier pequeña excusa y comienza la lucha.

Pero la verdadera lucha está en el fondo en otra parte; la verdadera lucha es que piden libertad.

No pueden decirlo tan claramente, puede que lo hayan olvidado por completo. Durante miles de años la gente ha vivido así. Han visto a su padre y a su madre vivir de la misma manera, han visto a sus abuelos vivir de la misma manera... así es como vive la gente, lo han aceptado. Su libertad está destruida.

Es como si intentáramos volar en el cielo con una sola ala. Pocas personas tienen el ala del amor y pocas personas tienen el ala de la libertad - ambas son incapaces de volar. Ambas alas son necesarias.

Idama, dices: ¿POR QUÉ SÓLO ME SIENTO PLENAMENTE VIVO CUANDO ESTOY ENAMORADO?

Es perfectamente natural, no hay nada malo en ello. Así es como debe ser. El amor es una necesidad natural; es como la comida. Si tienes hambre, por supuesto que sentirás un profundo malestar. Sin amor tu alma está hambrienta; el amor es un alimento para el alma. Igual que el cuerpo necesita comida, agua, aire, el alma necesita amor. Pero el alma también necesita libertad, y una de las cosas más extrañas es que aún no hayamos aceptado este hecho.

Si amas no hay necesidad de destruir tu libertad. Ambos pueden existir juntos; no hay antagonismo entre ellos. Es a causa de nuestra insensatez que hemos creado el antagonismo.

De ahí que los monjes piensen que los mundanos son tontos, y que los mundanos, en el fondo, sepan que los monjes son tontos: se están perdiendo todas las alegrías de la vida.

A un gran sacerdote le preguntaron: "¿Qué es el amor?".

El cura dijo: "¡Una palabra formada por dos vocales, dos consonantes y dos tontos!".

Esa es su condena del amor. Porque todas las religiones han condenado el amor; han alabado mucho la libertad. En India llamamos a la experiencia última MOKSHA; MOKSHA significa libertad absoluta.

Usted dice: ME DIGO QUE DEBERÍA SER CAPAZ DE ENCENDERME SIN EL OTRO, PERO HASTA AHORA NO HA HABIDO SUERTE.

Seguirá siendo así, no cambiará. Más bien deberías cambiar tu condicionamiento sobre el amor y la libertad. Ama a la persona, pero dale total libertad. Ama a la persona, pero desde el principio deja claro que no estás vendiendo tu libertad.

Y si no puedes lograrlo en ESTA comuna, aquí conmigo, no podrás lograrlo en ningún otro lugar. Este es el comienzo de una nueva humanidad. Por supuesto, ahora es sólo una semilla, pero pronto veréis que crecerá en un inmenso árbol. Pero estamos experimentando muchas cosas. Una de las dimensiones de nuestro experimento es hacer que el amor y la libertad sean posibles juntos, que coexistan juntos. Ama a una persona pero no la poseas, y no seas poseído. Insiste en la libertad y no pierdas el amor. No hay necesidad. No hay enemistad natural entre la libertad y el amor;

es una enemistad creada. Por supuesto, durante siglos ha sido así, por lo que te has acostumbrado a ello; se ha convertido en algo condicionado.

Un viejo granjero del sur apenas podía hablar por encima de un susurro. Apoyado en una valla junto a un camino rural, observaba a una docena de jabalíes en una zona boscosa. Cada pocos minutos, los cerdos se escabullían por un agujero de la valla, cruzaban la carretera hacia otra zona boscosa e inmediatamente después volvían corriendo.

"¿Qué les pasa a los cerdos?", preguntó un forastero que pasaba por allí.

"No les pasa nada", susurró roncamente el viejo granjero. "Esos cerdos me pertenecen y antes de perder la voz solía llamarlos para que comieran. Después de perder la voz, solía golpear esta valla con mi bastón a la hora de darles de comer".

Hizo una pausa y sacudió la cabeza con gravedad. "Y ahora", añadió, "esos malditos pájaros carpinteros de los árboles han vuelto locos a los pobres cerdos".

¡Sólo un condicionamiento! AHORA ESOS WOODPECKERS ESTÁN CONDUCIENDO A LOS HOGS PLUMB CRAZY - porque cuando hacen el golpeteo se apresuran, pensando que es hora de comer.

Eso es lo que le está ocurriendo a la humanidad.

Uno de los discípulos de Pavlov, el fundador del reflejo condicionado - el descubridor de la teoría del reflejo condicionado - estaba intentando un experimento en la misma línea. Compró un cachorro y decidió condicionarlo para que se levantara y ladrara para comer. Sostuvo la comida del cachorro fuera de su alcance, ladró un par de veces y la puso en el suelo delante de él. La idea era que el cachorro asociara levantarse y ladrar con conseguir su comida y aprendiera a hacerlo cuando tuviera hambre.

Esto duró una semana, pero el perrito no aprendía. Al cabo de otra semana, el hombre abandonó el experimento y se limitó a poner la comida delante del perro, pero el cachorro se negó a comerla. Esperaba a que su amo se levantara y ladrara. Ahora estaba condicionado.

Es sólo un condicionamiento, se puede abandonar. Sólo necesitas, Idama, un poco de meditación. Meditación significa simplemente el proceso de desacondicionamiento de la mente. Todo lo que la sociedad ha hecho tiene que ser deshecho. Cuando estés incondicionado podrás ver la belleza del amor y la libertad juntos; son dos aspectos de la misma moneda. Si realmente amas a la persona, le darás libertad absoluta: eso es un regalo de amor. Y cuando hay libertad, el amor responde tremendamente.

Cuando das libertad a alguien le has hecho el mayor regalo, y el amor viene corriendo hacia ti.

Tú me preguntas: ¿ESTO ES UN ESTÚPIDO JUEGO DE "ESPERAR A GODOT" AL QUE JUEGO CONMIGO MISMO?

No, Idama.

CUANDO TERMINÓ LA ÚLTIMA RELACIÓN AMOROSA, ME JURÉ A MÍ MISMA QUE NO IBA A DEJAR QUE SE REPITIERA EL MISMO PROCESO DE MUERTE, PERO AQUÍ ESTOY DE NUEVO, SINTIÉNDOME MEDIO VIVA, ESPERANDO A QUE VENGA.

Pero sólo jurando, sólo decidiendo, no puedes cambiarte a ti mismo. Tienes que entenderlo. El amor es una necesidad básica, tan básica como la libertad, así que hay que satisfacer ambas. Y un hombre lleno de amor Y libre es el fenómeno más hermoso del mundo. Y cuando dos personas de tal belleza se encuentran, su relación no es una relación en absoluto. Es una relación. Es un flujo constante, como un río. Crece continuamente hacia mayores alturas.

El colmo del amor y de la libertad es la experiencia de Dios. En Dios encontrarás ambas cosas:

amor tremendo, amor absoluto y libertad absoluta.

La cuarta pregunta:

Pregunta 4:

MAESTRO,

¿POR QUÉ NO TE ABURRES MIENTRAS CUENTAS LAS MISMAS HISTORIAS Y LOS MISMOS CHISTES?

Divakar Bharti,

LO PRIMERO que hay que entender es que Divakar Bharti es indio, ¡y los indios son absolutamente incapaces de entender los chistes! En la India no hay chistes. No he visto ni un solo chiste indio. Los indios son gente seria, gente espiritual, gente religiosa. Sólo hablan de grandes cosas: Dios, el cielo, el infierno, la teoría del karma y el renacimiento.

Cuando le cuentas un chiste a un indio se siente ofendido... ¿ves? ¡Se siente ofendido, insultado! Mírale la cara, se siente avergonzado. Háblale de algo esotérico, ¡mentira! - y entonces es perfectamente feliz. Nunca se ríe, no puede; la risa está más allá de él. Ha olvidado la risa.

Por eso, Divakar, te ha surgido la duda. Por lo demás, cada chiste, en un contexto diferente, es diferente. El chiste en sí puede ser viejo y, de hecho, no hay chistes nuevos en el mundo. El proverbio de que no hay nada nuevo bajo el sol puede que no sea cierto en otras cosas, pero en los chistes es absolutamente cierto. Si Adán y Eva vuelven a la Tierra, sólo reconocerán los chistes, ¡y nada más! Los mismos chistes, pero el contexto va cambiando, y en un contexto diferente el mismo chiste tiene un significado diferente.

Pero como no puedes entender los chistes debes sentirte aburrido.

G.C. Lichtenberg tiene una profunda declaración. Dice: Una persona revela su carácter por nada tan claramente como la broma que resiente.

Lo he oído:

Se dice: El pez más grave es una ostra, el pájaro más grave es un búho, la bestia más grave es un burro, y el hombre más grave es un tonto indio.

Hay tontos de todo tipo, los hay de todas las formas y tamaños, ¡pero el indio es el mejor! Cada raza reacciona, responde de forma diferente ante las bromas...

Si le cuentas un chiste a un alemán, se ríe una vez, por educación. Si le cuentas el mismo chiste a un francés, también se ríe una vez porque lo entiende inmediatamente. Si le cuentas el mismo chiste a un inglés, se ríe dos veces: la primera por cortesía, y la segunda cuando en mitad de la noche lo entiende. Si le cuentas el mismo chiste a un estadounidense, se ríe, pero no muy alto, y dice que "¡ya lo he oído antes!". Si le cuentas el mismo chiste a un judío, en lugar de reírse dice: "Es un chiste viejo y, además, lo estás contando mal". "

Y no me aburro porque no puedo aburrirme, me resulta imposible. He olvidado por completo cómo aburrirme. Puedes seguir contándome el mismo chiste una y otra vez y siempre le encontraré un nuevo significado, un nuevo matiz, un nuevo color, una nueva dimensión, pero no puedo aburrirme porque ya no existo. Para sentirte aburrido necesitas al ego; es el ego el que se siente aburrido. Cuando el ego ya no existe, es imposible aburrirse.

Una anciana ingenua tenía una vaca que enfermó. Angustiada, llamó al rabino para que rezara por su curación.

Para consolar a la pobre mujer, el rabino dio tres vueltas alrededor de la vaca entonando: "Si muere, muere, pero si vive, vive". Felizmente, la vaca se recuperó.

Algún tiempo después, el rabino enfermó y la mujer, recordando cómo había curado a su vaca, lo visitó. Dio tres vueltas alrededor de su cama, repitiendo solemnemente: "Si muere, muere, pero si vive, vive". El rabino se echó a reír a carcajadas y pronto se recuperó.

No puedo aburrirme, ya no estoy allí. Y no recuerdo lo que te dije ayer, así que ¿cómo voy a volver a contar el mismo chiste? Nunca recuerdo lo que he dicho, y he estado contando miles de cosas a la gente durante los últimos veinticinco años.

Nunca leo ninguno de mis libros, nunca escucho ninguna de mis conferencias, ¿por qué iba a aburrirme?

Pero Divakar, estás en un lugar equivocado aquí. ¡Este no es lugar para gente seria como tú! Deberías encontrar algún antiguo monasterio hindú.

El hombrecillo rojo se despertó, abrió sus pequeñas cortinas rojas y contempló el pequeño amanecer rojo.

Se duchó en su pequeño cuarto de baño rojo, se puso su pequeña ropa roja y salió de su pequeña casa roja. Subió a su pequeño coche rojo y condujo por la pequeña ciudad roja hasta su pequeño edificio rojo de oficinas. Allí subió en el pequeño ascensor rojo hasta la décima planta, recorrió el pequeño pasillo rojo y entró en su pequeño despacho rojo. Se sentó en su pequeño escritorio rojo y leyó su pequeño periódico rojo. Decidió que su vida era demasiado aburrida, sacó un pequeño cuchillo rojo y se cortó las muñecas.

Diez minutos más tarde, su pequeña secretaria roja entró en su pequeño despacho rojo y encontró a su pequeño jefe rojo cubierto de sangre roja. Cogió el telefonillo rojo y llamó al hospital rojo.

Pronto llegó una pequeña ambulancia roja. Los ayudantes entraron corriendo en la pequeña oficina roja, pusieron al hombre rojo en una camilla roja y corrieron por la pequeña ciudad roja hasta el pequeño hospital rojo.

Rápidamente llevaron al hombrecito rojo al pequeño quirófano rojo y lo colocaron en una mesita roja.

Un minuto después se abrió la puerta del pequeño quirófano rojo y entró un hombrecillo verde.

"¡Lo siento!", dijo. "¡Parece que he entrado en la broma equivocada!"

¡Este no es un lugar para usted - pequeño mundo rojo, y usted es un hombre verde aquí! Has entrado en una broma equivocada, Divakar - ¡sal!

La última pregunta:

Pregunta 5:

MAESTRO,

¿CÓMO ENCUENTRA SIEMPRE NUEVOS NOMBRES PARA DAR A SUS SANNYASINS?

Prem Pramod,

DOS MUJERES estaban mirando los libros recién llegados a una librería. Una mujer estaba muy interesada en un libro; el título del libro era: Cómo torturar a tu marido. Le dijo a la otra mujer: "¡Mira este libro! Voy a comprarlo. ¿A ti también te interesa?".

La otra mujer dijo: "¡NO, tengo mi propio sistema!".

Yo también tengo mi propio sistema, ¡pero no puedo decírtelo! Ciertamente he dado más nombres que nadie en toda la historia - ¡hay casi doscientos mil sannyasins en el mundo! - pero mi sistema es tal que puedo dar nombres a toda la humanidad.

Un niño indio le preguntaba a su padre: "Padre, ¿cómo ponéis nombre a los niños? Tú te llamas Caballo Negro, mi madre se llama Búfalo, mi tío se llama Nube Blanca... ¿cómo te las arreglas para averiguar cuál es el verdadero nombre del recién llegado, del nuevo niño?".

El padre dijo: "No es difícil, tenemos un sistema. Cuando nace un niño, el mayor de la familia -el abuelo, la abuela o el padre- sale de casa y lo primero que ve... Por ejemplo, cuando mi abuelo salió vio un caballo negro; por eso me llamo Caballo Negro. Pero, ¿por qué preguntas Dos perros follando?".

¡Ése era su nombre!

Tengo mi propio sistema, ¡pero no puedo decírselo!

Justo la otra noche le di sannyas a una hermosa mujer; su nombre es Diotima. La llamé Dhyan Diotima. Diotima es un nombre mitológico: en la mitología griega Diotima es la sacerdotisa del amor o diosa del amor. Pero también puede derivar de otra raíz, diota; y diota significa jarra con cuello y dos asas.

Así que le dije a la mujer: "Esta es tu situación ahora mismo: un tarro con un cuello y dos asas.

¡Eso es ser mujer! Pero a través de la meditación puedes convertirte en una sacerdotisa del amor; esa transformación es posible. De lo contrario, ¡seguirás siendo sólo un frasco con un cuello y dos asas!".

No es muy difícil, y cuantos más nombres he dado más fácil me ha resultado, ¡porque me he vuelto más competente! Puedo encontrar alguna manera, ya sea a partir de la raíz de la palabra... y hay diferentes raíces; incluso en un idioma una palabra .significa muchas cosas. A veces una palabra tiene diferentes raíces en diferentes idiomas: en un idioma significa una cosa, en otro idioma significa otra cosa. Y es muy fácil jugar con las palabras, y los nombres no son más que un juego.

Te doy un nombre nuevo sólo para hacerte sentir que los nombres no son importantes. Tu antiguo nombre puede simplemente desaparecer porque sólo era una etiqueta, puede cambiarse. Tú no eres el nombre. Para insistir en este hecho, para enfatizar este hecho sobre tu conciencia, que el nombre no es tu realidad...

Cada niño viene al mundo sin nombre, pero tenemos que darle un nombre; tiene alguna utilidad. Es absolutamente falso, pero en un mundo inmenso con millones de personas sería difícil arreglárselas si nadie tuviera nombre; sería casi imposible arreglárselas. Algunos nombres son necesarios; son falsos, pero funcionan, tienen una utilidad. No tienen realidad, pero sí utilidad.

Pero normalmente creces con tu nombre; de hecho, te vuelves consciente sólo más tarde. Tu nombre es más profundo que tu consciencia, de ahí que surja una identidad con el nombre. Empiezas a sentir: "Este es mi nombre, este soy yo".

Cuando te conviertes en sannyasin quiero destruir esa identidad, porque este es el comienzo de la destrucción de todas las identidades. Primero destruyo la identidad con el nombre, luego destruiré la identidad con el cuerpo, luego la identidad con la mente, luego la identidad con el corazón. Cuando todas estas identidades hayan sido destruidas serás capaz de saber quién eres: el no identificado, el sin nombre, el sin forma, el indefinible. Y eso es sólo un testigo puro en ti; nada puede decirse de ello, ninguna palabra es adecuada para explicarlo.

De ahí que cambie el nombre: para darte un respiro, para que te hagas a la idea de que el nombre es algo dado.

Tu antiguo nombre desaparece, un nuevo nombre se convierte en tu realidad, pero ahora no te identificarás tanto porque ahora eres más maduro. El primer nombre te lo dieron cuando eras un niño pequeño; no eras consciente. Ahora eres un poco más consciente. Y al convertirte en sannyasin te estás comprometiendo a ser cada vez más consciente, a una vida de testimonio en la que todas las identidades tienen que ser abandonadas.

Un hombre es absolutamente libre sólo cuando no le queda ninguna identidad. No eres cristiano ni hindú ni mahometano; no eres indio ni japonés ni alemán; no eres hombre ni mujer. Sólo eres una conciencia pura, y esa conciencia es eterna. Los Upanishads hablan de esa conciencia.

Lo único que se aprende en la comunión con el Maestro es ese testigo, ese observador, ese vidente, ese vigilante de las colinas que está más allá de todo. Todo queda por debajo de él que es trascendental. Para conocer esa realidad trascendental tuya empiezo por cambiarte el nombre; eso es sólo quitar un ladrillo de tu falso edificio. Y si me permites quitar un ladrillo, seguiré quitando otros ladrillos. Te cambio la ropa sólo para darte una discontinuidad con el pasado.

Tienes que ser discontinuo con el pasado. Si no mueres al pasado, no puedes renacer, no puedes estar aquí y ahora. El pasado tiene que ser completamente abandonado y olvidado -era un sueño, nada más- y del pasado surge el futuro. Si se abandona el pasado, el futuro desaparece.

Entonces la ÚNICA realidad es ahora y aquí. Y estar aquí y ahora, absolutamente aquí y ahora, es saber todo lo que vale la pena saber, es vivir realmente una vida auténtica y sincera, una vida llena de verdad y dicha y piedad.

Cada momento - ¡Milagros!

La primera pregunta:

Pregunta 1:

MAESTRO,

¿PUEDE UN ILUMINADO EQUIVOCARSE? ESTO SE REFIERE A LO QUE USTED NOS DIJO SOBRE J. KRISHNAMURTI, QUIEN SIGUE DICIENDO QUE UNO NO NECESITA UN MAESTRO, LO CUAL EN REALIDAD NO ES CORRECTO POR FAVOR COMENTEN.

Prem Pantha,

Una persona ILUMINADA nunca puede equivocarse. Tampoco J. Krishnamurti se equivoca, pero nunca considera la situación en la que se encuentra. Sólo considera el espacio en el que se encuentra, y esa libertad forma parte de la iluminación.

La persona iluminada ha alcanzado la cima más alta de la conciencia; su morada está en el Everest.

Ahora es su libertad hablar de acuerdo con la cima, la cima iluminada por el sol en la que se encuentra, o considerar a las personas que todavía están en el valle oscuro, que no saben nada de la luz, para quienes la cima del Everest es sólo un sueño, sólo un quizás". Esta es la libertad de la persona iluminada.

Krishnamurti habla en términos de dónde está.

Hablo en términos de dónde estás, te considero, porque si te estoy hablando, hay que tenerte en cuenta. Tengo que guiarte hacia la cima más alta, pero el viaje comenzará en el valle oscuro, en tu inconsciencia. Si hablo de mi experiencia, absolutamente desconsiderado contigo, tengo razón, pero no te soy útil.

Un iluminado nunca se equivoca, pero puede ser útil o inútil.

J. Krishnamurti es inútil. Tiene toda la razón; sobre eso no hay duda, porque conozco la cima y lo que dice es ciertamente verdad - desde la visión de la cima. Aquellos que han llegado, para ellos el viaje se convierte casi en un fenómeno onírico. Para los que no han llegado, el viaje es real, la meta es sólo un sueño. Viven en dos mundos diferentes. Cuando hablas con un loco tienes que tenerle en cuenta; si no le tienes en cuenta no puedes ayudarle.

Una vez me trajeron a un loco. Tenía la loca idea de que una tarde, mientras dormía, le había entrado una mosca en la boca. Y como solía dormir con la boca abierta, nadie puede negar la posibilidad. Y desde entonces estaba muy perturbado porque la mosca vagaba dentro de él, saltando dentro de él, moviéndose en su vientre, yendo a su vejiga, circulando en su torrente sanguíneo, a veces en su cabeza, a veces en sus pies. Y, por supuesto, no podía hacer nada porque estaba continuamente ocupado, obsesionado con la mosca.

Le llevaron a los psicoanalistas y le dijeron: "Esto sólo está en tu mente, ¡no hay ninguna mosca! Y ninguna mosca puede moverse en tu torrente sanguíneo, no hay ninguna posibilidad. Incluso si una mosca ha entrado, ¡debe haber muerto! Y ahora han pasado seis meses; no puede estar viva dentro de ti".

Él escuchaba, pero no podía creerlo porque su experiencia era mucho más sólida. Le llevaron a los médicos y todos le examinaron e hicieron de todo, pero al final dirán: "Es sólo una cosa mental. Estás imaginando". Él escuchará lo que decían, pero no podía confiar porque su experiencia era mucho más sólida que sus palabras.

Su familia me lo trajo como último recurso. El hombre parecía muy cansado porque le llevaban a una persona, luego a otra, luego a todo tipo de médicos -alópatas y homeópatas y naturópatas- y estaba realmente cansado. En primer lugar, la mosca le estaba cansando, y ahora todos estos "pathies", medicamentos. Y todo el mundo le insultaba; eso era lo que él sentía, que dijeran que sólo estaba imaginando. ¿Es que es tonto o está loco para imaginarse algo así? Todos le humillaban, esa era su sensación.

Miré al hombre y le dije: "¡Está clarísimo que la mosca está dentro!".

Por un momento se quedó perplejo. No podía creerme, porque nadie le ha dicho eso - porque nadie le ha considerado. Y TODOS tenían razón y yo estaba equivocado - no había mosca, pero el loco tiene que ser considerado.

Y yo le dije: "Todos esos tontos no hacen más que hacerte perder el tiempo; tú deberías haber venido primero aquí. Es muy sencillo sacar la mosca; no hay necesidad de molestarse. Las medicinas no te ayudarán, no estás enfermo.

El psicoanálisis no te ayudará, no estás loco".

E inmediatamente se convirtió en un hombre nuevo. Miró a su mujer y le dijo: "¿Y ahora qué dices?

Este es el hombre adecuado", dijo, "que realmente sabe. Y todos esos tontos intentaban convencerme de que no hay mosca. Está ahí".

Le dije: "Es muy sencillo, vamos a sacarlo. Túmbate".

Le tapé con una manta y le dije que mantuviera los ojos cerrados y "haré un mantra, algo de magia, y sacaremos a la mosca. Tú quédate quieto para que la mosca se quede en algún sitio. De lo contrario, la mosca corre continuamente: ¿dónde atraparla?".

Dijo: "Parece lógico. Me quedaré absolutamente quieto".

Y le dije: "No abras los ojos. Quédate en silencio, respira despacio, ¡así la mosca se posará en algún sitio y podremos cogerla!".

Entonces entré corriendo en casa para encontrar una mosca. Fue un poco difícil porque era la primera vez que lo intentaba, pero finalmente lo conseguí: pude meter una mosca en una botella. Me acerqué al hombre, le pasé la mano por el cuerpo y le pregunté: "¿Dónde está la mosca?". Y él respondió: "En el vientre". Y le toqué el vientre y le dije: "¡Claro que está ahí!". Y le convencí de que creía perfectamente en él y entonces le destapé la manta y le enseñé la mosca.

Y dijo a la mujer: "¡Ahora mira! Y dame esta botella a mí; ¡iré todo a esos tontos y les quitaré todos los honorarios que me han quitado! He malgastado miles de rupias, ¡y lo único que hicieron fue decirme que estoy loco! ¡Y ahora no siento la mosca por ninguna parte, porque está en la botella!"

Cogió la botella, fue a los médicos.

Uno de los médicos que me conocía vino a verme. Me dijo: "¿Cómo te las has arreglado? ¿Seis meses puede vivir una mosca en el cuerpo? Y ese hombre me ha retirado sus honorarios, porque estaba armando tal alboroto que le dije: '¡Mejor devuélveselos! Y demostró que tenía razón".

Le dije: "No se trata de quién tiene razón".

Gautam el Buda define la verdad como "lo que funciona". Ésta es la definición más pragmática de la verdad: "lo que funciona". Todos los artilugios son verdad en este sentido: funcionan; sólo son artilugios.

La obra de Buda es UPAYA; UPAYA significa exactamente dispositivo.

La meditación es un UPAYA, un dispositivo. Simplemente te ayuda a deshacerte de lo que no tienes en primer lugar - la mosca: ¡el ego, la miseria, la angustia! Te ayuda a liberarte de ello, pero en realidad no está ahí. Pero no hay que decirlo...

Y Krishnamurti ha estado haciendo eso: ha estado diciendo a los locos que la mosca no existe y que no necesitáis ningún médico.

Yo les digo: ¡la mosca existe y ustedes necesitan al médico! Porque decirte que la mosca no existe no te va a ayudar en absoluto.

Durante miles de años te han dicho que el ego no existe. ¿Te ha ayudado en algo?

Ha habido gente que ha dicho, sobre todo en este país, que el mundo entero es ilusorio, MAYA, que no existe, pero ¿ha ayudado a la India de alguna manera? La verdadera prueba está ahí: si ha ayudado, si ha hecho a la gente más auténtica, más real. No ha ayudado en absoluto. Ha hecho a la gente más profundamente astuta, escindida, esquizofrénica; la ha convertido en hipócrita.

Todas las religiones han hecho esto, porque no te tienen en cuenta. Y tú eres mucho más importante que la verdad última, porque la verdad última no tiene nada que ver contigo ahora mismo. Estás viviendo en un mundo de ensueño; se necesita algún dispositivo que pueda ayudarte a salir de él. En el momento en que salgas de él, sabrás que era un sueño; pero a una persona que está soñando, decirle que todo es un sueño carece de sentido.

¿No has observado en tus sueños que cuando estás soñando parece real? Y cada mañana has descubierto que era irreal. Pero de nuevo por la noche olvidas toda tu comprensión del día - de nuevo el sueño se hace real. Ha estado sucediendo una y otra vez: cada noche el sueño se vuelve real, cada mañana sabes que es falso, pero ese conocimiento no ayuda. En el sueño uno puede incluso soñar que es un sueño.

Y eso es lo que ha ocurrido en la India: la gente vive en maya, profundamente en ella, y sigue hablando de que "Todo esto es maya". Y esta charla también forma parte de su sueño; no destruye el sueño. De hecho, hace que el sueño esté más arraigado en ellos, porque ahora no hay necesidad de deshacerse de él, ¡porque es un sueño! ¿Por qué deshacerse de él? No importa.

De un modo sutil, todas las religiones han hecho esto: han hablado desde la cima más alta a la gente para la que esa cima aún no existe. La gente vive en la oscuridad, y tú sigues diciéndoles que la oscuridad no existe. Es cierto, la oscuridad no existe, es sólo la ausencia de luz, pero decir a la gente que la oscuridad no existe no va a traer la luz.

Eso es lo que está haciendo Krishnamurti; lo ha hecho mucha gente. Nagarjuna lo hizo - Krishnamurti no es nuevo, no al menos en Oriente. Nagarjuna lo hizo: dijo: "Todo es falso. El mundo es falso, el ego es falso, nada existe. Como nada existe, ya eres libre. No hay necesidad de ninguna meditación, no hay necesidad de ningún Maestro. No hay necesidad de encontrar ningún dispositivo, estrategia, técnica, porque en primer lugar no hay problema. ¿Por qué seguir buscando soluciones? Esas soluciones crearán más problemas; no van a ayudar".

Nagarjuna lo hizo; antes de Nagarjuna, Mahakashyap lo hizo, y ha sido una larga tradición. La gente Zen ha estado diciendo lo mismo durante siglos. Krishnamurti nunca utiliza la palabra "Zen", pero todo lo que dice no es más que Zen, simple Zen.

El Zen dice que no es necesario ningún esfuerzo, que no hay que hacer nada. Cuando no hay que hacer nada, ¿qué necesidad hay de un Maestro? - Porque el Maestro te dirá que hagas algo. Cuando no hay que hacer nada, ¿qué necesidad hay de las escrituras? - porque las escrituras te dirán que hagas algo, que sepas algo. No hay que hacer nada, no hay que saber nada. Ya estás allí donde intentas llegar.

Y sé que esto es cierto, pero hablar de esta verdad última a personas que viven en una oscuridad tremenda es inútil .

Prem Pantha, ninguna persona iluminada puede equivocarse, pero sólo pocas personas iluminadas han sido de ayuda. La mayoría de las personas iluminadas no han sido de ninguna ayuda, por la sencilla razón de que nunca consideraron al otro.

De hecho, George Gurdjieff solía decir: "No tengas en cuenta al otro". Era una de sus enseñanzas básicas:

"No tengas en cuenta al otro. Di sólo lo que es absolutamente cierto". Pero la verdad absoluta sólo es verdad cuando se experimenta; la gente vive en la verdad relativa.

Mi enfoque es diferente del de Krishnamurti. Sé que un día llegarás a ese punto en el que no necesitarás nada -ni Maestro, ni enseñanza, ni escrituras-, pero ahora mismo las escrituras pueden ser de ayuda, los métodos pueden ser de ayuda y, desde luego, un Maestro vivo puede ser de inmensa ayuda.

La función del Maestro es darte lo que ya tienes y quitarte lo que no tienes.

La segunda pregunta:

Pregunta 2:

MAESTRO,

JESUS, BUDA, KRISHNA, ETC., FUERON CIERTAMENTE MAESTROS ILUMINADOS. PERO EL BUDISMO, EL HINDUISMO, EL CRISTIANISMO Y TODO LO QUE SE HA DESARROLLADO A PARTIR DE ELLOS, NO TIENEN MUCHO QUE VER CON LAS IDEAS DE LOS MAESTROS. MAESTRO, ESTOY SEGURO DE QUE TU TAMBIEN ERES UN MAESTRO ILUMINADO, PERO ¿QUE PODEMOS HACER, O QUE ES POSIBLE HACER, PARA PREVENIR EL MAESTROISMO?

Hermann,

No se puede hacer NADA en absoluto, y no pierdas el tiempo. Lo que ha ocurrido es natural.

El cristianismo estaba destinado a suceder, era inevitable. Cuando un hombre como Cristo camina sobre la tierra dejará huellas en la arena del tiempo, y la gente adorará esas huellas. El cristianismo no es más que la adoración de las huellas; no lleva a ninguna parte. Pero está destinado a suceder.

Es tan inevitable como que el nacimiento de un niño trae la muerte; no se puede evitar la muerte. Si el niño nace, la muerte va a suceder. Y, por supuesto, sabemos que mucha gente ha nacido antes y mucha gente ha muerto, así que cuando nazca TU hijo puedes intentar hacer algo para que no tenga que morir. Eso es imposible - el nacimiento trae la muerte.

Cuando hay un Maestro vivo, tarde o temprano el Maestro se irá y quedará una enseñanza muerta. Esa enseñanza muerta se convierte en Cristianismo, Hinduismo, Budismo; también se convertirá en Maestroísmo. No se puede hacer nada al respecto - de hecho, tu misma preocupación es el comienzo de ello, incluso el miedo. Eso significa que el Cristianismo no ha sucedido todavía, pero el anticristianismo ha llegado.

Y yo estoy vivo. El Maestroismo sucederá, Hermann, cuando yo me haya ido, pero para ti ya ha sucedido y estás tratando de encontrar la manera de evitarlo. ¿Y por qué deberías molestarte? ¿Quién eres tú para decidir por los demás? No eres un sannyasin, no formas parte de mi comunión, no tienes comunión conmigo, no has probado el vino que está disponible aquí - ¡y te preocupas por los demás, por que estas personas adoren las botellas cuando el vino se acabe! (EN ESTE PUNTO UN CUCÚ ESTALLA RUIDOSAMENTE EN CANTO.)...

Mira... Siempre sucede exactamente a tiempo, ¡hasta los pájaros están de acuerdo conmigo! El pájaro estaba diciendo: "¡Hermann, eres un tonto!" ¡Bebes ahora mismo! ¿Y quién eres tú para preocuparte por el futuro? ¿Y por qué deberías impedir a la gente el Maestroísmo? Si lo quieren, es asunto suyo. ¿Por qué deberías asumir la responsabilidad? ¿Por qué deberías impedir a la gente su libertad? Si quieren adorar algo muerto tienen derecho a ello.

Pero para mí eres mucho más tonto que esas personas. Al menos ellos adorarán una botella - ¡y a ti te falta el vino! ¡Te bebes el vino y dejas la botella! Si la gente quiere jugar con la botella, jugará; son coleccionistas. Hay coleccionistas que coleccionan botellas de vino, y a veces también ayuda.

He oído un caso:

En la Primera Guerra Mundial dos hermanos se separaron. El padre dividió todas sus propiedades, porque se estaba haciendo viejo y estaba preocupado por el hijo menor, porque era un borracho y lo destruiría todo, e incluso el hijo mayor sufriría por culpa del menor. Así que los dividió en partes iguales.

Y ocurrió un milagro. En la Primera Guerra Mundial el valor del dinero bajó mucho, como siempre pasa en tiempos de guerra: las cosas se vuelven muy costosas y el dinero pierde su capacidad adquisitiva. El borracho tenía la costumbre de juntar botellas. Acababa con todo el dinero, bebía y disfrutaba. Y el otro hijo era tan avaro que se aferraba al dinero que había conseguido, pero el dinero bajaba cada día.

Y el milagro fue éste: que llegó un momento en que el dinero se volvió casi inútil, casi sin valor, y el hijo menor vendió todas sus botellas y tuvo más dinero que el hermano mayor.

Disfrutaba del vino y vendía las botellas. Y el anciano era un tonto: sólo se aferraba al dinero.

La vida es muy misteriosa, y los caminos de Dios son muy extraños. ¡Y Dios es siempre para los borrachos!

Le encantan estos locos.

Hermann, si de verdad crees que soy un iluminado, ¿qué haces aquí? ¡Bebe de mi iluminación! Otros están bebiendo. Y no creo que pienses que estoy iluminado, porque la forma en que dices:

MAESTRO, ESTOY SEGURO DE QUE TU TAMBIEN ERES UN MAESTRO ILUMINADO...

No estás seguro. Cuando la gente no está segura, sólo entonces utiliza la palabra "seguro". Si estás seguro, ¡entonces salta! Entonces, ¿por qué estás parado en la orilla? Y mientras el río esté vivo, haz algo para saciar tu sed. Y déjalo para los demás.

El Maestroísmo está destinado a suceder, no me preocupa. Es un fenómeno natural. No te obsesiones con ello. El cristianismo ha surgido, el budismo ha surgido, el jainismo ha surgido, el hinduismo, el mahometismo, todo tipo de "ismos". No son antinaturales, de lo contrario no se habrían producido.

Hay personas que sólo pueden conectarse con Maestros muertos - y tú pareces ser una de esas personas, también puedes conectarte con Maestros muertos. Ahora estás muy preocupado por Jesús, Buda, Krishna, porque están muertos. Ahora unos pocos son cristianos - están preocupados por los muertos. Ahora unos pocos son anticristianos - también están preocupados por los muertos...

Bertrand Russell ha escrito un libro: POR QUÉ NO SOY CRISTIANO. ¿Por qué molestarse? Hay gente que escribe libros sobre por qué son cristianos y hay gente que escribe libros sobre por qué no son cristianos. Ambos pierden el tiempo.

Friedrich Nietzsche se obsesionó tanto con el anticristianismo que en los últimos años de su vida, cuando se volvió loco, empezó a firmar con su nombre como "Anticristo Friedrich Nietsche". Friedrich Nietzsche se volvió secundario; esa actitud anticristo se volvió más primaria. Y en realidad no era anticristo, sólo era anticristiano, pero cuando empiezas a moverte en una dirección determinada, si eres lógico, llegarás al final lógico. Primero empezó condenando el cristianismo, y luego poco a poco descubrió que el cristianismo es un subproducto de Cristo, así que naturalmente empezó a condenar a Cristo, ¡y por TODO! A veces llegará a extremos tan absurdos para condenar a Cristo y encontrará tales racionalizaciones, tales excusas, que uno tiene que decir una cosa: que era realmente imaginativo y realmente lógico.

Por ejemplo, Jesús en el último momento reza a Dios en la cruz: "Perdona a esta gente, padre mío, porque no saben lo que hacen". Es una de las expresiones más bellas, pero Friedrich Nietzsche se obsesionó tanto con el anticristianismo que no puede aceptar ni siquiera una afirmación tan bella. Y si no te interesa aceptar nada como bello, si te empeñas en encontrar algo malo, siempre puedes encontrarlo. Encontró algo malo incluso en esto. Dijo: "Esto significa que Jesús piensa que sólo él sabe y todos los demás son ignorantes".

Fíjate en su planteamiento. Jesús reza a Dios: "Perdona a esta gente. Me están crucificando sólo porque no saben lo que hacen". Friedrich Nietzsche lo condena - incluso esta hermosa declaración es condenada. Él encuentra una razón lógica, que esto muestra sólo un enfoque egoísta, que "Yo sé, y todas estas personas son tontos, ignorantes. Ellos no saben, así que perdónalos". Este pedir, rogar a Dios que perdone a la gente, es un enfoque egoísta; no es amor, es ego, según Friedrich Nietzsche.

Jesús dijo: "Si alguien te abofetea en una mejilla, dale también la otra". Ahora bien, esta es una de las mayores afirmaciones jamás hechas por nadie, de tremenda belleza, de profundo amor, de no violencia - pero Friedrich Nietzsche la condena. Dice: "Esto es humillante para la otra persona. Es insultar la integridad de la otra persona, su humanidad. Cuando alguien te pega en una mejilla y tú le das la otra, le estás diciendo: 'Mira qué santo soy yo, más santo que tú, y tú no eres más que un animal'. Le estás insultando". Nietzsche dice que será mucho mejor devolverle el golpe, porque eso significa que le has aceptado en igualdad de condiciones; no le estás rebajando. Y si escuchas su lógica, verás que hay algo en ella.

La lógica es un juego; se puede jugar desde ambos lados. La lógica es una prostituta: puede estar con cualquiera que esté dispuesto a pagar.

Nietzsche estuvo toda su vida preocupado contra el cristianismo y contra Cristo. Esto sí que es un despilfarro. Hay gente que reza a Cristo y gente que condena a Cristo, pero ambos están preocupados por la persona muerta. Y si te preocupa, creo que rezar es mucho mejor que condenar, porque la persona que reza puede sacar algo de ello, pero la persona que condena no va a sacar nada de ello.

Mi planteamiento, Hermann, es que si por casualidad te encuentras con un Jesús, un Buda, un Krishna, no pierdas la oportunidad. Y no te preocupes por los demás, respétalos. Ellos tienen su propia vida y tienen que decidir sobre ella. Y millones siempre decidirán estar con un Maestro muerto porque es conveniente, cómodo. Un Maestro vivo es siempre incomodo, inconveniente.

Piensa en ti, Hermann, estar con Jesús cuando vivía: había mil y una dificultades...

Un día Jesús está de huésped en una casa y llegó María Magdalena -¡y era prostituta! - y empezó a lavar los pies de Cristo con un perfume muy costoso, con un aceite muy costoso. Judas no pudo tolerarlo - ¡era un socialista! Él es el verdadero fundador del comunismo en el mundo; Karl Marx, etcétera, son sólo vástagos.

Inmediatamente le dijo a Jesús: "¡Esto no está bien! Este perfume, este aceite perfumado es tan costoso que si lo vendemos podemos dar de comer a todos los pobres de esta ciudad por lo menos durante tres días. Y esto es puro despilfarro; no deberías permitir semejante despilfarro. Un hombre como tú debería parar inmediatamente.

"En segundo lugar" -ahora es mucho más religioso que Jesús- "no se debe permitir que una prostituta toque tus pies; está prohibido. Un hombre como tú, un hombre de Dios, no debe permitir que una prostituta lo toque".

Y Jesús dijo: "Mira su corazón. Miles de personas vienen a mí, pero rara vez veo tanto amor, tanta entrega. ¿Cómo puedo decirle: 'No me toques'? Eso sería feo".

Estar con este hombre que va en contra de toda la tradición de la religión es peligroso. Estar con este hombre que permite que la mujer destruya algo precioso que puede alimentar a los pobres...

¿y qué dice Jesús?

Jesús dice: "Cuando yo me haya ido, los pobres seguirán con vosotros, así que no hay prisa; podréis darles de comer más tarde. Mientras llega el novio, ¡a celebrarlo!".

Ahora, Hermann, ¿estás dispuesto a decir sí a Jesús...? Inmediatamente tu mente racional dirá: "¡Esto no está bien! No se preocupa en absoluto por los pobres. No le preocupa en absoluto la tradición de los sabios. Es muy poco socialista, no entiende nada de economía, no es compasivo con los pobres".

¿Cree que la Madre Teresa de Calcuta habría estado de acuerdo con él? Imposible. Ella habría dicho: "Esto puede ayudar a muchos huérfanos. Podemos abrir una escuela para los niños pobres o comprar medicinas para los enfermos, ¿y qué haces tú?".

¿Crees que Jesús puede conseguir un Premio Nobel? No lo creo - imposible. Más bien estarás de acuerdo con Judas - es más racional, más socialista que Jesús.

Estar con Buda habría sido difícil para ti, Hermann, porque estar con Buda significa entrega, entrega total. Hay que dejar de lado el ego.

Es muy fácil estar con Maestros muertos porque estar con Maestros muertos es muy nutritivo para el ego - que eres un seguidor de Jesús, seguidor de Buda, seguidor de Krishna. Pero estar con Krishna habría sido realmente imposible, ¡tenía dieciséis mil esposas! Hermann, ¿estás de acuerdo con este hombre? ¿Qué clase de hombre iluminado es este Krishna? ¡Dieciséis mil esposas! Y no todas estaban casadas con él - muchas las había robado - ¡estaban casadas con otras personas! ¿Cómo puedes estar de acuerdo con este hombre?

Y persuadió a Arjuna para ir a la guerra, y las razones que dio fueron que: "El alma es eterna, así que no te molestes. Puedes matar - el alma no muere, sólo el cuerpo, y el cuerpo está muerto de todos modos. Así que no hay violencia, porque el alma es inmortal y el cuerpo es mortal.

Sólo estás separando lo inmortal de lo mortal, no hay nada malo en ello, sólo separas lo esencial de lo no esencial.

¿Crees que habrías estado de acuerdo?

Por eso la gente crea el cristianismo, el budismo, el hinduismo, el mahometismo - es más fácil, muy fácil, porque entonces puedes manejar al Maestro muerto según tus ideas. Puedes poner tus ideas en su boca, puedes ignorar las ideas que van contra ti, puedes interpretar, manipular, racionalizar... puedes hacer mil y una cosas porque el Maestro ya no está allí.

Mucha gente necesita Maestros muertos, esa es su necesidad. Y recuerda una ley económica: donde haya demanda habrá oferta. Porque la gente necesita Maestros muertos, por eso se necesita al Papa - un representante de un Maestro muerto. El Shankaracharya es necesario - un representante de un Shankara muerto. El Ayatollah Khomaniac es necesario - un representante de un Mahoma muerto. La gente necesita, por eso pasan estas cosas, y no se puede hacer nada al respecto.

No me preocupa en absoluto el futuro. Acepto las cosas como son; no pueden ser de otro modo.

Mi insistencia es: mientras yo esté aquí, si realmente estás interesado en transformar tu vida, la oportunidad está disponible. No te la pierdas.

La tercera pregunta:

Pregunta 3:

MAESTRO,

SIEMPRE SIENTO QUE TENGO QUE PEDIRTE MUCHAS COSAS. SIENTO UNA CARGA POR DENTRO. PERO CADA VEZ QUE FORMULO UNA PREGUNTA PARECE RIDICULA Y ESTUPIDA.

Atmananda Bharati,

ES RIDÍCULO y ES estúpido. Haces bien en no preguntar. E incluso si preguntas, ¿crees que respondo? Nunca respondo a ninguna pregunta, ¡simplemente destruyo la pregunta! No es responderla, es destruirla. Es golpear la pregunta por todos lados. Es una especie de asesinato: asesinar la pregunta y, si es posible, también al que pregunta. Entonces no queda nada, porque si queda el que pregunta, volverá a preguntar.

Aquí hay cinco mil personas. ¡Ya han matado a muchos! No preguntan; han comprendido que nunca respondo a ninguna pregunta. Sólo juego un poco con la pregunta, y si me conoces y sé que no escaparás, entonces empiezo a pegarte. Si creo que te vas a escapar, durante unos días me comporto muy educadamente.

Nunca respondo a nada. Soy un antiguo judío...

Una vez, un sacerdote cristiano preguntó a un rabino: "Rabino, ¿podría darme una respuesta directa a una pregunta sencilla? ¿Por qué los judíos siempre responden a una pregunta formulando otra?".

El rabino reflexionó un momento y respondió: "¿Lo hacen?".

El fiscal estaba interrogando a un testigo judío.

"¿Conoce al hombre que acaba de testificar?"

"¿Cómo voy a conocerle?", dijo el judío.

"Dijo que le pediste prestados cinco mil dólares. ¿Lo hiciste?"

"¿Por qué debería pedirle dinero prestado?", dijo el judío.

Visiblemente molesto, el juez interrumpió: "¿Por qué responde a cada pregunta que se le hace con otra pregunta?".

"¿Por qué no?", dijo el judío.

En un juicio por daños y perjuicios, el abogado judío del demandante tenía una larga experiencia con los jurados. Daba fuerza a sus palabras con todo tipo de movimientos corporales, agitando los brazos, martilleando con los puños, su rostro expresaba una furiosa tormenta de sentimientos. Finalmente se sentó, con la voz agotada y el cuerpo exhausto.

Se levantó el abogado defensor, que también era judío, y empezó a imitar a su oponente. Balanceó los brazos libremente ante el jurado, torciendo y distorsionando su rostro, señalando con los dedos, desgarrando su pasión hasta hacerla pedazos... sin pronunciar ni una sola palabra.

Después de unos minutos se alisó el pelo y se alisó la corbata y dijo rápidamente al jurado: "Ahora que he respondido a todos los argumentos de mi docto oponente, permítanme discutir con ustedes los hechos de este caso."

¿Ves que mis manos hacen todo tipo de gestos? Es una antigua tradición judía.

Pregunta, Atmananda Bharati: SIEMPRE SIENTO QUE TENGO QUE PREGUNTARTE MUCHAS COSAS.

Todo el mundo siente, porque la mente es como un árbol. Igual que en un árbol crecen las hojas, en la mente crecen las preguntas. Y mi esfuerzo aquí no es podar las hojas, porque la poda simplemente engrosa el follaje. Mi esfuerzo aquí es cortar las raíces, muy raíces, para que el árbol muera.

Todo el mundo viene aquí con un montón de preguntas, pero tanto si las haces como si no, no valen para nada.

Las respondo sólo para mantenerte ocupado aquí, para mantenerte ocupado. Y paralelamente continúa el trabajo real: en meditaciones, en grupos de terapia, he puesto a gente a cortar tus raíces. Sigo respondiendo para que sientas que tu indagación filosófica está satisfecha, y sigas ocupado con preguntas y respuestas. Y he puesto a mi gente... mientras tanto están cortando tus raíces. Tarde o temprano tus raíces se van, entonces las hojas desaparecen por sí solas.

Cuando TODAS las preguntas desaparecen, se encuentra la respuesta, nunca antes de ella. La respuesta nunca se encuentra cuestionando; la respuesta se encuentra abandonando todas las preguntas, cuestionando como tal, porque la respuesta es tu propia experiencia de silencio, alegría, piedad. Esa es la respuesta. A menos que se encuentre, las preguntas seguirán surgiendo.

Pero es bueno que tú mismo hayas empezado a sentirlo:

CADA VEZ QUE FORMULO UNA PREGUNTA PARECE RIDÍCULA Y ESTÚPIDA.

Todas las preguntas son ridículas y estúpidas.

La cuarta pregunta:

Pregunta 4:

MAESTRO,

EN EL MAHABHARATA A YUDHISHTIRHA LE HIZO UNA PREGUNTA: "¿QUÉ ES SORPRENDENTE?" (kim ashcharayam) UN YAKSHA. SI ESTUVIERAS EN SU LUGAR, ¿CUÁL SERÍA TU RESPUESTA?

Alkhilesh Bharti,

LO MÁS sorprendente de la vida es que nadie parece sorprenderse. La gente da la vida por sentada.

Por lo demás, todo es un misterio, ¡todo es sencillamente asombroso! Es un milagro que una semilla se convierta en un árbol. Que al salir el sol por la mañana los pájaros empiecen a cantar. ¡Es un milagro! A cada momento te encuentras con milagros y aun así no te sorprendes. Esto es lo más sorprendente de la vida Mi respuesta habría sido que la gente da la vida por sentada: esto es lo más sorprendente.

Sólo los niños no lo dan por sentado. Por eso los niños tienen belleza. Una gracia, una inocencia.

Siempre viven maravillados; todo les produce asombro. Recoger guijarros en la orilla del mar o conchas marinas... observa a los niños, con qué alegría corren, con qué alegría recogen... piedras de colores, como si hubieran encontrado grandes diamantes. Recoger flores, flores silvestres, y mírales a los ojos... o correr tras las mariposas, obsérvalos. Todo su ser, cada célula de su cuerpo está desconcertada. Y esa es la cualidad más importante que hace que la vida merezca la pena.

La persona que pierde su cualidad de sorprenderse está muerta. En el momento en que tu sorpresa está muerta, estás muerto. En el momento en que tu asombro ha muerto, estás muerto. En el momento en que te vuelves incapaz de sentir asombro, te has vuelto impotente.

Nacer con el don de la risa y la sensación de que el mundo está loco es la cualidad que hace que merezca la pena vivir, no sólo vivir, sino bailar, celebrar.

Un viejo granjero visitó un circo por primera vez. Se detuvo ante la jaula del dromedario, con los ojos desorbitados y la boca abierta ante la extraña bestia que había en su interior. El circo propiamente dicho comenzó y la multitud se marchó al espectáculo principal, pero el anciano permaneció de pie ante la jaula en un silencio atónito, apreciando cada detalle de las patas deformes, las pezuñas hendidas, el labio superior colgante y el lomo curiosamente abultado de la bestia de ojos soñolientos.

Pasaron quince minutos. Entonces el granjero se dio la vuelta indignado. "¡Infierno!", exclamó. "¡No existe tal animal!".

En lugar de sentirse sorprendido, a la gente le gustaría negar: "¡No existe tal animal!". Eso hace que vuelvas a estar tranquilo; de lo contrario, surge en ti una inquietud.

He oído hablar de un general, un gran general militar que estaba destinado en París. Una mañana llevó a su hijo pequeño al jardín, a dar un paseo matutino. Se alegró mucho de que el niño estuviera tan fascinado por la estatua de Napoleón montado a caballo, una gran estatua de mármol. Y el niño le dijo: "¡Papá, Napoleón es tan hermoso, tan grande! ¿Puedes traerme todos los días cuando vengas a dar un paseo matutino sólo para echar un vistazo al gran Napoleón?".

El padre, que era general, se alegró mucho de que el niño también se interesara por gente como Napoleón: "¡Es una buena señal! Tarde o temprano él también se convertirá en un gran general".

Después de seis meses fue trasladado, y llevó a su hijo por última vez al jardín para que pudiera despedirse de Napoleón. Y el hijo fue allí, con lágrimas en los ojos, y le dijo al padre: "Siempre había querido hacer una pregunta, pero me quedaba tan fascinado con el gran Napoleón cuando venía al jardín que siempre me olvidaba de hacer la pregunta. Ahora es el último día y me gustaría preguntar. ¿Quién es este tipo, siempre sentado encima del pobre Napoleón?".

Hace unos días recordé esta historia... En una rueda de prensa, preguntaron a Morarji Desai: "Si la gente quiere que vuelva a ser primer ministro de la India, ¿estará dispuesto?".

Y dijo: "Sí, si la gente quiere que monte en un burro, incluso entonces estaré listo".

Me acordé de esta historia. Habrá un problema: cómo sabrá la gente: "¿Quién es este tipo que cabalga sobre el pobre Morarji Desai?". ¿Y cómo distinguirán quién es quién?

Por eso, en la India, en la procesión nupcial, cuando el novio va a casa de la novia, monta a caballo. Un niño preguntó a su padre: "¿Por qué el novio siempre va a caballo?

¿Por qué no en burro?

El padre dijo: "No lo entiendes. Si va montado en un burro, ¿cómo va a saber la novia quién es el novio? Un burro montado en un burro será muy difícil de distinguir".

Morarji Desai montado en un burro... ¡será realmente una gran alegría ver a un burro montado en un burro!

Si observas la vida, encontrarás por todas partes inmensas sorpresas.

Tenía cincuenta años y había pasado los mejores de su vida con una mujer cuyas constantes críticas le habían vuelto loco. Ahora, con la salud quebrantada y con su negocio al borde de la quiebra, tomó una decisión. Se dirigió al comedor, se abrochó la corbata sobre la lámpara de araña y se dispuso a acabar con todo. En ese momento, su mujer entró en la habitación.

"¡John!", gritó, conmocionada por la escena que tenía delante. "¡Esa es tu mejor corbata!"

Un joven de vacaciones en los bosques del Alto Medio Oeste decidió escribir a su chica, pero, como no llevaba papel de carta, se dirigió al puesto comercial. La dependienta era una chica joven, bien plantada y de atractivo sensual.

"¿Tienes papelería?", preguntó.

"Bueno", sonrió, "lo hago hasta los últimos segundos, ¡y entonces me vuelvo loca!".

¡Mira a tu alrededor!

Un soldado desembarca en Nueva York tras dos largos años en el extranjero y es recibido por su bella esposa.

Solos por fin en su habitación del hotel, se vieron perturbados por el repentino clamor en el pasillo y un grito de "¡Déjenme entrar!".

El agitado soldado saltó de la cama y jadeó: "¡Debe de ser su marido!".

Su distraída compañera le tranquilizó. "¡No seas tonto!", le dijo. "¡Está a miles de kilómetros, en algún lugar de Europa!".

Uno sólo necesita una perspectiva clara, y en cada momento se encontrará con una gran sorpresa.

Era muy miope y muy guapa, pero demasiado vanidosa para llevar gafas en su luna de miel e incapaz de llevar lentillas. Cuando regresó de su luna de miel, su madre se puso inmediatamente en contacto con el oculista. "Tiene que ver a mi hija inmediatamente", le suplicó. "Es una urgencia".

"No hay nada de qué preocuparse", la tranquilizó. "Es miope, eso es todo".

"¿Eso es todo?", repitió la madre. "¡Vaya, este joven que tiene con ella no es el mismo con el que se fue de luna de miel!".

Lo único más sorprendente es que no pareces sorprendido. Y así es como tu vida se convierte en una vida de aburrimiento, una vida de tristeza.

Devuelve tu sorprendente calidad tal y como la tenías en tu infancia. Vuelve a mirar con esos mismos ojos inocentes. Dionisio lo llama AGNOSIA, un estado de no-saber, y los Upanishads lo llaman DHYANA, SAMADHI, un estado de no-saber. No es ignorancia.

Ignorancia y conocimiento pertenecen a la misma dimensión: ignorancia significa menos conocimiento, conocimiento significa menos ignorancia; la diferencia es de grados. AGNOSIA, SAMADHI, no es ignorancia; está más allá tanto de la ignorancia como del conocimiento. Es un estado puro de asombro. Cuando estás lleno de asombro, la existencia está llena de Dios.

La última pregunta:

Pregunta 5:

MAESTRO,

PASÉ TRECE AÑOS EN DISTINTOS CONVENTOS DE MONJAS, Y NACÍ EN UNA FAMILIA COMPUESTA POR UN SACERDOTE, DOS MONJAS, UN MONJE Y UN MISIONERO. CON SEMEJANTE NÚMERO, CUALQUIER CHISTE QUE CUENTE SOBRE ESTAS PERSONAS PROVOCA UNA RISA SANADORA QUE LE AGRADEZCO. ¿PODRÍA CONTARNOS OTROS BUENOS?

Kavisho,

ESTO ES realmente sorprendente - una familia tan grande, ¡y aún así habéis sobrevivido! Y no sólo eso, ¡habéis llegado hasta aquí! Eso es lo que me hace tener esperanza en la humanidad. Por eso nunca pierdo la esperanza.

Dos hombres se encontraron en un bar y entablaron conversación Al cabo de un rato, uno de ellos dijo: "¿Crees que tienes problemas familiares? Escucha mi situación. Hace unos años conocí a una joven viuda con una hija adulta y nos casamos. Más tarde mi padre se casó con mi hijastra. Eso convirtió a mi hijastra en mi madrastra, y mi padre se convirtió en mi hijastro También mi mujer se convirtió en la suegra de su suegro. Entonces la hija de mi mujer, mi madrastra, tuvo un hijo. Este niño era mi medio hermano porque era hijo de mi padre, pero también era hijo de la hija de mi mujer, lo que le convertía en nieto de mi mujer. Eso me hizo abuelo de mi medio hermano. Esto no era nada hasta que mi mujer y yo tuvimos un hijo. Ahora la hermana de mi hijo, mi suegra, es también la abuela.

Esto convierte a mi padre en cuñado de mi hijo, cuya hermanastra es la mujer de mi padre.

"Soy cuñado de mi madrastra, mi mujer es tía de su propio hijo, mi hijo es sobrino de mi padre... y yo soy mi propio abuelo. Y tú crees que tienes problemas familiares".

Kavisho. Siéntete agradecido a Dios: nacer en una familia así es raro. Es una oportunidad única.

Una monja católica de un pequeño hotel residencial se quejó al recepcionista de que el hombre de la habitación contigua no dejaba de molestarla con canciones indecentes.

"Debe de estar equivocado", contestó cortésmente el dependiente, "el señor Pritchard nunca canta ninguna canción".

"Lo sé", respondió la monja católica, "pero los silba".

La abuela tenía más de ochenta años. Se cansaba con facilidad, tenía poco apetito y a veces estaba confusa mentalmente. Su hijo llamó al médico, que llegó enseguida y fue conducido a la habitación de la abuela. Media hora más tarde bajó.

"No hay por qué preocuparse", explica. "La he examinado a fondo y no tiene nada malo, salvo su edad. Se pondrá bien".

Hijo y nuera, muy aliviados, subieron a verla. "Bueno, madre", preguntó su hijo, "¿qué te ha parecido el doctor?".

"Oh, ¿así que era el doctor?", dijo ella. "¡Pensé que actuaba bastante familiar para ser un clérigo!"

La joven pareja se trasladó de su pequeño pueblo a la gran ciudad, dejando atrás a familiares y parientes, en su mayoría ancianos. Su joven hijo seguía incluyéndolos en sus oraciones nocturnas. Una noche parecía haberse olvidado del tío Joseph. Extrañamente, al día siguiente se enteraron de que el tío Joseph había fallecido.

Unos meses más tarde volvió a saltarse un nombre en sus oraciones: tía Mary. Al día siguiente se enteraron de que la tía Mary había fallecido.

A partir de entonces, escucharon atentamente sus oraciones nocturnas para descubrir si omitía alguna bendición. Efectivamente, varias semanas después, tras "Dios bendiga a mamá" omitió "Dios bendiga a papá".

Esto aterrorizó a su padre, que no se atrevió a bajar en toda la noche, ni siquiera a salir del dormitorio, sino que se quedó en la cama preocupado por los poderes sobrenaturales de profecía de su hijo.

A la mañana siguiente recibieron la noticia de que su antiguo pueblo natal había fallecido.

Y el último, Kavisho:

Un vendedor se ve obligado a compartir habitación con un rabino en un hotel abarrotado. Entra en la habitación y encuentra al rabino arrodillado en un rincón, meciéndose sobre los talones mientras murmura sus oraciones.

"¡Hola!", dice el vendedor. "Soy tu nuevo compañero de piso".

El rabino asiente sin interrumpir sus oraciones.

"Bueno, entonces, ¿qué cama debo tomar?"

El rabino señala una cama, sin dejar de rezar.

El vendedor deshace nerviosamente su maleta y, de repente, dice: "Oiga, rabino, ¿le importa que suba a una chica?".

El rabino, que sigue rezando, levanta dos dedos.

Sin saber nada de nada

La primera pregunta:

Pregunta 1:

MAESTRO,

¿ME PASA ALGO? ME SIENTO ORGULLOSO DE SER POLACO

Prem Kavita,

SER polaco no tiene nada de malo. Los polacos son tan guapos como los demás, o un poco más, un poco más jugosos.

Un cartel en el exterior de una comisaría decía: Se busca hombre por violación. Al día siguiente, tres polacos solicitaron el puesto.

Pero sin duda es un error sentirse orgulloso. No importa si uno se siente orgulloso de ser indio, polaco o inglés. Son sólo excusas. Lo real es que el ego quiere algún apoyo. El ego no puede valerse por sí mismo, necesita muletas. Afirma que "mi país es el mejor del mundo, mi religión la más superior, mi cultura la más evolucionada", etcétera, etcétera.

Cualquier cosa puede ser utilizada como apoyo para el ego, y eso es ciertamente erróneo, particularmente para el sannyasin, porque el mayor esfuerzo de sannyas es abandonar el ego en todas sus formas posibles, sutil o burda, manifiesta o no manifiesta, directa o indirecta.

Hay que estar siempre atento a los trucos del ego; sus caminos son sutiles. Si lo echas por una puerta, entra por la otra, y con un nuevo disfraz. A menos que estés muy alerta, te atrapará por la espalda.

Muchas veces sientes la miseria que crea el ego y muchas veces lo has dejado caer, pero vuelve a crear nuevas tentaciones. Y como las tentaciones son nuevas piensas que no es la vieja zanja en la que estás cayendo. Es la misma zanja - por supuesto pintada con colores frescos, cambiada un poco aquí y allá, renovada...

¡Cuidado con el ego! El orgullo no es bueno para un sannyasin. Esa es la única diferencia entre un sannyasin y un no-sannyasin. La antigua idea de sannyas era renunciar al mundo; mi idea de sannyas es renunciar al ego, porque aunque renuncies al mundo el ego seguirá escondido dentro de ti dondequiera que vayas. De hecho, cuando empieza a tomar colores espirituales se hace mucho más difícil deshacerse de él.

Igual que si tus cadenas no son de acero ordinario, sino del oro más puro, tachonado de diamantes, entonces no te gustará soltarlas. Te parecerán adornos, y si alguien te dice: "Esto son cadenas", te ofenderás, te enfadarás.

Un hindú se ofende si le dices que ser hindú es estar en una cárcel. Un mahometano se enfada si le dices que ser mahometano significa ser esclavo. Lo mismo ocurre con los cristianos, los jainistas y los budistas.

Pero ser orgulloso significa simplemente que te crees separado de la existencia. Segundo: te consideras especial.

Ser un sannyasin significa ser simplemente natural. No eres superior a nadie ni inferior a nadie. Simplemente formas parte de la misma existencia. ¿Cómo se puede ser inferior o superior? No se trata sólo de estar en igualdad de condiciones con los seres humanos; estás en igualdad de condiciones con los árboles, con las rocas, con las estrellas. Simplemente no hay nadie dentro de ti que se sienta separado. Esta es la verdadera igualdad, y la verdadera igualdad siempre está enraizada en la ecuanimidad, el equilibrio.

Sentirse superior de cualquier manera es simplemente una prueba de que en el fondo se sufre un complejo de inferioridad. es sólo una compensación. El político se siente superior a los demás porque tiene poder, poder político. El rico se siente mas alto que los demas porque tiene poder, poder economico. Y la llamada persona espiritual tambien se siente superior a los demas porque tiene el mismo tipo de cosas: poder - poder espiritual, pureza, moralidad, virtud. Pero estas no son mas que propiedades.

En MI visión un sannyasin es completamente ordinario. y en esa misma ordinariez explota lo extraordinario.

La segunda pregunta:

Pregunta 2:

MAESTRO,

EL OTRO DIA EN DARSHAN ESTABAS HABLANDO SOBRE LAS MUJERES Y LA TRANSFORMACION DE SU ENERGIA. USTED DIJO QUE EN EL PASADO MAESTROS COMO JESUS MAHAVIRA, E INCLUSO GAUTAM EL BUDA NO FUERON CAPACES DE ENTENDER Y TRANSFORMAR LA ENERGIA DE LAS MUJERES Y PERMITIRLES LLEGAR A UN PICO. USTED DIJO QUE ESTA VEZ AQUI CON USTED SERA POSIBLE QUE TANTO LAS MUJERES COMO LOS HOMBRES FLOREZCAN Y LLEGUEN A UN PUNTO MAXIMO. ESTO ME HA CONMOVIDO PROFUNDAMENTE. ¿PUEDE DECIRNOS ALGO MÁS SOBRE ESTA DIFERENCIA ENTRE HOMBRE Y MUJER Y SOBRE CÓMO TRABAJA CON NOSOTROS DE DIFERENTES MANERAS?

Anand Maria,

LA DIFERENCIA entre el hombre y la mujer no es mucha; la diferencia es simple. Es como si un hombre a tu lado está de pie sobre su cabeza: ¿cuál es la diferencia entre tú que estás de pie sobre tus piernas y el hombre que está haciendo una parada de cabeza, una SIRSHASANA? De hecho, ninguna. Ambos son iguales, pero en cierto modo hay una diferencia. La diferencia es que el hombre que está parado de cabeza está al revés. Esa es la única diferencia entre el hombre y la mujer.

Lo que es consciente en el hombre es inconsciente en la mujer, y lo que es inconsciente en la mujer es consciente en el hombre. El hombre es hombre sólo en su conciencia; en su inconsciencia es mujer, femenino.

Por eso, cuando sientes que un hombre se acerca de algún modo a su inconsciente, se vuelve más suave, femenino, cariñoso, tierno.

Por eso las personas condenadas por la sociedad, los pecadores, son personas más amorosas que los llamados santos. Vuestros supuestos santos están atascados en el consciente; no permiten su inconsciente, lo reprimen. Se disocian de su inconsciente, lo condenan. Crean una distancia entre ellos y el inconsciente; se definen sólo a través del consciente. Por eso buscan tanto.

Mira los rostros de tus supuestos santos, los moralistas, los puritanos, la gente que continuamente lleva la carga de "más santo que tú", sólo mira sus rostros, y encontrarás líneas duras, rigidez, estiramiento, una cualidad que no puede llamarse suave, tierna, amorosa.

Observa a los llamados pecadores, a los condenados, y te sorprenderá que tienen corazones más tiernos. Son personas más cariñosas, más compañeras. Puedes disfrutar de la compañía de los pecadores, pero no puedes disfrutar de la compañía de los santos. Si pones a cuatro santos juntos estarán constantemente discutiendo, discutiendo sobre cosas estúpidas: cuántos ángeles pueden bailar en la cabeza de un alfiler, cuántos infiernos hay... Buda dice que sólo hay un infierno, Mahavira dice que hay siete Sanjaya Vilethiputta dice que hay setecientos.

Si pones a una docena de santos en una casa, no habrá paz en absoluto; estarán constantemente ladrándose unos a otros. A veces me fascina la idea de que los perros puedan ser reencarnaciones de santos: ladran por cualquier cosa, y en particular por pocas cosas. Por ejemplo, todos los perros están en contra de los uniformes. Ladrarán contra el cartero, el policía, el sannyasin. Tal vez estén enfadados con su propia vida pasada.

Pero los pecadores son muy amables por la sencilla razón... No te estoy diciendo que te conviertas en pecador, simplemente lo digo para que entiendas por qué los pecadores parecen tan suaves, cariñosos, humanos, y por qué los santos parecen tan inhumanos. La razón es que los pecadores están más cerca de su inconsciente y el inconsciente del hombre es femenino.

Lo mismo ocurre con las mujeres intelectuales, en particular las que pertenecen al Movimiento de Liberación. Son ásperas, feas, duras y discuten constantemente. Se vuelven poco cariñosas, se vuelven muy egoístas. Son una nueva versión de las santas, por la sencilla razón de nuevo porque han ido en contra de su espontaneidad natural inconsciente. Viven en sus cabezas. Han abandonado la idea misma del inconsciente, no permiten sus instintos.

Están desequilibrados; han perdido el equilibrio.

El hombre equilibrado no es ni hombre ni mujer; es una mezcla de ambos, más bien una síntesis. Su masculinidad compensa su feminidad. No están enfrentados, sino que bailan juntos en sintonía, en profunda armonía. Hay un gran acuerdo.

Así que la diferencia no es mucha; la diferencia es muy pequeña. Por supuesto, se ha hecho muy grande porque durante al menos diez mil años el hombre ha dominado la escena. Ha reprimido a la mujer en sí mismo y por eso también ha reprimido a la mujer en el exterior. Tenía que hacerlo, ambos forman parte de la misma lógica.

Si le permites a tu propia mujer interior la libertad de encontrarse con el hombre dentro de ti, de tener una profunda unión, una cualidad orgásmica, de modo que en lo que concierne a tu conciencia ya no esté dividida como hombre y mujer... Es uno, es humano, es completo. Ya no es un conflicto, es una concordia.

Ha alcanzado la síntesis más elevada posible. Cuando esto ocurre, uno está completo; no importa si es hombre o mujer.

Pero durante siglos el hombre ha dominado, y la única forma de dominar es destruir a la mujer exterior, reducirla a esclava, reducirla a mercancía, vendible, comprable, algo del mercado. Esto es lo más feo que ha ocurrido en el pasado. Por eso todo el pasado de la humanidad está podrido, desequilibrado, loco. Y si el hombre reprime a la mujer por fuera, por supuesto que tampoco puede permitir que la mujer esté dentro: también tiene que reprimirla.

Y a la mujer se le ha dicho que tiene que ser femenina; eso significa que tiene que rechazar todo lo que hay de masculino en ella. Se le ha obligado a llegar al extremo de ser mujer y el hombre tiene que ser completamente negado. Y esto se ha enseñado como si fuera algo de gran valor, como cultura, como religión, como civilización. La mujer tiene que ser tímida; la mujer tiene que depender en todo lo posible del hombre. Tiene que ser una sirvienta, no una compañera, no una amiga.

Esta idea afectó a todo, incluso a la religión. Y la gente como Jesús, Mahavira, Gautam el Buda, estas grandes personas que son la sal misma de la humanidad pasada, las pocas personas que habían florecido, incluso ellos no podían ir absolutamente en contra de la estructura social. Puedo entender por qué no podían ir en contra de la estructura social - porque tenían que trabajar con una sociedad que no era de su creación; ya estaba allí.

Buda sólo tuvo cuarenta años para trabajar. Ahora no puede transformarlo todo en la sociedad. Tuvo que decidir si tenía que trabajar y crear algo o si sólo tenía que luchar. Si tenía que luchar

por cada centímetro, entonces ningún trabajo habría sido posible.
Tuvo que transigir. Aceptó muchas cosas que sé que fueron
aceptadas a regañadientes.

Y lo mismo puede decirse de Mahavira, Lao Tzu, Zaratustra,
Jesús, Mahoma. Pero ellos tuvieron que funcionar en una sociedad
particular, que estaba dada, ya allí, y había existido durante miles de
años. Y decidieron que era mejor trabajar silenciosamente y ayudar
a pocas personas a iluminarse que luchar con la sociedad y perder
todo tu tiempo, y no ayudar ni siquiera a unas pocas personas a
iluminarse. Esa fue la eleccion ante ellos.

Buda no estaba dispuesto a permitir que las mujeres fueran
iniciadas como sannyasins por la sencilla razón de que la sociedad
india ha sido muy represiva; ha creado grandes muros entre
hombres y mujeres. Destruir esos muros habría sido liberar un caos.
Habría liberado tanta energía reprimida que Buda no pensaba que
pudiera ayudar a nadie; todo se volvería un caos.

Por eso lo pospuso todo lo que pudo.

Cuando las mujeres se volvieron muy insistentes, y en
particular cuando su propia madrastra le pidió que se iniciara, no
pudo negarse. Le debía mucho a esta mujer, porque su propia
madre murió el mismo día en que él nació. Esta madrastra lo educó
con tanto cuidado, con tanto amor. Nunca había sentido que ella
fuera una madrastra; nunca había echado de menos a su madre.
Y cuando esta madrastra le pidió que se iniciara -y ella se estaba
haciendo muy vieja, y la muerte se acercaba- él no pudo decir que
no. De muy mala gana dijo que sí.

Pero cuando dijo que sí a su propia madre, entonces otras
mujeres también dijeron: "Ahora que has aceptado a una mujer
como sannyasin, ¿por qué nos excluyes a nosotras?". Y era lógico. La
puerta se abrió...

Y Buda dijo muy triste: "Mi religión habría vivido al menos durante cinco mil años y habría ayudado a miles de personas a iluminarse, pero ahora sólo existirá durante quinientos años."

Y así fue como ocurrió, porque una vez que llegaron las mujeres, los sannyasins masculinos reprimidos empezaron a encapricharse. Habían vivido en compartimentos y de repente eran libres - de repente las mujeres estaban allí, y mujeres hermosas. Casi de todas las familias reales habían llegado los primeros sannyasins. Casi siempre sucede: cuando un hombre como Buda llega a la tierra son los más inteligentes los que primero acuden a él. Es natural, porque sólo ellas pueden comprender.

Lo puedes ver aquí sucediendo: las personas más inteligentes del mundo, de todos los rincones del mundo, han llegado aquí. Pero las masas indias siguen ignorándolo como si no tuviera nada que ver con ellas. Aún no han alcanzado el nivel de inteligencia que les permita comprender lo que está ocurriendo aquí. Qué decir de las masas ordinarias...

El otro día, el magistrado de Poona dictó sentencia en el caso de un loco que me había arrojado un puñal, obviamente para matarme. Lo ha liberado, y la razón por la que lo ha liberado, la razón más básica que ha dado, es realmente digna de consideración. Me he reído con él, ¡lo he disfrutado!

La razón por la que lo ha liberado es que si se tratara de un intento de asesinarme, ¡entonces no habría continuado mi discurso! ¿Quién puede seguir hablando cuando alguien está tratando de asesinarte? Pero él no me conoce. Habría continuado aunque hubiera muerto, ¡no habría terminado antes de las diez!

Pero él no puede entenderlo, y yo puedo entenderlo a él, pero él no puede entenderlo. Cuando alguien intenta matarte, ¿puedes seguir hablando de la misma manera? Su argumento parece muy válido. ¿Y qué decir de las masas ordinarias? - Incluso un magistrado educado piensa de la misma manera.

Una vez que Buda permitió la entrada de mujeres en su comuna, los reprimidos sannyasins masculinos empezaron a perder el control de su propia conciencia. Sucedió a causa de la represión. Por eso Jesús y Mahavira también eran de la misma opinión.

Puedo permitirlo por la sencilla razón de que han pasado veinticinco siglos y en estos veinticinco siglos han ocurrido muchas cosas, sobre todo en Occidente. Por eso mi llamamiento será mucho más en Occidente que en Oriente, porque en Oriente no ha ocurrido gran cosa. Karl Marx no ha sucedido en Oriente, Friedrich Nietzsche no ha sucedido en Oriente, Sigmund Freud no ha sucedido en Oriente, Carl Gustav Jung no ha sucedido en Oriente, Albert Einstein no ha sucedido en Oriente...

Occidente está mucho más preparado. Occidente ha vivido una gran revolución sobre el sexo, sobre la discriminación entre sexos. Occidente ha abandonado las viejas tonterías. Por eso me es posible permitir que el hombre y la mujer juntos estén aquí. Y puedes ver la diferencia: cuando los indios vienen aquí crean problemas.

En estos seis años que llevo aquí, al menos más de trescientos o cuatrocientos mil occidentales han visitado el lugar. Ni un solo occidental ha intentado violar a ninguna mujer india. Qué decir de la violación: ¡ni siquiera se han preocupado por las mujeres indias, ni siquiera han pensado en ellas! Pero muchos indios han intentado abusar, violar; han hecho todo tipo de cosas. Y siguen preguntándome por qué no se permite fácilmente la entrada de indios en el ashram. Vienen por razones equivocadas, incluso los bien educados.

Pocos días antes había venido a verla el director del Hotel Ambassador -rico y culto-, y cuando encontró a Padma trabajando sola en su departamento, ¡le agarró inmediatamente los pechos!

Y el hombre le había preguntado a Sheela lo primero: "¿Por qué no veo muchos indios aquí?". Y cuando le pillaron in fraganti, Sheela le dijo: "¡Ahora ya sabes la razón por la que no hay tantos indios en el ashram! Tenemos que echarlos, ¡igual que te estamos echando a ti!".

Un funcionario del gobierno, un S.D.O., había venido a investigar la moralidad de mis sannyasins, y Sheela le estaba enseñando el ashram. Cuando vio que Sheela y él estaban solos, le preguntó: "¿Puedo besarte?". ¡Y él había venido a investigar la moralidad del ashram! Y como Sheela reaccionó y le gritó, escribió un informe muy desagradable y erróneo sobre el ashram, y él ha sido una de las causas de que no pudiéramos conseguir el terreno de Saswad para la comuna. Creó todos los problemas posibles. Y enviaba mensajes diciendo: "¡Si Sheela acude a mí, entonces yo te ayudaré!".

¡Esta es la gente...! Buda tuvo que trabajar con esta gente, y Jesús, y Mahavira. Pueden ser perdonados. Querían ayudar al hombre y a la mujer, pero el problema era la sociedad.

Para mí existe una posibilidad. Puedo elegir en todo el mundo a personas que estén dispuestas a abandonar esta estúpida división entre sexos. Por supuesto, el enfoque será diferente: la mujer empezará con el amor y terminará con la meditación, y el hombre empezará con la meditación y terminará con el amor. Sólo habrá esta diferencia. Para el hombre, el amor vendrá como una consecuencia, como una fragancia de la meditación. Para la mujer, la meditación será una consecuencia, un subproducto, una fragancia del amor.

Rut tanto el hombre como la mujer cuando lleguen a la cima más alta de la conciencia, al Everest de la conciencia, tendrán ambos exactamente equilibrados: meditación y amor.

La tercera pregunta:
Pregunta 3:
MAESTRO,
¿QUÉ TAL SI NOS CUENTAS ALGUNA CHORRADA ESOTÉRICA?

Prem Shraddhan,

¡BULLSHIT es simplemente una mierda! Incluso si lo haces esotérico no cambia su calidad - ¡sigue apestando!

Puedes ponerle una bonita cubierta, un bonito envoltorio, pero el contenido será el mismo. Puedes envolverlo con algo bonito, pero sólo será un envoltorio. Cuando te sumerjas en él, sabrás que has caído en una zanja llena de mierda.

Un sannyasin y un no-sannyasin recién llegado están sentados juntos en Vrindavan. "Oye, Swami", dice el no-sannyasin, "probablemente llevas tiempo por aquí. ¿Puedes decirme qué te está enseñando Maestro?".

El sannyasin se queda pensativo un rato y luego dice: "Es así: imagínate a dos tíos que van por la carretera y se caen en una zanja. Uno de ellos se ensucia, el otro no: ¿cuál de los dos se va a duchar?".

"¡El sucio, por supuesto!", dice el no-sannyasin.

"No. El sucio ve al limpio y piensa que está limpio. El limpio ve al sucio y piensa que ÉL está sucio, así que el limpio va a lavarse. Ahora imagina que vuelven a caer en una zanja: ¿quién se va a duchar ahora?".

"Ahora lo sé", responde el no-sannyasin, "¡el limpio!".

"No. El limpio se da cuenta mientras se ducha de que estaba limpio, y el sucio se da cuenta mientras el limpio se ducha, ¡así que ahora se ducha el correcto! Ahora imagina que los dos vuelven a caer en una zanja: ¿quién se ducha ahora?".

"A partir de ahora, por supuesto, ¡siempre el sucio!"

"No. ¿Has visto alguna vez a dos tíos caerse tres veces en una zanja y que uno salga siempre sucio y el otro siempre limpio?".

Un sacerdote católico paseaba por un acantilado junto al mar cuando oyó los gritos de alguien en apuros. Vio a un hombre que obviamente no sabía nadar luchando por su vida en el agua.

"¡Sálvame, sálvame, padre! Me ahogo!", gritó el joven.

"¿Eres católico o protestante, hijo?", preguntó el clérigo.

"¡Protestante, padre!", jadeó el joven mientras se sumergía en el agua. El sacerdote echó a andar.

"¡Por el amor de Dios, padre, sálvame!", gritó el aterrorizado niño emergiendo de nuevo a la superficie.

"¿De qué religión eres, hijo?", le gritó el sacerdote.

"¡Protestante, padre!", balbuceó la respuesta. El sacerdote reanudó la marcha mientras el desafortunado joven se hundía por segunda vez.

"¡Por el amor de Dios, sálvame, padre!", gritó el niño desesperado.

"¿De qué religión eres, hijo?", volvió a preguntar.

Tras un momento de vacilación, el joven gritó: "¡Soy católico, padre!".

Inmediatamente, el sacerdote se quitó la ropa, se zambulló en el mar y nadó con fuerza hacia el niño, cogiéndole por el pelo cuando se sumergía por tercera y última vez.

"¿De qué religión eres, hijo?", volvió a preguntar el sacerdote, mientras ayudaba al joven a sacar la cabeza por encima del agua.

"¡Católico, padre!", fue la respuesta.

El clérigo sonrió, soltó el pelo del joven y, mientras éste se hundía, dijo: "¡Bien, muere en la fe!".

La cuarta pregunta:

Pregunta 4:

MAESTRO,

¿POR QUÉ LOS LLAMADOS ERUDITOS, TEÓLOGOS Y FILÓSOFOS AUTORIZADOS EN MATERIA DE RELIGIÓN ESTÁN EN SU CONTRA?

Pritama,

ES NATURAL. Filosofan sobre Dios, lo sé. Ellos piensan sobre la luz, yo lo veo. Ellos leen las escrituras, yo he leído el universo. No podemos estar de acuerdo.

Es como si un ciego recogiera información sobre la luz. ¿Cómo puede estar de acuerdo con el hombre que tiene ojos? Aunque recoja información sobre la luz, la información sobre la luz es sólo información; no es una experiencia. La experiencia es totalmente diferente. La experiencia es cualitativamente diferente; no es sólo una cuestión de cantidad. No es que yo sepa más de lo que ellos saben o menos de lo que ellos saben; no es una cuestión de más o menos. Yo simplemente sé, y ellos han estado recogiendo información de otros. Su conocimiento es prestado y, por supuesto, el hombre que vive con un conocimiento prestado, cuya vida entera depende de un conocimiento prestado, está obligado a temer al hombre que lo ha experimentado.

Siempre han estado en contra; no es nada nuevo. Si no estuvieran en mi contra, sería sorprendente. Sería casi increíble. Que estén en mi contra simplemente demuestra que el hombre no ha aprendido nada, como si la evolución del hombre se hubiera detenido mucho antes. Siguen comportándose de la misma manera que se comportaron con Jesús, con Buda, con Krishna. Su comportamiento no ha cambiado, y no veo que vaya a cambiar nunca - debido a sus intereses creados. ¡Hombres como yo son peligrosos para sus negocios!

Para ellos es una cuestión de vida o muerte. Toda su profesión depende de conocimientos prestados, y mi insistencia es ayudarte a que los conozcas por ti mismo. Y en el momento en que lo sabes, todo lo prestado se desvanece, se vuelve irrelevante, carece de sentido, pierde toda importancia. Y con ello desaparecen todos los sacerdotes, todos los teólogos, todos los filósofos, todos los eruditos, los expertos...

Ahora mismo les respetas, les honras, porque te sientes ignorante y crees que ellos saben.

¡Y los ciegos están guiando a los ciegos! Tú eres mucho más honesto, al menos reconoces tu ceguera, tus eruditos son mucho más astutos; no reconocen que son ignorantes. En el fondo lo saben, pero no lo demuestran. Siguen ocultándolo de todas las formas posibles. Y la gente como yo empieza a desenmascararlos, ¿cómo pueden tolerarlo?

Y siempre se ha sabido que los eruditos son unidimensionales. Tienen que ser unidimensionales si quieren ser eruditos. Si un hombre trata de saber todo acerca de Dios... y recuerda, "acerca de". Conociendo a Dios se volverá multidimensional, porque Dios significa toda la existencia. Conociendo a Dios conocerá el todo, pero conociendo ACERCA de Dios tiene que volverse unidimensional. Tiene que enfocar su mente, tiene que seguir estrechando su conciencia; tiene que precisarla. Naturalmente sabe más y más sobre Dios, pero menos y menos sobre todo lo demás. Su conocimiento sólo incluye a Dios y excluye todo lo demás.

Por eso las autoridades siempre se comportan tontamente. En lo que respecta a su propio campo, son grandes expertos. Si les preguntas sobre algo que no forma parte de su campo de especialización, no saben qué hacer: son tan tontos como ningún tonto puede serlo, porque los tontos tienen un poco de multidimensionalidad.

Pero los eruditos son absolutamente unidimensionales, se fijan en un punto; son gente especializada.

Al principio, apenas dos mil años antes, sólo había un conocimiento sin divisiones; se llamaba filosofía. En los días de Aristóteles se llamaba filosofía; filosofía significaba todo el conocimiento. Así que si buscas en los libros de Aristóteles -que es la figura paterna de la filosofía occidental- encontrarás de todo, cosas que no tienen nada que ver con la filosofía en absoluto.

Por ejemplo, cuántos dientes tiene una mujer. ¿Qué tiene que ver eso con la filosofía? Incluso en eso se equivoca. Y él tenía dos esposas, no sólo una - podría haber contado muy fácilmente.

Y en lo que respecta a los dientes de una mujer, ni siquiera hace falta decirle que abra la boca: ¡siempre está abierta! Se puede contar muy fácilmente; no hay ningún problema. ¡Y tener dos esposas y cometer semejante error! Dice que las mujeres tienen menos dientes que los hombres. La lógica es: ¿cómo las mujeres pueden tener algo igual a los hombres? Nunca se molestó en experimentar.

Pero sus libros lo contienen todo. Contienen biología, religión, filosofía, matemáticas, lógica, lenguaje, estética... todo lo posible. Contiene física... Así nació el nombre de "metafísica", porque en los libros de Aristóteles, después de la física viene la religión. Metafísica significa simplemente "el capítulo siguiente a la física". Después del capítulo sobre física hay un capítulo sobre religión, de ahí que se llamara metafísica.

Si Aristóteles vuelve estará absolutamente perplejo. Si va a Oxford, se imparten trescientas sesenta y cinco asignaturas. No se lo podría creer. ¡Trescientas sesenta y cinco asignaturas! Y cada día son más: ramas de ramas de ramas.

He oído una historia futura:

Un hombre va al oculista. Le duele un ojo y se lo cuenta al médico.

El médico pregunta: "¿Qué ojo, el derecho o el izquierdo?".

Y él dice: "Izquierda".

Y el médico le dice: "Lo siento, pero sólo estoy especializado en el otro ojo. Tienes que ir a otro".

El hijo de un hombre volvió de la facultad de medicina y le preguntó: "¿En qué te has especializado?".

Era un viejo médico, un viejo tipo de médico que solía tratar todo tipo de enfermedades.

El hijo dijo: "Me he especializado en nariz".

Y el padre preguntó: "¿Qué orificio nasal?".

Sí, algún día ocurrirá: fosa nasal derecha o fosa nasal izquierda, y tendrás que acudir a distintos expertos.

Así es la especialización: uno se estrecha, empieza a saber cada vez más sobre cada vez menos. Y llega un momento, está destinado a llegar -al menos lógicamente se puede concebir que sucederá un día... Si este es el proceso de la ciencia - saber más y más sobre menos y menos - entonces un día alguien declarará. "Lo sé todo sobre nada".

El proceso de experimentar es totalmente diferente: es saber cada vez menos sobre cada vez más.

Y llega un momento: uno no sabe nada de todo. Eso es lo que Dionisio llama AGNOSIA, ese es el Estado de meditación: uno no sabe nada de todo. Se ha vuelto absolutamente multidimensional. Es simplemente consciente, no un conocedor. No hay conocimiento, simplemente es sabio.

Ahora bien, ¿cómo puede el experto estar de acuerdo con el sabio? El experto no puede estar de acuerdo con el Buda, imposible; sus dimensiones son totalmente diferentes. Uno sabe cada vez más sobre cada vez menos, el otro sabe cada vez menos sobre cada vez más. Uno llega en última instancia a saberlo todo sobre nada, el otro llega en última instancia a no saber nada sobre todo - están siguiendo caminos distintos. Pero el Buda experimenta y el experto sólo acumula información.

Una secretaria muy guapa, con jersey y minifalda, pasó por un laboratorio de química.

"¡Mira esto!", dijo uno de los científicos al otro.

El otro echó un vistazo a la bien apilada figura y replicó con indiferencia: "¿Y qué? Es nueve décimas partes de agua".

"Claro", dijo el primero, "¡pero qué tensión superficial!".

Un gran científico que viajaba en autobús se fijó en un reloj de un edificio que marcaba las nueve y media. Más adelante vio otro reloj que marcaba las nueve y cuarto. Santo cielo", exclamó. "Me habré equivocado de camino".

Se cuenta la historia de un profesor de inglés que se encontraba indispuesto y un día se quedó en casa. "¿Qué ha pasado?", le preguntó una alumna a su hija.

"Está terriblemente disgustado", reveló. "Anoche, un búho en uno de los árboles no paraba de repetir '¿A quién?

¿A quién?" en lugar de "¿A quién?".

La recién casada era profesora de filosofía, y casi siempre ocurre con los profesores de filosofía, que sufría de insomnio. Despertaba a su marido cada vez que oía ruidos en el piso de abajo.

Finalmente dijo: "Duérmete, querida, por favor. Los ladrones no hacen ruidos".

Así que empezó a despertarle cada vez que no oía nada.

Eso es lógico. Eso es filosófico.

Antes de comenzar la autopsia, el médico quiso comprobar el tórax. El cadáver fue trasladado en silla de ruedas al departamento de rayos X y colocado correctamente en el aparato por la guapa técnica, que a continuación colocó la placa fotográfica en el panel de control. Al asomar la cabeza por detrás, dijo automáticamente: "¡Por favor, respire hondo y aguante!".

Un técnico es un técnico. Funcionan automáticamente. Los expertos funcionan muy inconscientemente. No saben lo que hacen, no saben lo que dicen. No saben nada porque toda su conciencia está llena de hechos e informaciones muertas. Pueden HABLAR de amor, pero nunca han amado. Pueden hablar de Dios...

Y recuerda el significado de la palabra "alrededor": alrededor significa alrededor. Dan vueltas y vueltas, pero nunca tocan el centro. No se puede tocar sólo por saber de Dios. Puedes citar la Biblia, el Corán, el Gita, los Vedas; eso no va a ayudar, a menos que puedas hablar desde tu propia comunión interior.

Y Jesús les dijo: "¿Quién decís que soy yo?".

Y ellos respondieron: "Tú eres la manifestación escatológica del fundamento de nuestro ser, el carisma manifestado en el conflicto y la decisión en el proceso humanizador."

Y Jesús dijo: "¿Qué?"

Este lenguaje. Hasta el Papa polaco lo habría entendido: éste es el lenguaje del teólogo cristiano: "Tú eres la manifestación escatológica del fundamento de nuestro ser, el carisma manifestado en conflicto y decisión en el proceso humanizador".

Y Jesús dijo: "¡¿Qué?!"

Me preguntas, Pritama: ¿POR QUÉ LOS LLAMADOS ERUDITOS AUTORIZADOS...?

No tienen autoridad; citan a otros. ¿Qué autoridad pueden tener? La autoridad debe venir de tu propia experiencia auténtica. Esa es la única fuente de autoridad; no hay otra fuente de autoridad.

Un Ramakrishna puede hablar con autoridad, un Raman puede hablar con autoridad, pero no Vivekananda, que no es más que un erudito. Mahavira puede hablar con autoridad, pero no Gautam Ganadhara, su discípulo, que no es más que un brahmán pundit recopilando información, tomando notas, compilando lo que Mahavira ha dicho.

Jesús puede hablar con autoridad, pero no los papas.

Y lo irónico es que se cree que estas personas tienen autoridad porque pueden citar exactamente las palabras de las Escrituras. Pero las palabras de las escrituras pueden ser citadas por un ordenador de forma más eficiente, ¡más precisa! Puede ser hecho por un dispositivo mecanico; no se necesita conciencia para eso, no se necesita conciencia para eso. No hace falta ser un Cristo para repetir las Bienaventuranzas: "Bienaventurados los mansos porque de ellos es el reino de Dios". Esto puede repetirlo un disco, ¡un disco de gramófono!

¿Ha visto la compañía de gramófonos más famosa, el símbolo de la voz de su amo? - el perro moviendo la cola. Un disco de gramófono puede hacerlo, y eso es lo que estos papas están haciendo - His Master's Voice - los shankaracharyas están haciendo, ayatollahs, imanes están haciendo - sólo repitiendo.

Un niño pequeño estaba enseñando a su loro todas las palabras de cuatro letras. La madre, al oírlo, se sobresaltó. Vino corriendo y le dijo: "¿Qué haces? ¿Te has vuelto loco? Estás destrozando al loro: ¡le estás enseñando palabras de cuatro letras!".

Y el niño dijo: "No, mamá, sólo le estoy diciendo: 'Por favor, recuerda que no debes repetir estas palabras'. De la misma manera que tú has enseñado a mi padre y mi padre me ha enseñado a mí, yo le estoy enseñando a él y le estoy diciendo: 'Recuerda decir a tus hijos que no repitan estas palabras. Son palabras muy feas y peligrosas'".

Puedes enseñar a un loro y puede repetir cualquier cosa, pero un loro no es una autoridad. Las máquinas pueden hacerlo. Los ordenadores pueden hacerlo incluso mucho mejor.

Así que, Pritama, no llames autoridades a estas personas: no lo son. Están engañando a los demás y quizás a sí mismos. No son verdaderos filósofos; ¡son más "tontos-filósofos" que filósofos! Filosofía, la misma palabra, significa amor por la sabiduría, y ellos no tienen nada que ver con la sabiduría en absoluto.

La sabiduría sólo se alcanza a través de la meditación, nunca recopilando información. Ocurre al pasar por una transformación. La sabiduría es el florecimiento de tu conciencia, la apertura del loto de mil pétalos de tu ser. Es la liberación de tu fragancia, la liberación del esplendor aprisionado.

La verdadera filosofía no tiene nada que ver con el pensamiento; al contrario, tiene todo que ver con trascender el pensamiento, ir más allá y más allá del pensamiento, ir más allá de la mente, alcanzar el espacio puro de la no-mente. De ese espacio algo florece en ti. Puedes llamarlo conciencia crística, budeidad o lo que quieras. Esa es la verdadera filosofía.

La mejor palabra para filosofía será philosia: no sólo amor por la sabiduría, sino amor por ver la verdad.

SIA significa ver, PHILO significa amor - amor por ver. Esa es exactamente la palabra india para filosofía, darshan; darshan significa philosia. No lo traduzcas como filosofía. El doctor Radhakrishnan y otros han hecho un gran daño a Oriente traduciendo darshan como filosofía. Es philosia.

En Oriente nuestro interés siempre ha sido VER la verdad, porque al ver la verdad, como dice el Isa Upanishad, te conviertes en la verdad misma Sólo al convertirte en la verdad tienes autoridad; entonces la verdad habla a través de ti. Sólo eres un medio, un vehículo, una flauta de bambú hueca, y Dios empieza a cantar a través de ti.

Ese milagro tiene que ocurrirles aquí a mis sannyasins. Esa es mi única enseñanza: conviértete en una flauta de bambú hueca. No pongas trabas. Deja que Dios fluya a través de ti de forma natural, espontánea. Y si permites tu naturaleza y espontaneidad, al igual que cada río llega al océano, tú también llegarás al océano último de Dios.

La última pregunta:

Pregunta 5:

MAESTRO,

HABLAS Y HABLAS Y OIGO FLORES Y SILENCIO Y RISAS POR TODAS PARTES.

¡VENGA YA! ¡ADMÍTELO! ¿NO ESTÁS EN LA TRADICIÓN DEL GRAN DISCÍPULO ITALIANO DE GAUTAM BUDA, MAHA-GOSSIPA?

Yoga Nishant,

NO SOY el discípulo de nadie, y tampoco soy el Maestro de nadie. No soy tu Maestro, sólo un amigo en el camino, un compañero de viaje. Y no soy discípulo de nadie, porque nada se puede aprender de nadie, y no soy Maestro de nadie porque nada se puede enseñar.

Puedo permitir que estés conmigo. Puede ocurrir algo que ni yo hago ni tú haces. Nadie puede afirmar que "yo soy el hacedor de ello". Simplemente puede suceder, igual que por la mañana sale el sol y las flores se abren y los pájaros empiezan a cantar. El sol no puede decir "Yo he abierto las flores". El sol no puede decir: "Yo he dirigido toda esta orquesta de la música que de repente ha surgido en la tierra". Ni los pájaros pueden decir: "El sol ha salido gracias a nuestro canto".

Seguro que has oído una vieja historia de una mujer que tenía una gallina y creía que gracias a ella salía el sol, porque por la mañana temprano, justo antes de la salida del sol, la gallina daba un grito de alegría. Y estaba muy orgullosa porque era la única que tenía una gallina en el pueblo.

Y nadie parecía estarle agradecido, así que un día, disgustada, dijo: "Me voy de este pueblo, ¡y entonces lo sabréis! Nunca saldrá el sol en este lugar porque me llevo a mi gallina".

Y salió del pueblo, llegó a otro pueblo, y por supuesto cuando la gallina gritó de alegría por la mañana, allí salió el sol y la mujer estaba tremendamente feliz. Ella dijo "Ahora, ahora esos tontos se darán cuenta. El sol ha salido en ESTE pueblo, ¡no puede salir allí! Ahora siempre será de noche allí!"

Ni los pájaros pueden decir ni las flores pueden decir que "el sol ha salido gracias a nosotros". Es una sincronicidad. Esta palabra es muy hermosa; la acuñó Carl Gustav Jung. Comprendes la ley de la causalidad: en la ley de la causalidad una cosa funciona como causa y la otra cosa sucede como efecto. Dondequiera que se produce la causa, el efecto está obligado a seguir. Es un proceso mecánico. Calientas el agua hasta cierto grado y se evapora; el calentamiento es la causa y la evaporación es el efecto.

La sincronicidad es una relación no causal. Las cosas suceden, pero nunca se sabe quién es la causa y quién el efecto. Suceden simultáneamente.

Esa es la belleza que sucede siempre que estás con un Buda. Buda no es un maestro, tú no eres un discípulo; no estás aprendiendo nada de Buda, Buda no te está enseñando nada. Es sólo estar juntos. Es una aventura amorosa. Estar juntos... y algo sucede, algo que está más allá de ambos. Algo se desencadena. Como mucho puede decirse que el Buda funcionó como agente catalizador, pero cualquier cosa que suceda, sucede en ti; él no la ha causado.

Por eso digo que no soy discípulo de nadie ni Maestro de nadie. Pero, Nishant, has encontrado el nombre correcto para mí: ¡Soy un italiano, Maha-Gossipa! Recuérdame no como el hombre que te ha dado un gran evangelio sino como el hombre que te ha dado muchos chismes. ¡Mi evangelio es mi cotilleo!

En el club de un hombre de negocios local, cuatro socios se reunieron después de tomar unas copas y empezaron a confesar sus vicios secretos.

"Debo confesar", dijo el banquero, "que apuesto. Cada semana o así hago una apuesta a los caballos, no demasiado, pero llevo años haciéndolo".

"Bueno, voy a confesar mi debilidad", dijo el prominente ejecutivo. "Nadie en la ciudad me ha visto nunca borracho, pero dos veces al año voy a otra ciudad donde no me conocen, alquilo una habitación de motel por unos días, me drogo y vuelvo a casa sintiéndome mejor que nunca.

"No me avergüenza admitir que mi debilidad son las mujeres", dice otro importante hombre de negocios. "Tengo que ser muy discreto, por supuesto, pero con una secretaria precavida se puede manejar con bastante facilidad.

Nunca me han descubierto".

El cuarto miembro del grupo, que había estado escuchando atentamente, no dijo nada. Era el rabino del pueblo. Los demás esperaban que revelara algo, pero él se encogió de hombros, como hacen todos los judíos de todas las épocas. Se limitó a encogerse de hombros.

"Bueno", preguntó uno de ellos, "rabino, ¿y tú?".

"Prefiero no confesar", dijo negando con la cabeza. Le miraron con desconfianza. ¿Qué podía estar ocultando? Cada uno de ellos le acusó de ser un mal partido, sobre todo desde que todos se habían sincerado.

Finalmente, el rabino cedió. "De acuerdo", dijo a regañadientes, "si tiene que conocer mi debilidad, es el escándalo... ¡y estoy deseando salir de este lugar!".

Ambos y más

EN UNA OSCURIDAD CEGADORA VAN LOS QUE SÓLO ADORAN LA ACCIÓN.

EN UNA OSCURIDAD AÚN MAYOR VAN LOS QUE ADORAN LA MEDITACIÓN.

PORQUE ES OTRA COSA QUE LA MEDITACIÓN, ES OTRA COSA QUE LA ACCIÓN.

ESTO LO HEMOS OÍDO DE LOS ILUMINADOS.

MEDITACIÓN Y ACCIÓN - AQUEL QUE CONOCE ESTAS DOS JUNTAS, A TRAVÉS DE LA ACCIÓN DEJA ATRÁS LA MUERTE Y A TRAVÉS DE LA MEDITACIÓN OBTIENE LA INMORTALIDAD.

EN UNA OSCURIDAD CEGADORA VAN LOS QUE IDOLATRAN LO ABSOLUTO, EN UNA OSCURIDAD AÚN MAYOR VAN LOS QUE ADORAN LO RELATIVO.

PORQUE ES DISTINTO DE LO RELATIVO, ES DISTINTO DE LO ABSOLUTO.

ESTO LO HEMOS OÍDO DE LOS ILUMINADOS.

AUM PURNAM ADAHA PURNAM IDAM PURNAT PURNAMUDACHYATE PURNASYA PURNAMADAYA PURNAMEVA VASHISHYATE AUM QUE ES EL TODO.

ESTE ES EL CONJUNTO.

DE LA TOTALIDAD SURGE LA TOTALIDAD.

SI LA TOTALIDAD PROCEDE DE LA TOTALIDAD, LA TOTALIDAD SIGUE EXISTIENDO.

P. D. OUSPENSKY ha escrito un libro tremendamente significativo, TERTIUM ORGANUM. Lo fundamental de TERTIUM ORGANUM está basado y arraigado en este sutra: Del todo viene el todo, pero el todo permanece detrás, intacto. De ahí viene esto. Aquello es el todo, esto es el todo, pero aunque haya salido del todo, el todo no se reduce en modo alguno. Permanece igual, como si no se le hubiera quitado nada.

Este es un mantra extraño, uno de los más extraños, porque va en contra de la idea misma de aritmética. Pertenece a las metamatemáticas. La matemática ordinaria no estará de acuerdo con esto. Si tomas algo de cualquier cosa, entonces ese algo se reduce en el original, y si tomas el todo entonces nada queda atrás.

Ouspensky ha prestado un gran servicio a la humanidad al proponer una matemática superior, una matemática del más allá. Eso es lo que son los Upanishads.

Primero: el todo no es una entidad finita. Si es finito, por supuesto que si le quitas algo se reducirá, ya no será lo mismo. El todo es infinito, por lo que, le quites lo que le quites, sigue siendo infinito.

¿Y dónde se puede tomar? El todo lo impregna todo, así que la idea misma de tomar es sólo una idea. En lo que respecta a la realidad, no se le quita ni se le añade nada; siempre es como siempre ha sido.

En segundo lugar: en las matemáticas ordinarias, el todo es la suma total de sus partes; en las matemáticas superiores no es así. El todo no es la suma total de sus partes, es más que eso. Ese "más" es muy significativo. Si no puedes comprender ese más, seguirás siendo absolutamente inconsciente de la dimensión religiosa de las cosas.

Por ejemplo, la belleza de una rosa, ¿es sólo la suma total de sus partes? Debería serlo, según las matemáticas ordinarias, pero no lo es. La belleza es algo más. Si se juntan todas las sustancias químicas, el agua, la tierra, el aire y todo lo que constituye la flor, la belleza no surgirá. La belleza es algo más, de ahí que en el análisis desaparezca.

Si acudes al químico, al científico, para preguntarle por la belleza de una rosa, él la analizará.

El análisis es el método de la ciencia. Analizarlo significa dividirlo en partes para saber lo que constituye. Pero en el momento en que lo divides en partes, el "más" invisible desaparece. El "más" invisible existe en la unidad orgánica; no puedes analizarlo. Es síntesis, es totalidad.

Lo mismo ocurre con todos los valores superiores. Un bello poema no son sólo las palabras que lo componen; es algo más. Si no, cualquiera que sepa juntar palabras de forma rítmica se convertirá en un Shakespeare, un Kalidas, un Milton, un Shelley. Entonces cualquier lingüista, gramático se convertirá en un gran poeta. Eso no ocurre. Puedes conocer toda la gramática de la lengua, puedes estar familiarizado con todas las palabras de la lengua, pero ser poeta es un fenómeno totalmente diferente.

La poesía viene primero, luego vienen las palabras, no al revés: no es que dispongas las palabras y surja la poesía.

Algunos de los alumnos de Charles Darwin le gastaron una broma al gran científico, ya que no dejaba de investigar todas las formas de vida y siempre estaba clasificando a qué especie pertenece un determinado animal o insecto.

Era su cumpleaños y a sus alumnos se les ocurrió gastarle una broma. Diseccionaron muchos insectos y pegaron sus partes: las patas de un insecto, las alas de otro, la cabeza del tercero, el cuerpo del cuarto, y así sucesivamente. Al menos de veinte insectos consiguieron pegar un nuevo insecto que no existe en ninguna parte.

Se lo llevaron a Charles Darwin y le dijeron: "Aquí tienes una gran sorpresa, como regalo de cumpleaños. Es posible que nunca hayas visto este insecto. Lo hemos escondido para este día. ¿Puedes decirnos a qué especie pertenece, cuál es su nombre?".

Darwin miró al insecto y sólo hizo una pregunta a los alumnos: "¿Zumba?".

Dijeron: "Sí, cuando estaba vivo zumbaba".

"Entonces", dijo, "¡es una patraña!".

Puedes juntar piezas, pero sólo crearás una patraña; no podrás crear vida. No podrás crear una nueva forma, una nueva manifestación de algo vivo.

Los Upanishads hablan de dos trinidades. Una se llama SATYAM SHIVAM SUNDERAM. SATYAM significa verdad; SHIVAM significa bien, virtud, bondad; SUNDERAM significa belleza. Los Upanishads dicen que estas tres están más allá de las matemáticas ordinarias.

Y también hablan de otra trinidad: SATCHITANAND - SAT, CHIT, ANAND. SAT significa ser, CHIT significa consciencia, ANAND significa dicha. Los Upanishads dicen que esta trinidad también pertenece al reino superior, el mundo de la síntesis, la totalidad. Está más allá de la lógica ordinaria, de las matemáticas ordinarias.

Estas dos trinidades son mucho más bellas, mucho más significativas que la trinidad cristiana de Dios padre y Cristo hijo y el espíritu santo. Comparada con estas dos trinidades, la trinidad cristiana parece muy inmadura, infantil. A veces incluso los niños tienen más perspicacia que la trinidad cristiana.

Cuando Sigmund Freud dijo que Dios padre no es mas que un profundo deseo de una persona inmadura de aferrarse al padre, a la idea de padre, es una fijacion paterna, tenia razon. Pero él nunca había oído hablar de satyam shivam sunderam o satchitanand. El no hubiera sido capaz de decir nada despectivo sobre estas ultimas visiones.

La trinidad cristiana es ciertamente muy infantil, y te digo que a veces hasta los niños son mucho más inteligentes.

Un niño pequeño le preguntaba a otro niño, su amigo... estaban aprendiendo el abecedario y el primer niño le preguntó al segundo: "¿Por qué la B siempre va antes que la C?".

Y el otro niño dijo: "Obviamente, sólo puedes ver si eres. Primero tienes que ser y luego sólo tú puedes ver. Por eso C viene después de B. ¿Cómo puede venir antes?".

Ahora bien, incluso estos dos niños están mucho más desarrollados, son mucho más perceptivos que la trinidad cristiana -padre, hijo, espíritu santo-, ¿de qué tonterías están hablando?

Los valores superiores son la verdad, el bien, la belleza, el ser, la conciencia, la dicha. ¿Y por qué se llaman superiores?

- porque no entran en el ámbito de las matemáticas inferiores. La matemática inferior significa que el todo es simplemente la suma total de sus partes; eso define el mundo de la matemática inferior.

Y la matemática superior, la metamatemática, significa que el todo es más que la suma total de sus partes.

No se puede conocer la belleza mediante el análisis; necesita una visión diferente, una visión sintética. El poeta puede comprender la belleza, no el científico. El pintor puede comprender la belleza, pero no el químico.

La verdad sólo puede ser comprendida por un místico, no por un filósofo. Puede ser comprendida por un amante, pero no por un lógico. Puede ser comprendida por la intuición, pero no por el intelecto. El intelecto divide; la intuición une, y no sólo une, sino que crea una unidad orgánica.

La vida puede contemplarse de dos maneras: la científica, la analítica, o la religiosa, la sintética.

Los sutras actuales tienen un valor tan grande que no tienen parangón en toda la literatura religiosa.

Incluso en el mundo de los Upanishads - hay ciento ocho Upanishads en todos estos sutras son incomparables, únicos.

El primer sutra:

EN UNA OSCURIDAD CEGADORA VAN LOS QUE SÓLO ADORAN LA ACCIÓN.

EN UNA OSCURIDAD AÚN MAYOR VAN LOS QUE ADORAN LA MEDITACIÓN.

Acción significa lo que es externo a ti, meditación lo que es interno a ti. La acción es externa, la meditación es interna. La acción es extroversión, la meditación es introversión. La acción es un enfoque objetivo; la ciencia tiene sus raíces en ella, de ahí que la ciencia insista en la experimentación. Y como la ciencia insiste en la acción, en el experimento, destruye todo lo que es más que lo externo: lo niega. Simplemente niega el mundo de la interioridad, el mundo de la subjetividad. Es tan absurdo que la ciencia acepte lo exterior sin aceptar lo interior. ¿Cómo puede existir lo exterior sin lo interior? No tiene sentido.

Si hay una moneda, está obligada a tener dos aspectos; no puedes encontrar una moneda que tenga un solo aspecto, una sola cara; es imposible. Por muy fina que la hagas siempre tendrá dos caras; no puedes hacerla tan fina que sólo tenga una cara.

Pero la ciencia sigue insistiendo en esta tontería: que lo externo es verdadero y lo interno falso. Cree en la materia, pero no cree en la conciencia. Dice que la materia tiene validez, y la ciencia pide validez objetiva. Por supuesto que el mundo de la subjetividad no puede tener una validez objetiva - es tan obvio. La propia pregunta es errónea. Lo interior no puede venir y manifestarse como lo exterior, pero la ciencia es ciega al respecto Y los que creen en la ciencia dicen que la conciencia es ilusoria.

Karl Marx, que cree estar creando un comunismo científico, dice que la conciencia es un epifenómeno, un subproducto de la materia. No existe por sí misma; es sólo una combinación de elementos materiales, química, física. Es sólo una combinación, nada más que eso. Cuando una persona muere los elementos empiezan a deshacerse y entonces no queda conciencia. Por lo tanto, no hay inmortalidad, no hay alma. El hombre se convierte en una máquina con la idea equivocada de que tiene alma. El hombre no es un él o ella, sino sólo un ello.

Este enfoque científico ha teñido incluso el mundo de la psicología. De hecho, el noventa por ciento de los psicólogos no deberían usar la palabra "psicología" en absoluto; es simplemente incorrecto que usen la palabra porque niegan la psique, y aun así siguen usando la palabra "psicología".

El noventa por ciento de los psicólogos pertenecen a la escuela llamada Conductismo - Pavlov, Skinner Delgado y otros. Dicen que el hombre no es más que su Comportamiento; no hay nadie dentro de él. El interior no existe; sea lo que sea el hombre, está en el exterior. Por lo tanto, puede ser estudiado como cualquier objeto, cualquier otro objeto, puede ser estudiado como cualquier otra máquina.

Isa Upanishad dice:
EN TINIEBLAS CEGADORAS VAN LOS QUE SÓLO ADORAN LA ACCIÓN.

Están cayendo en una oscuridad cegadora por seguir sólo lo exterior, lo extrovertido, lo objetivo. Están perdiendo el sentido de lo interior. Existirán como robots.

Por eso fue tan fácil para un hombre como Joseph Stalin matar a millones de personas. ¿Ves el extraño mundo de la lógica? Krishna pudo decir a su discípulo, Arjuna, "Puedes matar, no hay problema, porque el alma es eterna; no puede ser matada, no puede ser quemada. Ningún arma puede entrar en ella. Nainam chhindanti shastrani: no hay manera - ninguna espada, ninguna lanza puede siquiera tocarla. Nainam dahati pavakah: ni el fuego puede quemarla. El alma es inmortal, eterna; sólo el cuerpo muere".

De ahí que diga a su discípulo Arjuna: "No te preocupes, no te sientas culpable. Puedes matar porque no se mata nada: NA HANYATE HANYAMANE SHAREERE. Cuando matas un cuerpo no se mata nada, porque el cuerpo ya está muerto y el alma es inmortal, así que ¿a quién se mata? El cuerpo ya estaba muerto, siempre ha estado muerto; es materia. Y el alma siempre ha sido inmortal, sigue siendo inmortal.

Sólo los estás desvinculando, y no hay nada malo en desvincularlos. Sólo los estás separando, separando lo esencial de lo no esencial. De hecho, estás haciendo un gran servicio a la persona que estás matando. Él mismo no fue capaz de separar lo esencial de lo no esencial. De hecho, estás haciendo un gran servicio a la persona que estás matando. Él mismo no era capaz de separar lo esencial de lo no esencial, tú lo has hecho por él".

Y Joseph Stalin podía matar a millones de personas... la lógica era totalmente diferente. pero el resultado es el mismo. Por eso digo que el mundo de la lógica es muy extraño. Joseph Stalin es un comunista científico, un fanático seguidor de Karl Marx y Friedrich Engels. Dice que no hay alma, así que no se mata nada - ¡se puede matar! El cuerpo es sólo materia. y la materia permanecerá. El aire permanecerá en el aire, la tierra volverá a la tierra, el agua volverá al agua, y todos los elementos se dispersarán de nuevo. Y no hay alma, así que no se mata nada. Sin ninguna culpa mató a millones de personas.

Arjuna también mató a millones de personas sin ninguna culpa, Mao Tse-tung hizo lo mismo, pero sus enfoques son muy diferentes. Pero parece que negar uno, el externo o el interno, es peligroso: su resultado final será la destrucción.

De ahí que el Isa Upanishad tenga razón:

EN UNA OSCURIDAD CEGADORA VAN LOS QUE SÓLO ADORAN LA ACCIÓN.

EN UNA OSCURIDAD AÚN MAYOR VAN LOS QUE ADORAN LA MEDITACIÓN.

La meditación por sí sola conduce de nuevo a otro extremo. La meditación significa lo interno, lo subjetivo; significa introversión. Y obviamente los introvertidos empiezan a negar toda realidad externa. Empiezan a decir que es maya, que es ilusión.

Karl Marx dice que lo interno es ilusorio, epifenómeno. Y Shankara y Berkeley, dicen que lo externo es ilusorio, lo interno es la única verdad. Ambos son incapaces de aceptar la totalidad. Eligen, no son personas sin elección.

La religión nace de la conciencia sin elección. El primero, que sólo ha elegido la acción, se convierte en científico. El segundo, que sólo ha elegido la meditación, se convierte en filósofo. Pero ambos se pierden el todo.

Y recuerda una cosa: la verdad a medias es más peligrosa que la falsedad misma, la verdad parcial es más dañina que la falsedad misma. ¿Por qué? - Porque es muy difícil refutar la verdad parcial porque tiene algo de verdad. Aunque sea parcial, pero debido a esa presencia es difícil negarla.

Es difícil negar a Karl Marx y es difícil negar a Shankara. Ambos son creyentes de un aspecto de la realidad... ninguno de los dos es religioso. Uno se mueve hacia lo externo, el otro hacia lo interno, y la realidad es ambos Y más.

Ese es mi enfoque aquí, el enfoque total de la vida. Por eso no digo a mis sannyasins: "Escapa a los monasterios o a las cuevas del Himalaya". No digo: "Renuncia al mundo". Renunciar al mundo significa renunciar a la acción. Entonces, ¿qué haréis en vuestras cuevas y en vuestros monasterios?

Entonces sólo queda la meditación.

En el pasado esto ha sido así: o una persona vivía en el mundo... entonces era muy activa pero su acción era superficial porque no había meditación en ella, no había profundidad, no había mundo interior Era sólo su comportamiento. era sólo su ropaje exterior, su periferia. Naturalmente creó un mundo superficial sin profundidad, sin altura; creó un mundo muy pobre.

Y luego estaba el otro extremista que escapó del mundo. Al ver su superficialidad, su periferia, renunció a él. Por supuesto, empezó a profundizar en sí mismo, pero su profundización se volvió poco creativa. Tenía profundidad, pero esa profundidad permanece inexpresada. Era silencioso, pero no había canción en él. Y cuando un silencio carece de canción está muerto; tiene profundidad pero no manifestación.

Puedes ser un gran pintor, pero si no pintas, ¿de qué sirve ser un gran pintor? Puedes ser un gran poeta, pero si no cantas, ¿qué sentido tiene que seas un gran poeta?

Así que por un lado estaban las personas que habían elegido la acción, el mundo: los extrovertidos; y por otro lado estaban los introvertidos que habían elegido su propio ser. Ambos estaban desequilibrados. Por eso estoy de acuerdo con los Upanishads: la vida tiene que ser total, no asimétrica. Sólo entonces hay equilibrio y en ese equilibrio está la música; en ese equilibrio hay un centro y una circunferencia. En ese equilibrio estás enraizado en ti mismo, pero no eres poco creativo, eres creativo.

Los monjes, las monjas a lo largo de los tiempos han sido absolutamente poco creativos; no han aportado nada al mundo. De hecho, la gente superficial ha contribuido mucho más, de ahí este énfasis.

El Isa Upanishad dice:

EN UNA OSCURIDAD CEGADORA VAN LOS QUE SÓLO ADORAN LA ACCIÓN.

EN UNA OSCURIDAD AÚN MAYOR... recuerda el énfasis:

EN UNA OSCURIDAD AÚN MAYOR VAN LOS QUE ADORAN LA MEDITACIÓN - SOLOS.

Los Upanishads son realmente valientes: dicen la verdad tal como es, sin concesiones. Nadie habría pensado que los Upanishads serían tan duros con la meditación. Se puede entender fácilmente que sean duros con la mente extrovertida, pero son más duros con la introvertida por la sencilla razón de que la extrovertida era superficial, pero al menos ha aportado algo al mundo.

Ya lo ves: Oriente ha vivido sólo de la meditación y Occidente sólo de la acción.

Occidente vive en una especie de ceguera, pero Oriente vive en una oscuridad más profunda, en una ceguera más profunda.

La mente occidental es superficial, pero al menos ha aportado mucho: tecnología, industria, agricultura científica. Ha dado a la gente un mejor nivel de vida; puede que no les haya dado una mejor calidad de vida, pero al menos les ha dado un mejor nivel de vida. Les ha dado mejores casas, mejores carreteras, mejores coches, mejores aviones. Puede que no les haya dado una conciencia mejor, pero ha contribuido, ha sido creativa, por supuesto superficialmente. Pero el Oriente que se ha vuelto escapista en nombre de la meditación, que se ha convertido básicamente en un abandono, no ha contribuido ni siquiera a eso.

¿Qué han aportado los llamados santos de Oriente? Es pobre por culpa de esos santos, y seguirá siendo pobre a menos que esos santos dejen de ser respetados. Pero la gente sigue respetando las mismas viejas tradiciones podridas; no pueden ver. Más profunda es su ceguera, más oscura es su oscuridad.

Ni siquiera pueden ver quién es la causa de toda esta miseria.

Veintidós siglos de esclavitud en la India. ¿Quién es la causa de todo esto? Tus santos, tus mahatmas, tus supuestos sabios que escapan a los monasterios, que escapan a las cuevas del Himalaya, a los bosques, a las selvas - y tú los has adorado, los has respetado. Cuando respetas a alguien significa que en el fondo también te gustaría ser como él, eso es lo que significa el respeto.

La palabra "respeto" es hermosa; significa ver una y otra vez - "re-specto". Cuando pasas junto a una mujer hermosa, si es realmente hermosa tendrás que mirarla una y otra vez. Eso es respeto:

ver una y otra vez. Caminarás despacio, buscarás excusas para volver, entrarás en la misma tienda en la que ha entrado la mujer, empezarás a pedir los mismos productos que ella está comprando para poder estar en el mismo mostrador. No mirarás las cosas, la mirarás a ella.

Esto es respeto - ¡sentido literal de la palabra!

Cuando respetas a una persona significa que estás fascinado, encaprichado. Te gustaría ser como él.

Y Oriente sigue respetando a los mismos tontos que son la causa de su miseria, de su hambruna, de todo su feo estado.

La gente está muriendo; el sesenta por ciento de los habitantes de la India pasan hambre, y a finales de este siglo la India será el país más poblado. Va a superar a China; a finales de este siglo será el país más poblado. Ahora sus problemas son inmensos: ¿qué ocurrirá a finales de siglo? Le espera una gran calamidad: al menos la mitad de la población morirá de hambre, de hambruna, de inundaciones. Por la gracia de Dios, ¡algo va a ocurrir!

¿Quién es responsable de todo esto? - la gente que ha insistido continuamente al menos durante tres mil años en que lo real es interior y lo exterior es maya, ilusorio, ¿para qué preocuparse por ello?

En el mundo entero las cosas han cambiado, excepto en este desafortunado país. India aún no forma parte del siglo XX; lleva un retraso de al menos mil años. Los habitantes de la India ni siquiera han sido capaces de dotarse de sencillas instalaciones sanitarias. Todo el país se utiliza como una gran letrina y nadie parece preocuparse por ello. Se da por sentado. Todo el país vive en condiciones antihigiénicas, enfermo, pero eso también se da por sentado. Y hemos encontrado explicaciones y racionalizaciones para ello - que es debido a nuestros karmas pasados que estamos sufriendo. Eso significa que todos los pecadores nacen en la India y todos los santos nacen en los países occidentales, que son materialistas. No deberían ir allí en absoluto. Pero estas son formas de evitar ver la verdad. La verdad es que has alabado demasiado lo interno y destruido lo externo.

Y estoy de acuerdo con el Upanishad: si tienes que elegir entre la acción y la meditación, es mejor que elijas la acción. Te llevará a la oscuridad, pero no será tan oscura como si eliges sólo la meditación. Pero no hay necesidad de elegir en primer lugar, ¡puedes tener ambas! Cuando puedes tener ambas, ¿por qué elegir?

PORQUE ES OTRA COSA QUE LA MEDITACIÓN .

La verdad es otra que la meditación.

ES OTRA QUE LA ACCIÓN.

La verdad es mucho más que la acción: es ambas cosas Y más. Y sólo conocerás el "más" si eres capaz de crear una síntesis entre lo exterior y lo interior, entre la acción y la meditación.

Medita, pero deja que tu meditación se exprese en acción. Actúa y deja que tu acción forme parte de tu meditación. No hay dualismo, no hay antagonismo entre las dos. Se puede actuar meditativamente, se puede bailar meditativamente.

Cuando bailas meditativamente tu danza empieza a tener un nuevo sabor - algo de lo divino entra en ella - porque si estás bailando meditativamente entonces el ego desaparece, el BAILAR desaparece.

Ese es todo el arte de la meditación: desaparición del ego, desaparición de la mente. El bailarín se vuelve irreflexivo, silencioso. la danza continúa y el bailarín desaparece. Esto es lo que yo llamo la cualidad divina: ahora es como si Dios bailara a través de ti, tú ya no estás ahí.

Uno de los más grandes bailarines de esta época fue Nijinsky, y debe haber ocurrido, por coincidencia, una cierta síntesis entre la danza y la meditación en él. No era el maestro de ello, porque nunca había aprendido el arte de la meditación. Debió ocurrir. Solo como consecuencia de su esfuerzo total por dedicarse a la danza, su compromiso total.

Y de vez en cuando ocurría un milagro: Nijinsky daría saltos tan altos, saltos en el aire, que no son físicamente posibles debido a la gravitación de la tierra. Los espectadores se quedaban perplejos y perdían algunos latidos del corazón. Era un milagro ver a Nijinsky moverse, como si no existiera la gravitación: ¡daba saltos tan altos y con tanta facilidad!

Y la segunda cosa fue, cuando él comenzará a descender de nuevo, él vendrá como una pluma viene muy lentamente, como si no hay prisa, como si la gravitación no está tirando de él como un imán. Es. según las reglas científicas, imposible, pero ¿qué se puede hacer cuando está sucediendo? Incluso los científicos observaron a Nijinsky y se quedaron perplejos.

Una y otra vez le preguntaron a Nijinsky: "¿Cómo lo consigue?". Respondió: "No puedo decirlo, porque cuando ocurre no estoy allí. He intentado hacerlo y siempre he fracasado. Siempre que intento controlarlo, no sucede. De vez en cuando, cuando me olvido por completo de mí mismo, cuando estoy totalmente abandonado, sucede. Sucede por sí solo; no puedo controlarlo. No puedo decir que mañana sucederá. No eres el único que se sorprende. Cuando ocurre, yo mismo me sorprendo, me sorprendo totalmente, porque me vuelvo ingrávido".

Un meditador puede ser un bailarín, de hecho mucho más bailarín que cualquier otro. Un bailarín puede ser un meditador, mucho más meditador que cualquier otro. Un pintor puede ser un meditador, y entonces su pintura tendrá una fragancia totalmente diferente, un sabor diferente, una belleza diferente.

Y lo mismo ocurre con todas las acciones: hagas lo que hagas, no renuncies a ello, transfórmalo mediante la meditación. Hay que transformar la acción, no renunciar a ella. El mundo debe ser transmutado, no debes escapar de él. Es una oportunidad dada por Dios.

Y recuerda, la verdad última no puede reducirse ni a la acción ni a la meditación: es ambas cosas y más. Nunca olvides el más, porque si olvidas el más te perderás todo el punto - te perderás las matemáticas superiores. Es trascendental; supera todo dualismo y toda polaridad. No es sólo la suma total de sus partes, es algo más, como la belleza, como la música, como la poesía.

ESTO LO HEMOS OÍDO DE LOS ILUMINADOS.

Recuerda, estos Upanishads no fueron escritos por los propios Maestros; son notas de los discípulos. Los Maestros siempre han creído en la palabra hablada; hay razones para ello. Los Maestros nunca han escrito libros. La palabra hablada tiene una cualidad viva; la palabra escrita está muerta, es un cadáver.

Cuando te hablo es totalmente diferente a cuando lo lees en un libro, porque cuando lees en un libro es sólo una palabra; cuando escuchas al Maestro es más que una palabra. La presencia del Maestro es sobrecogedora. Antes de que te llegue la palabra, ya te ha llegado el Maestro; ya te está inundando. Tu corazón respira con el Maestro, late con el Maestro al mismo ritmo. Tú respiras al mismo ritmo.

Hay una comunión, un vínculo invisible. la presencia del Maestro, sus gestos, sus ojos... las palabras que pronuncia son palabras corrientes, pero cuando las pronuncia un Maestro llevan algo del más allá; llevan algo de silencio, algo de meditación, algo de su experiencia, porque proceden de su núcleo más íntimo.

Es como pasar por un jardín: aunque no hayas tocado ni una sola flor, al llegar a casa sigues sintiendo la fragancia del jardín; tu ropa la ha captado, tus cabellos también. El polen de las flores estaba en el viento. No has tocado nada, pero la fragancia estaba en el aire; se ha convertido en algo que forma parte de ti.

El Maestro se refiere simplemente a una cierta noosfera. La palabra "noosfera" la acuñó Chardin, uno de los hombres más extraños de este siglo. Se formó básicamente como científico -era geólogo-, pero todo su corazón era el de un místico. Por desgracia, pertenecía a la Iglesia Católica y el Papa le impidió publicar sus ideas en vida. Y él era una persona tan obediente que seguía las órdenes, así que mientras vivió nadie llegó a saber nada de él. Sus libros sólo se publicaron póstumamente, pero son de una importancia tremenda, porque era un científico y, al mismo tiempo, un meditador, un hombre de gran oración; hay una cierta síntesis.

Su enfoque es muy claro, como el de un científico y veterinario lleno de poesía.

Pero el mundo se perdió una comunión directa con Chardin. La Iglesia católica es la culpable: ellos lo prohibieron. Siempre han estado en contra de cualquier cosa nueva que ocurra en el mundo. Así que sólo cuando murió sus amigos empezaron a publicar sus libros. Ahora la gente que se ha encontrado con sus libros puede ver lo que el mundo se ha perdido, porque ahora son sólo palabras, bellas palabras.

Chardin acuñó la palabra "noosfera". Conocemos la palabra "atmósfera"; atmósfera significa el aire que te rodea, el clima que te rodea. Noosfera significa el mundo de vibraciones sutiles, pensamientos, sentimientos, que te rodea.

Un Maestro lleva una noosfera a su alrededor; yo la llamo el "Campo de Buda". Los jainistas tienen una idea muy específica sobre él; han trabajado muy duro para encontrarlo, exactamente lo que es. Y creo que ninguna otra tradición ha descubierto todos los detalles sobre el Campo de Buda que rodea a un Maestro como Mahavira. Los jainistas han trabajado -fueron un poco científicos en su enfoque- y estoy de acuerdo con sus descubrimientos sobre el Campo de Buda.

Dicen que un Maestro tiene un Campo de Buda a su alrededor que se extiende en todas direcciones a lo largo de veinticuatro millas - un círculo con un radio de veinticuatro millas se convierte en un Campo de Buda cuando una persona se ilumina. Ninguna otra tradición lo ha calculado con tanto detalle científico, ni siquiera ellos han medido la longitud, el tamaño del círculo que rodea a la persona despierta.

Quien sea un poco abierto al entrar en el Campo del Buda empezará a sentir algo extraño que nunca antes había sentido. Pero esto sólo ocurre si uno está abierto.

Mucha gente me pregunta: "Si venimos aquí y no nos convertimos en sannyasins, ¿no podremos recibir tu gracia?". Por mi parte no hay ningún problema: no dirijo mi energía a nadie en particular, simplemente está ahí. Es una noosfera; todo depende de ti. Convertirse en sannyasin significa simplemente que dejas caer todas tus defensas, que retiras todos tus argumentos, que me abres tus ventanas y tus puertas, ¡eso es todo! Es un gesto por tu parte de que eres vulnerable, de que eres receptivo, sensible, de que estás disponible. Estoy disponible tanto si eres un sannyasin como si no; no importa. Estoy disponible incluso para estos postes de la Sala de Buda.

¿Pero qué puedo hacer? - ¡si no son naranjas fallarán!

Un sannyasin significa simplemente estar dispuesto a recibir. La energía está ahí; si falta algo es por tu parte.

Todos los Maestros de todas las épocas han dependido de la palabra hablada por la sencilla razón de que la palabra hablada procede directamente de su núcleo más íntimo. Lleva la fragancia de su mundo interior, la riqueza de su mundo interior, la belleza de su mundo interior. Está impregnada de su ser interior, está llena de su energía. Cuando se escriba, ya no será lo mismo.

La palabra hablada significa una comunión entre el Maestro y el discípulo. La palabra escrita no es una comunión, es una comunicación; cualquiera puede leerla. El estudiante puede leerla, no necesita ser un discípulo. El enemigo puede leerla, ni siquiera necesita ser un estudiante. Alguien puede leerla solo para encontrarle defectos, solo para encontrar algo que le permita argumentar en contra.

Pero con la palabra hablada es totalmente diferente. Aunque venga el oponente, la palabra hablada baila a su alrededor. Hay muchas posibilidades de que, aunque haya llegado a una conclusión, a una idea fija, su idea fija se afloje un poco, se relaje un poco. Puede que empiece a buscar de nuevo antes de tomar una decisión. Puede empezar a dejar de lado sus ideas a priori. Los rumores que ha escuchado pueden ser fácilmente dejados de lado si entra en contacto con la palabra hablada.

Por eso el discípulo que ha escrito estos hermosos sutras, los ha grabado -son sus notas- dice:

ESTO LO HEMOS OÍDO DE LOS ILUMINADOS.

No está diciendo: "Esta es MI experiencia". No está diciendo: "Yo soy el escritor de estos hermosos sutras". Su humildad... ese es el signo de un discípulo. Ha desaparecido del mundo; el fenómeno mismo del discípulo se ha vuelto cada vez más raro, se ha vuelto casi inexistente.

De lo contrario no habría nadie que le impidiera firmar estos sutras. Podría haber dicho: "Estos son míos".

Pocos días antes de la publicación de un libro en marathi de Bombay. Él ha robado un capítulo entero de uno de mis libros - el capítulo entero sin ningún cambio; ni siquiera una sola palabra se añade o se suprime. Y ha utilizado ese capítulo entero como introducción a su libro. Es una de mis introducciones al Ashtavakra Gita, y cuando se encontró se le escribió una carta que decía: "¿Cómo ha sucedido?". Él no respondió. Entonces se le dio un aviso

- entonces vino corriendo y dijo: "No estaba al tanto de la ley". Pero se le dijo que no es sólo una cuestión de derecho.

"¿No sabías que estás traduciendo todo el capítulo al marathi sin cambiar ni una sola palabra? No has dicho de dónde lo has sacado, no nos has pedido permiso, pero eso no tiene mucha importancia. Ni siquiera ha mencionado... ni siquiera eso es muy importante. Os habíamos escrito una carta y ni siquiera nos habéis contestado".

La gente ha perdido toda sinceridad, y esto no ocurre con la gente corriente, incluso a veces ocurre con mis sannyasins. Cuando regresan a sus países y abren un centro allí, tarde o temprano, sólo unos pocos de ellos -pero eso tampoco debería ocurrir- empiezan a funcionar como si lo que están diciendo fuera suyo. Empiezan a fingir que son personas iluminadas, que son Maestros. Si son personas iluminadas, no hay problema, si son Maestros no hay problema, ¡pero NO lo son! Y siguen viniendo a mí, y siguen haciendo las mismas preguntas estúpidas que solían hacer antes, pero de vuelta en sus propios países empiezan a comportarse como si fueran iluminados o Maestros por derecho propio. Repiten mis palabras.

Justo el otro día había visto un folleto de una comuna en España. La comuna está absolutamente dirigida en la misma línea que mi comuna, incluso se llaman a sí mismos "la gente naranja". Se llaman a sí mismos sannyasins, usan ropa naranja, llevan un mala. La única diferencia es que no hay medallón en el mala, en lugar del medallón tienen este símbolo hindú AUM. Hacen Meditación Dinámica, Meditación Kundalini, Nadabrahma. Cambian sus nombres - usan nombres sánscritos, nombres hindúes - pero no quieren que se sepa que me pertenecen. Una comuna de treinta personas que se comportan independientemente.

Y el hombre que es la cabeza nunca ha estado aquí, pero sigue enviando a su gente. Muchas personas han venido aquí, toman sannyas aquí, y cuando regresan el único cambio que hay que hacer es dejar la foto del medallón y poner AUM, ¡y todo está bien!

En su folleto han utilizado mis palabras, mis declaraciones, sin mencionarme, sólo traducidas al español, y se ha convertido en algo suyo. Y te sorprenderás: tienen una tienda de mala, una boutique, un Vrindavan. Es un auténtico calco.

La gente ha perdido toda veracidad. La persona que ha tomado estas notas ni siquiera ha dado su nombre, pero repite una y otra vez:

ESTO LO HEMOS OÍDO DE LOS ILUMINADOS.

Y recuerda, él no dice: "Esto lo he oído" incluso nosotros lo hemos oído. Simplemente está representando a todo el mundo de los discípulos de los Maestros. Ni siquiera está usando la palabra "yo", que esto he oído.

ESTO LO HEMOS OÍDO DE LOS ILUMINADOS.

"Los que lo han sabido, lo hemos oído de ellos". No se introduce en absoluto.

Justo el otro día recibí una carta de Sudha. Pocos días antes escribió una carta que decía: "Maestro, estoy en un gran conflicto: no puedo dejarte, no puedo vivir sin ti, y sin embargo cuando estoy en la comuna no me siento absolutamente rendida a ti. Eso me hace sentir triste. Quiero estar absolutamente entregada, dejar caer toda mi mente y todo mi ego. No puedo hacerlo, y como no puedo, me has enviado a Occidente. Pero tampoco puedo vivir en Occidente. Anhelo tu presencia, quiero volver a casa cuanto antes".

Habló de esto con uno de nuestros sannyasins, Gunakar, que dirige un hermoso centro en Alemania, Karuna. Habló con él por teléfono y Gunakar le escribió una carta que decía: "Ven a mí y te ayudaré a deshacerte de Maestro, te ayudaré a ir más allá de este apego".

Ahora dirige un centro para mí. ¡Ayuda a la gente a deshacerse de mí! Estuvo aquí. Dos veces intentó iluminarse y fracasó.

Declarará que se ha iluminado y luego volverá a entrar en razón. Ahora dirige un centro que está imitando; ahora está tratando de ayudar a la gente a ir más allá del apego.

Sudha ha hecho un buen trabajo escribiéndole una carta en la que le dice: "No quiero deshacerme, ¡quiero deshacerme de MÍ MISMA, no de Maestro! Y no necesito tu ayuda. Primero ayúdate a ti mismo Médico, ¡cúrate primero a ti mismo!".

Pero Gunakar se está metiendo en ideas estúpidas... pocos días antes escribió una carta a todos los miembros de la UNO en la que decía: "Represento a Maestro, represento a la jerarquía de los Maestros esotéricos, y quiero que hagáis estas cosas. A menos que estas cosas se hagan, el mundo no se va a salvar".

Ahora intenta salvar el mundo, ¡pero ni siquiera ha podido salvarse a sí mismo!

Pero estas ideas egoístas están destinadas a suceder porque en el fondo el ego ha vivido durante tanto tiempo que no quiere abandonarte. Incluso cuando crees que lo has abandonado, simplemente se esconde en algún lugar, en algún rincón oscuro de tu inconsciencia, y empieza a funcionar desde allí.

Esta es la verdadera manera de decir de un discípulo:
ESTO LO HEMOS OÍDO DE LOS ILUMINADOS.
MEDITACIÓN Y ACCIÓN - AQUEL QUE CONOCE ESTAS DOS JUNTAS, A TRAVÉS DE LA ACCIÓN DEJA ATRÁS LA MUERTE Y A TRAVÉS DE LA MEDITACIÓN OBTIENE LA INMORTALIDAD.

Palabras que deberían estar escritas en oro, mucho más valiosas de lo que puedan serlo nunca los diamantes. Este es todo mi enfoque:
MEDITACIÓN Y ACCIÓN - EL QUE CONOCE ESTOS DOS JUNTOS...

Es tan claro. Y en la India la gente sigue recitando el Isa Upanishad, pero no creo que nunca reflexionen sobre lo que están recitando. Todos son escapistas, todos renuncian al mundo, han dejado atrás la acción. Si han comprendido el Isa Upanishad y su mensaje, serán mis sannyasins, no los antiguos y tradicionales.

Mi sannyasin representa la unión de la acción y la meditación Él está en el mundo y sin embargo no es de él.

Es como una flor de loto que sale del barro sucio, pero que transforma el barro en la belleza de un loto, que vive en un lago pero que no ha sido tocada por el agua, absolutamente intacta.

Un verdadero sannyasin debe estar en el mundo, en la acción, y profundamente arraigado en la meditación. Tus raíces deben estar en la meditación, tus ramas deben estar en la acción. Debes ser como un árbol: sus ramas se elevan hacia el cielo, anhelan las estrellas; sigue elevándose. Pero recuerda, un árbol llega alto sólo si sus raíces son profundas, en la misma proporción: más profundas las raíces, más altas las ramas; más altas las ramas, más profundas las raíces. Se equilibran mutuamente. Las raíces tienen que estar en la meditación y las ramas en el mundo -a plena luz del sol, bailando con el viento, susurrando con las nubes- y muy dentro de ti, en el mundo interior, haciendo crecer las raíces en la meditación. Entonces serás un árbol completo.

Hasta ahora han existido dos tipos de personas: unas pocas han existido sin raíces -por supuesto, sin raíces un árbol está destinado a ser falso- y pocas personas han existido como raíces sin árboles, y sólo las raíces son feas. ¿Has visto raíces bonitas? Las flores son hermosas, pero las flores necesitan follaje, ramas, el sol, la luna, las estrellas, la lluvia, el viento -necesitan el mundo entero-, luego esas flores coloridas... ambas cosas tienen que estar juntas; sólo entonces serás un ser integrado, completo.

El mundano sólo tiene ramas pero no raíces, por lo tanto es aburrido, sin jugo, seco, muerto, un cadáver, sólo arrastrándose de alguna manera, por el viejo hábito. Y tus monjes, tus monjas -católicos hindúes, jainistas, cualquiera que sea su denominación -

son sólo raíces, feas, no vale la pena mirarlas. No se les respeta, ni siquiera merece la pena mirarles una vez -la cuestión de dos veces no se plantea- y sin ninguna flor.

Mi sannyasin tiene que ser ambas cosas: con raíces en el mundo interior y con flores en el mundo exterior.

Mi sannyasin tiene que ser ambas cosas: capaz de intelecto y también capaz de intuición. No hay necesidad de elegir: todo lo que Dios ha dado tiene que ser utilizado al máximo.

A TRAVÉS DE LA ACCIÓN DEJA ATRÁS LA MUERTE Y A TRAVÉS DE LA MEDITACIÓN OBTIENE LA INMORTALIDAD.

Sólo a través de la acción, de la creatividad, puedes ir más allá de la muerte. La acción funciona como negativo:

es el arte de eliminar los obstáculos. Por ejemplo, se excava un pozo: Acción significa quitar todas las capas de tierra y las rocas - si a veces es necesario, dinamitar las rocas, perforar para poder encontrar las fuentes de agua. La función de la acción es negativa: eliminar impedimentos, obstáculos, obstrucciones. Y la función de la meditación es la realización de lo que es. Cuando el agua empieza a brotar, la meditación es beber del agua para saciar la sed. Ambas son necesarias: la acción para eliminar las piedras y la meditación para hacerte capaz de beber lo último, el vino de lo último.

A TRAVÉS DE LA ACCIÓN DEJAR ATRÁS LA MUERTE Y A TRAVÉS DE LA MEDITACIÓN GANAR LA INMORTALIDAD.

Y estos son dos aspectos del mismo fenómeno. Si no dejas atrás la muerte, ¿cómo puedes entrar en el mundo de la inmortalidad? Deja atrás el tiempo para que puedas entrar en lo intemporal, en lo inmortal.

EN UNA OSCURIDAD CEGADORA VAN LOS QUE IDOLATRAN LO ABSOLUTO.

La filosofía idolatra lo absoluto. Bradley, Hegel, Shankara, idolatran lo absoluto y niegan lo relativo. Lo relativo significa que es ilusorio; lo absoluto es verdadero y lo relativo es ilusorio.

EN UNA OSCURIDAD AÚN MAYOR VAN LOS QUE ADORAN AL PARIENTE.

La ciencia hace hincapié en lo relativo. Albert Einstein descubrió la teoría de la relatividad. El jainismo tiene un poco de actitud científica, de ahí que los jainistas fueran los primeros en contemplar la teoría de la relatividad.

Albert Einstein, sin saberlo, ¡es un jainista! Antes que Albert Einstein, veinticinco siglos antes que él, los jainistas han descubierto SAYADVADA; SAYADVADA significa la teoría de la relatividad. Einstein dice que todo es relativo. Sayadvada puede traducirse literalmente como "tal vezismo": todo es sólo un tal vez; nada es absolutamente cierto, sólo un tal vez.

Si le preguntas a Mahavira: "¿Existe Dios?", te dirá: "Tal vez". Si le pregunta: "¿Está absolutamente seguro de ello?", dirá: "Tal vez". Nunca se apartará de su "quizás". Todo es sólo un quizás, porque todo es relativo. Nada puede decirse de forma absoluta, cierta, categórica. Depende, y una cosa puede verse desde muchos puntos de vista.

SAYADVADA - "quizásismo"- tiene siete puntos de vista. Si preguntas por Dios, Mahavira te dará siete afirmaciones. Te confundirá más de lo que nunca has estado confundido. Él dirá: "Tal vez Dios es" - su primera declaración. "Tal vez Dios no es" - su segunda afirmación. "Tal vez Dios es ambas cosas" - su tercera afirmación. Cuarto: "Tal vez Dios es e inexpresable" - su cuarto. "Tal vez Dios no es y es inexpresable" - quinto. "Tal vez Dios es y no es a la vez, y también es inexpresable".

Puede que hayas llegado a él con un poco de entendimiento a favor o en contra, pero él destruirá todos tus puntos de vista. Te dará la perspectiva completa, desde todos los puntos de vista.

Eso es lo que ha hecho Albert Einstein, por supuesto de un modo más científico; el modo de Mahavira es mucho más filosófico. Albert Einstein solía decir: "Sólo como mucho una docena de personas en todo el mundo entienden lo que digo". No es que no haya mucha más gente inteligente en el mundo, pero la idea misma de la relatividad tiene algo fundamentalmente erróneo.

Algo sólo puede ser relativo si aceptas lo absoluto. Si no aceptas lo absoluto, ¿entonces qué entiendes por relativo? Incluso el significado de la palabra "relativo" pierde todo significado; pierde sentido. Relativo significa simplemente lo que no es absoluto, pero ¿qué es lo absoluto? Según Albert Einstein no hay nada absoluto, todo es relativo. Y según los absolutistas no hay nada relativo, todo es absoluto. Entonces, ¿qué entienden por absoluto? El TÉRMINO ABSOLUTO sólo tiene sentido en contraste con lo relativo.

Los Upanishads son muy claros. Ellos dicen:
EN UNA OSCURIDAD CEGADORA VAN LOS QUE IDOLATRAN LO ABSOLUTO.

Porque han vuelto a elegir una cara de la moneda: la inmutable, el eje. Y:
EN UNA OSCURIDAD AÚN MAYOR VAN LOS QUE ADORAN AL PARIENTE.

Han elegido el otro lado, la rueda, lo móvil, lo momentáneo, lo temporal, lo cambiante. Pero el cambio sólo es posible sobre la base del no-cambio. La rueda no puede moverse sin el eje. ¿Y qué sentido tiene el eje si no hay rueda? Están juntos y sólo tienen sentido en su unión.

Isa Upanishad intenta dejar claro que: nunca elijas, permanece consciente sin elección y acepta la vida tal como es. no impongas ninguna elección propia. Lo absoluto está ahí, lo relativo está ahí.

Tu mente es relativa, pero tu consciencia es absoluta. Tu cuerpo cambia, tu mente cambia -son como una rueda-, pero tu conciencia testigo es como un eje; permanece siempre igual, nunca cambia. Sobre ese eje se mueve la rueda de la mente y del cuerpo. Y no se oponen, sino que se apoyan, se complementan. Esta elevada síntesis es el mensaje de los Upanishads, PORQUE LA MENTE ES OTRA COSA QUE LO RELATIVO, ES OTRA COSA QUE LO ABSOLUTO.

Porque va más allá de ambas cosas y más.

ESTO LO HEMOS OÍDO DE LOS ILUMINADOS.

El discípulo lo repite una y otra vez para que no olvides que no está hablando por su propia autoridad, simplemente está registrando las palabras del Maestro. Esta sinceridad es parte de la condición de discípulo, y sólo a través de esta sinceridad un discípulo puede un día iluminarse.

La iluminación sólo se produce si te vuelves cada vez más sincero y auténtico. Y tienes que estar muy alerta porque los caminos del ego son muy sutiles: le gustaría reclamar lo que no tienes. ¡Cuidado con el ego!

AUM PURNAM ADAHA PURNAM IDAM PURNAT PURNAMUDACHYATE PURNASYA PURNAMADAYA PURNAMEVA VASHISHYATE AUM QUE ES EL TODO.

ESTE ES EL CONJUNTO.

DE LA TOTALIDAD SURGE LA TOTALIDAD.

SI LA TOTALIDAD PROVIENE DE LA TOTALIDAD, LA TOTALIDAD PERMANECE.

La religión eterna

La primera pregunta:

Pregunta 1:

MAESTRO,

NOSOTROS LOS INDIOS SABEMOS QUE ESTAMOS ATRAPADOS EN GRAVES ENFERMEDADES DESDE HACE SIGLOS, PERO CUANDO UN MÉDICO TAN GRANDE COMO USTED NOS RECHAZA, ¿QUÉ SERÁ DE NOSOTROS?

Prem Vinod,

No estoy rechazando a nadie, pero tengo que rechazar sus enfermedades, ciertamente. No puedo aceptar vuestras enfermedades, ningún médico puede hacerlo. Y aquellos que aceptan vuestras enfermedades son vuestros enemigos. Vuestras enfermedades tienen que ser destruidas sin piedad, seáis quienes seáis: indios, alemanes, ingleses. Las enfermedades vienen en todas las formas, tamaños y formas. Puedes ser hindú, cristiano o judío; no importa.

Todo el pasado de la humanidad ha estado lleno de muchos errores fundamentales, pero han existido durante tanto tiempo que se han convertido casi en parte de ti. De ahí el sentimiento, Vinod, de que te rechazo. Yo simplemente rechazo la enfermedad. Pero tú estás identificado con la enfermedad. Crees que tus enfermedades, la suma total de tus enfermedades, es lo que eres. Eso no es cierto - no eres sólo tus enfermedades. Eres algo más allá de todo lo que te ha ocurrido en todo el pasado. Todo lo que ha sucedido es sólo un condicionamiento; puede ser abandonado, tiene que ser abandonado. Por eso lo condeno, pero tu ego se siente herido.

No puedo ayudar; no puedo sentir compasión por ningún tipo de enfermedad.

Pero cuando las enfermedades existen durante mucho tiempo y se transmiten de una generación a otra, se vuelven muy respetables. Te olvidas de que son enfermedades; empiezas a pensar que son especialidades tuyas.

Por ejemplo, T.M. Ramachandran ha preguntado: "MAESTRO, ¿POR QUÉ DICES QUE NO HA PASADO NADA EN ORIENTE? GRANDES, GRANDES COSAS HAN ESTADO SUCEDIENDO TAMBIÉN EN ORIENTE. ¿NO ES EL HINDUISMO Y SU FORMA DE VIDA LA RELIGIÓN MÁS GRANDE DEL MUNDO?"

¿Y qué es este MODO DE VIDA HINDÚ? Es totalmente negativo para la vida. Incluso llamarlo una forma de vida no es correcto. Puede llamarse una forma de muerte, pero no una forma de vida. ¿Cómo algo negativo para la vida puede convertirse en una filosofía de vida?

El hinduismo te enseña a rechazar la vida, a renunciar a la vida. Se adora a los escapistas, se les llama santos, mahatmas. Los que han ido contra el mundo, los que han rechazado el mundo, los que han condenado el mundo y todo lo que contiene, se cree que son personas de Dios.

Dios existe en el mundo manifiesto como el centro no manifiesto de todo. En el momento en que rechazas la flor, rechazas también su fragancia; si escapas de la flor, escapas también de la fragancia, y Dios es la fragancia de la existencia. Los que van contra la vida van básicamente contra Dios.

Habéis oído el proverbio: El hombre propone y Dios dispone. El hinduismo hace justo lo contrario:

Dios propone, el hombre dispone. Es la propuesta de Dios - esta existencia, esta vida, pero el hombre la dispone.

George Gurdjieff, uno de los más grandes Maestros de este siglo, solía decir: "Vuestros mahatmas están todos en contra de Dios", y tiene toda la razón, cien por cien, porque vuestros mahatamas son denunciantes. Ellos niegan. Te hacen sentir culpable del amor, de la vida, de la risa. Te hacen sentir culpable si eres alegre, si estás contento. Te hacen sentir culpable si disfrutas de la comida, si disfrutas de la amistad, si disfrutas de cualquier tipo de relación. Te hacen sentir culpable por todo lo que disfrutas y te imponen cosas por las que no hay disfrute en ti.

Todo lo que puedes hacer con estas actitudes negativas es alimentar tu ego. De ahí que vuestros mahatmas sean las personas más egoístas del mundo. Pero cuando uno empieza a pensar en las enfermedades como si fueran algo grandioso, entonces se le hace muy difícil escuchar al médico.

Yo no rechazo a nadie, Vinod. Para mí es lo mismo ser hindú, mahometano o cristiano. Vuestras enfermedades son un poco diferentes, pero no básicamente, porque todas las religiones que han existido en el pasado han utilizado una estrategia similar, y es crear culpabilidad. Esa ha sido la técnica del sacerdote para dominarte: hacer que la gente se sienta culpable de las pequeñas alegrías -y por supuesto esas alegrías son naturales y espontáneas.

Y cuando una persona se vuelve culpable de su propia naturaleza, empieza a rechazarse a sí misma, empieza a morir. Es un suicidio lento. Se entristece, se agota. Su vida pierde sabor. Y entonces, por supuesto, temblando, tiene que ir al sacerdote, porque el sacerdote conoce la manera de ir más allá de esta culpa. El sacerdote crea la culpa en primer lugar -es su secreto profesional- y entonces tienes que ir al sacerdote porque no hay nadie más que pueda guiarte. Ese es el trabajo del sacerdote:

para guiarte sobre asuntos espirituales. Y te sientes tan triste, tan miserable; necesitas ayuda, necesitas a alguien que te apoye. Necesitas a alguien que te enseñe formas, medios, métodos para que puedas deshacerte de tu culpa.

Pero el sacerdote sigue creando más culpa en ti. Te crea tanto miedo a la vida que el hinduismo se obsesionó con la idea de cómo librarse del nacimiento y la muerte, cómo librarse del AAVAGAMAN - ir y venir a la existencia.

¡La vida es tan bella!

Rabindranath, uno de los grandes poetas de todos los tiempos. estaba en su lecho de muerte. Un amigo le dijo - un amigo muy religioso, por supuesto - que, "Ruega a Dios que esta sea tu última vida, que seas liberado".

Rabindranath abrió los ojos... sus últimos momentos. pero se enfadó y dijo: "¡Cállate! Estoy rogando a Dios que 'Tu vida ha sido un regalo tan hermoso para mí que me la des una y otra vez. Me gustaría volver para ver el amanecer, el atardecer, la noche estrellada, las flores, un pájaro al vuelo, los árboles verdes, tus ríos, tus montañas, tu gente... Me gustaría volver una y otra vez. Es tan vasto e inagotable, y no ha sido una miseria para mí'".

Rabindranath está en contra de toda su tradición del llamado hinduismo. Es una de las personas más perspicaces que ha nacido en este desafortunado país. Vivió alegremente, vivió una vida de celebración. Amó la poesía, creó poesía Amó la pintura, creó muchas pinturas. Cantó, bailó.

¡Esta es la verdadera oración! Y por eso digo que Rabindranath no es hindú. Estaba tan en contra de la renuncia que incluso se atrevió a escribir un poema contra Gautam el Buda. El poema es de inmensa belleza y de gran significado también.

Buda ha abandonado a su joven esposa y a un niño que sólo tenía un día de vida. Buda sólo tenía veintinueve años y se escapó -

esa era la antigua manera hindú. Escapó al bosque para encontrar a Dios.

Rabindranath describe su renuncia y cuenta que cuando se iluminó volvió a casa para compartir su experiencia.

Yashodhara, su esposa, le hizo una pregunta que él no pudo responder. Se quedó de pie ante Yashodhara con los ojos mirando a la tierra, avergonzado. Sólo Rabindranath podría haberse atrevido con un poema así. ¿Cuál era la pregunta que le había hecho Yashodhara? Había hecho una pregunta muy sencilla: "Ahora que te has iluminado, por favor, responde a una de mis preguntas que ha estado atormentando mis días y mis noches durante todos estos años que has estado fuera. Desde que te fuiste he estado torturada por esta pregunta y he estado esperando, porque sólo tú puedes responderla.

"La pregunta es: lo que has encontrado en el profundo silencio del bosque, ¿no era posible encontrarlo aquí en el palacio conmigo, con tu hijo, con tu viejo padre que casi se ha quedado ciego llorando y llorando por ti? ¡Y mírame! Me he hecho tan vieja en estos seis años, esperando cada momento por ti, despertándome por la noche una y otra vez, tal vez -te habías ido por la noche, puede que hayas vuelto otra vez- soñando contigo. Pregúntale a tu hijo; no ha dejado de preguntarme: "¿Dónde está mi padre?". Todo el reino está triste, el palacio está triste; se ha convertido en un cementerio. Responde a una de mis preguntas: Lo que has encontrado en el bosque, ¿no era posible encontrarlo aquí?"

Y Buda se quedó avergonzado. No pudo responder.

Esta es una parábola inventada por Rabindranath, pero tiene un gran significado. Rabindranath está diciendo que a Dios se le puede encontrar ahora y aquí. No hay necesidad de ir al bosque; no hay necesidad de renunciar a la esposa, a los hijos, a los padres ancianos. No hay necesidad de ir contra la vida. Ir contra la vida es como intentar ir río arriba, luchar contra el río, una lucha innecesaria. Relájate, descansa, disfruta... y podrás encontrar a Dios en cualquier lugar, porque está en todas partes.

El hinduismo es negativo para la vida; por eso ha respetado a los ascetas. Ahora bien, los ascetas no son más que personas masoquistas, absolutamente enfermas, psicológicamente enfermas. El asceta es la persona que disfruta torturándose, y los hindúes han respetado a los ascetas. Cuanto más te torturas, más santo eres. Si te tumbas en un lecho de espinas, miles de personas se reunirán para adorarte. Si ayunas durante meses, tu nombre y tu fama se extenderán por todos los rincones del país.

Y una de las cosas más extrañas es que nadie se pregunta nunca: "¿Qué ha aportado este hombre a la vida?". Tumbarse en el lecho de espinas no es una contribución, no hace la vida más bella, no enriquece la existencia de ninguna manera. El mero hecho de ayunar durante meses no es ningún acto creativo: es destructivo, es realmente suicida.

El hinduismo es suicida. Por eso fue posible que durante veintidós siglos este país permaneciera en la esclavitud: por la sencilla razón de que a nadie le interesa la vida, así que ¿qué importa quién la gobierne? Todo es sueño, todo es MAYA. ¡Que lo gobierne quien quiera!

Este país ha perdido su alma, porque sólo las personas que aman la libertad pueden tener alma. Este país sólo HABLA del alma, pero los esclavos no pueden tener alma. Pero los esclavos siempre pueden racionalizar; de hecho, tienen que racionalizar, sólo para consolarse.

Y los hindúes se han convertido en grandes racionalizadores; lo racionalizan todo: "Es tarde, no se puede hacer nada. Dios lo ha decidido así Ni siquiera una hoja cae de un árbol sin la voluntad de Dios, así que ¿cómo puede el país ser esclavo sin la voluntad de Dios? Él debe haber elegido; nosotros simplemente tenemos que aceptar el destino".

Y cuando uno empieza a aceptar el destino se vuelve perezoso, descuidado, pésimo, porque entonces no te queda nada por hacer.

Era la mañana siguiente, y estaba sentado gimiendo y sujetándose la cabeza.

"Bueno, si no hubieras bebido tanto anoche, ahora no te sentirías tan mal", dijo su mujer con acritud.

"La bebida no tuvo nada que ver", respondió. "Me fui a la cama sintiéndome de maravilla y me desperté sintiéndome fatal. Fue el sueño lo que lo hizo".

Siempre puedes racionalizar. No eres responsable: lo que tenía que pasar, tenía que pasar.

¿Qué puede hacer al respecto?

India sigue siendo el país más pobre del mundo, y nadie piensa que el hinduismo sea la causa de ello. Si crees en el destino no te esforzarás por hacerte rico, no harás ningún esfuerzo por ser científico, no crearás tecnología, industria. Simplemente esperarás: cuando Dios cambie su voluntad, las cosas cambiarán. En lo que a TI respecta, no hay nada que hacer.

Una dama recién enriquecida había comprado una casa de veraneo en el Himalaya y contratado a una aldeana para las tareas domésticas.

"Soy una persona de pocas palabras", le dijo con altivez a la anciana. "Si hago una seña con el dedo, significa 'ven'".

"Muy bien, señora", respondió la anciana india. "Yo misma soy una persona de pocas palabras. Si muevo la cabeza de un lado a otro, significa 'no voy'".

Mira, ¿de qué estás hablando? Una gran religión, la más grande religión, ¿y qué te ha dado? Pobreza, hambre, enfermedad. Todo el país vive desnutrido, el sesenta por ciento de la gente se muere de hambre, y no se hace nada. Los problemas siguen aumentando, y los hindúes simplemente siguen sentados, adorando al dios elefante, Ganesha, o al dios mono, Hanuman, o a la santa madre vaca, ¡y esperando que estos elefantes, monos y vacas vayan a ayudar! El problema está tan arraigado que es necesario tomar medidas drásticas.

Eso es lo que intento hacer. Naturalmente, ofenderé a las multitudes poco inteligentes; sólo pueden entenderme los muy pocos inteligentes.

Barfly: "¿Qué es esa bebida que estás mezclando?"

Cantinero: "Yo lo llamo una obertura de ron."

Barfly: "¿Qué contiene?"

Cantinero: "Azúcar, un chorrito de jugo de almeja y ron".

Barfly: "¿Cómo es?"

Camarero: "Estimulante. El azúcar te da energía y el zumo de almeja te impulsa".

Barfly: "¿Y el ron?"

Camarero: "¡Ah, eso! Eso te da ideas sobre qué hacer con toda esa energía y empuje".

¡Estoy mezclando una obertura de ron! Necesitas empuje y necesitas ideas sobre qué hacer con ese empuje y esa energía.

No estoy rechazando a nadie, Vinod, pero tengo que rechazar una de estas actitudes negativas para la vida.

La India se ha convertido en un país de hipócritas por la sencilla razón de que siempre que se niega la naturaleza es inevitable que suceda, porque la naturaleza se impondrá, es inevitable que se imponga. Puedes reprimirla durante un tiempo, pero no para siempre, y lo que sea reprimido se vengará contigo. Volverá.

con venganza volverá.

Así que por un lado verás la moralidad hinduista el puritanismo, y por otro lado verás la obscenidad hinduista.

El KAMA SUTRA de Vatsyayana fue el primer libro sobre obscenidad en todo el mundo. Sólo en este siglo Havelock Ellis, Sigmund Freud, Kinsey, Masters y Johnson, estas personas han comenzado a pensar en las posturas sexuales, la energía sexual y de qué se trata y qué se puede hacer al respecto. Pero los KAMA SUTRAS de Vatsyayana tienen tres mil años de antigüedad. Vatsyayana era hindú, y los hindúes le han respetado. Le han llamado maharishi, el gran vidente. Por un lado los llamados moralistas y por otro los KAMA SUTRAS de Vatsyayana y el KOKA SHASTRA de Pundit Koka. Pundit Koka era un brahmán hindú cachemir de la casta más alta y su libro tiene mil quinientos años, y es uno de los más feos del mundo. Y era un hindú ordenado.

¿Y quién ha creado los templos de Konarak, Puri y Khajuraho? Por un lado los hindúes han estado enseñando BRAHMACHARYA, el celibato, como la meta más alta para la humanidad por otro lado estaban haciendo una escultura tan obscena que es incomparable. En ningún otro lugar del mundo existe un templo como los templos de Khajuraho. Y no era sólo un templo, era toda una ciudad de templos. Aún sobreviven al menos cien templos; debió de haber mil templos -hay ruinas- y cada templo tiene miles de posturas obscenas. Deben de haber tardado cientos de años en hacerse. Y si ves Khajuraho no te lo creerás...

Estas personas que publican revistas como PLAYBOY y PLAYGIRL deberían venir y aprender de Khajuraho. Todo lo que hacen es ordinario. No pueden competir con la fantasía hindú, por la sencilla razón de que no pueden competir con la represión hindú. Una vez que reprimes algo natural entonces empieza a entrar en tu mente, empieza a moverse hacia tu cabeza. Puede desaparecer del centro sexual, que era un fenomeno natural, pero ahora entra en tu cabeza.

Esto ha llevado a toda la cultura hindú hacia una existencia muy esquizofrénica. Parece casi imposible relacionar estos dos fenómenos.

Pundit Koka de Cachemira... y no es el único. En nombre del Tantra casi noventa y nueve charlatanes han estado trayendo sexo por la puerta de atrás. En la tradición del Tantra sólo encontrarás un uno por ciento de Maestros auténticos; el noventa y nueve por ciento son sólo pseudo, gente tramposa. En nombre del Tantra están trayendo toda la sexualidad por la puerta trasera.

Pundit Koka dice que si realmente quieres adentrarte en el fenómeno del sexo, entonces tienes que encontrar una mujer de la casta más baja. No tiene que ser tu esposa, porque con tu esposa no podrás entrar en un mundo de sexualidad realmente fantástico. Su topografía te es conocida, su geografía te es conocida; no hay nada que explorar. Así que busca una mujer que no sea tu esposa.

En segundo lugar, la mujer tiene que proceder de la casta más baja porque son personas más vivas. Cuanto más alta es la casta, la gente es más y más incruenta. Si vas a las castas inferiores, la gente es más viva, más salvaje. Por eso te digo que Coca-Cola debió de originarse con Pundit Koka: Cola debió de ser su novia. Por eso es tan jugosa. Es un descubrimiento de los grandes tantrikas - ¡Coca-Cola!

No rechazo a hindúes, judíos, jainistas ni a nadie. No tengo antagonismo con nadie. No pertenezco a ninguna tradición, de ahí que para mí todas las tradiciones sean iguales; pero como no pertenezco a ninguna tradición puedo ver claramente las enfermedades. Cuando perteneces a una tradición no puedes ver; tus ojos están nublados, tienes prejuicios.

La represión trae hipocresía, y se puede ver en la India en todas partes. La gente hablará de que el mundo es ilusorio y al mismo tiempo será tan avariciosa con el dinero como nadie en el mundo lo es.

Esto es extraño - pero no realmente. Si profundizas en ello, porque están negando algo natural...

El mundo te ha sido dado por Dios. Si lo niegas tendrás que obsesionarte con él; toda negación se convierte en obsesión. "¡Renuncia al dinero!" sigue diciendo esta gente...

Si vas a Vinoba Bhave, que representa la tradición hindú, y le llevas unos billetes en la mano, inmediatamente cerrará los ojos: no ve dinero. Ahora pobre papel, recién impreso, ¡y hace que el MAHATMA hindú tenga TANTO miedo que cierra los ojos! No pueden ser los billetes; debe ser algún miedo profundo, alguna codicia. No toca el dinero.

Por un lado, esta gente sigue diciendo que el oro no es más que polvo, pero no tocan el oro.

Se lo pedí a Vinoba cuando le conocí... Estaba muy ansioso por conocerme, así que le dije: "De acuerdo, ahora es tu responsabilidad. Si quieres conocerme, entonces ya no soy responsable. Lo que ocurra, ocurrirá".

Le pregunté: "Si dices que el oro es sólo polvo, ¿por qué no tocas el oro? Tocas el polvo".

De hecho, Vinoba Bhave cree en la naturopatía: envolturas de barro, baños de barro. Se siente muy a gusto con el barro, ¡lo disfruta! Entonces, ¿qué tiene de malo el oro? ¡Yo tomo baños de oro, paquetes de oro! Si es lo mismo, ¿por qué molestarse?

Pero no es lo mismo. Si tiene miedo de tocar el oro y no tiene miedo de tocar el polvo, entonces está siendo astuto, engañoso, no sólo con los demás sino también consigo mismo. Entonces no llames al oro sólo polvo; entonces el oro tiene alguna especialidad que el polvo no tiene.

Encontrarás a los hindúes más codiciosos que nadie, más llenos de sexualidad que nadie, más llenos de fantasías sexuales que nadie, más llenos de apego que nadie. ¿Y sigues diciendo que el hinduismo es la mejor religión del mundo? ¿Qué tontería estás diciendo? Los hindúes son las personas más deshonestas por la sencilla razón de que no han sido honestos para aceptar las realidades de la vida.

Un hombre se encontró con un amigo al que no veía desde hacía años y le preguntó cómo se sentía.

"Horrible", respondió el amigo. "Además de la tensión alta, tengo artritis y bronquitis".

"Lamento oírlo. ¿Y tu trabajo?"

"Oh, sigo en lo mismo que llevo haciendo los últimos veinte años: vendo alimentos saludables".

¡Este hombre debía de ser hindú! - vendiendo alimentos saludables, y sufría de hipertensión, artritis y bronquitis.

Todos conocemos la leyenda de cómo Diógenes, el gran místico griego, solía ir con una linterna en busca de un hombre honrado, incluso a plena luz del día. Algunos cínicos modernos se preguntan por qué el cínico filósofo no se paseaba a plena luz del día sin su linterna. Otros se preguntan por qué no se miró en un espejo. Naturalmente, la leyenda aparece en el jokelore. Una historia cuenta que Diógenes había pasado varias horas al anochecer buscando a un hombre honesto en una Nueva Delhi asolada por el crimen, y estaba muy cansado.

Un transeúnte, al reconocerle, le preguntó: "¿Qué suerte?".

"Todo considerado, no tan mal", informó Diógenes. "¡Todavía tengo mi linterna!"

En Delhi es una verdadera suerte si puedes salvar tu linterna, ¡incluso en pleno día! Seguro que algún político lo coge.

El político hindú es el peor tipo de político del mundo, por la sencilla razón de que pertenece a una civilización muy fea, enferma y cancerígena. El hinduismo está en su lecho de muerte, o tal vez ya está muerto y la gente está adorando un cadáver, ¡porque apesta!

Me gustaría cambiar toda esta situación. Los hindúes, si tienen el valor suficiente, se desconectarán de su pasado; eso será una resurrección. Y pueden resultar, ciertamente, una gran bendición para el mundo entero, porque durante siglos no han trabajado; su potencial ha permanecido sin actualizar. Es como una granja que no se ha cultivado durante siglos. Si la cultivas ahora mismo, te dará la mejor cosecha posible, porque durante siglos ha estado acumulando potencial.

Los hindúes pueden afirmar una nueva era en el mundo. Si resucitan, si abandonan su viejo pasado, si se desconectan de su tradición, si pueden tener un nuevo nacimiento. entonces pueden demostrar ser las personas más inteligentes del mundo. Su contribución no sólo puede transformar ESTE país, puede ser una bendición, una bendición para la vida en la tierra, porque tienen genio - que se ha equivocado - tienen inteligencia - que se ha extraviado. Si llega a la dimensión correcta, será bueno para su propia salud, será bueno para la salud de todo el mundo.

Y lo mismo ocurre con otras razas. Cualquier raza que permanezca aferrada al pasado permanece aferrada a los cadáveres. Hay que vivir el presente porque el futuro nace del presente.

Y la India vive en el pasado. Del pasado no nace nada; aferrarse al pasado es perder el tiempo.

En la India todo está orientado al pasado. La gente lee la historia de Rama, y estos días en todo el país se representa el drama de Rama. Cada año siguen representando el mismo drama; llevan miles de años haciéndolo. Ni siquiera se aburren. Parece que han perdido toda inteligencia. Siguen viendo lo mismo, repitiendo lo mismo, como si no hubiera nada más que hacer. Y siguen hablando de la edad de oro: en el pasado, siempre en el pasado.

Recuerda esto: un niño siempre piensa que vendrán días buenos; el anciano siempre piensa que los días buenos, los días dorados, ya pasaron. El niño está orientado hacia el futuro, el anciano hacia el pasado, y el joven, si es realmente joven, lo cual es muy raro... Físicamente hay muchos jóvenes en el mundo; constituyen la mayoría. Pero muchos de ellos todavía están en su infancia psicológicamente, y muchos de ellos ya han pasado a la vejez psicológicamente.

Si alguien es realmente joven vive en el presente. Ahora es el único momento para él y aquí es el único lugar para él. No vacila entre el pasado y el futuro, porque ambos son inexistentes; lo que existe es el presente. El joven vive en el presente, y lo mismo ocurre con las civilizaciones.

La civilización joven vive en el presente, y si una civilización vive continuamente en el presente permanece joven. Ese es todo el secreto de permanecer joven. La nueva civilización, recién nacida, inmadura, infantil, vive en el futuro, y la vieja civilización vive en el pasado. Inmediatamente puedes ver y decidir y categorizar cualquier civilización, a qué categoría pertenece.

La India vive en el pasado; está envejeciendo, encogiéndose. Ha perdido la alegría de vivir, la juventud, la frescura. Países como Rusia o China viven en el futuro. Su edad de oro está por llegar, cuando se produzca la sociedad sin clases, la utopía concebida por Karl Marx, cuando no haya clases, ni pobres, ni ricos, ni dominados ni dominadores, ni burguesía, ni proletariado. Cuando nazca la sociedad sin clases y la sociedad sin Estado, en algún lugar lejano del futuro, entonces la humanidad tendrá una edad de oro.

Países como India viven en el pasado; la edad de oro pasó hace mucho. El hombre está cayendo.

En China hay un gran entusiasmo porque el futuro parece muy halagüeño; en India no hay entusiasmo. India se hizo libre antes que China, pero China ha sido capaz de resolver muchos problemas que son de una dimensión mayor que los problemas indios porque China tiene la mayor población del mundo. Pero ha sido capaz de resolver esos problemas, ha sido capaz de convertirse en un país fuerte.

India ha seguido siendo pobre; sus problemas han aumentado, y no parece haber ninguna posibilidad de que pueda resolver sus problemas de la forma en que se está moviendo. Su edad de oro ha pasado; no hay entusiasmo, no hay espíritu. La gente simplemente se arrastra.

Estados Unidos es joven, vive el momento, de ahí que haya una gran exploración sobre todo:

ciencia, religión, filosofía, arte, nuevas formas de arte, nuevos métodos, nuevos caminos para llegar a la luna, a Marte y finalmente a las estrellas, nuevos métodos, métodos más rápidos para entrar en meditación, en samadhi. En todas las dimensiones América está interesada en explorar; el espíritu aventurero del joven está ahí. Van a los rincones más lejanos del mundo para explorar todas las posibilidades.

India es vieja, agoniza; China aún ha nacido, ahora crece hacia un futuro; Estados Unidos es joven.

El futuro puede darte mejores posibilidades que el pasado, pero aun así el futuro no es existencial; tarde o temprano te cansarás de él. Rusia está más cansada que China porque llevan sesenta años esperando y esperando, y ahora la esperanza se está convirtiendo en desesperanza. Ahora está cada vez más claro que esa sociedad sin Estado nunca va a suceder. De hecho, el Estado se ha vuelto más poderoso que nunca. Ni siquiera el zar era tan poderoso como Joseph Stalin. Pero ahora en Rusia no hay posibilidad de ninguna revolución. El Estado se ha convertido en una organización tan vasta, poderosa y técnicamente equipada que nadie puede rebelarse contra él, nadie puede organizar ninguna revolución contra él. Incluso hablar algo en su contra es peligroso, incluso pensar puede ser peligroso en pocos años, porque ahora están descubriendo que cada niño puede ser fijado con un electrodo en la cabeza y ese electrodo seguirá informando al ordenador del gobierno lo que la persona está pensando, lo que está tratando de hacer en su cerebro. Incluso se pueden rastrear las ondas cerebrales, se pueden descubrir indicios sutiles, y antes de que el hombre haya pronunciado una sola palabra desaparecerá.

Y esos electrodos pueden hacer otro trabajo también: pueden implantar cualquier idea en la persona y nunca serás consciente de que llevas un electrodo dentro de tu cerebro, porque dentro de tu cráneo no hay sensibilidad. Si te meten una piedra dentro del cráneo no sentirás que hay una piedra.

No hay nervios sensitivos en el cerebro.

Una persona llevó una bala en el cerebro durante nueve años, absolutamente inconsciente. Por accidente, a través de rayos X, se descubrió que en la Primera Guerra Mundial había sido alcanzado por una bala, y luego la herida se curó y la bala permaneció dentro durante nueve años, y él no era consciente en absoluto.

Y los electrodos son cosas muy pequeñas; simplemente se pueden insertar cuando el niño nace en el hospital.

Y por supuesto en Rusia cada niño nace en el hospital, así que a cada niño se le puede insertar un electrodo y ese electrodo funcionará de dos maneras - informará al gobierno de lo que la persona está pensando, y puede hacer una cosa más: el gobierno puede manipular a la persona a través del electrodo; puede insertar a través de ondas de radio, a través de control remoto - ideas. Y la persona pensará: "Estas son MIS ideas"; nunca pensará que estas ideas provienen de alguna otra fuente.

En Rusia la revolución es absolutamente imposible, de ahí que la gente esté cada vez más desesperanzada al ver que Marx había dicho que el Estado se marchitaría -una vez que desaparezca el capitalismo no habrá necesidad del Estado-, pero el Estado se ha hecho cada vez más fuerte. La predicción de Marx ha sido absolutamente errónea: ha ocurrido justo lo contrario.

Lo mismo le va a ocurrir a China. Ahora mismo están muy entusiasmados, pero pronto se instalarán en la misma esclavitud en la que se ha instalado Rusia.

Las personas orientadas hacia el pasado, como los hindúes, viven con un pasado muerto hace mucho, mucho tiempo, y cargan con él. Es un peso montañoso; están aplastados bajo él. Y no hay esperanza en el futuro.

Los hindúes piensan que los mejores días fueron al principio; no creen en la evolución, recuerda - creen en la involución. Evolución significa que estamos alcanzando cimas más altas. Los hindúes creen que nos estamos deteriorando, bajando, cada día, la edad más alta fue al principio; ahora estamos en la más baja, KALI YUGA, la última. Este es el estado más bajo de la humanidad y no hay esperanza.

Un país para estar realmente vivo, para ser realmente aventurero, explorar, disfrutar, celebrar, tiene que ser constantemente joven, ni en el pasado ni en el futuro. Estoy en contra tanto del enfoque hindú como del comunista. Me gustaría que toda la humanidad fuera joven y permaneciera joven para siempre, y la forma de permanecer joven es seguir muriendo al pasado y no preocuparse demasiado por el futuro.

El futuro seguirá su propio curso. Cuando llegue, si estamos aquí responderemos a él; si no, responderán nuestros hijos. ¿Por qué preocuparse demasiado?

Vive ahora mismo. Vive tan profunda y apasionadamente como puedas, porque esa es la única forma de descubrir a Dios. Esa es la única fuente para descubrir los secretos ocultos de la vida. Dios no está en contra de la vida, Dios es el núcleo más íntimo de la vida. Por eso enseño una religión que afirma la vida. No enseño hinduismo, mahometismo, cristianismo; sólo enseño un tipo de religiosidad. El mundo está harto de todos esos ismos".

Hay trescientas religiones y al menos tres mil subsectas de esas religiones. El mundo necesita una religiosidad universal.

Mis sannyasins no pertenecen a ninguna religión en absoluto; simplemente pertenecen a un nuevo fenómeno:

una religiosidad sin religión Lo esencial de la religión, de todas las religiones, se salvará, pero lo periférico tendrá que ser abandonado, lo no esencial tendrá que ser simplemente quemado.

Y lo no esencial ha crecido demasiado en el hinduismo es noventa y nueve por ciento no esencial. Y lo mismo ocurre con otras religiones también, más o menos. porque el hinduismo es la más antigua.

El cristianismo sólo tiene dos mil años, el mahometismo sólo mil cuatrocientos, el sijismo sólo quinientos, claro que no son tan antiguos, así que tienen un poco más de vida. Pero el hinduismo y el jainismo son muy antiguos, el jainismo quizás incluso más antiguo que el hinduismo, por lo tanto más muerto, por lo tanto más en la tumba, ni siquiera en el lecho de muerte, ¡el hinduismo está en el lecho de muerte, al menos el jainismo ya está en la tumba!

Necesitamos un rejuvenecimiento, no de algo viejo sino de lo esencial que es eterno. Yo llamo a esa religiosidad eterna SANATAN DHARMA: AIS DHAMMO SANANTANO - la religión eterna. No tiene nada que ver con el hinduismo; no es temporal. La meditación es la parte más significativa de ella, y fuera de la meditación, la transformación de todo tu carácter.

No estoy en contra de nadie, pero tengo que decir la verdad tal como es. No puedo transigir: la verdad siempre es inflexible. Tampoco puedo ser cortés, porque esa cortesía no servirá de nada. Tengo que machacar sin piedad, continuamente, todo lo que está mal y todo lo que es malo. Hay que destruir trozo a trozo todo lo no esencial, la religión ritualista. Cuando sólo quede lo esencial, verás su juventud, su frescura, su fragancia.

Y el mundo está ahora en una gran necesidad, porque el hombre tal como existe ahora ya no puede existir más. O bien tiene que cometer un suicidio global o tiene que salir del pasado como una serpiente que se desprende de su vieja piel. Tiene que renacer.

Sólo un hombre nuevo puede sobrevivir; el hombre viejo es incapaz de sobrevivir en el futuro. La ciencia ha crecido tanto que si no traemos la religión también a la misma par no habrá equilibrio. La religión se está quedando muy atrás y la ciencia crece cada día tan rápidamente que si no traemos también la religión al presente, la ciencia y la religión no podrán encontrarse. Y en ese encuentro está la única esperanza.

El encuentro de la ciencia y la religión creará el hombre nuevo, la nueva síntesis.

La segunda pregunta:

Pregunta 2:

MAESTRO,

USTED HA HABLADO MUCHAS VECES DE LOS MAESTROS ZEN, Y HOY HA DICHO QUE J. KRISHNAMURTI ES ZEN Y QUE ZEN SIGNIFICA NO ENSEÑAR. ¿PUEDE EXPLICAR ESTE PUNTO?

Anand Alok,

ZEN CERTAMENTE SIGNIFICA nada de enseñanza, nada de doctrina. Eso es lo que J. Krishnamurti viene diciendo desde hace cincuenta años o más. Nunca menciona el nombre Zen, pero eso no hace ninguna diferencia; lo que dice es exactamente, esencialmente lo mismo.

Pero en un punto hay una gran diferencia. El Zen dice que no hay enseñanza, la verdad no puede ser enseñada.

Nadie puede darte la verdad; la verdad tiene que ser descubierta dentro de tu propia alma. No se puede tomar prestada de las escrituras. Ni siquiera es posible comunicarla, es inexpresable; por su propia naturaleza, intrínsecamente, es indefinible. La verdad te acontece en un silencio sin palabras, en la meditación profunda, profunda.

Cuando no hay pensamiento, ni deseo, ni ambición, en ese estado de no-mente, la verdad desciende o asciende en ti. En lo que se refiere a la dimensión de la verdad, ambas son iguales, porque en el mundo de la subjetividad más íntima la altura y la profundidad significan lo mismo. Es una dimensión: la dimensión vertical.

La mente se mueve horizontalmente, la no-mente existe verticalmente. En el momento en que la mente deja de funcionar -en eso consiste la meditación: en el cese de la mente, en el cese total de la mente- tu conciencia se vuelve vertical; la profundidad y la altura son tuyas.

Así que puedes decir que la verdad desciende, como han dicho muchos místicos como Patanjali, Badnarayana, Kapil y Kanad. Es avataran - que viene de las alturas hacia ti. De ahí que cuando una persona se autorrealiza se le llama avatara. Avatara significa que la verdad ha descendido en él; la palabra avatara significa simplemente descender de lo alto, del más allá.

Pero la otra expresión es igualmente válida. Adinatha, Neminatha, Mahavira, Gautam Buda, estos místicos han dicho que la verdad no viene del más allá, surge de la fuente más profunda de tu ser. No es algo que desciende, sino algo que se eleva, que brota.

Ambas expresiones me parecen válidas, dos formas de decir lo mismo: que la dimensión es vertical.

Puedes hablar en términos de altura o en términos de profundidad. Pero la verdad nunca viene de fuera, así que nadie puede enseñarte.

En lo que respecta a este punto, Krishnamurti es absolutamente Zen. La verdad no se puede enseñar, no se puede transmitir. Los Maestros Zen - Bodhidharma, Lin Chi, Bokuju, Baso - todos han hecho hincapié en un punto: que el Zen es transmisión más allá de las escrituras, más allá de las palabras. En este punto, J. Krishnamurti está absolutamente de acuerdo con el Zen.

Pero hay algo más en el Zen que falta en J. Krishnamurti, y por eso ha fracasado completamente. Podría haber sido de gran ayuda y elevación para la humanidad, pero ha fracasado rotundamente.

De hecho, no conozco otro nombre en toda la historia de la humanidad que haya fracasado tan rotundamente como J.

Krishnamurti. Ninguna otra persona iluminada ha fracasado tanto. La otra cosa que falta es la causa; es un poco delicada y tendrás que estar muy atento a ella.

El Zen dice que la verdad no puede transmitirse, por lo que sólo puede darse en una relación Maestro-discípulo. No se puede enseñar, así que no hay relación entre maestro y enseñado, porque no hay enseñanza, así que no hay maestro ni enseñado. Pero es una transmisión. Transmisión significa de corazón a corazón: enseñanza significa de cabeza a cabeza.

Cuando el discípulo y el Maestro se encuentran, se funden, se funden el uno en el otro, es un encuentro amoroso, es una experiencia profunda, orgásmica, mucho más profunda que cualquier amor, porque incluso los amantes siguen cargando con sus egos y los egos están destinados a chocar, a entrar en conflicto. El Maestro y el discípulo existen sin egos. El ego del Maestro se ha evaporado -por eso es Maestro- y el discípulo entrega su ego al Maestro.

Y recuerda, al renunciar al ego el discípulo no está renunciando a nada en particular, porque el ego es sólo una idea y nada más. No tiene sustancia; está hecho de la misma materia de la que están hechos los sueños. Cuando renuncias a tus sueños, ¿a qué estás renunciando?

Si vienes a mí y me dices: "Te ofrezco todos mis sueños", TÚ me estás ofreciendo, ¡pero yo no estoy recibiendo nada! Y puedes estar pensando que estás ofreciendo grandes sueños de palacios dorados y hermosas mujeres y grandes tesoros... estás ofreciendo grandes sueños, pero yo no estoy recibiendo nada.

Cuando ofreces tu ego al Maestro estás ofreciendo algo en lo que a ti respecta, porque piensas que es muy sustancial, muy significativo. Cuando te rindes crees que estás haciendo algo grande. En lo que concierne al Maestro, él simplemente se ríe de todo el asunto, porque sabe lo que es tu ego - ¡sólo aire caliente! nada de lo que alardear.

Pero un dispositivo, un simple dispositivo, puede ayudar inmensamente. Es un dispositivo. El Maestro dice: "Entrega el ego". Cuando dice: "Entrega el ego", está diciendo: "Dame eso que no tienes en absoluto pero que crees que tienes. Dame tu creencia, estoy dispuesto a aceptarla. Deja que esta excusa te ayude". Puede que no seas capaz de soltarlo por ti mismo, pero en el amor al Maestro puedes ser capaz, puedes reunir valor para arriesgarte. El amor te anima a arriesgar. En el amor puedes llegar a cualquier extremo. Cuando estás enamorado del Maestro y te dice: "Dame tu ego", ¿cómo puedes negarte?

Estar con un Maestro significa estar en un estado de decir ¡sí, sí y otra vez sí! Es un sí absoluto, un sí incondicional. Así que cuando él dice: "Dame tu ego", tú simplemente le das tu ego al Maestro. Para ti es muy importante; para él no tiene ningún significado, ninguna sustancia, ninguna existencia, pero lo acepta.

En el momento en que sueltas tu ego, empieza a producirse el encuentro. Ahora dos ceros empiezan a entrar el uno en el otro. Dos amantes entran en el cuerpo del otro; eso es un fenómeno físico y el orgasmo que se produce es algo físico. El Maestro y el discípulo son amantes del plano espiritual: dos ceros, dos seres sin ego entran el uno en el otro. En esa fusión se transpira algo. No es que el Maestro te dé algo, no es que tú tomes algo, sino que a causa del encuentro algo sucede, del encuentro algo sucede - algo que es más grande que el Maestro y más grande que el discípulo, algo más que el encuentro de estos dos, algo trascendental.

Esa parte falta en Krishnamurti. Dice que la verdad no puede ser enseñada, pero ha pasado por alto el otro punto. Sí, no puede enseñarse... pero él es una persona lógica y ése es su problema.

Está tratando de poner su iluminación muy lógicamente; no quiere introducir en ella ninguna ilógica, ninguna paradoja.

Ahora bien, la gente Zen no se preocupa por la lógica; viven la última paradoja. Siguen diciendo que no hay enseñanza y que la verdad no puede ser enseñada, y aun así los Maestros Zen están ahí y los discípulos Zen están ahí.

Y la gente ha planteado preguntas, la gente escéptica siempre ha planteado preguntas que: "¿Qué es esto? Por un lado dices que la verdad no se puede enseñar, y por otro lado ¿por qué inicias, por qué aceptas a la gente?".

Y los Maestros Zen siempre se han reído, porque esta paradoja no se puede explicar. Si quieres conocerla de verdad tienes que convertirte en discípulo, tienes que convertirte en participante, tienes que formar parte del misterio; sólo entonces lo saborearás. Es un sabor; ninguna explicación puede ayudar. Si has probado el azúcar, sabes que es dulce, pero ninguna explicación puede darte la idea de la dulzura. Si has visto la luz sabes lo que es, pero al ciego no puedes explicárselo; es totalmente inútil.

Los Maestros Zen nunca se han molestado, de ahí que sus afirmaciones sean muy paradójicas.

Un Maestro Zen, Ikkyu, se alojaba en un templo, sólo para pasar la noche, pero era una noche fría y estaba tiritando. En mitad de la noche se levantó y encontró una de las estatuas de Buda, una estatua de madera, y la quemó, y se sintió muy feliz con el fuego y el calor.

El sacerdote del templo, al ver la luz y el fuego dentro del templo, no podía creer lo que estaba ocurriendo. Sospechaba un poco cuando había permitido que este Ikkyu pasara la noche en el templo, pero no había pensado que haría tal cosa: "¡Va a prender fuego a todo el templo!".

Entró corriendo y se encontró con que había quemado una de las estatuas más hermosas de Buda. Y, por supuesto, se enfadó y le gritó a Ikkyu: "¿Qué has hecho? ¿Y crees que eres budista? ¡Y llevas la túnica amarilla del monje budista! E incluso he oído que no sólo eres un monje budista, ¡sino que eres un gran Maestro y tienes muchos seguidores! ¿Y qué has hecho?" ¡La estatua estaba completamente quemada!

Ikkyu cogió su bastón y empezó a buscar algo entre las cenizas. El sacerdote preguntó: "¿Qué buscas?".

Dijo: "Busco los huesos de Buda".

En Oriente llamamos "flores" a los huesos. Cuando un hombre muere, recogemos sus huesos después de que el cuerpo esté completamente quemado; esos huesos se llaman "flores".

Entonces dijo: "Busco las flores de Buda".

Incluso el sacerdote no pudo resistir la risa. Dijo: "¡Estás loco! ¿Cómo puedes encontrar flores en una estatua de madera?".

Ahora le tocaba reír a Ikkyu, que se echó a reír y dijo: "¡Entonces no eres tan estúpido como pensaba! Trae... hay dos estatuas más en el templo y aún queda mucha noche. ¿Y por qué no te unes tú también? Hace mucho calor, y quemaremos esas otras dos estatuas también. Cuando no hay huesos en ella, ciertamente no es un Buda real - sólo madera".

El sacerdote tuvo tanto miedo de este loco que lo echó. Era peligroso mantenerlo dentro del templo, ¡podría quemar otras dos estatuas! En el templo sólo había tres estatuas.

Por la mañana, cuando el sacerdote abrió las puertas, vio a Ikkyu inclinándose justo delante del templo ante un hito. Había puesto unas cuantas flores -debió de recoger algunas flores silvestres-, las había colocado en el hito y estaba haciendo sus oraciones y meditaciones matutinas. Y repetía el famoso mantra budista: "BUDDHAM SHARANAM GACHCHHAMI - Voy a los pies del Maestro, Buda. SANGHAM SHARANAM GACHCHHAMI - Voy a los pies de la comuna de mi Maestro.

DHAMMAM SHARANAM GACHCHHAMI - Voy a los pies
de la verdad última que mi Maestro realizó".

El sacerdote se acercó, le sacudió y le dijo: "¿Qué estás
haciendo? ¡Estás completamente loco! Esto es un hito, ¡esto no es
Buda! Has quemado una estatua de Buda por la noche, y ahora
ante un hito estás haciendo tus oraciones y diciendo BUDDHAM
SHARANAM GACHCHHAMI, SANGHAM SHARANAM
GACHCHHAMI,   DHAMMAM   SHARANAM
GACHCHHAMI?".

Ikkyu dijo: "No se trata de si es una estatua o no; la cuestión es
mi corazón. Es por la mañana, estoy rezando. Cualquier excusa es
buena. Por la noche quemé una excusa, pero sólo era una excusa, no
era Buda. Esta es otra excusa, y esta es mucho más sencilla porque
puedo encontrar el hito en cualquier parte. No necesito depender
de ningún templo, de ninguna estatua".

El cura le dijo: "¡Eres muy ilógico!".

Y eso es lo que se ha dicho a los Maestros Zen a lo largo de los
tiempos - desde los días de Mahakashyap.

el primer Maestro Zen, el primer Patriarca, se ha dicho una y
otra vez: "Eres paradójico.

Por un lado negáis: que no hay enseñanza, por otro os hacéis
discípulos, Maestros. Por un lado decís que no hay oración, por otro
lado rezáis a Buda".

Tienes que estar muy muy alerta para entender la paradoja. La
oración tiene que salir de tu amor desbordante; no tiene nada que
ver con la estatua o la piedra. Son sólo excusas. Y Buda está en
todas partes: para los budistas, Buda significa Dios. La piedra es tan
Buda como la estatua. Toda la existencia está llena de Budeidad, de
divinidad, y el Maestro la ha experimentado.

El discípulo acepta al Maestro para acercarse a él. Al decir sí
al Maestro, se sintoniza con él. La palabra "sintonía" es hermosa;
significa "en sintonía". Se hace uno con el Maestro. En esa unidad,

algo que no puede darse con palabras se transpira a través del ser, algo así como acercar una vela apagada a otra encendida. Hay un cierto punto en el que la vela apagada se acerca a ese límite: de repente, la llama de la vela encendida salta a la vela apagada. La vela encendida no pierde nada, pero la vela apagada gana infinitamente.

Ahora ocurre el proceso inverso: cuando el discípulo viene al Maestro da su ego y piensa que pierde mucho - y el Maestro no recibe nada. Cuando el Maestro da algo, da infinitamente, da su luz. pero no pierde nada; su luz sigue siendo la misma. De una vela encendida puedes encender millones de velas, y la vela encendida no pierde nada en absoluto aunque las velas no encendidas ganan infinitamente.

Este punto falta en J. Krishnamurti, de ahí que todo lo que dice sea Zen, pero no hace Zen: dice pero no hace.

Estoy diciendo y haciendo ambas cosas, y sólo el hacer puede traer la plenitud, el florecimiento. Decir no sirve de nada. Tanto si dices algo positivo sobre la verdad es inútil, como si dices algo negativo sobre la verdad. Incluso decir que no se puede decir la verdad no tiene sentido. ¿Qué sentido tiene estar cincuenta años diciendo una y otra vez que no se puede decir la verdad? Entonces, ¿para qué molestarse? Di una vez "La verdad no puede ser dicha"

y todos los días repite "Ídem" -es suficiente- ¡y vete a casa! No tiene sentido repetirlo una y otra vez. a menos que al decirlo estés animando a la gente hacia algún otro fenómeno.

La verdad no se puede decir, ésta es una parte. La segunda parte es: pero la verdad puede transpirarse. Puede compartirse, no contarse, sino compartirse. Y para compartirla es imprescindible el amor entre el discípulo y el Maestro; sin él no es posible.

La última pregunta:

Pregunta 3:

MAESTRO, ¿QUÉ TIENES EN LA MANGA?

Prem Shraddan,

¡NADA MUCHO solo unos chistes para ti! La primera:

Un hombre que había perdido todo su dinero en las mesas de juego de Las Vegas mendigó diez centavos a otro cliente para utilizar el servicio de caballeros. Uno de los lavabos no estaba cerrado, así que guardó la moneda y la utilizó para jugar en una máquina tragaperras. Por suerte, le tocó el premio gordo.

Con el dinero probó otra máquina, y de nuevo ganó. La fortuna siguió sonriéndole cuando fue a jugar a las mesas de dados y a las ruletas, y sus ganancias alcanzaron el millón de dólares.

Contó su extraordinaria historia por todo Las Vegas, en bares y fiestas. Siempre expresando gratitud a su benefactor, le dijo que se repartiría el millón con él. Al cabo de varias semanas, entre un grupo de hombres en un bar, uno de ellos exclamó: "¡Yo soy el hombre que te dio la moneda de diez centavos!".

"No te busco a ti", respondió el afortunado. "¡Busco al tipo que dejó la puerta abierta!".

El segundo:

Jim Smith se encontró por la calle con un viejo amigo que lucía dos ojos morados. Tras saludarse, Jim le preguntó: "Dime, ¿de dónde has sacado esas canillas?".

"En la iglesia", fue la respuesta de su amigo.

"¿Cómo?" preguntó Jim, algo asombrado.

"Bueno", empezó su amigo, "yo estaba sentado detrás de una señora grande y gorda en la iglesia. Cuando se levantó, me di cuenta de que tenía el vestido enganchado en la raja del culo. Me acerqué y se lo quité, ¡y ella se dio la vuelta y me dio un puñetazo en el ojo!".

"¡Vaya!", dijo Jim, asombrado. "¿Pero cómo se puso negro el otro ojo?".

Suspirando, su amigo dijo: "Cuando me di cuenta de que a ella no le gustaba lo que había hecho, ¡lo volví a poner en su sitio!".

Y la tercera:

Johnny el Espermatozoide y todos sus amiguitos se preparaban para su gran salida al mundo. Estaban haciendo ejercicio y acumulando fuerzas. Juanico dijo a los demás espermatozoides: "Escuchad, amigos, quiero ser el número uno: ¡quiero ser el primero en convertirme en un ser humano!".

Estaban todos dando vueltas cuando de repente sonaron las campanas de Jerusalén: "¡Gong!... ¡Gong!... ¡Gong!"

Johnny tomó la delantera: ¡era el número uno! Pero, de repente, todos los demás espermatozoides le vieron darse la vuelta y empezar a correr de nuevo hacia ellos.

"¡Eh, Johnny!", gritaron. "¿Qué pasa?"

"Falsa alarma, chicos", les dijo Johnny. "¡Es una mamada!"

Sin importar nada

La primera pregunta:
Pregunta 1:
MAESTRO,

CUANDO RESPONDA A LO SIGUIENTE, ESTARÁ HABLANDO A CERCA DE MEDIO MILLÓN DE OYENTES DE RADIO EN EUROPA; ES POSIBLE QUE LA MAYORÍA DE ELLOS AÚN NO HAYAN OÍDO HABLAR DE USTED.

SI UNO DE LOS OYENTES DE ESTE PROGRAMA ES DEVOTO DEL SOCIALISMO, ¿QUÉ LE DIRÍA?

SI UNO DE LOS OYENTES ES CATÓLICO PRACTICANTE, ¿QUÉ HISTORIA LE CONTARÍA?

SI UNO DE LOS OYENTES ES UN BUSCADOR POTENCIAL, ¿QUÉ MENSAJE TENDRÍA USTED PARA ÉL? SIN EMBARGO, SI SU MENSAJE ES EL SILENCIO, ¿CÓMO TRANSMITIRÍA ESTE SILENCIO POR RADIO?

Gotz Hagmuller,

PRIMERO: NO ESTOY a favor del socialismo, porque para mí la libertad es el valor supremo; no hay nada más elevado que eso. Y el socialismo está básicamente en contra de la libertad - tiene que estarlo, es inevitable, porque el esfuerzo mismo del socialismo es traer algo antinatural a la existencia.

Los hombres no son iguales, son únicos. ¿Cómo pueden ser iguales? No todos son poetas ni todos son pintores. Cada persona tiene un talento único. Hay gente que puede crear música y hay gente que puede crear dinero. El hombre necesita libertad absoluta para ser él mismo El socialismo es la dictadura del Estado; es una estructura económica forzada. Intenta igualar a personas que no son iguales; las corta en el mismo tamaño, y tienen tamaños diferentes. Naturalmente a poca gente, a muy poca gente le quedará bien, pero para la mayoría será un fenómeno paralizante, paralizador, destructivo.

Aprecio la libertad en todas las esferas de la vida para que todo el mundo pueda ser él mismo La sociedad no es el fin sino sólo un medio; el fin es el individuo. El individuo tiene más valor que la organización social. LA sociedad existe para el individuo y no viceversa. De ahí que crea en LAISSEZ-FAIRE.

El capitalismo es la estructura económica más natural; no ha sido forzado, ha crecido. No ha sido impuesto, ha surgido por sí solo. Ciertamente me gustaría que la pobreza fuera erradicada del mundo - es feo - pero el socialismo no puede hacerlo. Ha fracasado en Rusia, en China; en todos los países ha fracasado en erradicar la pobreza. Sí, ha tenido éxito en una cosa: ha hecho a todo el mundo igual de pobre; ha distribuido la pobreza.

Y el hombre es tan tonto que si todos los demás son también tan pobres como tú te sientes más a gusto; no sientes celos. Toda la idea del socialismo ha surgido de los celos. No tiene nada que ver con la comprensión del hombre, su psicología, su crecimiento, su florecimiento final; tiene sus raíces en los celos.

Pocas personas se hacen ricas; esas pocas personas son el blanco de los celos de todo el mundo: hay que derribarlas. No es que te vayas a hacer más rico por derribarlos; puede que te vuelvas incluso más pobre que antes, porque esas pocas personas saben cómo crear dinero. Si se les destruye, perderás toda capacidad de crear riqueza.

Eso es lo que ha ocurrido en Rusia: los ricos han desaparecido, pero eso no ha hecho rica a toda la sociedad; todo el mundo se ha vuelto igual de pobre. Por supuesto, la gente se siente más feliz así, porque no hay nadie más rico que ellos. Todo el mundo es igual de pobre, todos son mendigos; se siente bien. Alguien se eleva más que tú, y tu ego se siente herido.

Se habla de igualdad, pero hay que entender algo fundamental: los hombres no son psicológicamente iguales. ¿Qué se puede hacer al respecto? Albert Einstein no es igual a cualquier Tom, Harry, Dick... ¡no lo es! Tarde o temprano se puede empezar a igualar a las personas en lo que a inteligencia se refiere; Shakespeare, Milton, Shelley no son iguales a otras personas; tienen una dimensión propia.

En una cosa estoy de acuerdo: en que debe haber libertad para todos, e IGUAL libertad para todos, para ser él mismo Para decirlo con más precisión: ¡libertad significa que todos son libres de ser desiguales! Igualdad y libertad no pueden ir juntas, no pueden coexistir. Si se elige la igualdad, hay que sacrificar la libertad, y con la libertad se sacrifica todo. Se sacrifica la religión; se sacrifica el genio, la posibilidad misma del genio; se sacrifican las cualidades superiores del hombre. Todo el mundo tiene que encajar con el mínimo denominador, sólo así se puede ser igual.

Es como si fueras a escalar una montaña: si todos tienen que ser iguales, entonces la persona más perezosa se convertirá en el criterio; todo el mundo tendrá que moverse en función del más perezoso. El primero no será el criterio, sino el último. Esto será una gran calamidad. Si el último se convierte en el factor decisivo, ¿qué pasa con los que son como el Everest?

Y mi observación es que cada individuo nace con algún talento específico, algún genio específico para sí mismo Puede que no sea un poeta como Shelley o Rabindranath, puede que no sea un pintor como Picasso o Nandalal, puede que no sea un músico como Beethoven o Ravi Shankar, pero debe tener algo.

Ese algo tiene que ser descubierto. Hay que ayudarle a que descubra lo que ha traído al mundo como regalo de Dios.

Nadie viene sin un don; todo el mundo aporta un cierto potencial. Pero la idea de igualdad es peligrosa, porque la rosa tiene que ser la rosa y la caléndula tiene que ser la caléndula y el loto tiene que ser el loto. Si empiezas a intentar hacerlas iguales, lo destruirás todo: las rosas, los lotos, las caléndulas, todo quedará destruido. Puedes conseguir crear flores de plástico que sean exactamente iguales entre sí, pero estarán muertas.

Y eso es lo que va a ocurrir si el socialismo se convierte en nuestro modo de vida en todo el mundo: el hombre será reducido a una mercancía, será reducido a una máquina. Las máquinas son iguales. Puedes tener millones de coches Ford exactamente iguales entre sí. Siguen pasando por la cadena de montaje, absolutamente iguales unos a otros. Pero el hombre no es una máquina, y reducir al hombre a ser una máquina será destruir a la humanidad de la tierra.

¿Cree que en la Rusia soviética es posible Gautam Buda, Jesucristo o Lao Tzu? ¿Y qué decir de Buda, Jesús y Lao Tzu? Le pregunto: ¿es posible incluso Karl Marx? Ni siquiera Karl Marx es posible, porque Karl Marx tiene una inteligencia propia y no será tolerado. No es una persona corriente; ciertamente no forma parte del llamado proletariado. Formaba parte de la burguesía más refinada.

No trabajó en toda su vida. De la mañana a la noche estaba sentado en el Museo Británico estudiando. De hecho, el Museo Británico nunca ha vuelto a encontrarse con otro erudito del mismo calibre.

Estaba tan intrigado con sus estudios, tan fascinado, que cuando llegaba la hora de cerrar había que echarlo a la fuerza todos los días, porque insistía: "Espera un poco más, ¡déjame terminar este libro! ¡No me molestes! ¿Qué importa si cierran el museo con media hora de retraso? Si no hago este trabajo, mañana puedo haberle perdido completamente la pista. Déjeme terminarlo!" Había que forzarle, forzarle físicamente Y ocurrió muchas veces que se encontró casi en estado de coma; estudiando continuamente se mareará tanto que caerá inconsciente, caerá desmayado, y hubo que llevarlo en camilla a su casa.

Ahora este hombre ya no es posible. En primer lugar Museo Británico no es posible en Rusia.

Lo he oído:

Un periodista americano - debe ser alguien como Gotz Hagmuller - estaba de visita en Rusia. Le preguntó a un profesor... pensando que un profesor le respondería inteligentemente, pero preguntara lo que preguntara el profesor siempre empezaba su respuesta, "Sí, justo el otro día leí en PRAVDA..."

La palabra rusa PRAVDA significa la verdad. ¡Qué ironía! ¡Debería significar la mentira! El PRAVDA es el periódico más mentiroso del mundo, pero significa la verdad.

Siempre empezará. "He leído en el PRAVDA...

Asqueado, el periodista le preguntó finalmente: "¿Es que no tienes opinión propia?".

El profesor dijo: "Sí, tengo mis propias opiniones, ¡pero no creo en ellas!".

En Rusia no hay libertad de pensamiento, porque la libertad de pensamiento significa el comienzo de la desigualdad. La libertad de pensamiento significa que el hombre no es una máquina, y entonces dos hombres no pueden ser iguales.

La idea de igualdad es absolutamente antipsicológica. Sólo puedo aceptarla en un sentido: que todo el mundo debe tener las mismas oportunidades de ser él mismo, y eso significa ser desigual. Hay que entender esta paradoja: a todo el mundo hay que darle las mismas oportunidades y la misma libertad para ser él mismo, y eso significa sencillamente que a todo el mundo hay que darle igualdad para ser desigual.

La pobreza puede ser destruida - no hay necesidad de socialismo - la pobreza puede ser destruida sólo por un sistema capitalista superior. Karl Marx predijo que el primer país en volverse comunista o socialista sería Estados Unidos; su predicción resultó absolutamente equivocada. Nunca pensó que un país como Rusia o China llegaría a ser comunista; Rusia y China están económicamente muy atrasadas. En los días de Karl Marx, Rusia vivía en el mundo del feudalismo; ni siquiera el capitalismo se ha dado allí.

Si Karl Marx vuelve será absolutamente incapaz de entender cómo sucedió que Rusia se convirtiera en el primer país comunista, la primera sociedad socialista. Él esperaba que América se convirtiera en el primer país comunista. ¿Por qué esperaba eso? - Porque si el capitalismo crece y llega a un pico de producción de riqueza al máximo, la pobreza desaparecerá naturalmente, porque cuando la riqueza es demasiada nadie quiere acapararla. El aire no se acapara, está disponible. Está disponible libremente, hay mucho. No se acapara nada que no sea escaso.

La gente es avariciosa, porque el dinero escasea. Si no lo atesoras, si no te aferras a él, otro te lo arrebatará. Antes de que lo haga otro, tienes que hacerlo tú. De lo contrario, serás un perdedor. Y la única forma de destruir la pobreza es crear tanta riqueza que la codicia se vuelva irrelevante. Cuando la riqueza sea suficiente, la pobreza desaparecerá. Por supuesto, seguirá habiendo gente con más riqueza y gente con menos riqueza, pero eso es natural y no hay nada malo en ello. Alguien será más inteligente y alguien menos inteligente, y alguien será más sano y alguien menos sano, pero podemos crear una sociedad en la que todo el mundo pueda alcanzar su máximo. Aun así, la desigualdad seguirá existiendo, y no hay necesidad de destruirla porque crea variedad, y la variedad aporta riqueza. Es bueno que la gente no sea igual.

La pobreza debe desaparecer, pero la única forma de que desaparezca es producir más riqueza, industrializar la sociedad de forma más científica, aportar más y más tecnología, y con un profundo conocimiento de la naturaleza para que tu tecnología y tu industria no destruyan la naturaleza. Deben formar parte de la ecología, no deben ir contra ella. Ese es el desarrollo científico más elevado. No puede ocurrir a través del socialismo; sólo puede ocurrir a través del capitalismo.

La palabra "capitalismo" se ha vuelto muy despectiva, pero eso no me preocupa. Creo en el capitalismo y no en el socialismo, porque para mí el capitalismo es la única esperanza de libertad, de crecimiento, de singularidad individual. Es un respeto por el individuo; el socialismo es irrespetuoso con el individuo.

El socialismo no cree en el alma del hombre; no puede creer porque si crees en el alma del hombre entonces no puedes comportarte como si el hombre fuera una máquina. Hay que respetar la singularidad de cada individuo. No respetarla significa suicidarse.

Lo segundo que preguntas: SI UNO DE LOS OYENTES ES CATÓLICO PRÁCTICO, ¿QUÉ HISTORIA TIENES PARA ÉL?

Es bueno ser un Cristo, es feo ser un Cristiano - Católico o Protestante, no importa. Es bueno ser Buda, pero es feo ser budista. Cuando se puede ser un Cristo, ¿por qué conformarse con menos?

Cuando la conciencia de Cristo puede florecer en ti, cuando puedes convertirte en un Buda por derecho propio, cuando puedes experimentar lo que Buda y Cristo han experimentado, entonces ¿por qué ser sólo un seguidor, un imitador, una copia al carbón? Estoy en contra de los calcos.

Mi esfuerzo aquí es ayudarte a descubrir tu rostro original, así que seas católico practicante o protestante o hindú o mahometano, todo está mal. Ama a Cristo, pero no seas cristiano.

El amor es un fenómeno totalmente diferente. Si te haces cristiano te haces adicto a Cristo, te haces dependiente de Cristo. Si eres cristiano estás destinado a ser anti-Buddha, anti-Mahavira, anti-Lao Tzu, anti-Zarathustra, anti-Patanjali. El mero hecho de elegir a Cristo y convertirte en anti todos los demás grandes individuos despiertos que han caminado sobre la tierra es volverse pobre, innecesariamente pobre.

Cuando puedes reclamar toda la herencia de la humanidad, cuando todos los Budas, todos los despiertos pueden enriquecer tu ser, ¿por qué estrechar tu conciencia? ¿Por qué centrarse y obsesionarse con Cristo o Buda o Mahavira o Krishna?

Un católico significa que está obsesionado con Cristo, un hindú significa que está obsesionado con Krishna, un jainista significa que está obsesionado con Mahavira, y la obsesión es una enfermedad psicológica Uno debería estar abierto, uno debería estar disponible, para las estrellas, para el sol, para la luna, para el viento, para las flores, para los pájaros. Hay que estar disponible para todo, porque todo esto nos pertenece.

Ama a Cristo, porque amar no es excluir a los demás; el amor es un fenómeno inclusivo. Si amas a Cristo tienes que amar también a Buda, porque ese es otro aspecto de ser un Cristo. Si amas a Cristo tienes que amar también a Mahavira, porque ese es de nuevo otro aspecto de la misma realización.

Buda, Cristo, Mahavira, Mahoma, Bahauddin, Kabir, Nanak: diferentes aspectos de la verdad.

La verdad es multidimensional. ¿Por qué elegir una dimensión? ¿Por qué volverse lineal? ¿Por qué ser tan mezquino, incluso en tu amor espiritual? ¿Por qué no estar abierto y disponible, vulnerable a todo, para que todo pueda danzar en tu ser?

Me gustaría que mis sannyasins fueran amantes de todo. Disfrutad de todo tipo de flores. No te vuelvas adicto a la rosa, porque el loto tiene su belleza al igual que la rosa. ¿Y dónde está el problema?

¿No puedes disfrutar de la rosa y el loto juntos? Sólo hay que entender una cosa: si amas la belleza puedes disfrutar de todo, si amas la verdad puedes disfrutar de todos los despiertos.

Pero un católico practicante no ama la verdad: cree. Ningún creyente es un buscador de la verdad; todos los creyentes son no buscadores. Ya han creído sin indagar, sin adentrarse en la exploración, sin aventurarse en el territorio desconocido. Ya tienen prejuicios.

¿Y qué entiende usted por "católico practicante"? ¿Qué puedes practicar en nombre del catolicismo? Lo que hagas no será más que un esfuerzo de condicionarte según tu creencia Será un estado de autohipnosis, y la autohipnosis no te va a ayudar a despertar.

La religión no es cuestión de practicarla en absoluto. Si practicas te perderás la religión y su belleza.

La religión es la experiencia de una conciencia que fluye espontáneamente. Practicar significa imponerse algo, cultivar un carácter. La religión no tiene nada que ver con cultivar un carácter. Es una indagación sobre "¿Quién soy yo?". Es ir hacia dentro, llegar al fondo de tu ser, al suelo de tu ser, descubrir tu centro. Y a partir de ese descubrimiento se produce una explosión y tu viejo carácter simplemente desaparece como una pesadilla, y surge en ti una nueva cualidad. Estás más vivo, más alegre, más lleno de amor, más lleno de celebración. Y este estado de celebración te hace consciente de que la existencia no está muerta. Porque estás vivo puedes contactar con las fuentes vivas de Dios no es una persona sino sólo la experiencia de que toda la existencia es un fenómeno vivo; no es sólo materia. Está palpitando de vida. Está rebosante de vida; que tiene un latido. En el momento en que sepas que el universo tiene un latido, habrás descubierto a Dios. Pero primero, por favor, descubre tu propio latido, descubre tu propio centro.

La religión no es cuestión de practicar, sino de descubrir. No es cuestión de creer.

Las creencias van en contra de la verdad; hacen que tu mente tenga prejuicios. Creer significa que no sabes, pero finges saber. Creer es una mentira, es hipocresía.

Así que, tanto si alguien es católico practicante como si es hindú o mahometano, todos los practicantes son peligrosos. Son falsas, pseudo; no son auténticas, no son reales. La persona real es un buscador.

Y lo tercero que preguntas: SI UNO DE LOS OYENTES ES UN BUSCADOR POTENCIAL, ¿QUÉ MENSAJE TENDRÍAS PARA ÉL?

Todo mi mensaje es SOLO para él, el buscador potencial. Estas son las cualidades de un buscador. Primero:

no será cristiano, hindú, mahometano, comunista; no será ateo ni teísta. Para buscar, hay que cumplir este requisito básico: tienes que dejar a un lado todas tus creencias, porque si llevas contigo tus creencias, éstas distorsionarán tu visión. Las creencias son como las gafas de colores: harán que toda la existencia sea del mismo color que tus gafas. No será el verdadero color de la existencia, sino que será el de tus gafas. Tienes que dejar a un lado todas tus gafas. Tienes que contactar con la realidad directamente, inmediatamente. No debe haber ninguna idea entre tú y la existencia, ninguna conclusión A PRIORI.

Un verdadero buscador tiene que estar en el estado que Dionisio llama AGNOSIA - un estado de no-saber. Sócrates dijo al final de su vida: "Sólo sé una cosa: que no sé nada". Este es el estado de un verdadero buscador.

En Oriente llamamos meditación a este estado: sin creencias, sin pensamientos, sin deseos, sin prejuicios, sin condicionamientos; de hecho, sin mente en absoluto. Un estado de no-mente es meditación. Cuando puedes mirar sin que ninguna mente interfiera, distorsione o interprete, entonces ves la verdad. La verdad ya está a tu alrededor; sólo tienes que apartar tu mente.

El buscador sólo tiene que hacer una cosa básica: abandonar su mente. En el momento en que se abandona la mente, surge un gran silencio - porque la mente lleva todo tu pasado; todos los recuerdos del pasado siguen anhelando tu atención, siguen apiñándose sobre ti, no dejan ningún espacio dentro de ti.

Y la mente también significa futuro. Del pasado empiezas a fantasear con el futuro. Es una proyección del pasado. Has vivido una vida determinada en el pasado: ha habido algunos momentos de alegría y muchas noches oscuras. No te gustaría tener esas noches oscuras; te gustaría que tu futuro estuviera lleno de esos momentos alegres. Así que te ordenas a partir de tu pasado: eliges pocas cosas y las proyectas en el futuro, y eliges otras pocas cosas y tratas de evitarlas en el futuro. Tu futuro no es más que un pasado refinado, un poco modificado aquí y allá, pero sigue siendo el pasado porque es todo lo que conoces.

Y una cosa muy significativa que hay que recordar: esos pocos momentos de alegría que tuviste en el pasado eran básicamente parte de esas largas noches oscuras, así que si eliges esos momentos esas noches oscuras vendrán automáticamente; no puedes evitarlas. Los revestimientos plateados en las nubes oscuras no pueden elegirse por separado de las nubes oscuras. En la noche oscura ves el cielo lleno de estrellas; de día esas estrellas desaparecen. ¿Crees que se evaporan? Siguen ahí, pero falta el contexto. Necesitan oscuridad; sólo entonces podrás verlas. Por la noche, podrás volver a verlas. Cuanto más oscura es la noche, más brillan las estrellas.

En la vida todo está entrelazado. Tus placeres se entrelazan con tus dolores, tus éxtasis se mezclan inevitable e inseparablemente con tus agonías. Así que toda tu idea del futuro es pura tontería. No podéis lograrlo, nadie ha podido lograrlo nunca, porque estáis intentando hacer algo que no puede hacerse por la propia naturaleza de las cosas. Será simplemente una repetición de tu pasado.

Lo que desees no va a cambiar nada. Será una y otra vez una repetición de tu pasado, el mismo pasado, quizás un poco diferente, pero no debido a tus expectativas - un poco diferente porque la vida sigue cambiando, la gente sigue cambiando, la existencia sigue cambiando. Así que habrá pocas diferencias, pero no diferencias básicas, sólo en las partes no esenciales. En esencia, será la misma tragedia.

Abandonar la mente significa abandonar el pasado, y con él, por supuesto, desaparece el futuro. Abandonar la mente significa que de repente despiertas al presente, y el presente es la única realidad que existe. El pasado no existe, al igual que el futuro. El pasado ya no existe, el futuro aún no existe, sólo existe el presente. Siempre es ahora, sólo existe el ahora. Y el meditador comienza a fusionarse y fundirse con el ahora.

Y eso es el silencio. Se puede transmitir, Gotz Hagmuller, a tus oyentes de radio. Sólo estas pausas... estos momentos sin palabras... cuando empiezas a sentir el ahora, el aquí... cuando de repente te das cuenta de que cinco mil personas están sentadas aquí, pero como si no hubiera nadie en absoluto. La Sala de Buda está absolutamente vacía.

Cuando estamos en el presente... desciende el silencio. Se oye el piar de los pájaros, pero no perturban el silencio: lo realzan, lo embellecen.

Lleva mi mensaje a tu pueblo. Primero: la libertad es el fin último y el socialismo va contra ella, de ahí que esté a favor de un estado de laissez-faire. Segundo: nadie puede practicar la religión. Religión significa realmente tu espontaneidad, tu naturaleza. No puedes practicarla, tienes que permitirla. Tienes que eliminar todas las barreras que impiden el flujo de tu naturaleza. Es como un arroyo impedido por las rocas: quita las rocas. No es cuestión de practicar; ya está ahí. Es tu naturaleza. Cuando los obstáculos desaparecen, empiezas a fluir, como un río que se dirige hacia el océano.

Cada conciencia que se mueve hacia Dios, hacia el océano último, es religiosa. La religión no es cristiana ni hindú ni mahometana. Todo eso son juegos políticos jugados en nombre de la religión. Una persona religiosa es simplemente religiosa, natural, espontánea, vive de su propia luz.

Buda dijo a sus discípulos, y este fue su último mensaje en la tierra: "Sé una luz para ti mismo" - vive según tu propia luz, no siguiendo y practicando la luz de otro, porque eso te convertirá sólo en una copia al carbón, y por muy bella que sea la copia al carbón sigue siendo una copia al carbón.

Descubre tu originalidad, y eso no se consigue practicando. Practicar significa imponer algunas ideas de otros, intentar actuar como otros quieren que actúes. Actúa como te gustaría actuar. Arriésgate, es peligroso.

Ser religioso es vivir en peligro, no es seguridad. Vivir en la religión significa explorar constantemente lo desconocido y, en última instancia, lo incognoscible.

Y tercero: sé un buscador, nunca seas un creyente. Si no puedes decir: "Conozco a Dios", no digas: "Creo en Dios", porque eso es falsificar. Eso es incluso no ser verdadero con Dios, ni siquiera ser sincero con Dios. ¿Con quién vas a ser sincero entonces? Si no lo sabes, di: "No lo sé". Al menos eso es verdad. No finjas que lo sabes porque las pretensiones son peligrosas. Engañarán a los demás y también pueden engañarte a ti mismo.

Y sólo un buscador puede convertirse en meditador. Meditación significa silencio absoluto. Sólo en el silencio se llega a conocer, se llega a amar, se llega a danzar en sintonía con la existencia.

La segunda pregunta:
Pregunta 2:

MAESTRO,
¿QUÉ PRETENDE EXACTAMENTE?
Govind Narayan,
ES UNA PREGUNTA MUY DIFÍCIL de responder. En primer lugar, no intento hacer nada; la propia palabra "intento" no va conmigo. Si alguien te pregunta: "¿Estás intentando amar a esta mujer?".

¿qué dirás, Govind Narayan? ¿Intentar amar? O el amor es o no es. Intentar amar simplemente significa que no amas, por lo tanto lo estás intentando. Pero, ¿qué puedes conseguir intentándolo? Gestos vacíos. Puedes decirle a la mujer "te quiero" mil y una veces de mil y una maneras, pero en el fondo sabrás que es sólo un esfuerzo; tu corazón no estará con ella.

No intento hacer nada, sólo soy yo mismo. Entonces, lo que está ocurriendo está ocurriendo, es un acontecimiento. Lo que está ocurriendo aquí, recuerda, no lo estoy haciendo yo. No puedes hacerme responsable de lo que está ocurriendo aquí, ¡no soy responsable en absoluto! Está sucediendo, ciertamente, pero ni yo estoy haciendo nada ni mis sannyasins están haciendo nada. Pero en este no-hacer algo ocurre.

Pero Govind Narayan no es un sannyasin; debe ser un visitante ocasional, de ahí que le haya surgido la pregunta. Y él no entenderá lo que estoy diciendo, pero puede entender esto:

TU JISM KE KHUSHRANG LIBASON PAI HAI NAJAN TU JISM KE KHUSHRANG TU JISM KE KHUSHRANG LIBASON PAI HAI NAJAN MAIN RUH KO MOHTAJE KAFAN DEKH RAHA HUIN KYA PUCHHTE HO HAL MERE KAROBAR KA AAINE BECHTA HUN MAIN ANDHON KE SHAHAR MAIN.

TU JISM KE KHUSHRANG LIBASON PAI HAI NAJAN MAIN RUH KO MOHTAJE KAFAN DEKH RAHA HUIN

KYA PUCHHTE HO HAL MERE KAROBAR KA AAINE
BECHTA HUN MAIN ANDHON KE SHAHAR MAIN.

Aproximadamente se puede traducir:

No me pregunte, señor, qué hago aquí.

Estás orgulloso de los colores psicodélicos oníricos del cuerpo y la mente, pero puedo ver la muerte llamando a tus puertas.

Estás perdido en un mundo de sueños, y puedo ver la muerte acercándose a cada momento más y más.

No me pregunte, señor, sobre mis asuntos aquí.

¡Vendo espejos en la ciudad de los ciegos!

AAINE BECHTA HUN MAIN ANDHON KE SHAHAR MAIN.

¡Vendo espejos en la ciudad de los ciegos!

¡Y ésta es ciertamente una ciudad de ciegos! Toda esta tierra está llena de ciegos - ciegos porque no pueden ver que la muerte se acerca, ciegos porque no pueden ver que la vida se evapora a cada momento, ciegos porque no pueden ver la momentaneidad de todo lo que están acumulando, ciegos porque no saben de dónde vienen, por qué vienen, a dónde están destinados, ciegos porque ni siquiera son conscientes de quién reside en lo más íntimo de su ser.

Cuando Alejandro Magno llegó a la India... y llegó en un momento muy adecuado, muy maduro... Buda había dejado su cuerpo sólo trescientos años antes; su vibración aún estaba viva. La gente todavía estaba llena de la alegría, del silencio que habían experimentado en Buda. Él se había ido, la flor había desaparecido, pero la fragancia seguía en el aire; aún persistía. Persistió al menos durante quinientos años.

Alexander estaba muy sorprendido; nunca había sentido tal calidad. Se encontró con mucha gente con la que nunca se había cruzado en toda su vida. Eran extraños: hablaban una lengua extraña, llevaban una vida extraña. Estaba desconcertado.

Conoció a un faquir desnudo y quedó tan impresionado por la belleza del hombre, su gracia, su silencio, su dicha, que de repente sintió su propia pobreza. Y él era el conquistador de aquel tiempo, el conquistador del mundo entonces conocido, el mayor conquistador de todos los tiempos. Y sintió su mendicidad ante este mendigo desnudo, porque podía ver que estaba vacío. Y este hombre desnudo rebosaba de sentido, de alegría, de esplendor.

Alejandro suplicó a este mendigo: "¡Dame algún regalo que pueda serme de ayuda!".

El mendigo sacó de su bolsa un pequeño espejo, según cuenta la historia, y se lo dio a Alejandro Magno. Al ver que no era más que un espejo corriente, y además muy barato, Alejandro dijo: "¿Crees que es un regalo tan grande? De un hombre como tú esperaba algo realmente milagroso".

El faquir desnudo se echó a reír y dijo: "Es más de lo que jamás podrías haber esperado. Guárdalo para el día en que surja en ti la pregunta '¿Quién soy yo?' y entonces míralo".

Alexander no pudo resistir la tentación. Esa misma noche, cuando estaba solo, se miró al espejo y se sorprendió: vio su rostro original.

Esto debe ser un cuento, porque ningún espejo puede mostrarte tu rostro original, a menos que ese espejo sea la meditación. La meditación puede mostrarte tu rostro original. La historia dice simplemente que el mendigo le dio el secreto de la meditación; es una forma metafórica de decir. La meditación es un espejo. Todos los espejos sólo pueden mostrar la cara física, pero la meditación puede mostrarte tu cara espiritual.

Y eso es lo que estoy haciendo aquí:

AAINE BECHTA HUN MAIN ANDHON KE SHAHAR MAIN.

Vendo espejos en la ciudad de los ciegos.

Y es realmente una ciudad de ciegos, locos, muertos; todo tipo de gente extraña se ha reunido en la tierra. Parece que la Tierra debe ser un vertedero del universo, porque los científicos dicen que hay al menos cincuenta mil planetas en los que existe vida, así que deben necesitar algún lugar donde verterla. Deben de estar utilizando la Tierra como vertedero, porque está llena de locos, de muertos, de mediocres, de estúpidos...

Un par de músicos de jazz, realmente desaparecidos, observaban la erupción de un cráter.

"Tío", gritó uno, "¡cava ese mechero loco!".

Una joven que llevaba muchas semanas arruinada encontró un billete de diez dólares en la cuneta.

Alborozada, corre al supermercado más cercano y se lo gasta todo en comida. Cuando salía con su paquete, chocó con un borracho y aterrizó en la acera entre un amasijo de leche, café en polvo, huevos rotos y salsa de tomate.

Al ver truncado su sueño de un festín, rompió a llorar y comenzó a sollozar amargamente. El borracho se puso en pie tambaleándose y contempló en fascinado silencio dos huevos que flotaban en un charco de salsa de tomate.

Luego miró a la mujer y balbuceó: "No se preocupe, señora, de todos modos no habría sobrevivido: ¡tenía los ojos demasiado separados!".

Un borracho se tambaleaba por la carretera en pleno día, evidentemente muy desmejorado, y casi choca con un sacerdote católico que se dirigía a visitar a un anciano feligrés.

"Disculpe, reverendo", balbuceó el borracho, "pero ¿podría indicarme dónde están los Alcohólicos Anónimos?".

La expresión despectiva del sacerdote se iluminó visiblemente y estrechó calurosamente la mano del borracho. "Hijo mío", entonó, "me complace ver que incluso en tu estado de embriaguez puedes ver el error de tus caminos, y has tenido el buen sentido de ir y unirte a Alcohólicos Anónimos".

"¿Unirse? Al infierno!" dijo el borracho. "¡Voy a dimitir!"

Un niño estaba ahuyentando a los cuervos de unas plantas jóvenes en un campo, gritando: "¡Vete a la mierda! Váyanse a la mierda".

Un sacerdote que pasaba por allí llamó al chico y le recriminó el uso de palabras malsonantes.

"Recuerda", pontificó, "Dios está en todas partes y escucha cada palabra que pronuncias. No ofendas sus oídos con ese lenguaje. Además, si gritas '¡Fuera, fuera!' lo bastante alto, ¡se irán a la mierda igual de rápido!".

La tercera pregunta:

Pregunta 3:

MAESTRO,

SE DICE QUE ZARATUSTRA SE RIO A CARCAJADAS CUANDO NACIO. ¿ES CIERTO?

Narendra,

DEBE SER CIERTO, porque un hombre como Zaratustra viene al mundo con una gran perspicacia. Debe haber visto el mundo inmediatamente - ¡debe haber visto toda la escena loca! Depende de cuánta inteligencia tengas. Pocas personas tardan toda su vida en darse cuenta de que han estado viviendo en un manicomio. Él debió ver en el primer momento que "¡Este es un lugar de locos en el que estoy entrando!".

Y no se trata sólo de Zaratustra: todos los niños, en el momento en que son capaces de enfocar correctamente, empiezan a sonreír, ¡porque entonces son capaces de ver cómo es su padre!

Una historia reciente habla de un bebé que reía y se reía minutos después de nacer. El obstetra se dio cuenta de que tenía un control muscular inusual: su pequeño puño izquierdo estaba fuertemente cerrado. Al abrirlo, el médico encontró una píldora anticonceptiva.

Zaratustra debe haberse reído. Si se rió o no... No me preocupa la historia, pero para mí su risa es muy significativa. El mundo está hecho un desastre. Normalmente los niños nacen llorando, ¡eso también es su juicio! Dicen: "¡Dios mío! ¿Así que este es el mundo en el que he nacido?".

Zaratustra tiene una actitud diferente, desde el otro extremo: se reía. Debió de ser un hombre como yo, de ahí que sienta un profundo amor por Zaratustra.

Un rabino y un monje hindú, obviamente abstemio, estaban sentados juntos en el vagón restaurante de un tren. Cuando el rabino pidió un martini, el monje hindú se escandalizó.

"¡Preferiría cometer adulterio!", se burló.

"No sabía que aquí te dieran a elegir", respondió el rabino.

El recluta del ejército del país estaba siendo sometido a un examen físico. "Bueno, ya está todo menos el análisis de orina", dijo el médico. "Quiero una muestra suya en uno de esos frasquitos que hay en ese estante al otro extremo de la sala".

"¿Qué ha dicho, doctor?", preguntó el joven.

"Orina en una de esas botellitas de ahí abajo", repitió el médico.

El recluta seguía dudando. "¿Quiere decir desde aquí?", preguntó.

A un vagabundo se le ocurrió una nueva estratagema para ganarse la simpatía de los demás. Llamó al timbre, se puso de rodillas y empezó a mordisquear la hierba. "¿Qué hace usted ahí?", preguntó la señora cuando abrió la puerta.

El vagabundo se levantó débilmente, se agarró el estómago con fingido dolor y gimió: "Señora, tengo tanta hambre que he tenido que empezar a comer hierba".

"¡Pobre hombre, deja de comer esa hierba vieja y seca!", gritó la mujer con simpatía. "¡Ve a la parte de atrás donde la hierba es más verde y más larga!"

Un hombre ganó un pavo en una rifa y se lo llevó a casa, pero su mujer se enfadó. "¿Quién quiere molestarse en desplumarlo?", le dijo enfadada.

"Si eso es lo que piensas", respondió, "lo desplumaré y lo cocinaré yo mismo".

Así que se afanó en desplumarlo y, cuando por fin terminó, lo trenzó y lo metió en el horno.

Pero se olvidó de encender el gas. Después de lavarse se puso a leer. Media hora después oyó una voz apagada que decía: "¿Qué vas a hacer al respecto?".

Sin apartar los ojos del periódico dijo: "¿Hacer sobre qué?".

La voz respondió: "Me estoy enfriando. O me devuelves las plumas o enciendes el gas".

Si Zaratustra se rió, ¿qué hay de malo en ello? Él debe haber visto toda la estupidez, que tiene que vivir con estas personas, y comenzó con una carcajada.

El célebre conferenciante agnóstico Robert G. Ingersoll dijo una vez: "Ningún hombre con sentido del humor ha fundado jamás una religión".

Se equivoca: Zaratustra lo hizo. Por supuesto, alrededor del noventa y nueve por ciento de las religiones Ingersoll tiene razón; su afirmación es significativa. Dice: "Ningún hombre con sentido del humor fundó jamás una religión". Es cierto sobre Jesús, sobre Buda, sobre Mahoma, sobre Krishna -es absolutamente cierto; estas personas no parecen tener sentido del humor- excepto sobre Zaratustra. Tal vez Ingersoll nunca había oído hablar de Zaratustra.

Es el único hombre conocido que empezó su vida riéndose: debía de tener un inmenso sentido del humor. Empezar la vida riendo no es fácil. Debe haberse preparado para ello durante muchas vidas; debe haber venido preparado.

Los cristianos dicen que Jesús nunca se rió en toda su vida; tal vez tengan razón. No quiero creerlo porque eso significa una gran condena de Jesús, pero si los cristianos lo dicen, entonces, claro, ¿quién soy yo para llevarles la contraria? Ellos son los que tienen autoridad, al menos en lo que se refiere a Jesús: ¡son los dueños de Jesús!

La Iglesia Protestante de Alemania ha prohibido mis libros en las iglesias, en las bibliotecas de las iglesias.

Se ha dado a todos los sacerdotes, a todas las iglesias, que mi nombre, incluso mi nombre, no debe ser mencionado en ningún sermón. No se debe citar nada de mis libros, ni siquiera para refutarlo, ¡porque la gente se interesa!

Esta puede ser una de las razones por las que Jesús ha conseguido cambiar casi la mitad de la humanidad al cristianismo, porque la gente está triste. Zaratustra no ha encontrado muchos seguidores, ¿sabes? Sus seguidores sólo están confinados en Bombay - sólo unos pocos miles. ¿Por qué ha fracasado Zaratustra? Tal vez la causa sea la risa: tiene sentido del humor.

La gente es seria, triste, miserable, de ahí que la cruz de Jesús les parezca muy atractiva, porque su vida también está en la cruz. Pueden comprender a Jesús y su agonía: están pasando por ella. Toda su vida no es más que llevar una cruz. Pueden encontrar una profunda afinidad con Jesús, su crucifixión - ellos también están crucificados. ¿Pero qué afinidad pueden encontrar con Zaratustra? ¿Por qué fracasó Zaratustra?

Los budistas han encontrado millones de seguidores; toda Asia es budista. Los cristianos han encontrado millones de seguidores; la mitad de la tierra es cristiana. Los mahometanos están al lado de los cristianos, y Mahoma no tiene ningún sentido del humor. Con una espada en la mano es muy serio, realmente serio. Se preocupa mucho por tu bienestar; si no le escuchas, está dispuesto a pelear contigo, pero está decidido a convencerte porque está decidido a salvar tu alma. Incluso si tiene que usar la espada, tiene que salvarte. ¿Cómo puede permitir que caigas en el infierno? Es por tu propio bien.

Zaratustra es la única persona que no ha sido capaz de encontrar seguidores. Lo entiendo: con sentido del humor, ¿quién te va a hacer caso?

Vuelvo a intentar algo parecido a Zaratustra. Mi esfuerzo aquí es demostrar que Ingersoll estaba equivocado. Intento fundar una religión basada totalmente en el sentido del humor.

Shakespeare y otros han descrito de forma jocosa al necio pretendiente a filósofo como foolosopher. Con el mismo juego de palabras, la filosofía de los necios se denomina "filosofía de los necios".

Bertrand Russell siempre criticó a los necios, por su falta de sentido común y de sentido del humor. Cuenta que una vez estuvo a punto de morir de neumonía y deliró durante tres semanas.

Cuando revivió, el médico le dijo: "Cuando estabas enfermo te comportabas como un verdadero filósofo:

cada vez que volvías en ti hacías una broma".

Russell escribió después: "Nunca recibí un cumplido que me complaciera más".

Él mismo era un hombre serio. En su estado de delirio debió de olvidar toda su filosofía y seriedad, debió de volverse más relajado, debió de olvidar que es un filósofo y que tiene que ser serio, debió de bromear.

Para mí, el sentido del humor debería ser la piedra angular de la futura religiosidad del hombre. No hay necesidad de ser tan serio. El hombre es el único animal que tiene sentido del humor. Nunca has visto reír a los búfalos o a los burros. Sólo el hombre puede tener el sentido de lo ridículo, de lo absurdo. Se necesita una gran inteligencia para tener sentido del humor; en los planos inferiores no existe.

y ni siquiera todos los seres humanos la tienen; aquellos que existen en planos inferiores de inteligencia están obligados a ser serios - serios como los burros. Los burros son gente muy seria, siempre pensando en cosas serias, parece, muy perturbados con todos los problemas del mundo.

He observado a los burros muy de cerca; desde mi infancia me han interesado mucho. Si Pavlov pudo descubrir muchas cosas sobre el hombre estudiando a los perros, si Skinner puede descubrir muchas cosas sobre el hombre estudiando a las ratas blancas, si Delgado puede descubrir muchas cosas sobre el hombre estudiando a los monos, me pregunto por qué estas personas han pasado por alto al burro. Es el que más se acerca al ser humano: ¡un filósofo serio, un experto, un erudito, un teólogo! ¿Quién ha oído reír alguna vez a un burro?

Zaratustra parece ser del más alto calibre, de la inteligencia más refinada A la primera vista del mundo se echó a reír No pudo contenerse, no pudo resistir la tentación Viendo dónde ha aterrizado.

El viejo profesor de filosofía que se jubilaba se dirigió a su clase: "Hombres, tengo dos confesiones que hacer antes de irme", dijo "La primera es que la mitad de lo que os he enseñado no es verdad ¡La segunda es que no tengo ni idea de qué mitad es!".

Un piadoso anciano oyó en la calle a un niño rudo que insultaba a su compañero de juegos. "¿No sabes", amonestó al joven, "que está mal usar palabras de cuatro letras? Dios te castigará".

El joven miró al hombre con desprecio. "Dios no puede oírme", dijo. "Está muy arriba, en el cielo".

"Joven, Dios está en todas partes".

"¿Está en mi casa?"

"Ciertamente lo es".

"¿Está en mi jardín?"

"Por supuesto".

"¡Estás loco, no tenemos jardín!"

Los niños son mucho más claros: no se les puede engañar tan fácilmente. Y en el primer momento en que el niño abre los ojos su claridad es absoluta. Ningún cura ha entrado, ningún político le ha corrompido todavía. No ha sido condicionado por católicos ni protestantes ni hindúes ni mahometanos.

No le han contado todo tipo de mentiras, creencias y supersticiones. Sus ojos son claros, puede ver a través y a través.

Zaratustra hizo lo correcto - que se rió.

Una vez Diógenes pidió limosna a un hombre de inclinación filosófica. "Antes de darte una DRACHMA", dijo el hombre, "convénceme de por qué debo hacerlo".

"Si pensara que eres susceptible de entrar en razón", le dijo Diógenes, "te recomendaría que fueras a ahorcarte".

¿Quién es susceptible de razonar? Es un mundo irracional, y Diógenes tiene razón. El hombre preguntaba: "Convénzame, ¿por qué debo darle algo? ¿Por qué? La respuesta de Diógenes es correcta "Si pensara que puedes entender la razón, entonces lo único que te sugeriría sería que fueras a ahorcarte, porque ¿qué haces en este mundo irracional? Un hombre tan razonable".

La risa de Zaratustra parece irracional, pero no lo es. Al ver la irracionalidad a su alrededor debió de ser perspicaz, muy perspicaz.

La historia es extraña. Se habla de muchos milagros de personas como Jesús, Buda, Mahavira, Krishna, pero son casi iguales. El milagro de caminar sobre el agua se repite en miles de piedras; no es nada especial para Jesús. El milagro de curar a la gente de sus enfermedades incurables no es nada nuevo para Jesús. Es el mismo milagro que hacen tantas personas en todo el mundo, en todas las tradiciones, en todas las religiones. Incluso el milagro de resucitar a los muertos no es nuevo; también es un milagro común atribuido a muchas personas.

Pero este milagro de Zaratustra es simplemente único; a ninguna otra persona se le ha atribuido este milagro.

Nadie ha pensado en ello. Y es mucho más importante que resucitar a los muertos, porque resucitar a los muertos no va a servir de nada. Lázaro tiene que morir finalmente, tiene que morir tarde o temprano, así que ¿qué importa - esta semana o la siguiente? Puede que viviera algunos años más, ¿y qué? Curar a un hombre de su enfermedad no importa mucho, porque aun así la muerte vendrá, otras enfermedades vendrán. Incluso si empieza a ver - antes era ciego - ¿qué importa? Tantos millones de personas tienen ojos, ¿qué les ha pasado?

De hecho, hay una historia sufí sobre Jesús, que los cristianos no cuentan en sus escrituras. Deben de haberla evitado. La Biblia no es exactamente cierta; se han eliminado muchas cosas de ella. Todo lo que iba a crear problemas a los teólogos, a los sacerdotes, a los papas, se ha eliminado, se ha dejado fuera. Pero siempre hay pocas personas que no desaprovecharán una oportunidad así; recopilarán todas esas partes rechazadas, porque son mucho más importantes que las aceptadas.

Esta historia es rechazada por los cristianos, pero los sufíes la han conservado y han prestado un gran servicio a la humanidad.

Jesús entra en una ciudad y se encuentra con un hombre que está tirado en la cuneta gritando palabras feas, completamente borracho. Jesús se acerca a él para ayudarle, le mira a la cara y reconoce que ese hombre le es conocido. Estaba muy enfermo, Jesús lo salvó, lo arrastró casi desde la puerta de la muerte.

Sacudió al borracho y le preguntó: "¿Me reconoces?".

Me dijo: "Sí, te reconozco perfectamente. ¡Eres el hombre que creó el problema! Iba a morir, ¿por qué me salvaste? ¿Y ahora por qué has vuelto? ¿Vas a hacer algo más?".

Jesús no podía creer la forma en que el hombre se estaba comportando, como si Jesús le hubiera hecho algo malo. Jesús le dijo: "¿Por qué estás tan enojado?".

El hombre dice: "Estoy enfadado porque iba a morir y todo se iba a acabar, ¡y tú me has salvado! Ahora no sé qué hacer con mi vida. Ya ves, estoy tirado en la cuneta: ¡tú eres el responsable! Ahora sólo intento olvidarme de mí mismo, de mis problemas y de mis angustias bebiendo todo lo que puedo. Y sé que es veneno, pero ¿qué otra cosa puedo hacer? ¿Por qué me salvaste? Te he estado buscando - es bueno que hayas venido por ti mismo ¡Respóndeme!"

Y Jesús no pudo responderle. El hombre hace una pregunta pertinente: "¿Por qué me has salvado? ¿Para qué? ¿Para esta cloaca? ¿Para beber e intentar olvidar mis miserias?".

Jesús conmovido, muy humillado, escandalizado.

Vio a otro hombre que corría detrás de una prostituta. Se lo impidió, olvidando al primero: ¡eran los viejos hábitos! Se lo impidió al segundo hombre y le dijo: "¿Qué haces? ¿Acaso Dios te ha dado ojos sólo para codiciar a las mujeres? Incluso PENSAR en la lujuria es pecado - ¡sufrirás en el infierno!"

El hombre le dijo: "¡Déjate de tonterías! ¡Eres TÚ quien me ha curado de mi ceguera! Yo era perfectamente feliz con mi ceguera porque nunca había visto a una mujer, así que nunca me molestó Nunca me importó quién pasaba, hombre o mujer, todo era lo mismo Eres tú quien me curó ¿Ahora qué debo hacer con estos ojos? Estos ojos se sienten atraídos hacia la belleza Y recuerda, en el último momento, en el día del juicio, te señalaré - que tú eres el responsable Yo era un ciego inocente. Me diste ojos, ¡y ni siquiera te los había pedido! Estaba sentado, viniste, me tocaste los ojos y me curaste. Ni siquiera me lo pediste".

Jesús estaba ahora realmente conmocionado. No entró en el pueblo, sino que salió de él. Cuando salía, vio a un hombre que se disponía a colgarse de un árbol. Otra vez se le olvidó - ¡los viejos hábitos no mueren! Se acercó al hombre y le dijo: "¿Qué haces?".

Y este hombre no era otro que Lázaro. Le dijo: "¡Así que has vuelto! ¡Piérdete! Me voy a suicidar, ¡ya basta! ¿Y cómo te has enterado? La última vez te invitaron mis hermanas, Marta y María. Y yo estaba muerto - por fin estaba muerto, descansando en paz, y tú viniste y me resucitaste ¡Y ahora otra vez has vuelto! ¿No me dejas en paz? ¿Cuánto tiempo tengo que vivir, y por qué debo vivir? ¿Qué sentido tiene todo esto?"

Todos estos milagros carecen de sentido, pero el milagro de Zaratustra de reír en el momento de su nacimiento es realmente significativo.

Un gran Maestro Zen yacía gravemente enfermo. Cuando su médico se disponía a marcharse, le dijo alegremente: "Le veré por la mañana".

Aunque el moribundo Maestro sabía que sus horas estaban contadas, no pudo resistirse a murmurar: "Por supuesto.

Pero, ¿te veré?"

Un misterio por vivir

La primera pregunta:

Pregunta 1:

MAESTRO,

DESDE HACE DIAS ARDO POR DENTRO. SIENTO LO DESCONOCIDO EN UNA PARTE DE MI, Y TENGO MIEDO DE SALTAR. TODO ES CUCO, Y ES HERMOSO Y ATERRADOR AL MISMO TIEMPO.

¡EMPÚJAME, MAESTRO!

ON FIRE,

Vivek,

¡LOCA, NENA, LOCA! Para eso estoy aquí, para encenderte. Y una vez que empieza a suceder, no hace falta hacer nada más. Entonces sigue creciendo por sí mismo, a pesar de todos tus miedos; ellos no pueden impedir el fuego. Son naturales, vienen de tu pasado, pero el pasado es impotente cuando se enfrenta al presente. El fuego es presente, el fuego es ahora, y los miedos vienen del pasado; ya están muertos. Pertenecen a lo no existencial, y lo no existencial no puede hacer nada a lo existencial.

Son como la oscuridad. La oscuridad puede ser muy antigua, de millones de años, pero basta una pequeña vela para disiparla. No puede decir: "Soy muy antiguo, ¿cómo puedes atreverte? Eres sólo una pequeña vela y has llegado a existir en este mismo momento, y yo soy tan viejo, tan antiguo".

Pero no hay tiempo para que la oscuridad diga todo eso. En cuanto se enciende la vela, la oscuridad empieza a desaparecer. El problema es cómo encender la vela; una vez que está ahí, ya no hay ningún problema. Si la vela no está, la oscuridad es muy real, demasiado real, aunque no exista. Es sólo una ausencia.

Vivek, una vez que el fuego está dentro, incluso sólo una pequeña parte de ti está en llamas, que va a hacer - se extenderá. No es un fuego que muere. Una vez que esté ahí, te consumirá totalmente; eso es inevitable.

Mi trabajo termina en el momento en que el fuego está encendido. Entonces el fuego hará...

Tú dices: DESDE HACE DÍAS ARDO POR DENTRO. SIENTO LO DESCONOCIDO EN PARTE DE MI, Y TENGO MIEDO DE SALTAR.

Es natural tener miedo a saltar. Y saltar al fuego es como suicidarse En cierto sentido es un suicidio: el ego va a morir. De ahí el miedo, porque hemos existido como ego; esa es nuestra identidad. Abandonarlo significa la muerte. La mente no puede concebir qué más quedará una vez que el ego desaparezca. La mente sólo conoce el ego; no conoce nada detrás, más allá. No conoce nada de lo trascendental. La mente es parte del ego, y cuando el ego empieza a morir la mente empieza a morir, y crea todo tipo de miedos, ansiedades. Es sólo una autodefensa.

Pero una vez encendido el fuego, la mente está acabada. Puede que el fuego tarde un poco en extenderse por toda la selva de tu ser, pero la mente no puede hacer nada para evitarlo.

En el momento en que la mente se vuelve impotente, el trabajo del Maestro está terminado. Entonces él simplemente observa. Entonces disfruta de la desaparición de tu ego, de tu mente, de toda tu supuesta personalidad.

Usted dice, Vivek: TODO ES CUCKOO.

Al principio parecerá así, porque la mente es nuestra lógica y el fuego va a destruir nuestra lógica, porque la vida es más que lógica. De hecho, la vida es ilógica; tiene que serlo porque contiene contradicciones. La lógica es una elección; sigues eligiendo lo que es coherente con tu idea. La vida es mucho más que eso.

Si crees que la vida consiste sólo en días, ignorarás las noches. No tomarás nota de las noches porque crearán confusión. Entonces, ¿qué pasará con tu idea, con tu prejuicio, de que la vida consiste sólo en días? Tienes que aferrarte a tu idea; las noches parecen tan confusas.

Tienes que negar, tienes que mantenerte cerrado a las noches. Tienes que decir que son ilusorias, que son sueños, que son irreales; lo real es el día. Así es como la mente intenta ser coherente y lógica.

Si acepta la noche, entonces la lógica empieza a desaparecer. entonces se ha producido la contradicción, entonces se pierde la coherencia.

Si aceptas sólo las flores o sólo las espinas evitarás lo contrario, y la vida consiste en polos opuestos. La vida no puede ser coherente, recuérdalo; sólo la muerte es coherente. De ahí que la lógica esté más en sintonía con la muerte que con la vida. La vida es vasta, es tan vasta que puede acoger fácilmente lo contradictorio; de hecho, se regocija en las contradicciones. En el mismo rosal crecen flores y espinas. ¿Cómo puede ser lógico? La lógica dirá: "O crecen espinas o crecen flores".

La lógica significa o lo uno o lo otro, y la vida significa ambas cosas a la vez. De ahí que en el momento en que la mente empieza a resbalar, a morir, uno sienta que se está volviendo loco.

En Oriente hemos observado continuamente el fenómeno; lo llamamos una especie de locura espiritual.

En Bengala a los místicos se les ha llamado Bauls; BAUL significa el loco. En la tradición sufí, al místico se le llama MAST; MAST significa loco. Y Jesús, Bahauddin, Francisco, Eckhart, Kabir, Chuang Tzu, todos ellos son locos, por la sencilla razón de que no han elegido; han aceptado la vida tal como es en su totalidad.

La ciencia hasta la época de Albert Einstein se mantuvo muy coherente, muy lógica. Albert Einstein es el primer místico en el mundo de la ciencia; introdujo un misticismo científico que perturbó todo el edificio de la vieja ciencia. Después de Albert Einstein, la ciencia, en particular la física, que era su campo de trabajo, ya no es la misma, porque él aceptaba las contradicciones. Cuando empecé a trabajar pensaba que la vida y la lógica eran sinónimos - mi trabajo consistía en resolver los problemas lógicamente - pero a medida que profundizaba me di cuenta de que la vida no es sinónimo de lógica: contiene contradicciones. Y de hecho por esas contradicciones es bella, por esas contradicciones tiene una cierta tensión; esa tensión le da viveza, le da posibilidades de ser dinámica, conmovedora."

Y al final de su vida dijo: "Ahora no puedo decir que la vida sea un problema. Llamar a la vida un problema es una afirmación lógica, porque un problema significa algo que puede resolverse mediante la lógica, si no hoy, mañana. Tarde o temprano la lógica encontrará un camino y el problema se disolverá".

Einstein dijo, sólo dos días antes de morir: "La vida ya no es un problema para mí, es un misterio".

Y la diferencia entre misterio y problema es inmensa, cualitativa. Un problema puede resolverse lógicamente; un misterio no puede resolverse lógicamente ni de ninguna otra manera. Un misterio hay que vivirlo, aceptarlo tal como es; no hay forma de resolverlo. La vida es un misterio; es un misterio porque es contradictoria. Y hay miles de contradicciones, pero esas contradicciones le dan variedad, vastedad.

Así que al principio, cuando la mente empieza a perder el control sobre uno, parece como si uno se estuviera volviendo loco. Pero ser un cuco es mucho más hermoso que ser un experto, un profesor, un teólogo, un sacerdote o un político. ¿No has oído el canto lejano del cuco, qué hermoso es? Y el cuco está loco.

La belleza del canto del cuco es trascendental. No debería ser así, mirando la vida mundana, mirando la vida ordinaria. El cuco sigue cantando como si viviera en otro mundo.

Mis sannyasins TODOS tienen que ser cucos. Tienen que aprender la canción: la Canción de Salomón, la canción del amor, de la vida, de la risa.

Lo único bello en el Antiguo Testamento es el Cantar de los Cantares; todo lo demás es ordinario. Por supuesto, los judíos y los cristianos se avergüenzan mucho del Cantar de los Cantares; les gustaría que no estuviera en el Antiguo Testamento. No parece religioso: alaba la vida, es muy carnoso, muy vivo. Elogia el amor, es pura poesía. Pero no pueden negarlo: está ahí. Lo único que pueden hacer es ignorarlo o atribuirle significados esotéricos que no tienen sentido.

Es una canción muy sencilla; no es una parábola ni una metáfora. Es muy directa, inmediata. Dice exactamente lo que dice; es como si dos más dos fueran cuatro.

Vivek, lee el Cantar de los Cantares, te ayudará con tu fuego interior. Es uno de los mejores documentos del mundo, uno de los más bellos. Incluso el Bhagavad Gita, comparado con la Canción de Salomón, no tiene esa belleza. Canta la canción de la tierra; se regocija en lo ordinario. Y en el momento en que te regocijas en lo ordinario, transformas lo ordinario.

Hay dos cosas en el Antiguo Testamento: una es el Cantar de los Cantares y la otra son los Diez Mandamientos. Sobre los Diez Mandamientos, Vivek, recuerda esto:

Dos hombres discutían vehementemente sobre algo cuando uno de ellos dijo: "El problema contigo, Bill, es que no estás de acuerdo con nadie en nada. Apuesto a que ni siquiera aceptas los Diez Mandamientos".

"Eso no es cierto", discrepó el otro. "Si haces sólo un pequeño cambio en ellos estaré de acuerdo con todos".

"Eso es ciertamente sorprendente", dijo el primer hombre. "¿Cuál es el pequeño cambio que quiere hacer?"

"Tacha la palabra 'no' hasta el final".

Y eso es lo que es el Cantar de los Cantares: la pequeña palabra "no" ha sido tachada hasta el final.

Y tú me preguntas, Vivek: ¡Empújame, MAESTRO! EN FUEGO...

Eso lo hago sin pedir nunca permiso a nadie. Nunca vengo por la puerta principal porque nadie me lo permitiría. Nunca llamo, nunca pregunto: "¿Puedo entrar, señor o señora?". Entro como un ladrón, entro por la puerta trasera. Y ciertamente tengo que entrar como ladrón porque tú estás dormido; llamar a la puerta no servirá de nada. Racionalizarás en sueños: "Debe ser el viento, o un avión que pasa, u otra cosa". Racionalizarás, te darás la vuelta, te meterás bajo la manta y empezarás a soñar de nuevo. Puede que llamar a la puerta te provoque algunos sueños; eso es todo lo que hará. Estás tan profundamente dormido que tengo que venir por la puerta de atrás.

En la India tenemos mil nombres de Dios; una escritura entera está dedicada sólo a los nombres.

No hay nada más escrito en esa escritura: Vishnu Sahasranam - Mil Nombres de Dios. Sólo los nombres se cuentan de uno a mil. El nombre más hermoso que amo es Hari; Hari significa el ladrón supremo.

Hace sólo dos días estaba dando sannyas a una hermosa sannyasin. Le he dado el nombre de Haridasi - entregada al último ladrón Y cuando le dije: "Te han robado el corazón", por un momento se sintió transportada a otro mundo. Su mano se llevó de repente al corazón y le dije: "¡No está ahí!".

Y ella lo entendió de inmediato. Perdió algunos latidos; lágrimas de alegría acudieron a sus ojos.

No podía decir ni una sola palabra; tenía la voz entrecortada. Eso es lo que pasa cuando se te va el corazón.

Sigo haciendo las cosas a mi manera. Y contigo, Vivek, no estoy preocupado. Usted está en el fuego, su corazón es robado mucho antes. Y le estoy empujando, y estoy absolutamente seguro que la cosa que usted está todo aquí para va a sucederle. Afortunadamente usted no es un polaco, si no había un peligro...

¿Ha oído hablar de los nuevos paracaídas polacos?

Se abren al impactar... ¡pero tienen grandes dificultades con ellos porque la mayoría de los polacos fallan contra el suelo!

La segunda pregunta:

Pregunta 2:

MAESTRO,

HACE AÑOS NOS SEDUJISTE, A LOS CIEGOS, PARA QUE COMPRÁRAMOS TUS ESPEJOS MILAGROSOS. LOS COMPRAMOS, PENSANDO QUE ERAN BARATOS Y BONITOS. PERO PRONTO NOS MOSTRARON NUESTROS FEOS ROSTROS Y NOS ASUSTAMOS. PERO ANTES DE QUE ROMPIÉRAMOS ESOS ESPEJOS, NOS ANIMASTE A SEGUIR MIRANDO, A SEGUIR OBSERVANDO, A SEGUIR DANDO TESTIMONIO Y, A CAMBIO, NOS ARRANCASTE EL PRECIO DE NUESTRA PROPIA VIDA.

SIN EMBARGO, MIRANDO HACIA ATRÁS, MAESTRO, ME DOY CUENTA DE QUE NO TE HE PAGADO NADA. TODO HA SIDO UN GRACIOSO REGALO TUYO, A CAMBIO DE NADA. ¿CÓMO PUEDO DARTE LAS GRACIAS?

MAESTRO,

POR TODO ESTO, Y POR PERSEVERAR CON NOSOTROS Y HACERNOS AGUANTAR HASTA QUE REALMENTE VIMOS NUESTROS ROSTROS

ORIGINALES EN LOS ESPEJOS MILAGROSOS DE LA MEDITACIÓN?

TODAVÍA NO PUEDO SEGUIR PREGUNTÁNDOME, MAESTRO, POR QUÉ Y CÓMO TANTOS TE SIGUEN ECHANDO DE MENOS. ¿ACASO TIENEN MIEDO DEL SUPERVENDEDOR?

MAESTRO, ¿A QUÉ ESPERAN? ¿A QUIÉN ESTÁN ESPERANDO, CUANDO ESTE REGALO DE REGALOS ESTÁ LLOVIENDO INCESANTEMENTE POR TODAS PARTES?

Ajit Saraswati,

LA OBRA DE UN MAESTRO es realmente la obra de la seducción: te seduce hacia lo desconocido.

No hay otro camino, sólo la seducción puede ser útil. No se puede convencer de lo desconocido; aquello de lo que se puede convencer está destinado a ser lo conocido. Lo desconocido es desconocido. No lo has probado, ni siquiera has oído hablar de él, no tienes ni idea de lo que es.

Puedo convencerte de aquello de lo que ya tienes alguna idea, pero lo desconocido es absolutamente desconocido, y no sólo desconocido, sino también incognoscible. No hay forma de conocerlo porque es la cualidad intrínseca del propio conocedor NUNCA se convierte en lo conocido; en ningún momento se convierte en lo conocido.

Cuanto más te adentras en ella, más te das cuenta de que no es sólo lo desconocido sino lo incognoscible porque es el centro del propio conocedor ¿Cómo puede el propio conocedor convertirse en lo conocido? Eso es imposible; el conocedor siempre estará más allá de lo conocido, superando lo conocido.

De ahí que el trabajo de un Maestro sea en realidad de seducción. Te seduce, te fascina; te promete la dicha, la verdad, la libertad... le da muchos nombres. Te hace arder en deseos. Llega un momento en que el anhelo es intenso y apasionado, que das el salto. Es una auténtica locura. Ninguna persona lógica puede hacerlo.

De ahí que tenga que destruir lentamente tu aferramiento a la lógica. Tengo que cambiar tu energía de la cabeza al corazón, porque el corazón es ilógico y desde el corazón hay una posibilidad, un puente, un puente arco iris hacia lo desconocido y, en última instancia, hacia lo incognoscible.

De ahí que la palabra "seducción" describa en realidad toda la obra de todos los Budas. Pero las personas demasiado aferradas a la lógica no pueden ser seducidas. Si primero piden que se les convenza, entonces no hay manera. Si piden pruebas, entonces no hay manera. Si el Maestro mismo es una prueba, entonces hay un camino. Si la presencia del Maestro es suficiente para darte la alegría que puede llevarte a la aventura, si la presencia misma del Maestro te da valor para adentrarte en lo inexplorado, sólo entonces el viaje comienza.

Una cosa es cierta: una vez iniciado el viaje no se puede volver atrás. Un viaje empezado ya es la mitad del trabajo hecho; una vez que empieza tiene que llegar a su clímax. Sólo la parte del comienzo es la más difícil.

Por eso tengo que hablar de los espejos milagrosos y tengo que alabar esos espejos milagrosos de la meditación; tengo que seguir diciendo qué grandes éxtasis te van a proporcionar. Tú no estás interesado en la meditación, no estás interesado en mirar tu rostro original, pero ciertamente estás interesado en extasiarte.

Pero cuando coges el espejo en la mano por primera vez te da agonía, no éxtasis, porque tienes que encontrarte con todo lo feo que hay en ti, porque lo feo está en la superficie. Pero una vez que has visto lo feo no puedes estar tranquilo con ello. Esa es la única esperanza, porque nadie puede estar tranquilo con su fealdad. Una vez vista, tienes que destruirla, tienes que quitarte todas las máscaras que son feas, tienes que pelar toda la piel que es fea. Y detrás de la superficie hay una tremenda belleza.

Detrás de las máscaras -y hay muchas máscaras- tu rostro original no es más que el propio rostro de Dios.

En tu originalidad no estás separado de Dios; en tu personalidad estás separado.

"Personalidad" viene de la palabra griega PERSONA; significa la máscara. En tu individualidad eres uno con Dios. Entonces tienes la belleza de un Buda, Krishna, Cristo, la misma gracia. Pero antes de que uno pueda llegar a ella tendrá que pelar sus feas capas como se pela una cebolla. Y cuando pelas una cebolla se te llenan los ojos de lágrimas, es doloroso. Y tus máscaras falsas han permanecido contigo tanto tiempo que casi se han convertido en tus caras. Quitarlas no es como quitarse la ropa, en realidad es como pelarse la piel: duele. De ahí que sólo los valientes puedan interesarse por la transformación interior.

Me preguntas, Ajit Saraswati: MAESTRO, ¿POR QUÉ Y CÓMO TANTOS TE SIGUEN EXTRAÑANDO?

Son cobardes, no tienen agallas. No quieren arriesgar nada, y sin riesgo no se gana nada en la vida. Cuanto más alta es la cima que quieres alcanzar, mayor es el riesgo.

El camino de la búsqueda interior sólo pertenece a los jugadores, no a los hombres de negocios. Y la gente es muy calculadora, está constantemente calculando, siempre está pensando en términos de cálculo. Ni siquiera por un momento están dispuestos a arriesgar nada. Quieren todo tipo de seguridad, garantía, protección, entonces sólo cederán una pulgada. Y en la investigación espiritual no hay seguridad, no hay protección.

De hecho, por eso tiene una belleza tan tremenda: es una aventura.

La aventura no puede ser segura; es ir más allá de los límites de lo conocido. Cuando vives dentro de los límites de lo conocido, las cosas son seguras; lo sabes todo, eres eficiente.

Cuando uno va más allá de lo conocido, se arriesga. Puedes perder lo conocido, y quién sabe si vas a ganar algo en esta aventura o no.

Tú me preguntas: ¿TIENEN MIEDO DEL SUPERVENTAS?

Simplemente les asusta la verdad. Porque han vivido en tantas mentiras durante tanto tiempo que tienen miedo:

si llega la verdad todas sus mentiras se derrumbarán. Y no sólo han invertido esta vida, sino muchas vidas anteriores en esas mentiras. Sus inversiones son grandes, y la verdad las va a destrozar. No son lo suficientemente valientes para permitir que la verdad entre, para aceptar el hecho de que si la verdad destruye las mentiras es mejor que esas mentiras sean destruidas más pronto que tarde, porque si no las destruyes hoy entonces mañana un día más se pierde, entonces la siguiente vida una vida más se pierde, y tu inversión se hace más y más grande con las mentiras. Es mejor acabar con ello rápidamente; cuanto antes lo hagas, mejor. Pero para eso se necesita un cierto tipo de juventud.

Y en este país en particular sólo hay dos categorías O de personas: niños y ancianos, la juventud no existe. De la infancia la gente simplemente pasa a la vejez. El tiempo de la juventud, la juventud, la rebelión, la aventura, nunca sucede.

Y conmigo sólo los jóvenes -jóvenes de espíritu, quiero decir- pueden tener alguna comunión. Y no sólo conmigo: siempre ha sido así. Con Buda, con Jesús, con Lao Tzu, siempre fue así: sólo muy pocos aventureros jóvenes fueron con estas personas peligrosas. Alcanzaron grandes tesoros, pero esos tesoros no están seguros, no están garantizados; no hay seguro.

Dices:... ANTES DE ROMPER ESOS ESPEJOS, NOS ANIMASTE A SEGUIR MIRANDO, A SEGUIR OBSERVANDO, A SEGUIR DANDO TESTIMONIO, Y EN EL TRATO, NOS EXTRAJISTE EL PRECIO DE NUESTRA PROPIA VIDA. SIN EMBARGO, MIRANDO HACIA ATRÁS,

MAESTRO,

DESCUBRO QUE NO TE HE PAGADO NADA.

No hace falta que me pagues nada, porque lo que te doy no es mío, es de Dios. Es tanto tuyo como mío. Lo que os doy me ha sido dado. Así se lo agradezco a Dios, dándotelo a ti.

Y, Ajit Saraswati, la única forma de sentirse agradecido es compartirlo con los demás. Difúndelo por todas partes.

Lo que hayas vivido, compártelo. Y no te preocupes por lo que la gente piense de ti: ¡pensarán que estás loco! Pero si hablas con cien personas, al menos existe la posibilidad de que una persona te acompañe. Eso es más que suficiente; es una gran recompensa. Si puedes transformar a una sola persona, es suficiente. Millones están destinados a permanecer en la oscuridad; no se puede hacer nada al respecto porque es su elección, es su libertad. Si deciden permanecer en la oscuridad, ¿quiénes somos nosotros para obligarles a entrar en la luz? Podemos seguir intentándolo, pero al final será su decisión.

La única forma de mostrar nuestra gratitud al Maestro es ayudar a los demás. Si ha sido un regalo gracioso para ti, dáselo a otros como un regalo gracioso. Dalo sin ninguna idea de dar, sólo entonces es gracioso.

Dala sin ninguna idea de recompensa, sólo entonces es graciosa. Simplemente dalo por el puro placer de darlo.

También dices: ¿CÓMO TE DOY LAS GRACIAS, MAESTRO?

No hace falta decirlo. No hace falta que lo digas, pero lo estoy oyendo. Tu silencio es suficiente. Sólo se puede decir a través del silencio; no hay otra forma de decirlo. Las palabras son muy inadecuadas.

Y por ultimo, preguntas: MAESTRO, ¿A QUÉ ESTÁ ESPERANDO ESTA GENTE? ¿A QUIÉN ESTÁN ESPERANDO, CUANDO ESTE REGALO DE REGALOS ESTÁ LLOVIENDO INCESANTEMENTE POR TODAS PARTES?

Ajit Saraswati, este mundo se ha vuelto loco - loco no en el sentido de una locura espiritual, loco en el sentido de que la gente se ha dividido, la gente se ha vuelto esquizofrénica, la gente se ha reducido al estado más bajo de inteligencia, porque todos los opresores, los explotadores los líderes, los gurús, todos ellos lo querían de esta manera. Al hombre no se le debe permitir ser libre, al hombre no se le debe permitir ser rebelde, al hombre no se le debe permitir ser inteligente Las personas inteligentes son peligrosas para el status quo, para el establishment. La clase dirigente quiere que las personas sean esclavas, máquinas, robots, y lo han conseguido. Empiezan a destruir a un niño en el momento en que nace; empiezan a lisiarlo, a paralizarlo.

Es un mundo muy extraño: primero te lisian, luego te proporcionan muletas. Y cuando te proporcionan muletas te dicen: "¡Mira qué gran servicio te estamos haciendo!". Primero te dejan ciego y luego te dan gafas para que puedas ver un poco. Primero te hacen dependiente y luego empiezan a decirte cómo ser libre.

Vivimos en un mundo muy extraño. Hasta ahora la humanidad ha vivido de una manera demencial. Es ridículo y absurdo, y ya es hora de que esto termine.

Ese es mi esfuerzo aquí: a través de mis sannyasins traer un nuevo tipo de hombre al mundo, que será DIVINAMENTE loco pero no esquizofrénico - un nuevo hombre centrado en su ser.

Ese es el significado de la palabra "individuo": será indivisible; no podrás dividirlo.

Una mujer se acercó a un psicoanalista y le preguntó: "¿Puede dividirme en dos?".

El psicoanalista no daba crédito a lo que oía. Habían acudido a él personas que sufrían desdoblamiento de personalidad, y esta mujer le preguntaba: "¿Puede dividirme en dos?".

Me dijo: "¿Qué te pasa? ¿Por qué quieres que te parta en dos?".

La mujer dijo: "¡Me siento tan sola!".

Si observas a tu alrededor te sorprenderá la humanidad demente que hemos creado.

Tras varias rondas de copas en el cóctel, una mujer se dirige a su marido: "Henry, no te atrevas a tomar otra copa. Ya se te está poniendo la cara borrosa".

Un hombre corpulento de más de cien kilos era conducido a la horca. Miró la trampa y preguntó al verdugo: "¿Está seguro de que esa cosa es segura?".

Un investigador en sociología que hacía una encuesta sobre la homosexualidad llamó al timbre de un apartamento. El hombre que abrió la puerta respondió a su pregunta: "¿Homosexual? Nunca he oído esa palabra. Espere, le preguntaré a mi mujer".

Girando la cabeza, llamó: "¡Ernest!".

A la mañana siguiente de irse de luna de miel, una novia regresó a casa. Ella relató: "Me quité la ropa. Luego él se quitó la suya. Luego se puso mi ropa y se fue.

Un rabino contaba una historia:

"Un día, un pobre leñador encontró un bebé en el bosque, pero no sabía cómo alimentarlo. Así que rezó a Dios y ocurrió un milagro: al leñador le crecieron pechos y pudo alimentar al bebé".

"Rabino", interrumpió un oyente, "no me gusta esta historia. ¿Por qué una cosa tan rara como unos pechos en un hombre?

Si Dios es todopoderoso podría haber dejado caer una bolsa de oro para darle al leñador suficiente dinero para comprar comida para el bebé".

El rabino meditó sobre esto durante un rato, y luego dijo: "¿Por qué debería Dios gastar tanto dinero cuando puede simplemente hacer un milagro?".

En un bar desierto, dos personas estaban sentadas en extremos opuestos de la sala. El judío y el japonés llevaban un rato bebiendo sin darse cuenta el uno del otro, cuando de repente el judío se levantó de su taburete, se acercó al japonés y le dio un puñetazo en la nariz. El japonés, aturdido, se levantó con dificultad y preguntó al judío por qué había hecho eso.

"Eso fue por Pearl Harbor", respondió el judío, y volvió a su taburete.

Después de unos tragos más, el japonés se bajó del taburete y se acercó al judío. Le dio un fuerte puñetazo en la nariz. El judío, desplomado en el suelo, le preguntó a qué venía aquello.

"Eso fue por el Titanic", declaró el japonés.

"¡Pero si era un iceberg!", se quejó el judío.

"Bueno", respondió el japonés, "Iceberg, Greenberg, Silverberg... ¡son todos iguales!".

Cuando por fin terminó el diluvio y los animales salieron del arca de Noé, el elefante se volvió hacia la pulga que estaba detrás de él y le dijo: "¡Deja de empujarme!".

Este es el mundo en el que vivimos. Se ha llevado a la gente a la inteligencia más baja posible, y volver a elevar su inteligencia es una ardua tarea.

Es un milagro que alguien me escuche, me entienda y empiece a transformarse. Te está sucediendo a ti, AJit Saraswati, eres un bendito. Muy pocos son tan bendecidos en el mundo.

La tercera pregunta:

Pregunta 3:

MAESTRO,

¿QUÉ ES LA NOSTALGIA?

Sahajo,

NOSTALGIA es el anhelo de volver a los viejos tiempos, cuando no se era ni bueno ni viejo.

La cuarta pregunta:

Pregunta 4:

MAESTRO,

¿NO TEMES QUE EN LUGAR DE LA CREACIÓN DE UN NUEVO TIPO DE HOMBRE, SE TRATE DE LA CREACIÓN DE UN NUEVO TIPO DE OVEJA?

Dick,

NO ME ASUSTA EN ABSOLUTO, porque aunque se cree una nueva oveja es mejor que la vieja, ¡al menos será nueva! Y ser nueva es bueno, ser nueva es fresco, ser nueva abre nuevas posibilidades.

Por eso no tengo miedo.

Pero debes estar apegado al viejo tipo de oveja, de ahí que tengas miedo. Sólo puedo intentar dar a luz a un hombre nuevo, pero el nacimiento no puede estar absolutamente garantizado. Haré todo lo que pueda. No me importa si tengo éxito o fracaso. Lo que importa es si me he esforzado al máximo o no, y me estoy esforzando al máximo. Y eso es todo lo que me interesa.

Disfruto con mi trabajo. ¿A quién le importa el resultado? Las personas que se preocupan demasiado por el resultado simplemente malgastan su energía, porque preocuparse por el resultado consume gran parte de su energía. Entonces se preocupan por el resultado -eso es una distracción-, entonces el final se convierte en algo mucho más importante que el propio camino.

Para mí el viaje en sí es suficiente, la búsqueda en sí es más que suficiente. Para mí los medios y los fines no están separados, son inseparables. Por lo tanto, lo que hago lo disfruto; lo que sucede, eso no es en absoluto una cuestión para mí.

Pero, ¿por qué te preocupas? Usted debe estar interesado en mantener a la gente en sus viejas trampas. Sólo puedo hacer una cosa... Usted ha oído el viejo proverbio - esta es una nueva edición de ese viejo proverbio:

Puedes llevar a un hippie al agua, pero no puedes obligarle a bañarse.

Guiaré al hippie hasta el agua -eso es lo que puedo hacer-, le persuadiré, pero luego dependerá de él saltar al río o no. ¿Y quién soy yo para arrojarlo al río? Puedo mostrarle el camino al río, incluso puedo llevarle al río, entonces ES SU libertad. Si elige seguir igual no voy a perturbar su libertad, no voy a hacer nada contra él.

Amo a cada persona tal como es. Amo mi trabajo; para mí no es un trabajo porque lo amo, es sólo una obra de teatro. Pero contigo, Dick, parece haber algún problema en tu interior. Tu pregunta no tiene nada que ver con mi obra, sino con tus prejuicios.

Usted me pregunta: ¿NO TEMES QUE EN LUGAR DE LA CREACIÓN DE UN NUEVO TIPO DE HOMBRE, SE TRATE DE LA CREACIÓN DE UN NUEVO TIPO DE OVEJA?

Intento crear al hombre nuevo. Incluso si de cada cien, un hombre nuevo es creado, eso traerá a toda la conciencia de la humanidad un paso adelante, un paso hacia arriba. Existe la posibilidad de que muchos se conviertan en un nuevo tipo de ovejas, pero entonces tampoco es malo, eso también es una ganancia. Es mejor estar vivo, joven, fresco, nuevo, aunque seas una oveja.

Pero debes estar de alguna manera profundamente interesado en mantener a la gente en sus viejos patrones; tu inversión debe estar ahí. Tus prejuicios deben ser los de un cristiano, un judío, un hindú, un mahometano.

Dos músicos caminaban por una calle cuando una gran campana de un edificio en demolición cayó cerca con un fuerte estruendo. "¿Qué es eso?", preguntó uno.

"No estoy seguro", dijo el otro, "pero creo que era Si bemol".

La gente tiene su propio lenguaje, sus propios prejuicios, y se aferran a sus prejuicios. A pesar de que sus prejuicios han sido una auténtica miseria para ellos, siguen aferrándose.

Si eres una oveja vieja, Dick, al menos conviértete en una oveja nueva: ¡anaranjada! No será una gran revolución, pero incluso un pequeño cambio es bueno. Sólo por ese pequeño cambio... y un pequeño cambio puede abrir las puertas a cambios mayores.

Dos vagabundos estaban sentados de espaldas contra un viejo roble. Ante ellos corría un riachuelo ondulante. Era un día delicioso, pero uno de ellos estaba desconsolado.

"Sabes, Flaco", me dijo, "esto de andar por la vida ya no es lo que era. Las cosas son más difíciles cada año. Antes me resultaba muy fácil subir una cuesta, pero estos diesel van como locos. Y me estoy cansando de pasar las noches en un granero frío y en los bancos de los parques, preguntándome de dónde vendrá mi próxima comida. Y los trabajos esporádicos son cada vez más escasos...". Su voz se entrecorta y suspira.

Su compañero se volvió hacia él. "Si es así como te sientes, ¿por qué no lo dejas todo y te buscas un trabajo de verdad?".

El primer vagabundo levantó la cabeza y abrió la boca con asombro. "¡Qué!", gritó. "¿Y admitir que soy un fracasado?".

Ni siquiera un vagabundo, un pordiosero, un mendigo quiere aceptar que es un fracasado.

Dick, la forma en que has planteado la pregunta simplemente demuestra que eres una oveja vieja -católica, protestante- y tienes miedo de las ovejas nuevas. No te preocupa el hombre nuevo. La vieja oveja está preocupada, porque ¿qué va a pasar con los viejos prejuicios, las viejas conclusiones, la vieja ideología? Parece como si fuera a producirse una profunda discontinuidad con el pasado, como si uno muriera y volviera a nacer.

Pero quienes están dispuestos a abandonar lo viejo no son ovejas. El mismo valor de abandonar lo viejo basta para demostrar que son leones. El mismo coraje de que estén dispuestos a salir de sus viejas pieles, de sus viejos prejuicios, viejas idiologías, religiones, filosofías, demuestra una cosa muy clara, categóricamente: que no son ovejas. Y ese mismo coraje es la esperanza del nacimiento de un hombre nuevo.

Deja a un lado tus viejos prejuicios e intenta comprender lo que está ocurriendo aquí. Involúcrate un poco, participa en lo que está ocurriendo aquí. Has vivido según tus viejas creencias.

Si estás contento, seré la última persona en molestarte; pero si estás contento, ¿por qué estás aquí? ¿Para qué? Debes estar descontento.

Esta es una de las cosas más extrañas del hombre: aunque esté descontento, sigue creyendo, fingiendo que está contento. Y siempre que hay una oportunidad para cambiar - y él está BUSCANDO una oportunidad para cambiar, esta es la extrañeza - cuando encuentra la oportunidad de cambiar, se aferra al pasado.

Un boxeador con problemas de insomnio consultó a un médico.

"¿Has probado a contar ovejas?", preguntó el médico.

"Sí, pero no ayuda. Cada vez que llego a nueve ¡salto!"

¡Un viejo boxeador! En cuanto llega a las nueve no puede resistirse. En lugar de darle un buen sueño le perturba: se levanta de un salto. La gente funciona mecánicamente, inconscientemente. Tu pregunta ha salido de tu inconsciencia, Dick.

La taberna estaba cerca de un campamento militar, y la guapa camarera era popular entre los soldados rasos, sobre todo porque los prefería a los prepotentes oficiales.

Una noche, una joven y educada soldado raso estaba sentada junto a un arrogante teniente primero que intentaba salir con ella.

Cuando la teniente se dirigió al baño de hombres, acercó su rostro al soldado raso y le susurró: "¡Ahora es tu oportunidad, soldado!".

El soldado raso miró los tentadores labios rojos y luego gritó: "¡Eso es!". Y se bebió a toda prisa la cerveza del oficial.

Estás aquí, pero no realmente. Y la forma en que hablo debe ser muy difícil de entender para ti. Si has estado escuchando los sermones de los sacerdotes en las iglesias o en los templos o en las mezquitas, entonces lo que estoy diciendo aquí te parecerá muy irreligioso, te parecerá muy extraño a tus ideas de lo que debe ser la espiritualidad. Pero no puedo hablar como estáis acostumbrados a oír. Puede que estés esperando alguna mierda esotérica.

Kohn volvía a casa de ver a su médico y se encuentra con su amigo, que le pregunta: "¿Qué te pasa?".

"Tengo prostatitis", responde Kohn.

"¿Qué... qué... qué es eso?"

"¡Me meo en tu forma de hablar!"

El hombre nuevo sólo puede crearse con todo lo nuevo: la forma en que hablo, la forma en que vive mi pueblo, la forma en que se comporta, todo tiene que ser totalmente diferente del hombre viejo. El hombre nuevo no puede creer en tu moral podrida: tu moral sólo ha creado hipócritas. El hombre nuevo sólo puede vivir auténticamente; no puede preocuparse por tus ideas morales e inmorales. Sólo puede vivir meditativamente. No se le puede considerar un hombre de carácter, como os habéis acostumbrado a pensar de los religiosos.

El nuevo hombre no será un hombre de carácter, el nuevo hombre carecerá totalmente de carácter . Pero cuando digo "sin carácter", por favor, no me malinterpreten; no estoy hablando como ustedes entienden. Para mi el hombre sin caracter es el unico hombre que tiene caracter. Lo llamo sin caracter porque no sigue ningun dictado del exterior. Vive según su propia luz, vive meditativamente.

Su carácter no proviene de su conciencia.

La conciencia es una agencia implantada en ti por la sociedad, no es tuya. No llames a la conciencia tuya, no es tuya. Pertenece a la iglesia cristiana, pertenece a la religión hindú, pertenece a la filosofía jainista, pertenece a la ideología comunista. No tiene nada que ver contigo; te la implantan otros. Es una estrategia muy sutil para dominarte desde dentro. En el exterior han puesto un policía, el magistrado, el tribunal, y en el interior han creado una conciencia.

El verdadero hombre, el hombre nuevo, vivirá según la conciencia, no según la conciencia. Por supuesto, todo lo que SU conciencia considere correcto lo hará, cualquiera que sea el riesgo, cualquiera que sea lo que tenga que pagar por ello. Incluso si tiene que pagar con su vida, estará dispuesto a hacerlo, porque hay cosas más elevadas que la vida misma. La conciencia es mucho más elevada que la vida. Pero no seguirá a la conciencia.

El hombre de conciencia es conocido como un hombre de carácter - por eso llamo al nuevo hombre sin carácter, porque no tendrá conciencia, funcionará fuera de la conciencia. Sus mandamientos vendrán de su propio centro, y cuando vienen de tu propio centro te dan libertad. Y fuera de la libertad la vida toma un nuevo sabor, una nueva belleza. Haces el derecho, pero ahora el derecho no lo deciden otros. Ya no es una esclavitud, es libertad absoluta.

El hombre nuevo vivirá de la meditación, de la conciencia, de su propia luz interior. El hombre nuevo será un individuo, no formará parte de ninguna colectividad.

Mis sannyasins aquí no son una colectividad. Cada uno de mis sannyasins está relacionado conmigo directamente. No es una iglesia, no es una organización: es una relación de amor. Y como todos me aman, por supuesto que empiezan a sentir amor entre ellos también; eso es secundario. Su amor hacia mi es primario, luego su amor por otros sannyasins es secundario; son compañeros de viaje. Pero nadie está obligado a seguirme ni a seguir a nadie más. Es una comuna de compañeros de viaje, de compañeros de búsqueda.

No hay ninguna diferencia cualitativa entre mis sannyasins y yo. La única diferencia es muy ligera, muy pequeña: Yo soy consciente de mi mundo interior, ellos no son conscientes, pero tienen el mundo interior tanto como yo. Yo no lo tengo más, ellos no lo tienen menos. Tienen todo el reino de Dios en su interior. No soy especial en ningún sentido. No estoy afirmando que soy el hijo de Dios, no estoy afirmando que soy un AVATARA de Dios, no estoy afirmando que soy un teerthankara. Simplemente digo una cosa: que yo estaba dormido, ahora estoy despierto; tú estás dormido y también puedes estar despierto. Yo he conocido ambos estados -el estado de estar dormido y el estado de estar despierto- y tú sólo conoces un estado, el de estar dormido.

Pero recuerda, la persona que es capaz de dormir es capaz de despertar. El mero hecho de que pueda dormir es un indicio de que puede estar despierto. No hay ninguna diferencia.

Seguiré intentando ayudar a la gente a despertar. El hombre despierto será el hombre nuevo. No será cristiano, no será hindú, no será mahometano; no será indio, no será alemán, no será inglés. Será simplemente un ser despierto.

Pero, Dick, es posible que haya algunas personas que sólo se conviertan en un nuevo tipo de oveja, pero eso tampoco es malo. En cuanto a ser la oveja vieja, es mejor que eso. Así que si eres una oveja vieja, conviértete en una oveja nueva, y a partir de ahí empieza el viaje, una posibilidad. Si la oveja vieja puede convertirse en oveja nueva, es un cambio radical. La oveja que decide ser nueva es una revolución. Y si esto es posible, mucho más también lo es.

La quinta pregunta:

Pregunta 5:

MAESTRO,

¿CUÁL ES SU DEFINICIÓN DE POLÍTICO?

Nartan,

SI UN HOMBRE ESCAPARA DE LOS COCHES, es un peatón. Si elude los impuestos, es un hombre de negocios. Si elude responsabilidades, es un ejecutivo. Y si lo elude todo, es un político.

Y la última pregunta:

Pregunta 6:

MAESTRO,

UNA VEZ CONTASTE UN CHISTE PARA PURNA QUE SE IBA. YO ME QUEDO. ¿TAMBIÉN CONTARÁS UN CHISTE PARA MÍ?

Anand Donna,

De acuerdo,

UN RABINO JUDÍO DECIDIÓ sentarse con el sacerdote en su confesionario para aprender los principios de la religión católica. Llegaron dos mujeres, una tras otra, y confesaron haber tenido relaciones sexuales con sus novios, no sólo una sino tres veces. Como penitencia, el cura les dijo que rezaran tres Pater Nosters y echaran diez dólares en la caja de los pobres.

El sacerdote fue llamado urgentemente para dar la extremaunción a un moribundo. Le dijo al rabino que se quedara a oír las confesiones del resto de la gente. "Acuérdate de coger los diez dólares", le dijo antes de marcharse.

La primera confesante fue una joven que contó al rabino que había mantenido relaciones sexuales con su novio.

"¿Tres veces?", preguntó el rabino.

"Oh no, padre, sólo una vez", respondió la niña.

"¿Estás seguro de que no fueron tres veces?"

"No, padre, sólo una vez", insistió la joven.

"Bueno", sugirió el rabino, "te diré una cosa. Di tres Pater Nosters, mete diez dólares en la caja y la iglesia te deberá dos cojones".

La oración simplemente ocurre

ABSOLUTO Y RELATIVO - AQUEL QUE CONOCE ESTOS DOS JUNTOS, A TRAVÉS DE LO RELATIVO DEJA ATRÁS LA MUERTE Y A TRAVÉS DE LO ABSOLUTO GANA LA INMORTALIDAD.

EL UMBRAL DE LA REALIDAD ESTA VELADO POR UNA LUZ DORADA. REVELALO, OH SEÑOR, PUES MI DHARMA ES CONOCER LA VERDAD.

OH SEÑOR DE LA LUZ, EL CONOCEDOR, EL GUARDIÁN DORADO, DADOR DE VIDA A TODOS, EXTIENDE TUS RAYOS, RECOGE TU BRILLO, PARA QUE PUEDA PERCIBIR TU NATURALEZA MÁS FINA Y ESPLENDOROSA, ESE ESPÍRITU CÓSMICO QUE YACE EN TU CORAZÓN. ¡PUES YO MISMO SOY ESO!

QUE MI ALIENTO SE FUNDA CON EL ALIENTO CÓSMICO, QUE MI CUERPO SEA COMO POLVO, RECUERDA, OH MENTE, RECUERDA LO QUE SE HA HECHO.

RECUERDA, OH MENTE, RECUERDA LO QUE SE HA HECHO.

OH AGNI, MUÉSTRANOS EL CAMINO CORRECTO, CONDÚCENOS A LA LIBERTAD ETERNA, TÚ QUE TODO LO SABES. QUE NO NOS DESVIEMOS DE NUESTRA META, PUES CON TODA DEVOCIÓN NOS SOMETEMOS A TI.

AUM PURNAMADAH PURNAMIDAM PURNAT PURNAMUDACHYATE PURNASYA PURNAMADAYA PURNAMEVA VASHISYATE.

AUM QUE ES EL TODO.

ESTE ES EL CONJUNTO.

DE LA TOTALIDAD SURGE LA TOTALIDAD, LA TOTALIDAD PROVIENE DE LA TOTALIDAD, LA TOTALIDAD AÚN PERMANECE.

LA MAYOR CONTRIBUCIÓN de los videntes de los Upanishads es que han hecho que este mundo y el otro sean sinónimos. Han abandonado la idea de lo mundano y lo sagrado. ESO representa lo absoluto, lo último, la orilla más lejana; esto representa lo inmediato, el ahora, esta orilla. Ambos son uno porque: eso es el todo, esto es el todo - no hay distinción en absoluto.

Las religiones ordinarias viven condenando este mundo; condenando este mundo alaban el otro mundo. Los Upanishads tienen un enfoque totalmente diferente: alaban este mundo con toda su belleza, su esplendor; al alabar este mundo alaban el otro mundo. Este enfoque afirma la vida.

Los Upanishads están tremendamente enamorados de la vida. No enseñan la renuncia, enseñan el regocijo.

Habrían estado de acuerdo con Jesús cuando éste dice una y otra vez a sus discípulos: "¡Alégrense!

¡Alégrense! Te repito: ¡alégrate!". Los Upanishads tienen un enfoque muy estético de la vida, no el de un asceta, sino el de un poeta, un pintor, un músico, un bailarín. Su enfoque no es en absoluto patológico.

Pero esa visión ha desaparecido por completo. En lugar de esa visión extática de la vida, durante tres mil años la humanidad ha vivido con una idea muy sadomasoquista: tortúrate a ti mismo y enseña a los demás para que también puedan torturarse a sí mismos, porque ésa es la única manera de hacer que Dios se regocije. Esto es realmente una condena de Dios, como si Dios fuera un torturador, como si disfrutara con el dolor y la angustia de la gente.

Incluso hoy en día seguimos alabando la actitud ascética. La persona que se tortura se convierte en un gran santo. Si ayuna, mata de hambre su cuerpo, se acuesta en un lecho de espinas, permanece desnudo en el frío, se sienta en la estación más calurosa rodeado de fuego, entonces le tenemos un gran respeto.

Este respeto simplemente muestra que nuestras mentes están en un estado muy enfermo. No estamos por la salud, por la plenitud, por la alegría, por la dicha. Somos suicidas, asesinos. Y en nombre de la religión se ha cometido un gran suicidio. La humanidad entera se ha vuelto suicida.

Para comprender estos últimos sutras de los Upanishad recuerda una cosa: para los Upanishad el más allá no está en contra del mundo, es una parte intrínseca de él. El más allá es también el interior del mundo; no está lejos, está muy abajo, aquí y ahora. Igual que un río necesita ambas orillas, la vida necesita esto y aquello.

Cuando miras a un río ves dos orillas, pero si te sumerges profundamente en el río descubrirás que esas dos orillas no están separadas; debajo del río están unidas, son una. De la misma manera ESTO y AQUELLO son uno. Parecen divididos, pero es sólo una apariencia; no te dejes engañar por ella. Sumérgete profundamente para que puedas encontrar la unidad última.

Los llamados masoquistas, los santos ascetas han estado hablando de ADVAITA, la unidad, pero eso parece ser sólo palabrería, sólo palabrería, porque la forma en que se comportan, la forma en que viven, simplemente muestra dualidad.

Renuncian al mundo. Si el mundo es ilusorio, ¿por qué renunciar a él? ¿A qué hay que renunciar?

Nadie renuncia a sus sueños. Cuando te levantas por la mañana no haces una gran declaración al mundo diciendo: "¡He renunciado a todos mis sueños de la noche!". Cuando te despiertas simplemente sabes que esos sueños no formaban parte de la realidad; eran sólo fantasías de la mente. No hay nada a lo que renunciar; se han evaporado por sí mismos. Y si insistes en renunciar a los sueños, eso simplemente demuestra que sigues soñando. Ahora tu sueño es renunciar a los sueños, un nuevo sueño. Los viejos sueños son reemplazados por un nuevo sueño.

Alguien intenta conquistar el mundo -un hombre como Alejandro- y otro intenta renunciar al mundo -el hombre como Shankara-. Pero ambos están de acuerdo en un punto: que el mundo existe. Shankara dice que es irreal. Si es irreal, entonces ¿a dónde vas? ¿Por qué renuncias a él? ¿Entonces por qué esta insistencia, este énfasis? Todo el énfasis demuestra justo lo contrario de lo que se enfatiza.

Cuando era estudiante, uno de mis profesores en la universidad solía hablar siempre de su valentía, de su intrepidez, hasta el punto de que no pasaba un solo día en que no mencionara de un modo u otro que era un hombre valiente. Le escuché al menos durante dos o tres meses, y entonces me levanté y le pregunté: "Insistir todos los días en que eres un gran hombre valiente, simplemente demuestra que debe haber algo de cobardía en ti. Si no, ¿por qué insistes tanto? ¿A quién quieres demostrar? No estamos preguntando si eres cobarde o valiente. No hemos venido aquí a preguntar sobre su valentía o su cobardía, sea lo que sea, no nos interesa. ¿Por qué sigues insistiendo?". Y de cualquier referencia, de cualquier contexto sacará la conclusión, como si siempre estuviera buscando cualquier excusa para demostrar que es un hombre valiente.

Estaba conmocionado. Me llamó a casa por la noche y me dijo: "Eres la primera persona que me ha hecho consciente de cierto miedo que hay en mí. Realmente soy un hombre lleno de miedos. No intento convencerte, de hecho, hablando contigo intento convencerme a mí mismo. Y te estoy agradecido", dijo, "aunque cuando lo dijiste por primera vez ante los demás me quedé estupefacto, enfadado, enfurecido. Pero después, cuando lo pensé con calma, con tranquilidad, me di cuenta del hecho".

Las personas que siguen insistiendo en que el mundo es ilusorio simplemente intentan demostrarse a sí mismas que es ilusorio, pero saben que no lo es. Están tratando de crear un gran humo a su alrededor de que es ilusorio, que vale la pena renunciar a él: "¡No vale nada, no tiene sentido!". Pero, ¿por qué esta insistencia? Si no tiene sentido, no tiene sentido. Si es ilusorio, es ilusorio. No hace falta que lo digas.

Y estos supuestos santos han escrito tantos libros demostrando que el mundo es ilusorio.

Estos santos han estado hablando de lo ilusorio del cuerpo femenino, de que es feo, no es bello: "Basta con mirar dentro de la piel: no es más que huesos, sangre, pus, moco." ¿A quién pretenden demostrar estas cosas? ¿Y por qué esta insistencia continua? Parece haber en ellos una gran atracción por el cuerpo de la mujer. Intentan crear defensas.

Los Upanishads nunca dicen una sola palabra contra el mundo; ésa parece ser una visión más veraz. El mundo está ahí, ES real. Por supuesto que su realidad es relativa, y eso es un hecho que todo el mundo sabe que su realidad es relativa. Hoy amas a una mujer, mañana puede que no la ames. Hoy te había parecido que la amarías para siempre, y mañana toda esa idea simplemente se ha evaporado. Un día antes estabas dispuesto a morir por ella, ¡y un día después estás dispuesto a matarla!

Es un mundo relativo, aquí nada es permanente, eso es cierto. Todo es cambiante, fluido; es momentáneo. Pero eso no significa que sea irreal, ilusorio. Aunque sea momentáneo, es verdadero, es real. Tiene una realidad relativa.

El otro mundo, el más allá, el absoluto, tiene un tipo de realidad totalmente diferente; no es relativo. Pero ambos son reales. Lo relativo y lo absoluto son dos aspectos de la misma realidad. Fíjate en un río: por un lado, va cambiando; por otro, es el mismo río. Observa tu mente: la mente sigue cambiando - cada momento algo nuevo llega algo viejo muere - pero de otra manera tu conciencia tu observador es el mismo. Puedes experimentar ambas cosas dentro de ti: la mente es una realidad relativa y tu consciencia es una realidad absoluta.

Vas a ver una película. La pantalla sigue siendo la misma, pero las escenas que aparecen en ella van cambiando.

Ambos son reales. Las escenas están ahí por un momento y luego desaparecen, pero la pantalla sigue siendo la misma. Debido a las escenas no puedes ver la pantalla. Cuando las escenas se detienen, el proyector se para y, de repente, la pantalla está completamente vacía. Esa es la experiencia de lo absoluto: es el vacío, sólo una pantalla blanca; nada se mueve, nada cambia. Es eterno, intemporal. Pero el mundo del tiempo, el mundo del cambio, también forma parte de él.

Recuerde la metáfora de la rueda y el eje: el eje es absoluto y la rueda es relativa.

Pero la rueda necesita el eje; sin el eje la rueda no puede moverse, ¿sobre qué se moverá? Y el eje necesita a la rueda; sin la rueda no será eje. Son complementarios, no antagónicos.

Esto y ESO son dos aspectos de la misma moneda. Los sutras:

ABSOLUTO Y RELATIVO - AQUEL QUE CONOCE ESTOS DOS JUNTOS, A TRAVÉS DE LO RELATIVO DEJA ATRÁS LA MUERTE Y A TRAVÉS DE LO ABSOLUTO OBTIENE LA INMORTALIDAD.

Ver el punto: El que conoce todo esto... El Upanishad no dice que conozcas lo absoluto y renuncies a lo relativo. Está diciendo que los conozcas juntos en su totalidad. Entonces sólo tu conocimiento es completo, entonces sólo tu conocimiento es total. La persona que se aleja del mundo sigue siendo tan parcial como la que permanece en el mundo y olvida el más allá. Ambos son parciales, y ser parcial es estar enfermo porque entonces no puedes tener todo tu ser, sólo un fragmento.

Y tener sólo un fragmento es sufrir, es ser miserable.

De ahí mi observación: la gente mundana sufre de una manera y tu llamada gente espiritual sufre de otra, pero ambos sufren. El sufrimiento proviene de la verdad parcial. La dicha es la fragancia del todo.

La dicha sólo llega cuando vives la vida en su totalidad. La totalidad incluye esto y aquello y no hace ninguna jerarquía. aquello no es más elevado que esto; aquello está oculto en esto. Esto es la parte visible de aquello y aquello es la parte no manifestada de esto. Esto es el cuerpo de aquello y aquello es el alma de esto.

Y puedes ver dentro de ti: el cuerpo y el alma están viviendo en absoluta armonía. De la misma manera el Dios y su existencia están viviendo en profunda armonía no hay conflicto. El conflicto es creado por tu llamada gente religiosa; ellos han creado todo tipo de luchas innecesarias.

Por lo tanto, la verdadera religión estará más cerca de los Upanishads que de Shankaracharya, que de Mahavira, estará mucho más cerca de los Upanishads. Y este Isa Upanishad es la esencia misma de toda la filosofía Upanishádica de la vida.

ABSOLUTO Y RELATIVO - QUIEN CONOCE ESTOS DOS JUNTOS A TRAVÉS DE LO RELATIVO DEJA ATRÁS LA MUERTE Y A TRAVÉS DE LO ABSOLUTO GANA LA INMORTALIDAD.

El absoluto no puede ser conocido por ningún método, no puede ser conocido por ninguna enseñanza, no puede ser conocido por ninguna escritura. El absoluto no puede ser conocido como objeto de conocimiento porque es el centro mismo de tu núcleo más íntimo, es el fundamento de todo tu conocimiento. Por lo tanto, no puede ser conocido como lo conocido. Ningun metodo ayudara, ninguna ensenanza ayudara, ninguna filosofia sera de ayuda, de hecho, obstaculizaran. Para conocer lo absoluto, hay que abandonar todas las doctrinas, todas las filosofías, todas las ideologías, todos los métodos.

El otro día alguien preguntó: "¿Es posible encontrar a Dios practicando Yoga?". No se puede encontrar a Dios practicando nada: ni Yoga, ni Tantra, ni Zen, ni Tao. No se puede conocer a Dios practicando nada. ¿Quién va a practicar? Todas las prácticas se limitan a la mente y la mente que practica algo significa que la mente se fortalece más y más a través de la práctica, la mente se ejercita y se hace más fuerte. Toda práctica fortalece la mente, y la mente pertenece a lo relativo; t Es el fundamento mismo de lo relativo.

Puedes practicar Yoga: tendrás un cuerpo mejor, una mente mejor, tendrás mejor memoria, tendrás una vida más larga; todas estas cosas son posibles. Si profundizas en la práctica del Yoga puedes incluso empezar a tener algunos poderes milagrosos. SIDDHIS, porque descubrirás fuerzas sutiles de la mente y del cuerpo que ordinariamente no están disponibles, que no están funcionando. Te encontrarás con muchas energías nuevas que nunca habías sospechado.

Los psicólogos dicen que la mayor parte del cerebro no funciona, y están perplejos porque si no funciona, ¿por qué está ahí? Parece no tener ningún propósito y la naturaleza nunca crea nada sin ningún propósito, debe tener algún propósito. Pero la psicología todavía no ha sido capaz de encontrar ningún propósito y la psicología puede que no sea capaz de encontrarlo. A menos que el Yoga, el Tantra, el Zen, el Tao y todas estas metodologías de revivir las energías sutiles de la mente se incluyan en el trabajo de investigación científica, la psicología puede no ser capaz de encontrar ninguna función. Incluso la fisiología no ha encontrado funciones para algunas cosas, por lo que cada vez están dispuestos a extirpar el apéndice porque no tiene ninguna función. Los médicos están listos para quitarte las amígdalas en cualquier momento porque no parecen tener ninguna función - como si la naturaleza pudiera hacer crecer algo en ti que realmente no tiene ninguna función. Entonces, ¿por qué debería existir el apéndice? Normalmente - la fisiología es correcta y la psicología es correcta - no tienen ninguna función; pero si entras en el mundo del Yoga te sorprenderás: incluso tu apéndice tiene una función, tus amígdalas tienen una función, y la mayor parte del cerebro que no funciona empieza a funcionar.

Puedes empezar a leer los pensamientos de otras personas. Esto será hecho por un nuevo centro en la mente; los viejos centros no pueden hacerlo. Puedes empezar incluso a proyectar tus pensamientos en la mente de otras personas; ellos pensarán que están pensando esos pensamientos. De hecho, estás inundando sus mentes con tus pensamientos.

Puedes tener un gran poder de engaño; ellos no podrán ver cómo lo estás haciendo - cómo estás materializando un reloj suizo del aire ellos no podrán verlo. Sólo tienes que conocer una técnica sencilla: cómo evitar que sepan lo que está sucediendo justo delante de sus ojos.

Pero todas estas cosas no tienen nada que ver con conocer a Dios el último; todas estas cosas son parte de lo relativo. Los magos pueden hacerlo, los hipnotistas pueden hacerlo, los mesmeristas pueden hacerlo y hay muchas maneras de descubrir estos secretos Estas no son cosas muy espirituales, de hecho; solo los egoistas no espirituales se interesan en estas cosas.

El Absoluto se encuentra sólo cuando has abandonado todo conocimiento; todas las escrituras son quemadas, todas las teorías son rechazadas, la mente misma es puesta a dormir. Entonces emerge lo absoluto Es tu propia naturaleza. Cuando todas las nubes han desaparecido el sol brilla.

Pero los métodos pueden ayudar a librarse del familiar. Pueden ayudarte a ser más poderoso en lo que se refiere al cuerpo y a la mente. También pueden ayudarte a deshacerte de lo relativo, pueden ayudarte a eliminar las barreras que te separan del cuerpo y de la mente. Todos los métodos del Yoga, el Tantra, el Zen y el Tao son negativos -negativos en el sentido de que no te dan lo absoluto, pero te ayudan a acabar con lo relativo.

El sutra dice:

A TRAVÉS DE LO RELATIVO SE DEJA ATRÁS LA MUERTE Y A TRAVÉS DE LO ABSOLUTO SE GANA LA INMORTALIDAD.

La muerte representa todo lo relativo y la inmortalidad todo lo absoluto. La muerte representa el tiempo, el cambio, y lo absoluto representa la eternidad.

En sánscrito tenemos la misma palabra para el tiempo y la muerte. Llamamos a la muerte KAL y al tiempo también KAL.

Puede que el sánscrito sea la única lengua del mundo que tenga el mismo nombre para el tiempo y la muerte.

Por eso puede decirse con verdad que el sánscrito es la única lengua transformada por la perspicacia de los videntes; todas las demás lenguas han permanecido ordinarias. Durante diez mil años, miles de personas de Oriente se han iluminado y han cambiado la estructura misma de la lengua sánscrita. Le han dado el color de su iluminación, han hecho que las palabras sean luminosas; han dado a esas palabras nuevos significados que no pueden ser dados por personas no iluminadas. Ahora, llamar al tiempo y a la muerte por el mismo nombre es una gran perspicacia. No se trata de saber lingüística, se trata de experimentar algo tremendamente valioso. El tiempo y la muerte son lo mismo; vivir en el tiempo significa vivir en la muerte. Y en el momento en que desaparece el tiempo, desaparece la muerte. Así, cuando estás en absoluto silencio, cuando ningún pensamiento se mueve en tu mente, el tiempo desaparece; no puedes tener ni idea de qué hora es. Y en el momento en que el tiempo desaparece y el reloj de tu mente se para, de repente entras en el mundo de lo intemporal, el mundo eterno, el mundo de lo absoluto. Un buscador le pregunta a Jesús... no se relata en el Nuevo Testamento, pero forma parte de la tradición sufí. Un buscador le pregunta a Jesús: ¿Qué será lo más significativo en tu reino de Dios? Y la respuesta es sorprendente.

Jesús dice: "Ya no habrá tiempo. Eso será lo más significativo en mi reino de Dios: ya no habrá tiempo. No habrá pasado, ni futuro; sólo habrá presente".

Y permítanme decirles que el presente no forma parte del tiempo. Por supuesto, en las escuelas, institutos y universidades os han dicho y enseñado, y vuestros diccionarios repiten una y otra vez que el tiempo tiene tres tiempos: pasado, presente y futuro. Eso es absolutamente erróneo, erróneo según los que saben. El pasado y el futuro son tiempo, pero el presente no es tiempo, el presente pertenece a la eternidad.

El pasado y el futuro pertenecen a ESTO: el mundo de lo relativo, el cambio. Entre ambos penetra el más allá, lo trascendental, y eso es el presente. El ahora forma parte de la eternidad.

Si vives en el tiempo, la muerte está destinada a suceder. De hecho, decir "destinada a suceder" no es correcto: ya está sucediendo. En cuanto nace un niño, empieza a morir. Tarda setenta, ochenta años en morir, eso es otra cosa. Muere, lentamente, miserablemente, a plazos, un poco cada día, cada hora.

Sigue muriendo, muriendo, muriendo... y el proceso se completa al cabo de setenta u ochenta años.

Cuando dices que alguien ha muerto hoy, no te dejes engañar por tu afirmación: ha estado muriendo durante ochenta años, hoy se ha completado el proceso.

Existe una antigua tradición china de la escuela taoísta que parece ser la única tradición en todo el mundo según la cual cuando nace un niño la familia llora, lloran porque el nacimiento no es más que una flecha que se dirige hacia la muerte. No lo celebran, se sienten muy tristes. otro ser ha entrado en el mundo de la muerte, ¿cómo puedes celebrarlo?

Si uno quiere celebrar, entonces lo correcto es celebrar la muerte: una persona ha completado el proceso de morir y tal vez no vuelva a nacer; tal vez haya entrado en el más allá, o al menos este proceso de muerte ha terminado. Tal vez inicie otro proceso de muerte, pero eso es el futuro y no sabemos nada al respecto. Celebrar el nacimiento es ignorancia: celebrar la muerte es comprensión.

A TRAVÉS DEL FAMILIAR SE DEJA ATRÁS LA MUERTE...

Si utilizas los métodos de meditación dejarás atrás la mente, y la mente es la fuente del tiempo y de la muerte. La mente es tiempo, la mente es muerte. Un aspecto de la mente es el tiempo, otro aspecto de la mente es la muerte. Mediante la meditación, mediante la observación de la mente, puedes dejar atrás la muerte.

Pero esto es sólo un proceso negativo; los Upanishads lo llaman NETI NETI -ni esto ni aquello- el proceso de eliminación. Yo no soy esto - el cuerpo, la mente. Entonces, ¿quién soy yo?". Primero elimina lo no esencial, déjalo a un lado, y sigue eliminando todo lo no esencial hasta que sólo quede lo esencial.

¿Y qué es lo esencial? ¿Cómo decidirás que sólo queda lo esencial? Cuando ya no quede nada por negar nada por eliminar... sigue vaciando tu casa tira todos los muebles.

Cuando ya no queda nada que desechar, entonces se produce una gran revelación: adquieres la inmortalidad; lo absoluto surge en ti en toda su belleza y esplendor, en todo su éxtasis. Te desborda, empieza a irradiar; empieza a llegar incluso a otros que están disponibles, receptivos, vulnerables.

EL UMBRAL DE LA REALIDAD ESTÁ VELADO POR UNA LUZ DORADA.

Ahora el Isa Upanishad recuerda al buscador que: sea consciente. Cuando entres en el mundo de la realidad absoluta te encontrarás con un velo dorado, muy hermoso, tan hermoso que muchos han quedado encantados y se han detenido allí.

EL UMBRAL DE LA REALIDAD ESTÁ VELADO POR UNA LUZ DORADA.

Toda la oscuridad desaparece y hay una luz tan dorada, tan psicodélica... nunca has experimentado nada igual. Crees que has vuelto a casa. Espera, cuidado: esto es sólo la luz que rodea la realidad. Tienes que penetrar en esta luz para llegar al centro mismo de la realidad. Cuando te acercas a una llama, la llama está rodeada de luz dorada. Recuerda, la luz dorada irradia de la llama, pero la luz dorada no es la llama misma. Cuando miras al sol ves una luz dorada que irradia del sol Estamos lejos del sol; la luz del sol tarda diez minutos en llegar hasta nosotros, y diez minutos para la luz es mucha distancia porque la luz viaja a una velocidad tremenda, la velocidad máxima Los científicos dicen que esa es la última, más velocidad no es posible. La luz viaja en un segundo, ciento ochenta y seis mil millas - en un minuto sesenta veces más, En diez minutos seiscientas veces más. Está lejos, pero podemos ver la luz; los rayos nos llegan.

Recuerda, estos rayos vienen del sol, pero estos rayos no son el sol mismo Si quieres llegar al sol TENDRÁS que ir más allá de estos rayos. Y este sol no es nada comparado con otros soles que son mucho más grandes. Incluso este sol no es un sol pequeño; es sesenta mil veces más grande que la tierra, y este es un sol muy mediocre m el universo. Hay soles más grandes que éste, millones de veces más grandes.

Por la noche, cuando ves las estrellas, piensas que son muy pequeñas, pero te equivocas. Están muy lejos. Por eso parecen pequeñas; son mucho más grandes que el sol, pero su distancia es casi increíble. El sol más cercano a este sol está a cuatro años luz; los rayos de ese sol llegan hasta nosotros en cuatro años; desde este sol tarda diez minutos, desde ese sol tarda cuatro años, y ese es el más cercano. Hay soles desde los que la luz solar tarda millones de años luz en llegar hasta nosotros, y hay pocos soles concebidos por los físicos cuya luz no haya llegado aún a la Tierra, desde que ésta se creó. Y existe la posibilidad de que haya soles aún más lejanos cuya luz nunca llegue a la tierra, porque mientras tanto la tierra desaparecerá. Llegó a existir, durante millones de años existió, la luz viajaba y viajaba con esa tremenda velocidad de ciento ochenta y seis mil millas por segundo. Cuando la luz llegue a la tierra ya habrá muerto; esa luz nunca llegará a la tierra.

Pero todos estos soles, grandes soles, no son nada comparados con la realidad última. Kabir dice: "En el momento en que penetré en mi núcleo más íntimo, me encontré como si de repente hubieran salido millones de soles" - no uno, millones de soles. Naturalmente, los videntes upanishádicos te están haciendo consciente:

EL UMBRAL DE LA REALIDAD ESTÁ VELADO POR UNA LUZ DORADA.

Y la luz es tan hermosa, tan dichosa, que puedes quedar atrapado en su red y empezar a pensar que has llegado. Muchas escrituras del mundo dicen: Dios es luz. La gente que ha dicho eso lo ha entendido mal: han pensado que la luz dorada es Dios mismo Dios no es ni luz ni oscuridad; es ambas cosas y está más allá. A menos que llegues a lo último que está siempre más allá de la dualidad, trascendental a la dualidad, sigue recordando: aún no has llegado a casa. Sigue indagando, sigue explorando.

El vidente upanishádico reza a Dios:

REVELALO, OH SEÑOR, PUES MI DHARMA ES CONOCER LA VERDAD.

Los Upanishads comienzan en meditación y terminan en oración. Esta es la secuencia correcta. Nadie puede empezar por la oración porque si empiezas por la oración tu oración será falsa, no puede ser verdadera. Pedirás cosas ordinarias -dinero, poder, prestigio- porque ahí es donde estás. Tu oración será parte de tu mente, y la mente está llena de deseos, por lo tanto tus oraciones estarán llenas de deseos y demandas.

Ve y escucha a la gente que reza en las iglesias, en los templos. ¿Qué piden?

Incluso un hombre como el gran emperador Akbar solía rezar por más dinero, más poder. Una vez, un gran místico sufí, Farid, fue a verle. Él nunca había ido a ver a Akbar; Akbar solía ir a verlo a él.

Farid vivía muy cerca de Delhi, y Akbar sentía un enorme respeto por Farid. Le había pedido que viniera a palacio, pero Farid se reirá de la idea y le dirá: "Puedes venir cuando quieras, ¿para qué molestarme?".

Pero un día los aldeanos donde vivía Farid le preguntaron: "No tenemos ni siquiera una escuela en nuestra aldea, y el gran emperador viene a ti Puedes simplemente darle una pista e inmediatamente sucederá. Sólo tienes que decir que necesitamos una escuela"

Farid dijo: "Si tengo que pedirle algo, entonces es mejor que vaya" Y fue a ver a Akbar Cuando llegó al palacio de Akbar fue bien recibido; todo el mundo sabía de él. Akbar estaba en su pequeña casa de oración que había hecho dentro de su palacio. Hacía ritualmente las cinco oraciones diarias, como debe hacer un mahometano. Estaba haciendo su oración de la mañana. Nadie podía entrar en el santuario cuando Akbar estaba rezando, pero los guardias no se lo impidieron a Farid; no se les ocurrió impedírselo.

Entró; se puso detrás de Akbar. Akbar fue uno de los más grandes emperadores que ha vivido en la tierra. India ha vivido siempre en la tierra. India sólo ha conocido dos grandes emperadores: uno fue Ashoka, otro fue Akbar. Tenían los reinos más grandes posibles, los hombres más ricos de todas las épocas. Y Farid estaba conmocionado. Akbar no era consciente de que Farid estaba de pie detrás - a nadie, ni siquiera a su esposa, se le permitía entrar. Así que estaba rezando a Dios, hablando con Dios, sin darse cuenta de que alguien estaba escuchando.

Al terminar su oración, levantó las manos hacia el cielo y dijo a Dios: "Dame más dinero, más poder, más reino".

Farid estaba conmocionado: "Este hombre tiene tanto, y aún así Pero cuando bajaba los escalones, Akbar lo vio. Se precipitó, cayó a sus pies y le dijo: "¿Por qué has venido? ¡Podrías haberme pedido que viniera!

¿Y ahora por qué te vas?"

Farid dijo: "Había venido a hacerte una pequeña petición, pero viendo que sigues siendo un mendigo pensé que no era correcto hacerte la petición, porque mis aldeanos te habían pedido una pequeña escuela, pero ahora no puedo pedírtela porque eso significa que te harás un poco menos rico de lo que eres; habrá que poner un poco de dinero para la escuela. No, no puedo pedírtelo. Además, si se lo pides a Dios, puedo pedírselo yo mismo. ¿Por qué debería pedírselo a través de ti, a través de tu agencia? Pero", dijo Farid, "nunca había pensado en pedir nada a Dios, por eso soy tan tonto como para acudir a ti. Pero usted me ha abierto los ojos. He rezado toda mi vida, pero nunca se me había ocurrido la idea de que había que pedir nada".

La oración puede ser de dos tipos. Una: la oración ordinaria que se hace en todo el mundo; hindúes, mahometanos, cristianos, todos la hacen. No han trascendido la mente, así que su oración está llena de sus deseos.

Para llegar a la verdadera oración primero tienes que volverte silencioso, primero tienes que pasar por la alquimia de la meditación. La meditación te ayuda a deshacerte de la mente, y cuando no hay mente puedes rezar, pero esa oración tendrá una cualidad totalmente diferente.

Esta es la oración:

REVELALO, OH SEÑOR, PUES MI DHARMA ES CONOCER LA VERDAD.

El vidente está diciendo: "He hecho todo lo que podía hacer: He meditado, he practicado Yoga, he vigilado mi mente, he disuelto la mente, he eliminado todo lo que había de estúpido en mí, de mediocre en mí, de poco inteligente en mí. Pero de todo ese esfuerzo sólo he alcanzado la luz dorada, tu velo. Ahora, a menos que lo quites, nada es posible. Todo lo que podía hacer lo he hecho - mi hacedor ha terminado, mi hacer ha terminado. He llegado al final de mi camino; ahora mi camino termina aquí. Ahora sólo tú puedes llevarme más lejos".

La oración comienza sólo cuando has hecho todo lo que puedes hacer; entonces tu oración tiene autenticidad. Significa: "¿Qué puedo hacer ahora? He hecho todo lo que era posible para mí, y esto es lo que he alcanzado: gran luz, gran bendición, gran dicha, pero aún así siento que esto es sólo la parte más externa de tu ser. Ahora sólo tú puedes ayudar".

Puedes pedir ayuda cuando hayas hecho todo lo que puedes hacer, no antes. La oración sólo viene después de la meditación.

Por eso no te enseño a rezar, te enseño a meditar, porque sé que sólo después de meditar es posible rezar. Y lo bonito es que si has meditado bien la oración viene por sí sola, no hay necesidad de enseñarla. Al igual que una flor se abre y libera su fragancia, cuando meditas, la fragancia de la oración surge por sí misma, simplemente sucede. Y entonces la oración puede ser sólo una:

REVELALO, OH SEÑOR, PUES MI DHARMA ES CONOCER LA VERDAD.

La palabra dharma es intraducible, por eso el traductor la ha dejado como está. Normalmente dharma se traduce como "religión", lo cual es erróneo, absolutamente erróneo. Religión es algo muy ordinario; religión significa un credo, una teología, una teoría, una hipótesis, una doctrina. DHARMA significa tu naturaleza más íntima, SVABHAVA, tu naturaleza propia. DHARMA significa tu más profundo anhelo de verdad, tu sed última de ser. Está ahí, en el centro de cada uno. Es una semilla; puede convertirse en una flor.

Hay que hacer dos cosas. La primera es la parte meditativa: ayudará a la planta a crecer, ayudará a que lleguen los brotes. Y luego tienes que rezar; la segunda parte es la oración. Si empiezas a abrir los capullos a la fuerza, destruirás toda la belleza; destruirás la fragancia, incluso la posibilidad de fragancia. Entonces tienes que rezar:

REVELALO, OH SEÑOR, PUES MI DHARMA ES CONOCER LA VERDAD.

Mi anhelo más profundo es conocer la verdad, la verdad última, la verdad desnuda y nada más. No quiero esta luz dorada, no puedo contentarme con esto. Tu velo es hermoso -por supuesto que es tu velo, por eso es hermoso- y algo de ti irradia fuera del velo, pero quiero verte en tu absoluta desnudez, quiero verte al descubierto. Por lo tanto, revela, desvela, oh Señor, y esto sólo tú puedes hacerlo, yo no puedo. He llegado tan lejos que puedo ver tu velo, pero más que eso está más allá de mí.

La oración sólo es significativa cuando has hecho todo de lo que eres capaz; entonces tu oración tiene sinceridad.

OH SEÑOR DE LA LUZ, EL CONOCEDOR, EL GUARDIÁN DORADO, DADOR DE VIDA A TODOS, ESPARCE TUS RAYOS, RECOGE TU RESPLANDOR,

PARA QUE YO PUEDA PERCIBIR TU NATURALEZA MÁS FINA Y ESPLENDOROSA, ESE ESPÍRITU CÓSMICO QUE YACE EN TU CORAZÓN. ¡PUES YO MISMO SOY ESO!

OH SEÑOR DE LA LUZ...

Recuerda, Dios es el señor de la luz, pero no de la luz en sí; también es el Dios de las tinieblas. Es el señor de esto y de aquello. Es el señor de las dos orillas de la vida.

OH SEÑOR DE LA LUZ, EL CONOCEDOR, EL GUARDIÁN DORADO, DADOR DE VIDA A TODOS, ESPARCE TUS RAYOS...

La oración ahora es esa: "Permíteme verte tal como eres. REPARTE TUS RAYOS. Dame pequeñas ventanas, puertas. SEPARAR TUS RAYOS, PARA QUE PUEDA TENER POCOS ESPACIOS PARA ENTRAR DENTRO DE TI; de lo contrario, tus rayos son tan hermosos que pueden impedírmelo. Puedo dejarme seducir por ellos, puedo quedar hipnotizado por ellos. Estoy en peligro: si no me ayudas creeré que he llegado al fin".

... RECOGE TU BRILLO...

Ver la oración: RECOGE TU BRILLO. No brilles tanto, porque ni siquiera puedo abrir los ojos, ¿cómo voy a verte? RECOGE TU BRILLO. Ayúdame - retira tu brillo.

Recoge tus rayos para que pueda verte, para que pueda PERCIBIR TU NATURALEZA MÁS FINA Y PLENICIDA. Y quiero verte porque no estoy separado de ti. Si no te conozco, no podré conocerme a mí mismo.

ESE ESPÍRITU CÓSMICO QUE YACE EN TU CORAZÓN. ¡PUES YO MISMO SOY ESO!

Yo soy eso. Esta es la última afirmación de los Upanishads: ¡Yo soy eso! Este "yo" no significa el ego; este "yo" significa simplemente tu existencia pura, sin ningún ego en ella. Es más "amness" que

"I-amness". No hay ningún yo en ello; es pura existencia. Uno simplemente es.

Y en el momento en que estás sin el ego, completamente vacío del ego, sin el yo, sólo conciencia pura sin la idea de ningún "yo" en el centro de ella, entonces eres eso, entonces no hay diferencia.

Por eso crucificaron a Al-Hillaj Mansoor. Si hubiera estado en la India le habríamos amado y respetado como vidente de los Upanishads, pero fue asesinado. Él declaró: "ANA'L HAQ - ¡Yo soy la verdad!" Los mahometanos no podían tolerarlo; eso era demasiado. Cualquiera que declarara: "¡Yo soy la verdad!" les parecía que era sacrílego, que iba contra su religión, que era egoísmo, que este hombre está diciendo que "Yo soy Dios". La verdad significa Dios. "ANA'L HAQ - ¡Yo soy la verdad, la verdad suprema!" Pero no podían entender, no podían ver. Eran incapaces de sentir el ser de Mansoor.

No estaba diciendo que Al-Hillaj Mansoor sea la verdad. Decía que Al-Hillaj Mansoor ya no existe y que lo que queda ahora es la verdad. Cuando decía: "Yo soy la verdad", en realidad estaba diciendo: "Yo ya no soy, sólo queda la verdad".

Las palabras de los místicos deben entenderse con mucha cautela, pues de lo contrario hay muchas posibilidades de malentendidos. Los Upanishads dicen: "AHAM BRAHMASMI - Yo soy Dios, yo soy absoluto, yo soy la verdad última". Pero no tiene nada que ver con el "yo". De hecho, están tratando de transmitir algo que no es transmisible. Están diciendo: "Yo no soy, ahora sólo Dios es. Por eso digo que yo soy Dios". Ahora Dios está hablando; ellos ya no hablan.

PUES YO MISMO SOY ESO

DEJA QUE MI ALIENTO SE FUNDA CON EL ALIENTO CÓSMICO...

Esta es la oración; sólo después de la meditación es posible.

DEJA QUE MI ALIENTO SE FUNDA CON EL ALIENTO CÓSMICO...

No debo estar en modo alguno separado del todo. Debo respirar con el todo, debo bailar con el todo. Esto es la máxima liberación. Normalmente estamos continuamente empujando el río, luchando contra el río, intentando ir río arriba. De ahí que nos sintamos miserables, porque no podemos ganar, estamos abocados al fracaso.

No puedes ganar contra el todo; no eres más que una parte, una pequeñísima parte, que intenta ganar contra el todo. Es una auténtica estupidez. Pero puedes ganar, puedes ganar CON el todo, no contra el todo.

Puedes vencer si te fusionas con el todo. Puedes ser un conquistador.

Por eso hemos llamado a Mahavira el jina, el conquistador. ¿Por qué lo hemos llamado el conquistador?

- por la sencilla razón de que se disolvió con el todo, se fundió con el todo. Su respiración ya no estaba separada, sus latidos ya no estaban separados. Sus latidos y los latidos del universo tenían un ritmo profundo, estaban en sintonía; se estaba produciendo una gran comunión.

QUE MI ALIENTO SE FUNDA CON EL ALIENTO CÓSMICO, QUE MI CUERPO SEA COMO POLVO.

Olvida mi cuerpo, sé que ya no estoy en él. Por favor, piensa en mí como conciencia. Esta es la oración.

RECUERDA, OH MENTE, RECUERDA LO QUE SE HA HECHO.

Se trata de un sutra muy significativo, de ahí que el Isa Upanishad lo repita dos veces:

RECUERDA, OH MENTE, RECUERDA LO QUE SE HA HECHO.

RECUERDA, OH MENTE, RECUERDA LO QUE SE HA HECHO.

La primera afirmación - RECUERDA, MENTE, RECUERDA LO QUE TE HAN HECHO - significa que recuerdes lo que te han hecho los demás. Te han hecho identificarte con el cuerpo.

Cuando el niño nace, empezamos a condicionarlo como si no fuera más que su cuerpo. De ahí que separemos a los niños de las niñas. Insistimos una y otra vez en que la niña tiene cuerpo femenino y el niño masculino. Directa o indirectamente, insistimos tanto en el hecho que se convierte en un condicionamiento. Todo lo que se repite una y otra vez se convierte en un condicionamiento. Y la mujer se identifica con el cuerpo y el hombre se identifica con el cuerpo.

Y entonces empezamos a hacer hincapié en una nueva identidad: con la mente, con las ambiciones, los deseos. Seguimos y seguimos atiborrando a nuestros hijos con todo tipo de tonterías. Queremos que sean grandes, famosos, ricos, poderosos, presidentes, primeros ministros, esto y lo otro. Nadie parece preocuparse por decirles que "no sois ni el cuerpo ni la mente, que sois algo que trasciende a ambos". Toda nuestra educación es una mala educación debido a esto. y es un proceso largo. Casi un tercio de tu vida se desperdicia en educación - veinticinco años. Cuando sales de la universidad como un Ph.D.

tu tercio de vida se ha ido por el desagüe. Y te han condicionado a ser un cuerpo y a ser una mente.

RECUERDA, OH MENTE, RECUERDA LO QUE SE HA HECHO.

Recuerda todo lo que te han hecho los demás para que puedas descondicionarte.

RECUERDA, OH MENTE, RECUERDA LO QUE SE HA HECHO.

¿Por qué esta repetición? Ambas tienen significados diferentes. El primer significado es: recuerda lo que te han hecho los demás; y el segundo significado es: recuerda lo que te has hecho tú mismo. Sólo que los demás no son los culpables: tú también te has hecho mucho a ti mismo. Has participado, has aceptado, nunca te has rebelado, has sido muy obediente a todo tipo de supersticiones.

Si tus padres te decían: "Eres hindú", te convertías en hindú. Nunca dijiste: "¿Por qué?" Nunca hiciste una pregunta. Si tus padres te decían: "Eres jainista", te convertías en jainista, sin preguntar nunca, sin preguntar nunca. Estabas dispuesto a ser esclavo; la esclavitud era muy aceptable para ti.

Así que recuerda eso también, lo que te has hecho a ti mismo: te has traicionado, no has sido fiel a ti mismo, has sido falso. Incluso cuando querías decir no has dicho sí, porque era cómodo, conveniente. Cuando has querido rebelarte has obedecido, porque la rebelión puede llevarte al peligro, la obediencia es respetabilidad. Cuando has querido llorar y llorar has sonreído.

Has sido falso contigo mismo, no has vivido una vida auténtica. No has sido sincero. Has llevado máscaras sobre máscaras; nunca has afirmado tu rostro original. Nunca te has atrevido a ser tú mismo. Nunca has arriesgado. Siempre has estado dispuesto a inclinarte ante las autoridades, ya fueran religiosas o políticas. Siempre has estado dispuesto a dejarte esclavizar por la clase dirigente; puede ser cristiana, hindú o budista; no importa.

Incluso las personas a las que respetas mucho son básicamente esclavos.

El otro día leía una carta de un cristiano protestante. Ha escrito una carta a la Madre Teresa de Calcuta, porque ahora se piensa que la Madre Teresa es una de las grandes santas del mundo; desde que ha ganado el Premio Nobel se ha convertido en una de las personas más respetables del mundo. Y este cristiano protestante fue al orfanato de la Madre Teresa donde ella recoge niños de mendigos, niños abandonados, niños pobres, y quiso adoptar un niño. Eso es lo que la Madre Teresa ha estado haciendo toda su vida: recoger huérfanos y luego dárselos a familias, y ha sido respetada por ello.

Pero le preguntaron si era católico o no. Respondió: "Soy protestante". Se lo negaron: entonces no puede adoptar a un niño. Tiene que ser católico romano. Estaba muy desconcertado. Se cree que esta mujer es una gran santa, una de las mayores servidoras de la sociedad, pero todo el servicio y toda la misión es básicamente una estrategia católica para convertir a la gente al catolicismo. Es un truco, un truco político. Todos esos hogares de huérfanos no son realmente para huérfanos, son para aumentar el número de católicos romanos. No tienen nada que ver con los mendigos; es un juego político. Ni siquiera a un protestante -que también es cristiano- se le puede permitir adoptar un hijo. Todos esos niños van a parar a los católicos, así que los católicos siguen siendo cada vez más, de modo que tienen números más grandes en el mundo.

Es una forma de convertir, de explotar a los pobres, de aprovecharse de su pobreza.

Incluso la Madre Teresa no es más que un agente de la Iglesia Católica. Vuestros supuestos santos, aunque se crean santos, siguen perteneciendo a ciertas iglesias, religiones, sectas; no han ido más allá. No pueden decir: "Sólo soy humano". No pueden decir simplemente: "Pertenezco al universo -no a la Iglesia católica ni a la protestante ni a los hindúes ni a los budistas-, pertenezco al cosmos". No están en sintonía con el aliento cósmico.

Baila según los dictados de la Iglesia Católica Romana. Baila al son del Vaticano, del Papa. E incluso en la India la gente piensa que es una gran santa. Me escriben cartas, "¿Por qué no haces algo como la Madre Teresa?" ¿Debería empezar a convertir a la gente a la Iglesia Católica Romana? Pero detrás de las bellas fachadas se esconden cosas feas.

Todos esos misioneros cristianos que sirven a los pobres y a los enfermos no tienen nada que ver con los pobres o los enfermos. Todo su esfuerzo es cómo comprar gente a través del pan, a través de la mantequilla, a través de la medicina, a través de mejores hospitales - sólo cómo comprar gente a través del dinero, cómo hacer más católicos en el mundo.

Alguien hace a la gente a través de la espada, alguien hace a través del dinero, y alguien simplemente sigue torturando a sus hijos, paralizando, paralizando su inteligencia.

Así que RECUERDA, O MENTE, RECUERDA LO QUE TE HAN HECHO los demás, y también RECUERDA LO QUE TE HAN HECHO a ti, porque los demás sólo pueden hacértelo si tú se lo permites. Sé que los niños pequeños no pueden hacer nada, no pueden rebelarse, están indefensos.

Tienen que depender de sus padres y, debido a su indefensión, son explotados...

Los niños son las personas más explotadas del mundo, y la desgracia es que sus propios padres les están haciendo un daño tremendo. Puede que piensen que están haciendo algo bueno, algo grande; puede que piensen que están ayudando a sus hijos a convertirse en buenas personas. Pero, ¿qué le han hecho al mundo los cristianos, los hindúes y los mahometanos? Toda la historia está llena de sangre por culpa de estas religiones. El hombre no ha podido llegar a ser uno, la humanidad ha permanecido dividida, y las guerras continuas, las cruzadas... ¡Matarse unos a otros en nombre de Dios, en nombre de la religión! Y cuando matas a alguien en nombre de la religión no eres un asesino. Si te matan en nombre de la religión tu paraíso es absolutamente seguro. La gente ha sido sobornada para matar y ser asesinada.

Si un padre ama de verdad a sus hijos, no los condicionará de ninguna manera. Ayudará al niño a indagar por sí mismo, a convertirse en un buscador.

Los Upanishads no pertenecen a los hindúes, recuérdalo. No se puede decir lo mismo del Corán; el Corán pertenece a los mahometanos. No se puede decir lo mismo del Ramayana; el Ramayana pertenece a los hindúes. No se puede decir lo mismo de la Biblia; la Biblia pertenece a los cristianos. Pero de los Upanishads se puede decir una cosa absolutamente, categóricamente: no pertenecen a los hindúes, ni a los mahometanos, ni a los cristianos, ni a nadie. Todo su enfoque es cósmico, es holístico.

OH AGNI, MUÉSTRANOS EL CAMINO CORRECTO, CONDÚCENOS A LA LIBERTAD ETERNA, TÚ QUE TODO LO SABES.

QUE NO NOS DESVIEMOS DE NUESTRO OBJETIVO, PUES CON TODA DEVOCIÓN NOS SOMETEMOS A TI.

O AGNI...

Agni significa fuego. El traductor también lo ha dejado sin traducir por la sencilla razón de que traducirlo sólo como fuego te dará una impresión errónea, una idea equivocada. AGNI es una metáfora. y las metáforas son más difíciles de traducir; tienen algo poético. Literalmente significa fuego, pero la metáfora es del fuego dentro de ti, el fuego de un anhelo profundo, intenso y apasionado por la verdad, el fuego del anhelo de estar con el amado, de ser uno con el cosmos.

La última declaración de Buda en la tierra fue: "Sé una luz para ti mismo" - y este es el último sutra del Isa Upanishad: "Oh fuego, oh mi fuego, mi fuego interior, mi anhelo de ser uno con mi amado... Muéstranos el camino correcto. Ahora nadie puede guiarme; sólo mi pasión interior por la verdad puede guiarme. Ninguna persona externa puede ser de ayuda".

El Maestro puede ayudarte a deshacerte de lo relativo; ahí termina la función del Maestro. Entonces tienes que depender de tu propio discernimiento interior, de tu propia intuición, y ese discernimiento se llama fuego. Es fuego porque te quema y te consume como entidad separada, como individuo. Te reduce a la nada. Es fuego, pero de ese fuego nace una vida totalmente nueva.

... MUÉSTRANOS EL CAMINO CORRECTO, CONDÚCENOS A LA LIBERTAD ETERNA.

Sólo este fuego puede conducirte a la libertad eterna. Cuando te consumas por completo, cuando te liberes de ti mismo, entonces serás absolutamente libre. Recuerda estas dos expresiones: libertad del yo y libertad del yo. La segunda es el significado de la libertad absoluta, no la primera.

Libertad del yo de nuevo significa simplemente que el ego ha salido por la puerta de atrás. La libertad del yo es libertad total, libertad absoluta. Cuando NO eres, eres realmente libre.

Es una paradoja: cuando eres, estás esclavizado, porque tu mente es una esclavitud, tu ego es una esclavitud. Cuando no lo estás, tu esplendor aprisionado se libera.

TÚ QUE TODO LO SABES.

QUE NO NOS DESVIEMOS DE NUESTRO OBJETIVO.

Ahora bien, esta oración tiene que ser una fragancia constante para el buscador: "Señor mío, ayúdame a no desviarme", porque a medida que entras en el mundo interior, se revelan mayores tesoros y hay muchas posibilidades de que te detengas en algún lugar y pienses que éste es el final. El peligro se vuelve más y más a medida que profundizas, porque mayores riquezas, mayores riquezas, mayores reinos se vuelven tuyos. Y has vivido en tal pobreza que cualquier cosa puede encantarte.

Hay una hermosa parábola:

Un místico vivía bajo un árbol, y durante años vio venir todos los días a un leñador, un anciano.

El día siguiente cortaba leña y la vendía, y entonces también era difícil alimentarse a sí mismo, a su mujer y a sus hijos.

Un día, el místico preguntó al leñador: "¿Quieres escucharme?".

El leñador solía respetar al místico. Por la mañana temprano, cuando llegaba, se inclinaba ante el místico, y cuando por la tarde se llevaba la leña a casa, volvía a inclinarse ante el místico.

El místico le dijo: "Escucha, no malgastes tu vida cortando leña. Adelántate un poco y encontrarás una mina de cobre, y eso será suficiente. Haces un día de trabajo y durante siete días será suficiente para mantener a tu familia perfectamente cómoda, convenientemente, y no habrá necesidad de que trabajes todos los días."

El hombre no creía. ¿Qué puede saber este místico sobre el cobre y las minas? Nunca le había visto salir de su árbol. "Bajo el árbol siempre está sentado con los ojos cerrados, ¿qué puede saber?". Pero entonces pensó: "¿Qué voy a perder? Déjame intentarlo".

Siguió adelante y redondeó una mina de cobre, y se sintió inmensamente satisfecho. Ahora sólo trabajaba un día y durante la semana restante no había necesidad de trabajar. Era suficiente para alimentar a su familia, no sólo para alimentarla sino incluso para invitar a huéspedes, amigos. Y todos se sorprendieron de que se hubiera hecho rico de repente.

Un día el místico le dijo: "¡Qué tonto eres! Adelántate un poco y encontrarás una mina de plata: un día de trabajo y durante seis meses no tendrás que trabajar nada".

El leñador estaba perfectamente contento con la mina de cobre y no creyó a este místico - ¡otra vez!

Pero dijo: "Por primera vez resultó tener razón. ¿Quién sabe? Déjame intentarlo".

Y encontró la mina de plata, y fue inmensamente feliz. Y un día vendrá y durante seis meses

Un día venía, y el místico le dijo: "¡Pero si no eres más que un tonto! Avanza un poco más y encontrarás una mina de oro".

Esto era demasiado. El leñador no podía creer que ése pudiera ser su destino: ¡imposible!

Pero de nuevo le sedujo la idea: fue y encontró la mina de oro. Ahora se ha hecho tan rico que durante años no vendrá, e incluso si viene ni siquiera se molestará en inclinarse ante el místico. ¿A quién le importa este tonto? Sólo sigue sentado bajo el árbol, y sabe dónde está la mina de oro, aún así no se ha molestado..."

Un día, el místico le llamó y le dijo: "Ya no vienes a verme, ya no te inclinas ante mí, pero, aun así, ya me estoy haciendo viejo y no puedo esperar más. Un poco más adelante hay una mina de diamantes, ¿por qué pierdes el tiempo con el oro? Puedes encontrar diamantes!"

Y el hombre encontró los diamantes; ahora durante años no vendrá. Y un día el místico envió un mensaje: "Ven rápido, porque estoy en mi lecho de muerte y tengo que revelarte el último secreto".

No podía creer - ¿qué puede ser más que diamantes? Eso es el fin. No puede haber nada, no puede haber nada más. Pero vino. Preguntó: "¿Qué pasa? ¿Ahora intentas de nuevo decirme que siga adelante?"

Él respondió: "Sí, porque si vas un poco más adelante encontrarás un tesoro que es inagotable. Esta mina se agotará pronto".

El leñador dijo: "Ya no te creo. Y yo soy perfectamente feliz, ¿por qué habría de irme?

Y si sabes que hay algún tesoro inagotable, ¿por qué sigues sentado bajo este árbol?".

El místico dijo: "Ese tesoro inagotable está dentro de mí, y para eso te he llamado, para decirte que vayas un poco más adelante. Si vas un poco más adelante te encontrarás a ti mismo, y ese es el verdadero tesoro".

Pero era demasiado para que el pobre leñador lo entendiera siquiera. Se rió de la idea y dijo: "¡Debes haberte vuelto loco! Soy perfectamente feliz".

El místico murió. Después de muchos años, el leñador pensó -su muerte también se acercaba-: "Quizá tenía razón, debería ir un poco más lejos". Fue un poco más lejos y encontró un bosque tan hermoso que quiso sentarse bajo un árbol. Y era tan silencioso que quiso cerrar los ojos. Y era tan tremendamente pacífico que empezó a hundirse en sí mismo... Y encontró el tesoro del que hablaba el místico, pero lo encontró dentro de sí mismo.

El vidente del Isa Upanishad está diciendo:

QUE NO NOS DESVIEMOS DE NUESTRO OBJETIVO...

A menos que hayas encontrado tu ser último no habrás encontrado nada, recuérdalo. Y sigue rezando a Dios para que no nos desvíe.

PUES CON TODA DEVOCIÓN NOS SOMETEMOS A TI...

La meditación es esfuerzo, la oración es entrega. La meditación es tu hacer, la oración es estar disponible para Dios; cualquier cosa que Él quiera hacer contigo, tú estás listo. Es sumisión, es devoción, pero la devoción viene sólo después de la meditación.

AUM PURNAMADAH PURNAMIDAM PURNAT PURNAMUDACHYATE PURNASYA PURNAMADAYA PURNAMEVA VASHISHYATE AUM ESO ES EL TODO, ESTO ES EL TODO.

DE LA TOTALIDAD SURGE LA TOTALIDAD.

SI LA TOTALIDAD PROCEDE DE LA TOTALIDAD, LA TOTALIDAD SIGUE EXISTIENDO.

Sin mujeres no hay budas

La primera pregunta:

Pregunta 1:

MAESTRO,

ME GUSTARIA ENAMORARME, PERO ME DAN MIEDO LAS MUJERES GUAPAS, Y MUCHO MIEDO EL AMOR, Y NO SE POR QUE.

¿POR QUÉ ME CUESTA TANTO ENAMORARME?

Prem Parivartan,

EL AMOR ES LA COSA MÁS DIFÍCIL del mundo, la más ardua. Se necesitan muchas agallas para estar enamorado.

Por eso, durante miles de años, la gente ha escapado del mundo en nombre de la religión. En realidad no escapaban del mundo, sino del amor. Era el miedo al amor lo que les llevaba a los desiertos, a las montañas, a los monasterios. Pero ni siquiera eran lo bastante valientes para aceptar el hecho de que tenían miedo al amor; lo encubrían con bellas palabras religiosas. Condenaron al mundo en lugar de condenar su propia cobardía.

Y la humanidad ha adorado a estas personas como santos - ¡se ha adorado a los cobardes! Y naturalmente, si adoras a cobardes también te convertirás en un cobarde. Uno debe elegir con mucho cuidado y cautela a quién adorar, porque a quienquiera que adores empiezas a volverte como él, inconscientemente, sin saberlo. Si un hombre escapa de la guerra, le llamamos cobarde, le condenamos: ha traicionado. Pero las personas que escapan de la batalla de la vida son consideradas héroes, se cree que están haciendo algo grande. Su miedo básico es al amor, ¿y por qué hay tanto miedo al amor?

Lo primero que exige el amor es abandonar el ego. Es fácil proteger tu ego en nombre de la religión, en nombre de la virtud, la moralidad, el puritanismo, el carácter -hermosas palabras para decorar el ego, para nutrirlo y alimentarlo. De ahí que vuestros supuestos santos sean las personas más egoístas del mundo, y podéis verlo. Los hechos son tan inmensos, tan evidentes, que no hay forma de negarlos. Vuestros santos han causado más derramamiento de sangre en la tierra que nadie, por la sencilla razón de que dondequiera que haya ego habrá derramamiento de sangre. Pero cuando te escondes detrás de bellas fachadas no sólo engañas a los demás, en última instancia te engañas a ti mismo.

El amor es uno de los fenómenos más peligrosos. Tienes que dejar a un lado tu ego, sólo entonces puede florecer. El amor es verdadera espiritualidad, pero cuando utilizo la palabra "amor" puedes volver a malinterpretarla en el otro extremo: puedes empezar a pensar en términos de lujuria. El amor tampoco es lujuria. No es la llamada religión y no es la llamada vida mundana. El amor es diferente de ambos.

El amor es una trascendencia de la lujuria y el ego La vida religiosa te da ego y destruye el amor, y la vida irreligiosa te da lujuria y destruye el amor. Estos son los dos extremos: ego y lujuria. Exactamente en medio de los dos está el amor; no es ni ego ni lujuria, es trascendencia de ambos.

La lujuria significa que estás intentando explotar al otro, y naturalmente habrá miedo. El miedo será que el otro pueda explotarte. Entrar en una relación significa entrar en un espacio en el que tú estás pensando en explotar y el otro también está pensando en explotar. Ambos van a utilizar al otro como medio. De ahí que haya una gran atracción -la oportunidad de explotar al otro- y un gran miedo porque puedes ser explotado.

La lujuria nunca puede liberarse del miedo, el ego nunca puede liberarse del miedo. De ahí que las personas que han escapado a los desiertos, a las montañas, a los monasterios, sigan teniendo miedo, temblando, porque puedes escapar del mundo pero ¿cómo escaparás de tu naturaleza?

El amor es una necesidad básica. Puedes escapar del mundo, pero seguirás necesitando comida. Puedes escapar del mundo, pero eso no significa que ahora no necesites comida. Y el amor ES alimento para el alma, igual que la comida lo es para el cuerpo. No se puede evitar el amor. Si uno evita el amor está evitando la vida. Evitar el amor significa suicidarse.

Tus santos se han suicidado, tus pecadores se han suicidado. En cierto modo ambos son iguales porque existen en los polos opuestos.

Mi sannyasin tiene que trascender la polaridad, la oposición. Tiene que ir más allá de ambas. Más allá de la lujuria significa nunca ser astuto, nunca tratar de utilizar al otro. Eso es feo, eso es inhumano, eso es irreligioso.

Eso es violencia, pura violencia. Respetar al otro como un fin en sí mismo es el camino del sannyasin. Evita ser astuto.

Unos cuantos que habían ganado el primer premio de una lotería estatal se vieron de repente asediados por familiares y amigos que antes le habían ignorado. Pero él se negó a darles o prestarles dinero.

"Ahora tienes más dinero del que nunca gastarás", dijo uno. "¿Por qué eres tan poco amable?". Tengo dos buenas razones", explicó el afortunado ganador. "Primero, odio a mis parientes, y segundo, ¡amo mi dinero!".

Amar a alguien significa respetarlo; significa no explotarlo. Amar a alguien significa dar amor y todo lo que tienes sin ninguna idea de obtener nada a cambio. Si hay incluso una ligera idea, una ligera motivación, es astucia, es lujuria. Incluso pedir gratitud está mal. El amor sólo es posible cuando se ama por amor.

Un viudo rico invitó a sus tres hijos y a las esposas de éstos a una cena de cumpleaños en su casa. Cuando se sentaron a la mesa, les explicó por qué los había reunido a todos.

"Hoy cumplo cincuenta y ocho años, como sabes, y estoy a punto de cambiar mi testamento. Debido a mi decepción por no ser abuelo, voy a dar a

Cuando levantó la vista se encontró solo en la mesa.

¡Así se comporta la gente entre sí! Sus mentes están llenas de lujuria, codicia mil y un motivos. y siguen llamando a todo esto amor.

Prem Parivartan, no es nada personal tuyo tener miedo al amor o sentir: "¿Por qué es tan difícil?".

Es un problema de todos, pero ha sido creado por un largo y estúpido condicionamiento. En lugar de ayudarte a tener claro lo que es el amor, en lugar de ayudarte a amar sin ninguna motivación, te han enseñado a amar con motivación. Te han enseñado a amar de forma artificial.

La madre te dice: "Quiéreme porque soy tu madre", como si el amor fuera una proposición lógica:

"Porque soy tu madre, por lo tanto tienes que amarme". Y el pobre niño se siente perdido; no puede entender: ¿cómo amar? Puedes ser la madre o el padre, pero eso no significa que el amor surja inevitablemente. Si surgiera inevitablemente hacia la madre y hacia el padre y los hermanos y las hermanas y los parientes, ¡entonces no habría necesidad de decirle a nadie que ame a su madre, a su padre! No surge de forma natural; hay que cultivarlo.

Y el niño está ciertamente indefenso; empieza a fingir. Se convierte en político desde el principio, empieza a aprender diplomacia. Se convierte en un seguidor de Maquiavelo. Empieza a fingir que ama a su madre porque la necesita; no puede sobrevivir sin ella.

Sonríe al padre. Esa sonrisa es falsa, no sale de su corazón. Pero así es como desde el principio su amor está envenenado.

Más tarde decimos: "Amor - es tu esposa. Amor - es tu marido". Vamos diciendo esta estupidez a todo el mundo: "Amor - PORQUE... POR LO TANTO..."

El amor no es una proposición lógica; o está o no está. Si está ahí, ayuda a que crezca; si no está ahí, acéptalo. No hay otro camino. Pero no crees un fenómeno artificial.

Pero la madre ha vivido sin amor; no ha sido amada por el marido. Él la amaba porque era su esposa, porque tenía que amar; era un deber social que tenía que cumplir, era una formalidad. Así que ella está ansiosa de amor; empieza a explotar al niño.

Muchas mujeres se interesan por los niños no porque quieran ser madres, sino simplemente porque es más fácil explotar al niño por amor que a nadie, porque dependerá absolutamente de ti. Ser madre es un fenómeno raro. Anhelar tener hijos es algo totalmente distinto; no tiene nada que ver con ser madre. Ese anhelo proviene de una fuente totalmente distinta.

Ser padre es aún más difícil que ser madre, porque ser madre es al menos instintivo, biológico. El padre es una invención social, una institución social. Un padre ha sido creado, no existe en la naturaleza; por eso es aún más difícil ser un padre auténtico. Pero todo el mundo quiere ser padre: para demostrar su hombría, para demostrar que ama a su mujer, para demostrar que es reproductivo, que es realmente un hombre. Pero estas cosas no tienen nada que ver con el amor.

Y luego está la necesidad de dominar a los hijos. Él no puede dominar a la mujer: la mujer le domina a él. La mujer le permite mostrar al mundo que es el amo; se lo permite porque está tan segura de su dominio sobre él que no se molesta. En el exterior, él puede jugar a ser el marido. Él sabe, ella sabe, todo el mundo sabe quién es el verdadero amo.

El padre anhela ser un amo; quiere dominar a alguien. No puede dominar a la esposa, no puede dominar al jefe en la oficina, no puede dominar a nadie. Los hijos son necesarios; es un deseo de dominar. Y entonces empieza a pedir a los niños: "Amadme, soy vuestro padre. Tenéis que amar". Como si el amor se pudiera manejar. Todo es falso. Cuando eres joven tu amor es casi plástico, ha perdido toda espontaneidad. Se ha vuelto muy astuto, muy calculador.

Dos mujeres se encontraron por primera vez desde que acabaron el instituto. Preguntó a la primera: "¿Has conseguido vivir una vida bien planificada?".

"¡Oh, sí!", dijo su amiga. "Primero me casé con un millonario, luego con un actor. Mi tercer matrimonio fue con un predicador y ahora estoy casada con un enterrador".

"¿Qué tienen que ver todos estos matrimonios con una vida bien planificada?".

"¡Uno por el dinero, dos por el espectáculo, tres para prepararse y cuatro para irse!".

¡Esta es una vida bien planeada! Recuerda este sutra: "¡Uno para el dinero, dos para el espectáculo, tres para prepararse y cuatro para irse!". ¡Así es como vive la gente!

Tú me preguntas, Parivartan: ME GUSTARÍA ENAMORARME...

No es cuestión de gustos. Uno simplemente se enamora o no se enamora. Te gustaría enamorarte, pero entonces no sucederá. Las caídas no ocurren por gusto, simplemente tropiezas y te caes. Intentas controlar la caída. Puedes arreglártelas, pero no será una caída de verdad, no habrá fractura, ¡nada! Puedes poner un colchón Dunlop y caerte encima, pero simplemente parecerás estúpido y nada más. Un poco avergonzado, eso es todo.

Usted pregunta: ME GUSTARÍA ENAMORARME, PERO
TENGO MIEDO DE LAS MUJERES HERMOSAS...

¡Sólo que esa cosa parece ser un poco inteligente! Las mujeres
guapas son peligrosas, las feas son buenas - tienen que ser buenas.
Enamórate de una mujer fea... Esta es una de las observaciones
de miles de años... cuando una mujer es hermosa no necesita
preocuparse por ser simpática. Basta con ser guapa, ¿por qué tiene
que ser simpática también? ¡Será desagradable! Las mujeres feas son
muy agradables, tienen que serlo, si no, ¿quién se enamoraría de
ellas? Sus caras, sus cuerpos, dan ganas de huir al fin del mundo y
no volver nunca la vista atrás: tienen que compensar.

Lo compensan siendo amables, siendo muy cariñosas. Se
convierten en tus mamás; te cuidan como si fueras un niño
pequeño, te amamantan. Se vuelven absolutamente necesarias, te
hacen totalmente dependiente, para que puedas tolerar su fealdad.

Parivartan, eso que dices ciertamente con cierta inteligencia.
Y cuando estás pensando y planeando una vida bien planeada,
entonces enamórate de una mujer fea. Será difícil al principio, ¡pero
luego es dulce todo el camino! Y piensa siempre en el futuro, así lo
hacen las personas calculadoras.

¿Qué es? Sólo una píldora amarga al principio, está bien, pero
luego es muy saludable. Las mujeres feas son medicinales, pero las
bellas son dulces al principio y muy amargas al final.

Y este no es mi consejo para ti; Gautam Buda también dice lo
mismo, en un contexto diferente, por supuesto. Él no puede ser tan
veraz como yo. Él dice: El mundo es dulce al principio pero muy
amargo al final, y el otro mundo es muy amargo al principio pero
muy dulce al final. Es un contexto totalmente diferente, pero es
significativo, también en tu contexto.

La mujer hermosa parece hermosa y te tienta, pero recuerda
a los grandes filósofos que dicen que la belleza es ilusoria; no es
nada más que en la superficie. Cuando veas a una mujer hermosa

recuerda siempre a los grandes filósofos: que por dentro no es más que huesos, sangre, pus, etcétera, etcétera. Guarda en tu habitación un esqueleto, medita sobre él, y siempre que veas a una mujer hermosa proyecta el esqueleto. Eso te asustará. Y cada vez que veas a una mujer fea siente compasión: la compasión es buena, es un gran servicio. De hecho, ¡es conquistar el mundo! Enamorarse de una mujer fea es ser un santo, y tu recompensa será grande. Ella será amable contigo, y siempre amable contigo.

El único problema es, Parivartan, que aquí no encontrarás una mujer fea. De alguna manera las mujeres feas no se enamoran de mí, ¡ese es el problema! Así que estás en un lugar equivocado.

Un viajante de comercio se encontró una vez en medio de una tormenta aullante cerca de un puente en algún lugar del interior. Como no podía seguir conduciendo, bajó del coche y se dirigió a la granja más cercana. Un anciano le abrió la puerta.

"¿Puede alojarme esta noche?", preguntó el vendedor.

"Sí, puedes quedarte aquí", dijo el granjero, "pero tendrás que dormir con mi hijo".

"¿Tu hijo?"

"Así es."

"Perdone", dijo el vendedor, "¡me habré equivocado de broma!".

Parivartan, estás aquí en una broma equivocada; tendrás que encontrar la broma correcta para ti. Aquí no encontrarás una mujer fea; eso será difícil.

Usted dice: ME GUSTARÍA ENAMORARME, PERO TENGO MIEDO DE LAS MUJERES HERMOSAS, Y TANTO MIEDO AL AMOR, Y NO SÉ POR QUÉ.

No hay mucho que saber; es muy simple y obvio. No es algo grande para contemplar.

Él: "¿Alguna vez has amado a alguien tanto como me amas a mí, María?"

Ella: "No, John. A veces he admirado a hombres por su aspecto, su inteligencia o su dinero. Pero contigo, John, todo es amor, nada más".

Durante el almuerzo, una mujer le dijo a su amiga: "No sé qué hacer. La otra noche soñé que John almorzaba con una rubia y se reían juntos".

"¡Oh, por Dios, Helen!", protestó su amiga. "Sólo fue un sueño tonto".

"Sólo un sueño", repitió el otro. "Pero si hace esas cosas en MIS sueños, ¿te imaginas lo que debe hacer en los suyos?".

El miedo es natural porque la mujer significa el principio del mundo; la mujer significa el principio de los problemas. Antes de la mujer no hay mundo y después de la mujer no hay mundo.

Antes de la mujer todo es oscuridad, después de la mujer todo es luz. Pero entre los dos está el problema, y todo el mundo tiene que pasar por él.

La agresiva esposa estaba echándole la bronca a su marido por haber dicho algo sin tacto cuando llamaron unos amigos. "¡Y no te quedes ahí sentado", continuó bruscamente, "dándome puñetazos en los bolsillos, tampoco!".

Entre los objetos expuestos en la Biblioteca Vaticana hay dos Biblias muy juntas: una enorme de unos 60 centímetros de grosor y otra diminuta de menos de un centímetro cuadrado.

Uno de los guías dice a los visitantes: "Esta Biblia grande contiene todo lo que Eva dijo a Adán, y esta pequeña contiene todo lo que Adán dijo a Eva".

No entiendo por qué no lo entiendes, ¡es tan evidente! La gente siempre ha tenido miedo de la mujer por la sencilla razón de que el hombre funciona a través de la cabeza y la mujer funciona intuitivamente. No pueden ponerse de acuerdo en nada; no hay posibilidad de acuerdo. La mujer saca conclusiones precipitadas, ¡y el problema es que casi siempre tiene razón! Y el hombre pasa por un proceso muy largo, arduo y lógico para llegar a una conclusión y, de nuevo, casi siempre se equivoca.

Así que luchar con una mujer, es decir, amar a una mujer, está condenado al fracaso.

No puedes ganar ni una sola discusión porque sus formas de discutir son desconcertantes. Quieres que se siente tranquilamente a la mesa a discutir, y se pone a llorar y a tirar cosas. Ahora ya no sabes qué hacer. Está destrozando tu dinero, así que no puedes tirar otras cosas porque sería una tontería. Y todo el día llegas a casa torturado por el mundo, quieres algunos momentos de paz, y todo el día ella ha estado preparándose, haciendo ejercicio. Está preparada para luchar. Tú llegas a casa completamente derrotado, y ella está fresca y lista para luchar. ¿Cómo vas a ganar? Y tú no quieres pelear en absoluto, quieres que te deje en paz para leer el periódico, y ella te tira el periódico.

Ella no puede tolerar nada de lo que haces - excepto la Meditación Dinámica. Eso se acerca mucho - eso da miedo a las mujeres. Inventé la Meditación Dinámica para los pobres hombres: ¡al menos una defensa!

Puedes simplemente gritar y saltar y empezar a hacer hoo-hooing, y eso ella lo entenderá. Se calmará y empezará a estar de acuerdo contigo; de lo contrario, creará problemas. Ese es uno de los antiguos métodos femeninos, por supuesto nunca lo ha llamado meditación. Yo lo llamo meditación, ¡para darle un color religioso!

Prem Parivartan, así que estas son algunas pistas para ti. Si usted desea una vida pacífica, encuentre a una mujer hogareña y su vida será pacífica - por supuesto sin alegría. Usted no puede tener ambos juntos. Será pacífica, completamente pacífica, pero no habrá éxtasis en ella. Será como si ya estuvieras muerto; no habrá emoción. Será plano, como un neumático pinchado, atascado en un lugar, sentado en silencio sin hacer nada, llega la primavera y la hierba no crece por sí misma. ¿Cómo puede crecer la hierba bajo un neumático pinchado? Es imposible. Puedes seguir sentado y esperando, las primaveras vendrán y se irán... Esa es la primera posibilidad.

La segunda es: arriesgarse, enamorarse de una mujer hermosa. Habrá gran excitación, éxtasis, pero también habrá problemas. El cielo y el infierno vienen en el mismo paquete. Tendrás algunos momentos celestiales, pero valen la pena, por todo el infierno que vendrá después. Y te enseñarán una lección. Así es como uno se convierte finalmente en Buda. Sin las mujeres no habría habido Budas; de eso estoy absolutamente seguro. No habría habido religión, ni Budas, ni Mahaviras. Es gracias a la mujer.

Muchas mujeres me preguntan: "¿Por qué las mujeres no se han iluminado?". ¿Cómo pueden iluminarse? ¿Quién las llevará a iluminarse? Esa es la cuestión. Ellas impulsan a los hombres a iluminarse. Al no encontrar otro camino en la vida, se ilumina. ¡Es simple!

Aún no he respondido, pero hoy he pensado que es mejor decirlo y zanjarlo para siempre. No vuelvas a preguntarme: "¿Por qué las mujeres no se iluminan?". No es necesario. Su función es hacer que la gente se ilumine -volverlos locos-, así que tarde o temprano empiezan a meditar, tarde o temprano quieren que los dejen en paz. Están acabados. Sus sueños se han hecho añicos, están desilusionados. Es el gran trabajo de la mujer; todo el mérito es de la mujer.

El Buda, el Mahavira, Lao Tzu y Chuang Tzu, sólo fueron posibles porque la mujer les obligaba continuamente: ¡o se iluminan o se vuelven locos! Y decidieron iluminarse. Dijeron: "Es mejor iluminarse". Es bueno pasar por la experiencia.

Así que, Parivartan, elige una mujer hermosa y enamórate de todo corazón... no te guardes nada. Cuanto más profundamente ames, más pronto te liberarás de ella. Cuanto más apasionadamente entres, más rápido saldrás.

La segunda pregunta:

Pregunta 2:

MAESTRO,

EN LA CONFERENCIA DE AYER HABLASTE DEL TRABAJO DEL MAESTRO: EVITAR QUE SUS DISCÍPULOS SE CONFORMEN CON MENOS QUE LA "LIBERTAD DEL YO".

EN OCCIDENTE, SE HACE MUCHO HINCAPIÉ EN LA EXPERIENCIA DE QUE "ESTO ES TODO", QUE NADA PUEDE SER DIFERENTE DE LO QUE ES... ¡AHORA MISMO!

¿SE TRATA DE UNA EXPERIENCIA EN UNA MINA DE COBRE?

¿CÓMO PUEDE HABER OTRA COSA?

Deva Sambuddha,

YO TAMBIÉN DIGO ESTO, pero cuando digo es esto, tiene un significado totalmente distinto. No es lo mismo que se dice en Occidente. La afirmación en sí misma no tiene significado; el significado viene a través de tu experiencia.

El hombre puede vivir en diferentes planos. Cuando Gautam el Buda dice "¡Esto es!" está utilizando las mismas palabras que utilizas tú. Las palabras son exactamente las mismas y el significado del diccionario es el mismo, pero el significado existencial es totalmente diferente; puede ser incluso diametralmente opuesto a tu significado.

En Occidente se ha puesto de moda decir que esto es todo, que vivir ahora mismo es todo lo que hay. Pero la gente que lo dice no tiene idea de la meditación, no tiene idea del silencio absoluto, de la conciencia irreflexiva, no ha experimentado el testimonio. Por lo tanto, lo que dicen - "Esto es todo"- no es nada más significativo que su mente.

Así que si tu mente está llena de lujuria, tu "esto es" será sólo lujuria y nada más. Si tu mente está llena de codicia, llena de ira, llena de celos, entonces ¿cómo puede tener el mismo significado que tiene cuando Chuang Tzu dice "Esto es"? No es posible tener el mismo significado. El significado proviene de la persona, de su presencia, de su realización.

Occidente ha recibido clichés de Oriente. Ahora el Zen se ha puesto muy de moda en Occidente, no es que Occidente sea capaz aún de entender el Zen. Zen, la propia palabra "Zen", viene de dhyana. Buda nunca utilizó él mismo la lengua sánscrita; fue el primer iluminado de la India que utilizó la lengua del pueblo. Esa fue una de las cosas que hizo que el sacerdocio, los brahmanes de la India, fueran antagónicos a Buda. Entre muchas cosas, esa fue una de las principales, porque los sacerdotes de la India siempre usaron el sánscrito como su lengua, era su propiedad. Y solo los eruditos podian entenderlo; las masas eran absolutamente ignorantes al respecto. Por lo tanto lo que estaba escrito en las escrituras era conocido solo por unos pocos sacerdotes, y por supuesto a traves de ese conocimiento ellos eran poderosos. Y ellos nunca quisieron que fuera conocido por las masas, de lo contrario su poder se perderia, sus intereses creados serian destruidos.

Buda fue el primer hombre que dinamitó todo su establecimiento. Utilizó la lengua del pueblo; la lengua del pueblo en la época de Buda era el pali. En pali, dhyana se pronuncia como jhana. Como Buda utilizó la palabra jhana cambió de color. Cuando llegó a China a través de Bodhidharma se convirtió en CH'AN, porque en chino jhana no se puede escribir; en chino no hay alfabeto. El chino es una lengua pictórica, así que la imagen más cercana que tenían que podía expresar la palabra JHANA era CH'AN o CH'ANA.

Y de China llegó a Japón. Utilizan el mismo lenguaje pictórico, pero sus pronunciaciones son diferentes. En Japón se convirtió en

Zen; en cierto modo volvió al lugar original. Se acercó a la JHANA de Buda; se convirtió en Zen.

Ahora bien, Occidente aún no ha comprendido de qué se trata, pero el zen tiene un atractivo por la sencilla razón de que es muy absurdo, ilógico, paradójico. Y Occidente se ha hartado de las filosofías lógicas -de Kant, Hegel, Fichte, Bertrand Russell, Wittgenstein-, se ha hartado. Desde Aristóteles hasta Wittgenstein, dos mil años de pensamiento lógico no han llevado a ninguna parte, excepto a un punto en el que Occidente siente que la vida carece absolutamente de sentido y es accidental. Ahora bien, ésta es la situación propicia para que cualquier filosofía ilógica se ponga de moda.

La pintura occidental se ha vuelto ilógica. Se puede ver en Picasso, Dalí, Cezanne y otros pintores: la pintura se ha vuelto absolutamente ilógica, absurda. La poesía se ha vuelto ilógica: Ezra Pound y otros. Puedes leerla, pero no encontrarás ningún sentido en ella. Las novelas, las obras de teatro, todas las demás formas de arte han dado un giro; se han vuelto muy ilógicas. Esta falta de lógica es el resultado de dos mil años de esfuerzo lógico que ha fracasado por completo: no ha proporcionado ningún significado ni sentido a la vida del hombre.

En la misma avalancha de ilógica, el Zen también se ha vuelto influyente, pero las razones de su influencia son totalmente diferentes. No es que Occidente haya experimentado la meditación, es simplemente una reacción contra la lógica lo que ha convertido al Zen en un gran atractivo. Las anécdotas absurdas. las vidas absurdas de los Maestros Zen - parecen ser atractivas porque no tienen ninguna construcción lógica.

Un gran Maestro Zen, Ryokan, es conocido en Japón como el Gran Loco - un gran Maestro, del mismo calibre que Buda, es conocido como el Gran Loco por la sencilla razón de que toda su vida fue absurda, impredecible. Si le haces una pregunta, puede golpearte en la cabeza; si no se la haces, puede golpearte en la cabeza. Solía decir: "Hazme una pregunta y te golpearé; no me hagas una pregunta y te golpearé". Solía lanzar a sus discípulos...

Una vez le cortó el dedo a uno de sus discípulos con un cuchillo, y cuando el dedo estaba cortado y el discípulo sufría una profunda agonía, dijo: "¡Esto es!". Y en ese momento el discípulo se iluminó - porque estuvo meditando durante veinte años. ¡No olvides esos veinte años! En Occidente esos veinte años están completamente olvidados. Esos veinte años han traído este clímax. En el momento justo el Maestro dio el último empujón. Quería traerle al presente, y cortarse el dedo es tan doloroso que no puedes pensar en el pasado, no puedes pensar en el futuro, ya no puedes fantasear.

Por un momento todo se detiene. Es como una descarga eléctrica: de repente te encuentras en estado de shock. Pero esos veinte años de meditación habían creado una cualidad diferente: la descarga se convirtió en un satori. No se puede iluminar a alguien cortándole un dedo, pero Ryokan hizo el milagro.

Ryokan vivía de tal manera que cualquiera le llamaría tonto, idiota, y disfrutaba mucho con la palabra "idiota"; él mismo solía llamarse idiota. Se olvidaba de su bata, llegaba al mercado desnudo, ¡con los zapatos puestos! Se olvidará de todo.

Había escrito una lista de las cosas que tiene que llevar cuando sale, y ha pegado la lista en la puerta para que pueda mirar la lista, que qué cosas tenía que llevar: su bastón, su túnica, los zapatos, la gorra. E incluso esto estaba escrito: "Donde tienes que poner la gorra - en la cabeza." De lo contrario se olvidaría, ¡podría ponerse los zapatos en la cabeza! Pero seguía igual, porque se olvidaba de leer la lista.

Este Ryokan ayudó a muchas personas a iluminarse. Sus formas ilógicas, sus métodos absurdos resultaron de enorme ayuda. Ahora en Occidente la gente amará a Ryokan; se sentirán a gusto con él.

Están hartos de Aristóteles. Aristóteles se ha convertido en "Aristotlitis", ¡una gran enfermedad! No quieren hacer nada con Aristóteles; quieren algo más vivo, algo más paradójico porque la vida es paradoja; no es lógica.

Recuérdalo, la vida no es lógica y no se puede entender sólo con la lógica. La vida es mucho más que lógica, mucho más grande que lógica. No es aritmética. Así que hay planos que comprender.

Occidente aún no es capaz de ser herenow; sólo ha oído la palabra. Y hay diferentes motivos por los que la juventud occidental, sobre todo la nueva generación, se ha encaprichado de las cosas zen. La Tercera Guerra Mundial se avecina. La vida parece muy frágil; nunca antes había sido así. Las guerras siempre han existido -en tres mil años hemos librado cinco mil guerras-, así que la guerra no es algo nuevo, pero ha ocurrido algo nuevo. La Tercera Guerra Mundial será la última guerra, será una guerra total. Destruirá no sólo a la humanidad, sino toda la vida de la Tierra. Y las nubes son cada vez más oscuras y se acercan cada día. Está creando un gran temor. La nueva generación occidental está enloqueciendo.

Y ahora, como el mundo se puede acabar, todo el futuro zen parece atractivo: Vive aquí y vive ahora porque no hay futuro. Puede que el mañana no llegue nunca. Esta es una razón totalmente diferente por la que Occidente se ha interesado por el ahora mismo.

Sambuddha, esto hay que recordarlo: el motivo es diferente. Los místicos orientales, desde Buda hasta Ryokan, hablaban de la belleza del ahora-aquí por motivos totalmente distintos. No es que no haya futuro -hay futuro infinito, eternidad-, sino que el futuro nunca llega. Todo lo que llega es el ahora; el ahora es la única realidad. Cuando llega el futuro, también llega en forma de ahora. Cuando venga el mañana vendrá como hoy, así que tienes que aprender el arte de estar aquí, de vivir el hoy, porque el mañana vendrá pero también será otro hoy. Y si sabes cómo vivir ESTE día sabrás cómo vivir ese día que vendrá. Esta era una visión totalmente diferente.

Estos son los cuatro planos que hay que comprender. El primero es el cuerpo. En el plano corporal, el hombre que vive identificado con el cuerpo, si dice: "Esto es todo", sólo querrá decir comida y sexo y nada más. Su "esto es todo" contendrá sólo dos cosas, comida y sexo, que tampoco son muy diferentes. La comida es alimento para ti; no puedes sobrevivir sin comida. Y el sexo es alimento para las generaciones venideras; ellas no pueden sobrevivir sin sexo. El sexo de tus padres te ha creado, tu sexo creará a tus hijos. La sociedad necesita el sexo como alimento; es alimento, es supervivencia para la sociedad, igual que el alimento es tu supervivencia.

La comida y el sexo están profundamente conectados. De ahí que siempre ocurra que si alguien empieza a controlar el sexo, se vuelve célibe, empezará a comer más; sustituirá su sexualidad por la comida. Casi siempre ocurre que cuando las mujeres se casan empiezan a engordar, por la sencilla razón de que antes del matrimonio les interesa el sexo, después del matrimonio se hartan de él. Empiezan a sentir que el hombre explota su cuerpo. Lo hacen a regañadientes, pero están hartas. Entonces su interés cambia hacia la comida.

Y las personas que se matan de hambre por cualquier razón -quizás naturopatía, dietas, o alguna razón religiosa, ayuno-, las personas que se matarán de hambre se llenarán de fantasías sexuales.

De ahí que los monjes jainistas estén más llenos de fantasías sexuales que nadie, debido al ayuno. Es un cambio natural: su energía empieza a moverse de un polo a otro.

Sambuddha, cualquiera que sólo conozca su cuerpo, su "esto es todo" significa simplemente comida y sexo. Eso es lo que está sucediendo en institutos como Esalen - comida y sexo. Eso es lo que está sucediendo en toda América.

Sambuddha viene de América.

El segundo plano es la mente. Con la comida y el sexo puedes tener placer y dolor. En el plano corporal, si tu cuerpo está satisfecho, tendrás una sensación placentera; si no está satisfecho, sentirás dolor. El segundo fenómeno por encima del cuerpo es la mente. La mente va un poco más allá del placer; empieza a experimentar felicidad e infelicidad. Con el cuerpo sólo hay dualidad, comida y sexo, sólo dos dimensiones; con la mente hay muchas dimensiones. La mente abre un mundo más grande: música, poesía, pintura, danza, etcétera, etcétera. Abre muchas dimensiones; puedes disfrutar más.

Con el primero eres igual que un animal; tu "esto es todo" no será más que animal. Con el segundo, si sabes que eres más que el cuerpo, más elevado que el cuerpo, tendrás muchas dimensiones, más riqueza. Te vuelves humano, te elevas por encima de los animales. Cuando digas: "Esto es", ahora será música, poesía, pintura, danza; tendrá un significado totalmente diferente.

En el tercer plano está el alma, el yo. Con el cuerpo la dualidad; con la mente, la multiplicidad, la multitud; con el alma sólo la unidad, y eso es la meditación. Conocerás el verdadero significado de "esto es todo" sólo cuando llegues al tercer punto.

Y con el cuarto... En Oriente lo hemos llamado el cuarto, simplemente "el cuarto", TURIYA; no le hemos dado ningún nombre porque ningún nombre es posible, es inexpresable. Con el cuarto, TURIYA, no hay ni dos, ni muchos, ni uno. Se le puede llamar totalidad o nada. Buda utilizó la palabra "nada", Isa Upanishad utiliza la palabra "totalidad"; significan lo mismo.

El cero simboliza ambas cosas, la nada y el todo. Este es el estado de dicha, el éxtasis.

En el nivel del cuerpo, al placer se opone el dolor; en el nivel de la mente, a la felicidad se opone la infelicidad; en el nivel del alma, a la alegría se opone la miseria. Pero en el cuarto, la dicha no se opone a nada; la dicha no tiene polos opuestos.

Dónde te encuentres en estos cuatro planos marcará la diferencia. Cuando digo: "Esto es", estoy hablando desde el cuarto plano. Y cuando en América, en los institutos como Esalen, la gente habla de "esto es", están hablando del primer plano, el cuerpo.

Si me preguntan, EN OCCIDENTE SE HACE MUCHO CON LA EXPERIENCIA DE QUE "ESTO ES TODO", DE QUE NADA PUEDE SER DIFERENTE DE LO QUE ES - ¡AHORA MISMO!

Sí, nada puede ser diferente de lo que es, pero tú puedes ser diferente. El mundo es el mismo -para el Buda, para el iluminado, para el no iluminado- pero tú eres diferente y eso marca la diferencia. Esa es la diferencia que marca la diferencia. El mundo es el mismo - Buda se mueve aquí, tú te mueves aquí, los dioses viven aquí, los perros viven aquí - es el mismo mundo. Pero como su conciencia es diferente, su profundidad y su altura son diferentes, su "esto es todo" también será diferente, su ahora también será diferente.

Por eso, cuando hablo del ahora, mi "ahora" contiene tanto ESTO como AQUELLO. Cuando en Occidente la gente habla del ahora, su ahora sólo contiene "esto".

Recuerda lo que dice el Isa Upanishad: Esto es todo. Eso es el todo. El todo viene del todo, aún así el todo permanece detrás.

Este es el cuarto estado, TURIYA, el estado último más allá del cual nada sucede. A menos que hayas llegado a él, Sambuddha, estás viviendo en la mina de cobre. Tienes que moverte a la mina de plata, luego a la mina de oro, y luego a la mina de diamantes, y luego al más allá.

La tercera pregunta:

Pregunta 3:

MAESTRO,

¿QUÉ SERÍA LO MEJOR QUE PODRÍAS HACER SI ESTUVIERAS ENFADADO?

Virendra,

¡Cambia de opinión!

La cuarta pregunta:

Pregunta 4:

MAESTRO,

HE HECHO EL VOTO DE PERMANECER CÉLIBE TODA MI VIDA, PERO ¿POR QUÉ SIGO TENIENDO PENSAMIENTOS, FANTASÍAS Y SUEÑOS SEXUALES?

Swami Nityananda Giri,

Es NATURAL, se debe a tu voto. Nadie puede cambiar la vida de uno por la fuerza. El voto es simplemente un acto violento contra ti mismo. Sólo reprimirá tu sexo, y lo reprimido se vengará; volverá una y otra y otra vez. Lo empujarás por una puerta y entrará por otra. No puedes librarte de ello tan fácilmente, tan barato.

El otro día, Morarji Desai reveló que, cuando era Primer Ministro, había visitado un club nocturno en Canadá para enterarse de lo que allí ocurría. Ahora, ¿por qué debería estar interesado en un club nocturno? Y lo que está pasando allí, ¿por qué está interesado en ella? ¡A la edad de ochenta y dos años!

Y lo había mantenido en secreto hasta ahora; nunca lo había revelado.

Una sexualidad reprimida te perseguirá hasta el final de tu vida. Incluso cuando te estés muriendo tendrás fantasías sexuales.

Swami Nityananda Giri, aún es tiempo - ¡cuidado! La vida nunca cambia por los votos, la vida cambia por la conciencia. Nunca hagas un voto; el voto simplemente significa que estás forzando algo sobre ti mismo.

Intenta comprender. Cuando hay comprensión no hay necesidad de hacer un voto; tu comprensión es suficiente. Ves que algo va mal y se cae.

Ver es suficiente, comprender es suficiente; nunca se necesita otra disciplina. Siempre que necesites alguna otra disciplina significa que tu comprensión es deficiente, que algo falta en tu comprensión. Intentas compensar tu comprensión haciendo un voto, pero el mismo hecho de hacer el voto demuestra que tienes miedo de tu sexualidad. Entonces vendrá, entonces está destinado a venir.

Y ahora me preguntas ¿POR QUÉ SIGO TENIENDO PENSAMIENTOS, FANTASÍAS Y SUEÑOS SEXUALES?

Debes estar esperando que al hacer un voto todo esto se detenga. Es tu voto el que lo causa. Si hubieras vivido una vida natural, si hubieras pasado por el mundo y todas sus experiencias de bien y mal, placer y dolor, habrías aprendido algo; habrías salido del mundo con comprensión.

Pero durante siglos los llamados santos han dependido de la violencia. Hablan de no violencia, pero siguen haciéndose violencia a sí mismos.

"Estoy harta de que me dejen sola todos los fines de semana", gruñó la viuda del golf un sábado durante el desayuno. "Si crees que hoy vas a salir a jugar...".

"Tonterías, querida", interrumpió el marido, cogiendo la tostada. "El golf es lo más alejado de mi mente. Por favor, pásame el putter".

Si fuerzas las cosas, estallarán y volverán.

Un hombre de setenta años fue a ver al médico.

"Llevo veinticinco años ejerciendo", le dijo el médico, "y nunca he oído una queja así ¿Qué quiere decir con que su virilidad es demasiado alta?".

El septuagenario suspiró. Señalándose la cabeza, dijo: "Todo está en mi mente".

"La virilidad ha subido demasiado, todo está en mi mente".

Ahora, Nityananda Giri, has hecho un voto. Tu sexualidad está reprimida en su centro natural: ha llegado a tu cabeza, y eso es mucho más peligroso porque envenenará tu cabeza. Ahora en sueños, en pensamientos, en fantasías vendrá.

Sólo tienes que ayunar un día y verás lo que quiero decir: pensarás en comida todo el día.

Normalmente no piensas en la comida en absoluto; la comida no es un problema. Cuando tienes hambre, comes y todo se olvida. Pero si ayunas, de repente la comida se convierte en tu obsesión. Es un simple hecho psicológico.

Pero la gente religiosa ha sido realmente estúpida: siguen negando hechos simples, y siempre pueden racionalizar. Dirán: "Es debido a los malos karmas de tus vidas pasadas que, Nityananda Gin, sigues sufriendo de pensamientos sexuales". Te dirán que practiques yoga, que te pongas de cabeza y todo tipo de tonterías.

La semana pasada leí sobre un yogui, Dhirendra Brahmachari, que muestra sus posturas de yoga en la televisión. Y la semana pasada le decía a su audiencia: "¿Sabéis cómo me mantengo tan sano? Ahora mismo me estoy subiendo el ano hacia arriba, pero no podéis verlo porque llevo ropa". Y luego dijo que su discípula, una chica que se sienta a su lado para mostrar las posturas de yoga, "Ella también se está llevando el ano hacia arriba, pero no se puede ver porque lleva la ropa puesta."

La chica se habrá puesto roja. Es bueno que la India aún no haya optado por la televisión en color: en blanco y negro no puedes ver si la chica se sonroja o no. Pero entonces tienes que hacer todo tipo de tonterías. Ahora, tirar de tu ano hacia arriba simplemente forzará a tu energía sexual a ir a tu cabeza; ese es su propósito. Se trata de llevar la sexualidad hacia la cabeza, y estarás más en peligro.

Y ese es el propósito de SIRSHASANA, pararse sobre la cabeza. Pararse sobre la cabeza, el propósito básico es forzar a tu energía sexual a ir hacia tu cabeza. Debido a la gravitación, si te paras sobre tu cabeza naturalmente tu energía sexual comienza a moverse hacia la cabeza. ¿Pero cuánto tiempo puedes estar de pie sobre la cabeza? Tarde o temprano tendrás que ponerte de pie.

Y este lío con los centros es uno de los problemas a los que se han enfrentado todas las religiones.

Gurdjieff, uno de los grandes Maestros de esta era, solía decir que el hombre se ha vuelto tan feo por la simple razón de que ninguno de sus centros está funcionando de manera natural; cada centro está siendo interferido por otros centros, todos se han enredado. Todo su esfuerzo era cómo desenredarlos, cómo llevar a cada centro la energía que le pertenece.

Y ese es mi esfuerzo aquí también: llevar la energía al centro correcto, donde pertenece. Cuando todos tus centros estén funcionando naturalmente, tendrás un profundo silencio en ti, tendrás una sutil armonía en tu ser; una alegría te rodeará.

Nityananda Giri, debes haber vivido de acuerdo a la manera antigua y tradicional; tu nombre lo demuestra.

Gin es una de las tradiciones más antiguas de los sannyasins hindúes; tendrás que salir de ella. Tendrás que salir de tu ortodoxia, de tus supersticiones.

Una anciana solterona fue a ver a su médico y se quejó de que su sueño se veía perturbado por los sueños de un joven que la seguía constantemente y coqueteaba con ella.

El médico le recetó unas pastillas, pero un par de semanas después estaba de vuelta.

"¿Qué te pasa ahora?", preguntó con dulzura. "Estás durmiendo mejor ahora, ¿verdad?"

"No", dijo, "¡ahora no puedo dormir porque echo mucho de menos a ese joven!".

La vida no puede evitarse fácilmente. La única forma de ir más allá es atravesándola. La vida es una oportunidad para crecer: no la evites. Si la evitas seguirás siendo un retrasado.

Ahora lo que te está pasando a ti no le puede pasar a ninguno de mis sannyasins, es imposible - porque mis sannyasins viven naturalmente, aceptando lo que Dios les ha dado. Él lo sabe mejor que tú.

Si te ha dado una sexualidad, significa que hay algo que aprender a través de ella. Es tu energía creativa, no la reprimas. Refínala, ciertamente, hazla lo más pura posible, porque es tu energía sexual la que creará muchas cosas en tu vida.

Es un hecho bien conocido que los grandes poetas descubren de forma natural que están trascendiendo su sexualidad.

Los grandes pintores, los grandes bailarines, los grandes músicos siempre han encontrado muy fácil ir más allá del sexo, pero no los llamados monjes y los santos. Han encontrado justo lo contrario: cuanto más lo han intentado, más se han desilusionado, más se han metido en el lío.

Hay que meditar sobre este hecho. Un músico crea música, de ahí que su energía sexual se utilice de forma no sexual. Un bailarín crea danza, no necesita crear niños. Se convierte en creador de algo superior, ¿qué necesidad hay de crear lo inferior? Incluso los animales pueden crear niños; eso no es nada especial para el hombre. De hecho, los animales son mucho más productivos: ¡hasta los mosquitos pueden vencerte!

Eso no es nada especial para ti.

Ahora bien, hay dos caminos: o reprimir el sexo -como han hecho todas las llamadas tradiciones religiosas del mundo- o transformarlo.

Estoy a favor de la transformación, por eso enseño a mis sannyasins a ser creativos. Cread música, cread poesía, cread pintura, cread cerámica, escultura - ¡cread algo! Hagas lo que hagas, hazlo con gran creatividad, trae algo nuevo a la existencia, y tu sexo se realizará en un plano superior y no habrá represión. Deja que tu sexo sea cada vez más amor y cada vez menos lujuria.

Y, por último, deja que tu amor también se eleve un poco más: eso es la oración. La lujuria es la forma más baja del sexo, el amor es más elevado que el sexo, y la oración es la transformación definitiva.

La persona meditativa puede transformar su sexualidad sin ningún antagonismo, sin ningún conflicto. Está en profunda amistad con todas sus energías, sexuales u otras; no está en ninguna lucha. ¿Por qué luchar con tus propias energías? Ámalas, regocíjate en ellas y ayúdalas a trascender las formas inferiores, las formas animales. Deja que se muevan desde el cuerpo hacia el turiya, el cuarto.

Este es un proceso totalmente diferente. Por eso me opongo tanto, porque estoy en contra de todas las tradiciones represivas, de todas las supuestas estupideces morales, puritanistas. Simplemente las llamo estupideces. No soy una persona educada. Si hay una pala, la llamo pala; de hecho, ¡una puta pala! Quiero ser claro y directo. Dos más dos son cuatro para mí, ni más ni menos.

Un sannyasin de Rajneesh fue a visitar a un viejo amigo que vivía en una gran ciudad. El único alojamiento que pudo encontrar fue en un hotel muy destartalado. El recepcionista le dijo que tendría que compartir una cama doble y llevarse el desayuno -tostadas, mermelada y café- arriba esa noche.

Entró en la habitación y se sorprendió al ver a una rubia preciosa tumbada desnuda en la cama, profundamente dormida. Se preparó para acostarse, rezó sus oraciones y se tumbó a dormir.

Quince minutos después, se dio la vuelta y miró en dirección a la hermosa chica. "¿Debo o no debo? ¡No! No debo!", se dijo, se dio la vuelta e intentó dormir.

Media hora más tarde volvió a darse la vuelta, miró hacia la chica y se dijo: "¡No, no debo hacerlo! ¡No lo haré! No está bien". Así que se dio la vuelta de nuevo y volvió a dormirse.

Pero al cabo de media hora se sentó y dijo en voz alta: "No puedo resistir más. Me da igual si estoy incumpliendo alguna norma o no". Así que se levantó, se acercó a los pies de la cama, se sirvió el café, untó la tostada con mantequilla... ¡y se comió el desayuno!

Esto sólo es posible para un sannyasin de Rajneesh.

Nityananda Giri, para ti será muy difícil, ¡imposible!

Una vez le preguntaron a un maestro zen: "¿Qué clase de vida sexual tienen los monjes?".

El Maestro Zen dijo: "¡Monja!".

No reprimas, intenta comprender tu energía sexual. Y te sorprenderás, inmensamente sorprendido, de que no es tu enemiga, es tu amiga. No es una maldición, es una bendición, porque es la fuente de toda tu creatividad. ¿Has conocido a alguna persona impotente que sea creativa? ¿Has conocido a alguna persona impotente para crear gran música, pintura, poesía? ¿Y por qué los llamados monjes a lo largo de los tiempos no han sido creativos? No han aportado nada a la tierra, no la han enriquecido. No han sido una bendición; al contrario, han demostrado ser una maldición. ¿Por qué? - Porque al ser represivos con su sexualidad se volvieron poco creativos, no pueden crear.

La creatividad es sexual, básicamente sexual. Cuando el pintor se pierde en su pintura es el mismo gozo orgásmico que tienen dos amantes cuando se encuentran y se funden el uno en el otro; por un momento ya no están separados. El pintor obtiene el mismo gozo, más largo, más profundo, mucho más profundo, cuando se pierde con la pintura. Una bailarina llega al punto más alto...

De ahí mi énfasis en la danza y la música aquí en mi comuna. Quiero que todo el mundo sea bailarín, cantante, por la sencilla

razón de que es la forma más natural y espontánea de transformar el
sexo. Cuando el bailarín está completamente perdido, cuando sólo
hay danza y no queda bailarín, experimenta el mayor orgasmo, más
total de lo que puede ser cualquier orgasmo sexual.

Nityananda Giri, si aceptas tu sexualidad, si la abrazas con
profundo amor y gratitud hacia Dios, sabiendo que es su regalo por
lo que debe haber algo en ella que tiene que ser descubierto... no
debe ser rechazada. Rechazarlo te hará poco creativo, y la persona
poco creativa se queda en una vida miserable. Por eso tus santos
parecen tan tristes, con caras tan largas, casi muertos y apestosos.

Mira de nuevo, mira de nuevo en tu propio ser, en tu propia
existencia, y te llevarás una gran sorpresa.

A un hombre le pidió su mujer que le trajera a casa un pollo
vivo para una comida especial que iba a preparar. Compró el pollo
después del trabajo y se dirigía a casa cuando se dio cuenta de que
había olvidado la llave de la puerta principal. Sabía que su mujer no
llegaría hasta dentro de unas horas, así que decidió pasar el tiempo
yendo al cine.

No podía llevar el pollo dentro, así que se lo metió por delante
del pantalón, compró una entrada y entró. Se sentó en la parte
delantera del cine, junto a dos ancianas. Pronto se quedó absorto
en la película y no se dio cuenta de que el pollo había asomado la
cabeza por los botones de la bragueta.

"Winifred", susurró una de las ancianas, dándole un codazo a
su amiga. "¡Mira esa cosa grande asomando por la bragueta de este
tipo!"

Winifred gruñó: "¡Ah, Millie, cuando has visto una, las has
visto todas!".

"Ya lo sé", respondió Millie, "pero ¿has visto alguna vez una que
coma palomitas?".

Cada uno tiene su singularidad

L a primera pregunta:
Pregunta 1:

MAESTRO,

USTED HA ESTADO HABLANDO EN VARIAS OCASIONES EN CONTRA DEL SOCIALISMO, Y SIN EMBARGO SIENTO QUE EN ESTA COMUNA ESTA OCURRIENDO EL PRIMER EXPERIMENTO DE UN SOCIALISMO VIVO. ¿ES ESTA OTRA DE SUS CONTRADICCIONES?

Swatantra Sarjano,

EL SOCIALISMO REAL sólo puede ser la fragancia de una comuna en profunda meditación. No tiene nada que ver con la estructura social o la economía. El socialismo real no es una revolución en la sociedad, no es social: es la revolución en la conciencia individual.

Si muchas personas que están pasando por una revolución interior viven juntas, entonces es inevitable que surja una nueva cualidad. Puedes llamarlo socialismo; la mejor palabra será "comunismo", de "comuna". Sólo una comuna puede tener comunismo, pero una comuna sólo existe de vez en cuando. Cuando Buda vivía, una comuna creció a su alrededor; él la llamó sangha, otro nombre para comuna. El significado de sangha es: donde los iniciados han abandonado sus egos y ya no funcionan como islas, sino que se han convertido en uno con los demás, donde se produce una comunión. La comunicación es entre las cabezas; la comunión es entre los corazones.

Cuando tantos corazones se abren, se convierten en flores, se libera una gran fragancia. Esa fragancia rodea a un Buda, puedes llamarlo campo de Buda. La energía es totalmente diferente: no hay política en ello.

La política pertenece al mundo del ego. El juego de la política es un número del ego: cómo ser más poderoso que el otro. Es la ambición en su forma más fea. Es pura astucia, explotación. Es un esfuerzo por esclavizar a los demás. No es posible en absoluto para los meditadores, porque para la meditación el requisito básico es abandonar el ego. Ya no se puede jugar a los juegos del ego. No se trata de ser más elevado, más poderoso que los demás. De hecho, no se trata de "el otro".

En el momento en que el "yo" desaparece, al instante desaparece también el "tú". Yo y tú existen juntos; son como las dos caras de una misma moneda. Suelta tu "yo" y te sorprenderás de que para ti no hay nadie que sea OTRA cosa que tú; la realidad aparece como un todo orgánico. Pero esto sólo es posible con un centro.

Cuando Buda murió, su comuna existió al menos durante quinientos años, pero murió lentamente; se marchitó lentamente. Permaneció viva hasta que... pocas personas continuaron iluminándose y siguieron sustituyendo a Buda. Cuando ya no hubo nadie iluminado, cuando no hubo el centro, todo el campo desapareció. Cuando no hay sol, ¿cómo puede haber rayos? Es un fenómeno individual.

Si Buda está ahí, la comuna está destinada a suceder; no se puede evitar. Es inevitable. Los verdaderos buscadores empezarán a moverse hacia Buda desde los rincones más lejanos del mundo. Es como cuando se abre una flor fragante, las abejas empiezan a hacer cola desde lugares lejanos. De repente, la fragancia se convierte en una atracción magnética, pero sólo para las abejas, no para todo el mundo. Los perros pasarán junto a la flor sin mirarla nunca; para ellos no existe, no son sensibles a ella.

Buda sólo existe para quienes tienen la sensibilidad, la percepción, la disponibilidad, la apertura, la búsqueda. Muchos se cruzaron con Buda y no le vieron. Millones de personas se encontraron con él, pero no pudieron reconocerlo. Para ellos no era más que otro sabio, otro santo. Y la India siempre ha estado llena de santos. No había nada especial para ellos en él. Le escuchaban, recogían de él un poco de conocimiento y seguían su camino.

Pero aquellos que tenían la sensibilidad, que tenían el corazón que puede danzar con esta frágil energía de un Buda, este delicado perfume, se perdieron, se perdieron completamente y se disolvieron, se fusionaron. De estos individuos fusionados surge la comuna, el campo búdico, el SANGHA.

Sucedió con Jesús, por supuesto a menor escala, porque los judíos nunca se han interesado mucho por la interioridad del hombre. Son gente extrovertida; toda su religión ha permanecido extrovertida. Jesús sólo fue reconocido por muy pocas personas; esas pocas personas se pueden contar con los dedos de las manos.

Sucedió una y otra vez en torno a estos preciosos diamantes - Lao Tzu, Chuang Tzu, Lieh Tzu, Lin Chi, Baso, Bahauddin, Jalaluddin, Kabir, Nanak - una y otra vez. Pero el problema es: cuando el Maestro muere, la comuna empieza a marchitarse. Tal vez por un tiempo continúe una secuencia de Maestros...

Por ejemplo, después de Nanak siguieron otros nueve Maestros. Después de Adinatha, el primer Maestro Jain, siguieron veinticuatro TEERTHANKARAS - desde Adinatha hasta Mahavira, un largo lapso de tiempo, casi de tres mil años. Pero es muy raro. No puede ser impuesto por el gobierno, por ninguna agencia externa; entonces será plástico.

Sarjano, tienes razón, es una de mis contradicciones. Estoy en contra del socialismo que se impone como ideología económica, política, a la gente, porque entonces destruye algo que es muy valioso:

destruye al individuo. En lugar de destruir el ego, destruye al individuo; realza el ego. El ego está representado por la personalidad.

Estas dos palabras deben entenderse muy claramente: la personalidad es lo que te da la sociedad, y la individualidad es lo que has traído contigo desde el más allá; es un regalo de Dios. La individualidad no tiene ego, es ausencia de ego. La personalidad no es más que ego.

La sociedad impone una cierta estructura, un cierto patrón alrededor de cada individuo. la sociedad tiene mucho miedo de los individuos auténticos. Crea una personalidad falsa, porque la personalidad falsa puede ser fácilmente manipulada, esclavizada, dominada. La personalidad es muy obediente, la personalidad es muy dependiente de la sociedad, porque la sociedad la ha creado.

Si vas en contra de la personalidad que la sociedad ha creado, perderás todo el respeto; tu ego empezará a derrumbarse. Y eso crea un gran miedo en ti, así que sigues cumpliendo las exigencias de los padres, de los profesores, de los sacerdotes, de los políticos, de todo tipo de personas que te rodean y que intentan explotarte de todas las formas posibles. Dependen de la personalidad y siguen imponiendo la personalidad a la individualidad. La individualidad tiene que ser reprimida, olvidada por completo, para que empieces a vivir en lo falso y lo farsante.

El socialismo destruye la individualidad más que cualquier otro tipo de ideología política, porque el socialismo significa que el objetivo es la sociedad, no el individuo. El individuo tiene que ser sacrificado por la sociedad, no al revés; la sociedad no puede ser sacrificada por el individuo. Y de hecho "sociedad" es una hermosa palabra; detrás de esa hermosa palabra se esconde el feo Estado. Es realmente el Estado el que domina en el socialismo, y el Estado no quiere ningún tipo de individualidad en la gente. Borra toda individualidad, crea robots. Quiere que todo el mundo sea una máquina eficiente, nada más.

Estoy totalmente en contra de este tipo de socialismo, pero hay otro tipo de socialismo con el que estoy totalmente a favor. Pero el proceso es totalmente diferente, diametralmente opuesto: hay que salvar la individualidad y disolver la personalidad.

Ese es el significado de entregarse a un Maestro: entregas el ego, no la individualidad; la individualidad no puede entregarse. Cuando te rindes por ti mismo, cuando no te obligan a rendirte, cuando no es una cuestión de sumisión... por tu amor y alegría, por tu comprensión te rindes - es tu elección y tu decisión. cuando te rindes, por supuesto que rindes lo falso; lo verdadero no puede ser rendido. Tú eres la verdad. Simplemente dejas de lado todo lo que te ha sido impuesto, condicionado. En presencia de un Maestro sólo lo falso desaparece, y lo verdadero surge en su florecimiento absoluto.

En la comuna de un Buda todos tienen individualidad, nadie tiene personalidad. Nadie es egoísta, pero todo el mundo tiene su singularidad; contribuye a la comuna a su manera única.

Y todo el mundo es respetado por lo que hace; hay un inmenso respeto por el individuo.

Se puede ver cómo ocurre aquí. El psicoanalista bien formado que podría haber ganado miles de dólares al mes en Occidente, puede tener un doctorado o un D.Litt. y otras cualificaciones educativas, es respetado de la misma manera que el limpiador de retretes; no hay diferencia. El limpiador de retretes tiene el mismo respeto, la misma individualidad; contribuye a su manera.

Y muchas veces ocurre aquí que un doctorado decide dejar todo lo que ha aprendido y quiere convertirse en limpiador. Hay pocos doctores que sean limpiadores de retretes. Este puede ser el único lugar del mundo donde los doctores han encontrado el trabajo adecuado. Hay doctores que limpian retretes. Les han dicho: "Ustedes son doctores en medicina, ¿por qué no trabajan en el centro médico?". Dicen: "¡Limpiar es tan bonito, tan relajado! No queremos molestar más en el Centro Médico".

Hay poetas, pintores -famosos, conocidos-, autores que han publicado mucho, y pueden estar haciendo zapatos o simplemente trabajando en la carpintería o haciendo algún trabajo manual en el jardín, porque una cosa está absolutamente clara: que tu trabajo no hace ninguna diferencia, tu individualidad está intacta en todas partes. Tu trabajo no te da ninguna posición superior, no crea ninguna jerarquía.

Cada uno lo hace a su manera, de todo corazón.

La comunión sólo puede darse en presencia de un Maestro: de lo contrario, tu conciencia es tal que empezarás a pelear, a discutir, y entrarán en juego tus juegos del ego. Eso ocurre cada vez que muere un Maestro. Si hay una cadena de Maestros entonces está bien, de lo contrario es muy difícil.

Por ejemplo, Jesús no pudo crear una cadena; no le dieron tiempo suficiente. Trabajó sólo tres años, de los treinta a los treinta y tres. No hubo tiempo suficiente para él -fue crucificado a los treinta y tres años- no tuvo tiempo para trabajar.

Buda trabajó durante cuarenta y dos años; creó una gran línea. Desencadenó a mucha gente, desde Mahakashyap hasta Manjushri, Sariputra, Modgalyayan, Purnakashyapa... y muchos otros se iluminaron mientras él vivía y llevaron la antorcha.

Si se crea una cadena, la comuna sigue viviendo, pero es un fenómeno muy frágil, muy impredecible; puede suceder, puede no suceder. Incluso si ocurre, tampoco puede ser un fenómeno permanente. No se puede concebir que continúe para siempre; puede detenerse en cualquier parte. El mundo es un desierto, y la corriente que crean los Budas es una corriente tan pequeña que puede perderse en el desierto en cualquier lugar.

Pero la única comuna verdadera existe mientras el Maestro está vivo. Estoy a favor de ese tipo de comuna.

Pero el comunismo que existe en la Rusia soviética o en China no me gusta. En realidad es exactamente lo contrario de lo que intento hacer aquí. El comunismo debería surgir espontáneamente, y las diferencias son muchas. Por ejemplo, Karl Marx, Friederich Engels, V.I. Lenin - la impía trinidad comunista - estas personas hablaban de la dictadura del proletariado; eso significa dictadura de los de abajo.

En la comuna de un Buda, en primer lugar no hay dictadura, aunque para los de fuera pueda parecer que hay una dictadura. Para el forastero, si viene aquí, pensará que ésta es mi dictadura, aunque yo nunca doy órdenes a nadie. Ni siquiera he visitado la oficina una sola vez en estos seis años. No sé quién vive dónde, cuánta gente vive en la comuna. No he visitado las otras casas de la comuna. Sólo conozco el camino a mi habitación. No puedo encontrar ni siquiera en mi propia casa donde vivo, la Casa Lao Tzu, las habitaciones de otros sannyasins que viven conmigo Vivek me ha estado diciendo que, "Un día danos una sorpresa - ¡ven a la cocina!". Nunca he estado allí; realmente no sé dónde está. Tan de hecho no podré encontrarlo a menos que sea dirigido por alguien. Tengo una idea de dónde debería estar, pero es muy vaga.

Pero cualquiera que venga de fuera pensará que yo soy el dictador; eso es absolutamente falso. La gente trabaja aquí por amor a sí misma, nadie recibe órdenes. Y si me preguntan y digo algo, siempre es una sugerencia, nunca una orden. Son libres de aceptarla o no. Siempre lo aceptan; el mérito es suyo; no tiene nada que ver conmigo. Si no lo aceptan, son perfectamente libres de hacerlo así.

En una comuna real, la comuna de mi visión, lo más alto se convierte en el centro. En el comunismo de Karl Marx, lo más bajo domina; es la dictadura del proletariado. Naturalmente, son dos cosas diferentes, polos opuestos.

Cuando el más alto... y por "más alto" quiero decir simplemente el que ya no es, el que se ha hecho uno con el todo, el que ya no tiene existencia separada. el que ya no empuja el río, el que fluye con el ser, el que está en un profundo let-go, el que es sólo un vehículo, un bambú hueco en los labios de Dios. Y si Dios canta, por supuesto que el bambú hueco se convierte en una flauta, pero todo depende de Dios. La canción no pertenece a la flauta, pertenece al cantante.

A través del Buda, a través de la persona iluminada, Dios comienza a fluir. Es lo más elevado, lo supremamente elevado lo que crea una verdadera comuna. El comunismo que existe en Rusia y China está dominado por lo más bajo. Joseph Stalin y Mao Tse-tung pertenecen al tipo más bajo, las personas más violentas y asesinas que han existido en la tierra.

El nombre de Joseph Stalin significa hombre de acero; ese no era su verdadero nombre. Stalin significa hombre de acero; no es su verdadero nombre, es por su dureza.

A Buda se le representa con una flor de loto, no con acero. La flor de loto ha sido en Oriente el símbolo de todos los Budas: muy frágil, muy delicada, con un perfume sutil, nada agresiva.

Si te rindes a un Buda es tu decisión, es tu libertad; no estás obligado a rendirte.

Y cuando muchas personas se rinden a un Buda, en realidad se están rindiendo a su propio futuro, a su propio potencial último. Buda simplemente representa lo que puede sucederles. Es sólo un reflejo de su florecimiento final.

Cuando te rindes a un Buda, en realidad estás rindiendo tu realidad inferior a tu propia realidad superior; el Buda es sólo una excusa. Entonces surge una verdadera comuna. Nace del amor, de la meditación y la oración. No se basa en la violencia; no está arraigada en las cualidades inferiores, las cualidades animales del hombre.

Sarjano, en ese sentido tienes razón, que aquí se está produciendo una verdadera comuna, pero no es el primer experimento, recuérdalo. El experimento ha ocurrido muchas veces antes. Pero siempre se ve así. Cuando te enamoras piensas: "Este tipo de amor nunca ha ocurrido antes; es algo único". Y en cierto modo lo es: para ti es una experiencia nueva. Nunca has estado enamorado de un Buda, así que para ti es un nuevo experimento. Por lo demás, durante miles de años ha existido la humanidad, y muchas veces han surgido pequeños oasis en el desierto. Pero el desierto es vasto y duro...

Y recuerda una ley fundamental: siempre que lo inferior entra en conflicto con lo superior, se destruye lo superior, no lo inferior. Si chocas una roca con una flor de loto, no esperes que la roca sea destruida por la flor de loto; la flor de loto será destruida. Lo superior es más frágil.

Por eso digo que la mujer es un sexo superior al del hombre: es más frágil, es más florida.

El hombre es más duro, todavía hay un poco de roca en él. El hombre está más cerca del animal que la mujer. El hombre es más agresivo que la mujer; la mujer es receptiva. Y debido a esta cualidad superior de la mujer, ha sido destruida por el hombre. La roca siempre va a ganar contra la flor.

Tales comunas han existido una y otra vez. No pueden ser totalmente destruidas porque Dios tiene una tremenda inversión en estas comunas. NO PUEDEN ser destruidas, seguirán viniendo una y otra vez, pero el vasto mundo es desértico. La gran humanidad aún no se ha transformado, aunque la posibilidad de tales comunas es cada vez mayor.

El hombre ha evolucionado, ha madurado, y particularmente hoy. Ha llegado el momento en que miles de esas comunas pueden estallar, explotar en todo el mundo. Y eso es lo que pretendo hacer creando tantos sannyasins y luego enviándolos de vuelta a sus países para que miles de comunas empiecen a funcionar.

Me gustaría crear una cadena de comunas por todo el mundo, para que esta comuna no siga siendo sólo un oasis en el vasto desierto, sino que se interconecte con muchas comunas. Ese tipo de interconexión nunca se ha hecho antes; será algo nuevo. Las comunas siempre han existido, pero muchas comunas funcionando en todo el mundo no era posible antes; sólo es posible hoy.

La ciencia lo ha hecho posible. El mundo es ahora tan pequeño que es casi como una aldea, una aldea global.

El hombre se ha acercado tanto que ahora existe esta posibilidad.

Tengo doscientos mil sannyasins trabajando por todo el mundo, doscientas comunas creciendo lentamente. Pronto habrá miles de comunas en todo el mundo, ¡y ésta será la primera cadena de comunas que rodeará todo el globo! Y la posibilidad de su éxito es cada vez mayor, por la sencilla razón de que la ciencia ha llegado a tal crecimiento que, a menos que la religión también llegue al mismo punto, la humanidad está condenada. Todo se ha vuelto desigual. Antes no era así, de hecho ocurría justo lo contrario.

La comuna de Buda era mucho más avanzada que la tecnología y la ciencia de la época de Buda.

La comuna de Mahavira estaba mucho más avanzada, mucho más adelantada que la sociedad, que el crecimiento interior del hombre; había una gran brecha. Ahora la brecha está ahí, pero es una brecha totalmente diferente. La sociedad, la ciencia, la tecnologia, han avanzado mucho mas que el crecimiento interior del hombre. Ahora la sociedad, la ciencia y la tecnología han preparado el terreno; podemos aprovechar esta oportunidad. Podemos ayudar al hombre a llegar al mismo crecimiento, y eso será algo equilibrante. Todas esas comunas del pasado crearon un desequilibrio; estaban fuera de sintonía. Se adelantaron a su tiempo, por lo que estaban condenadas al fracaso.

Pero esta vez podemos esperar tener éxito, por la sencilla razón de que no vamos en contra del tiempo ni nos adelantamos demasiado a él. El tiempo está listo y maduro y estamos en sintonía con él. Sólo nosotros estamos en sintonía con él; toda la sociedad se está quedando atrás: la tecnología moderna, la ciencia moderna. Todas vuestras llamadas iglesias, religiones están muy por detrás de la ciencia moderna.

Se trata de un fenómeno muy equilibrante. Ahora la religión puede existir a un nivel mucho más alto del que nunca ha existido, porque la ciencia ha proporcionado el trasfondo adecuado. Y además, la ciencia ha creado un miedo tremendo en el mundo a que la ciencia pueda destruir a toda la humanidad. Y ahora la única esperanza es que la religión pueda salvarla. Y cuando se trata de sobrevivir, millones de personas están obligadas a interesarse por la meditación, porque sólo la meditación puede salvarlas; ninguna otra cosa puede salvarlas. Si el hombre sigue siendo el mismo y la ciencia continúa desarrollándose, entonces la misma ciencia en desarrollo se convertirá en una carga montañosa para el hombre.

Es un hecho bien conocido que en algún lugar del pasado, hace cien mil años, había animales enormes, mucho más grandes que los elefantes, diez veces más grandes que los elefantes. ¿Qué ocurrió con esos enormes animales? Desaparecieron repentinamente de la tierra; sólo se han descubierto sus esqueletos.

¿Qué calamidad ocurrió? Ninguna calamidad desde el exterior, pero se volvieron demasiado grandes. La carga de sus cuerpos se hizo tan pesada que no pudieron soportarla; se volvieron incapaces desde dentro. Su ser interior seguía siendo muy pequeño y su cuerpo exterior se hizo demasiado grande; perdió el equilibrio.

Lo mismo ocurre hoy con el hombre: su alma interior es demasiado pequeña y su tecnología exterior, su ciencia, se ha vuelto demasiado enorme. Puede traer una Tercera Guerra Mundial, una guerra total, porque es una cuestión de vida o muerte; nunca antes se había planteado una cuestión así. Existe la esperanza de que la religión pueda estallar, y millones de auténticos buscadores la están buscando.

Podemos crear una cadena alrededor del mundo de tales comunas, y el mundo entero puede transformarse en un campo búdico. Sólo entonces existirá la posibilidad de un comunismo surgido del amor y de las fuentes más elevadas, de los Everests: no una dictadura del proletariado, sino una confianza, una entrega a un Buda. Y de esa confianza y entrega puede nacer un comunismo totalmente nuevo.

En ese sentido estoy a favor del comunismo, pero los comunistas estarán muy en contra mía porque si mi tipo de comunismo tiene éxito, entonces su tipo de comunismo está destinado al fracaso.

La segunda pregunta:

Pregunta 2:

MAESTRO,

TUS CHARLAS SON MUY LÓGICAS, PERO EN CAMBIO TU FORMA DE TRABAJAR ES TAN ILÓGICA.

¿QUÉ ES ESTE MISTERIO? POR FAVOR, EXPLÍQUELO.

Prem Vinod,

MIS CONVERSACIONES SON LÓGICAS porque cuando vienes a mí vienes obsesionado por la lógica. Puedo empezar a comunicarme contigo sólo a través de la lógica. Pero cuando empiezas a relajarte conmigo, sintiendo que tu mente no está en peligro, entonces empiezo a trabajar ilógicamente - porque la vida es más grande que la lógica, mucho más grande que la lógica. El trabajo tiene que ser ilógico porque trabajar significa que estaré creando una situación para una transformación de tu ser total; no puede ser lógico.

Mis conversaciones son lógicas sólo por esta sencilla razón: si empiezo a hablar ilógicamente te escaparás, no podrás conectar conmigo. Así que vengo al valle de tu oscuridad para cogerte de la mano, y luego poco a poco te persuado, te seduzco para que vengas hacia mis alturas.

Un avispado estudiante universitario había perdido un libro de texto y colocó un anuncio en el tablón de anuncios de los alumnos. Pero en lugar del habitual título PERDIDO, puso SEXO.

Debajo escribió: "Ahora que tengo vuestra atención...".

¿Quién se molesta en leer el tablón de anuncios? Hay tantos avisos. ¿Y quién se molesta en leer los que dicen "Perdido"? Pero si la leyenda es "Sexo", entonces es muy difícil - difícil para los estudiantes, difícil para los profesores difícil para el vicerrector, difícil para el canciller perderse.

Tiene que leerlo.

Soy lógico sólo para que "Ahora tengo su atención ..."

La vida no es lógica, es supralógica; la lógica es sólo un pequeño fragmento de ella. Observa y verás lo que digo. Obsérvate a ti mismo: ¿eres lógico en tu vida? ¿Te has enamorado de una mujer con lógica? ¿Puedes dar alguna prueba de por qué te has enamorado de una determinada mujer y no de otra? De hecho, ni siquiera se puede argumentar que el amor es existencial, ni siquiera se puede probar la existencia del amor. Es una de las cosas más difíciles de probar, que el amor tenga alguna existencia. La ciencia no puede demostrarlo.

Puedes ir lleno de amor al cardiólogo y pedirle: "Mira mi corazón, ¡está palpitando de amor! Fíjate en el diagrama de tu gráfica, si hay algo ahí o sólo me estoy engañando a mí mismo" Y él te dirá: "No le pasa nada a tu corazón - eres perfectamente normal".

Incluso tu corazón puede ser diseccionado y no se encontrará amor allí. Por eso la ciencia no puede probar el amor: el amor no es materia. La ciencia no puede probar tu alma; el alma no es materia. La palabra "materia"

es significativo: viene de metro; significa medible, lo que se puede medir. La materia es lo que se puede medir. Pero hay algo en ti que es inconmensurable, que está más allá del alcance de la ciencia, las matemáticas, la lógica, la física, la química.

Si vas al químico, encontrará todo lo que hay de químico en ti, pero no encontrará la fórmula del amor. Si vas al biólogo, encontrará todo sobre tus hormonas, etc., pero no encontrará nada parecido al amor en ti. Te dirá: "Es sólo una cuestión hormonal. Te engañas, estás alucinando".

Diógenes estaba viendo practicar a un arquero que era tan torpe que Diógenes fue y se sentó junto a la diana. "Éste es el lugar más seguro", le explicó.

Una pareja de marineros estadounidenses había naufragado en medio del Pacífico y llevaba varios años viviendo en una isla desierta. Un día, uno de ellos encontró en la orilla una botella de Coca-Cola tamaño king que nunca antes había visto. La examinó y, de repente, le sobrevino un ataque de histeria.

"¡Joe!", gritó aterrorizado. "Mira esta botella de Coca-Cola - ¡hemos encogido!"

Esto es lógico. La botella de Coca-Cola se ha hecho tan grande que la única conclusión lógica es: "¡Nos hemos encogido!".

En una ocasión, Diógenes entró en un teatro justo cuando el público se agolpaba a la salida. Al preguntarle por qué, explicó: "¡Llevo toda la vida oponiéndome a la gente!".

Un ladrón entró en una pequeña fábrica y vio un cartel en la caja fuerte: "No desperdicie dinamita. Esta caja fuerte está abierta. Sólo tienes que girar el pomo".

Así lo hizo. Al instante, el lugar se inundó de luz y una campana sonó con fuerza.

Mientras le llevaban a comisaría, dijo: "¡Mi fe en la naturaleza humana se ha hecho añicos!".

"¿Por qué pareces tan triste?" le pregunta Johnny a su amigo.

"Bueno", responde su amigo, "¡mi mujer se tiró por un barranco!".

"¡Es horrible!", exclama Johnny.

"Pero eso no es lo peor", continúa el amigo. "¡Era un Mercedes nuevecito!".

Estaba abatido. "La mujer que amo acaba de rechazarme", le dijo a su amigo. "No quiere casarse conmigo".

"No te desanimes tanto", le dijo su amigo, tratando de aliviar su desdicha. "¿No te das cuenta de que el no de una mujer a menudo significa sí?".

"Pero ella no dijo que no", respondió. "¡Dijo phooey!"

La vida es extraña. Si la mujer dice que no puedes entender que sí, pero si dice phooey, ¿entonces qué vas a entender?

Mulla Nasruddin estaba en el hospital. Una doctora llamó a la puerta. "Pase", dijo el Mulla.

"Quítese la ropa, por favor", dijo el médico.

"¿Todos?", preguntó Nasruddin.

"Sí, todas".

Tras quitarle toda la ropa, la doctora lo examinó a fondo. Cuando terminó, Nasruddin le dijo: "Quiero preguntarle una cosa".

"¿Sí?", dijo ella.

"¿Por qué te has molestado en llamar?"

Observa a tu alrededor y verás que la vida no es lógica: es lo más ilógico.

Buscaba aparcamiento y encontró uno cerca de una señal que decía: "Prohibido aparcar en esta calle".

Había un policía cerca, así que ella le llamó: "¿Puedo aparcar aquí?".

"No", dijo.

"¿Por qué no?"

"¿No puedes leer esa señal? Dice 'Prohibido aparcar'".

"¿Pero qué pasa con todos esos coches aparcados aquí?"

"Escuche, señora", dijo el policía, "¡a mí no me han preguntado!".

Prem Vinod, observa la vida y verás su ilogicidad. Es tan evidente que si realmente quieres cambiar la vida tienes que tener en cuenta toda su ilogicidad.

Puedo hablar lógicamente porque el lenguaje pertenece a la lógica, pero no puedo trabajar lógicamente; la existencia no pertenece a la lógica. El lenguaje está creado por la lógica, es muy lógico. La gramática y el lenguaje, las matemáticas, todo lo que ha inventado el hombre es lógico. Las matemáticas son muy lógicas, pero la vida no lo es.

Y los místicos siempre lo han sabido; los físicos han llegado a saberlo hace poco, en estos cincuenta años. Después de que Albert Einstein descubriera la teoría de la relatividad, tuvieron que enfrentarse al mundo ilógico, a la existencia ilógica. Y entonces se dieron cuenta de que durante trescientos años la ciencia ha estado viviendo sólo en un lugar muy pequeño iluminado por la lógica humana. Es como una vela que ilumina un lugar pequeño, y toda la existencia es oscura, muy oscura.

Si estudias la teoría de la relatividad de Albert Einstein te quedarás muy perplejo; no creerás que son palabras de un científico. La teoría de Albert Einstein propone que si un hombre parte en una nave espacial con la misma velocidad que la luz nunca envejecerá. Por ejemplo, si te vas hoy en una nave espacial con la misma velocidad que la luz, es decir, a ciento ochenta y seis mil kilómetros por segundo, y al cabo de cincuenta años vuelves, todos tus amigos estarán en la tumba o tal vez muy viejos, y tú serás exactamente igual, de la misma edad, porque el tiempo se detiene a esa velocidad.

¡Esto es muy ilógico! ¿Por qué debería detenerse el tiempo a tal velocidad? Y a Einstein le preguntaron una y otra vez: "¿Dónde está la lógica?". Él respondió: "¿Qué puedo hacer? Si la existencia funciona así, sólo puedo decir cómo funciona".

Cuando se rompió el átomo, se dividió, y se encontraron electrones, los físicos tuvieron que vivir una experiencia nueva. Fue muy loco, porque los electrones de repente desaparecen de un punto y aparecen en otro; entre los dos puntos no están.

Por ejemplo, yo desaparezco aquí y aparezco en mi habitación; eso es muy ilógico, pero así lo han estado haciendo los electrones desde siempre; ¡sólo que no éramos conscientes de ello!

Cuando se conoció este fenómeno fue muy desconcertante. Eddington dijo que la física se está convirtiendo en misticismo. Ni siquiera los místicos pueden hacer tales milagros; no se conoce ningún místico que los haya hecho. Han caminado sobre el agua y han resucitado a los muertos, pero incluso Buda tiene que caminar de una aldea a otra, no sólo aparecer en una aldea, desaparecer y aparecer en otra. Entonces, ¡en cuarenta años habría hecho al menos el trabajo de cuatro mil años!

Pero cuando se preguntó a los físicos: "¿Cómo lo explican?", respondieron: "No podemos explicarlo. Así es como es". Se les preguntó: "No encaja con la lógica". Entonces dijeron: "¡Tenemos que cambiar la lógica!". La lógica tendrá que encajar con ella; la existencia no tiene ninguna obligación de encajar con la lógica. ¿Por qué tendría que encajar con su lógica?

La lógica es invención del hombre, la existencia no. El hombre mismo es parte de la existencia, y entonces el hombre inventa la lógica, sólo una parte del hombre. Y toda la existencia es vasta, inmensa; no puedes esperar que encaje con tu lógica.

De ahí que muchas cosas hayan cambiado. Aunque en las escuelas, institutos y universidades seguimos leyendo a Newton, Edison, Eddington, pero la ciencia moderna se ha alejado mucho de la lógica ordinaria.

La antigua geometría euclidiana es sustituida por la geometría no euclidiana. La geometría no euclidiana es absolutamente ilógica; la geometría euclidiana era lógica. La geometría euclidiana dice: "La distancia más corta entre dos puntos es una línea recta". La geometría no euclidiana dice: "No puede haber nunca una línea recta. Las líneas rectas no existen, no pueden existir". Y te quedarás perplejo: ¿por qué? Si les preguntas por qué, te dirán: "Porque la Tierra es redonda, lo que dibujes es sólo una parte de un gran círculo. Es un trozo pequeño, por eso parece recto, pero nada es recto".

Por ejemplo, este suelo en el que estás sentado es simplemente recto, pero no puede serlo; sólo lo parece. Si sigues expandiendo esta Sala de Buda, te darás cuenta de que se vuelve redonda, porque rodeará la Tierra. Así que incluso esta pequeña Sala de Buda forma parte de esa gran Tierra, y la Tierra es redonda.

Ninguna línea recta existe, no puede existir, porque en la existencia todo es esférico. Todas las estrellas son esferas, todos los planetas son esferas. No se puede encontrar un lugar donde se pueda trazar una línea recta.

Dondequiera que lo dibujes será sólo un are, por supuesto tan pequeño que no podrás verlo; para ti parece recto, pero no lo es.

Normalmente estamos formados para una matemática con diez dígitos, del uno al diez. La razón por la que hay diez dígitos no tiene ningún razonamiento matemático detrás: la única razón es que el hombre tiene diez dedos.

Porque el hombre primitivo empezó a contar con los dedos, de ahí los diez dígitos. ¿Qué clase de lógica es ésta? Y las matemáticas han intentado...

Uno de los más grandes matemáticos, Leibnitz, lo intentó sólo con tres dígitos: uno, dos, tres, eso es todo. Después del tres viene el diez, el once, el doce, el trece, el veinte. Así que en la geometría euclidiana el mundo es un mundo totalmente diferente; en la geometría no euclidiana es totalmente diferente. Si entiendes a Leibnitz, entonces dos más dos no es cuatro, es veinte, porque cuatro no existe en absoluto.

Albert Einstein lo intentó con dos dígitos, uno y dos. Dijo: "Incluso el tres no es esencial. La ciencia debe ir sólo con lo esencial, uno y dos". Y luego viene el diez... y así, dice Einstein, todo puede resolverse. Sí, menos de dos no servirá; se necesitarán al menos dos dígitos. Así que eso es lo más esencial; todo lo no esencial se descarta.

Ni siquiera la ciencia es más lógica, no puede serlo. Se ha llegado a un punto en el que la lógica se ha quedado muy atrás.

Los místicos nunca han sido lógicos. Yo no soy una persona lógica, pero sólo para persuadirte, sólo para atraer tu atención, empiezo con la lógica. ¡Pero siempre termino en algo ilógico!

La última pregunta:

Pregunta 3:

MAESTRO,

SOY UN EX MONJE CATÓLICO Y MAÑANA ME VOY A MI PAÍS. ¿ME CONTARÍAS ALGUNOS CHISTES PARA MIS OTROS AMIGOS CATÓLICOS?

John,

La primera:

Un CATÓLICO, un comunista y un bautista del sur negro llegaron a las Puertas Perladas el mismo día. Salió San Pedro y el católico se arrojó boca abajo ante él y gritó: "¡Oh, San Pedro, grandes han sido mis pecados! No merezco entrar en el Paraíso".

"Ten fe", dijo San Pedro, "porque nuestro Señor es grande y perdonador. Hechiza a Dios".

El católico quedó desconcertado, pero dijo vacilante: "Dios". Sonaron las trompetas, un coro de ángeles empezó a cantar y las Puertas Perladas se abrieron de par en par. El católico se levantó asombrado y entró en el cielo.

El comunista, al ver todo esto, cayó rápidamente de rodillas y empezó a llorar: "Oh, San Pedro, he sido comunista toda mi vida. No he estado en una iglesia en todos estos años, ¡seguro que no merezco entrar en el cielo!".

San Pedro sonrió y dijo: "Hermano, todos los hombres son iguales a los ojos de Dios. Él es grande e indulgente. Sólo hay que hechizar a Dios".

El comunista respiró hondo y dijo rápidamente: "G-o-d". Nada más terminar, las trompetas volvieron a sonar y el gran coro de ángeles a cantar. Las Puertas Perladas se abrieron y el comunista entró feliz en el cielo.

El negro bautista del sur se tiró inmediatamente al suelo, empezó a llorar y a golpearse el pecho: "¡Oh, San Pedro, no es bueno! He sido un hombre malvado, bebiendo y andando con mujeres sueltas. Pero he ido a la iglesia todos los domingos y leo el buen libro".

San Pedro miró al negro y sonrió: "Muy bien, hermano, Dios es grande y perdonador. Para entrar por estas puertas sólo tienes que deletrear Engelbert Humperdinck".

Segundo:

Un monje de un monasterio católico escribió a su madre: "En las mañanas frías a menudo echo de menos la vieja olla debajo de la cama".

Ella le contestó: "¡En las mañanas frías también se suele echar de menos en casa!".

Tercero, y último:

La hermana Mary llevaba té a la Madre Superiora. Cuando llegó a la habitación de la Madre Superiora, golpeó la bandeja y derramó el té.

"¡Oh, mierda!" Dijo la hermana Mary. "He derramado el té... oh joder, he dicho mierda... oh Cristo, he dicho joder... oh joder, he dicho Cristo".

Ya es el mejor

La primera pregunta:

Pregunta 1:

MAESTRO,

ME SIENTO IMPOTENTE. YA NO SE QUE PUEDO HACER. ES COMO SI TODO LO QUE HAGO NO CAMBIARA ESTO, SOLO EMPEORA LAS COSAS. PERO TAMPOCO HACER NADA MEJORA LAS COSAS. DICES QUE EL VACIO ES DICHA.

A MI ME PARECE SOSO Y ABURRIDO; ES COMO ESTAR MUERTO. CUANDO NO HAY NADA NO PUEDO VER NADA DE BELLEZA EN ELLO. ESTOY HARTO, QUIERO SALIR.

POR FAVOR CONTESTAME, PERO POR FAVOR NO ME CONTESTES ASI: QUE TOMAR SANNYAS CAMBIARIA TODO Y HARIA TODO HERMOSO. GRACIAS.

Alexander,

LO PRIMERO es comprender que la vida sigue siendo la misma hagas lo que hagas. Ya es perfecta; no se puede mejorar. La idea misma de mejorarla es egoísta; es la causa de nuestra miseria. Es como es, no hay necesidad de mejorarla. Disfrútalo. No pierdas el tiempo en mejorarlo. Si intentas mejorarlo te sentirás impotente, obviamente, porque fracasarás una y otra vez, te quedarás corto. Y tu deseo nunca podrá cumplirse, no está en la naturaleza misma de las cosas.

AIS DHAMMO SANANTANO, Gautam el Buda ha dicho: Así son las cosas. Cuando la gente le preguntaba: "¿Cómo podemos mejorar las cosas?", él siempre decía: "AIS DHAMMO SANANTANO". No hay necesidad de mejorar, no hay forma de mejorar.

Y en este Isa Upanishad hemos encontrado esta verdad una y otra vez: AUM. Eso es perfecto, eso es todo. Esto es perfecto, esto es completo. El todo viene del todo, lo perfecto viene de lo perfecto. ¿Cómo puede ser imperfecto? El todo viene del todo, pero el todo permanece detrás. Todo es como debe ser.

A menos que esto se comprenda... Buda lo llama TATHATA, talidad. La rosa es rosa, la caléndula es caléndula. El esfuerzo por hacer de una caléndula una rosa está condenado al fracaso. Entonces hay impotencia, miseria, fracaso. El ego se siente herido.

Esto es lo primero: una aceptación profunda y total de las cosas tal y como son. Entonces la vida entra en una dimensión diferente -la dimensión de la alegría, de la celebración- porque entonces toda la energía está disponible para bailar, cantar, ser.

Ahora toda la energía se dedica a mejorar, a cambiar, a hacer las cosas mejor.

Tú dices: ME SIENTO IMPOTENTE.

Tú mismo estás provocando esta impotencia.

Tú dices: YA NO SÉ QUÉ PUEDO HACER.

Ya has hecho bastante; por eso te sientes impotente. Deja de hacer. Y cuando digo dejar de hacer no significa no hacer nada. Esa es la segunda cosa que hay que entender: cuando digo "deja de hacer", no me malinterpretes, no estoy diciendo "no hagas nada". "Dejar de hacer" significa simplemente dejar de empujar el río, fluir con el río. Ya se dirige hacia el océano. Te llevará a tu destino, sea cual sea, XYZ, es impredecible. Nadie sabe dónde entrará el río en el océano, cuándo ni dónde, y es bueno que nadie lo sepa. Es bueno porque la vida sigue siendo un misterio, una sorpresa constante. Uno se maravilla a cada paso; le rodea un gran asombro.

Pero el malentendido siempre es posible. Que yo diga: "No intentes mejorar, no hacer nada es lo mejor", no significa que te vuelvas inactivo. Simplemente significa que no haces ningún esfuerzo por mejorar las cosas, te relajas. Seguirás haciendo cosas, pero ahora no habrá esfuerzo en tu hacer, no habrá hacedor en tu hacer; simplemente estarán sucediendo.

Cuando sientas hambre, comerás; eso no es hacer. Cuando no tienes hambre y te obligas a comer, eso es hacer. Forzar es hacer. Cuando tienes sueño, duermes; eso no es hacer. Pero cuando no tienes sueño y te obligas a dormir, eso es hacer. Cuando te sientes profundamente dormido, intentar despertarte es hacer. Cuando el sueño termina por sí mismo y tus ojos se abren, eso no es hacer.

Come cuando tengas hambre, bebe cuando tengas sed, duerme cuando tengas sueño. Déjate llevar. No intentes luchar, no conviertas la vida en un conflicto. Disfrútala. Y entonces cada momento es precioso y nunca te sentirás impotente y nunca sentirás que nada mejora, porque no esperas que mejore.

Ya es el mejor mundo que puede haber, la existencia más perfecta que jamás pueda existir. Pero tu ego quiere mejorar las cosas. ¿Crees que sabes más que la existencia misma? No eres más que una pequeña parte de ella, no eres más que una pequeña onda en el océano infinito, ¿y quieres mejorar el océano?

¡Eso es ser tonto! ¡Relájate! ¡Baila al sol mientras estás! ¡Canta una canción! Es hermoso ser y también es hermoso no ser. Cuando la ola se levanta, bien. Por un momento disfruta del cielo, del aire, del viento, del sol, de la lluvia. Y cuando la ola desaparezca, bien; sumérgete en un profundo descanso.

Nada nace ni muere. Las cosas sólo se mueven entre la manifestación y la inmanifestación. Se hacen visibles, se hacen invisibles. Volverse invisible es un lugar de descanso. Así como después de cada día necesitas un sueño profundo por la noche para rejuvenecerte, para volverte joven y fresco, de la misma manera después de cada vida necesitas la muerte. La muerte es un sueño más profundo y nada más. Después de cada vida tu cuerpo está tan cansado, que necesitas un nuevo cuerpo, una nueva manifestación La vieja ola desaparece, pero el agua de esa ola permanece en el océano; volverá de nuevo en una nueva ola.

Lo viejo se convierte continuamente en nuevo - permítelo. Simplemente permite la vida y déjate llevar por ella con profunda confianza.

Esto es lo que yo llamo religiosidad, esta confianza. No es una creencia. La creencia siempre está en los dogmas, los credos, las teorías, las filosofías, las ideologías. Esto no es creer, es simplemente confiar en la existencia. Venimos de ella, es nuestra fuente. No somos de fuera, somos de dentro. Y volveremos a la fuente: es nuestra fuente. Salir de ella es bueno, volver a ella es bueno. Todo es bueno. Sentirlo trae alegría: todo es bueno. Ese es el significado de confiar en Dios: que todo es bueno.

Te estás metiendo en problemas innecesariamente; estás intentando algo absurdo. Estás intentando tirar de ti mismo con tus propios cordones. Te sentirás impotente: no puedes hacerlo. Eres como un perro persiguiéndose la cola; no es posible. Cuanto más rápido salte el perro, más rápido se alejará la cola. El perro se volverá loco.

Se dice que si quieres que un filósofo permanezca ocupado, dale un trozo de papel y en ambos lados escribe P.T.O., así mirará a este lado y luego le dará la vuelta, y entonces P.T.O. de nuevo está ahí, así que le dará la vuelta... y se volverá loco... ¡pero permanecerá ocupado!

Estás siendo demasiado filosófico. Usted me pregunta:
DICES QUE EL VACÍO ES DICHA...

Yo no digo - ¡es así! AIS DHAMMO SANANTANO. Y lo que estás diciendo, lo estás diciendo. No estoy diciendo: "El vacío es dicha". ¿Qué puedo hacer? Es así. Es mi experiencia, y lo que tú estás diciendo es simplemente una afirmación sin ninguna experiencia. No has experimentado la vacuidad, pero mira qué gran problema has creado a partir de algo que no has experimentado.

Usted dice: A MÍ ME PARECE SOSO Y ABURRIDO.

¡Como si lo hubieras experimentado! Piensa de nuevo en el asunto. ¿Has experimentado alguna vez el vacío?

Y en el vacío, ¿cómo puede haber aburrimiento? Si hay aburrimiento no está vacío, ¡está lleno de aburrimiento! Si hay aburrimiento no está vacío; la mente está allí sintiéndose aburrida. El vacío no puede ser aburrido, no puede ser soso. El vacío está simplemente vacío de todo. No puedes decir nada sobre ello. Pero no lo has experimentado, sólo has pensado en ello.

Sí, si piensas en el vacío, te parecerá aburrido, apagado y muerto. Pero las personas que lo han experimentado -Buda, Jesús, Zaratustra, Lao Tzu, Chuang Tzu, Mahavira, Bodhidharma, Bahauddin, Nanak, Kabir- ni una sola ha dicho que sea aburrido. Usted es realmente una excepción. Si lo has experimentado entonces estás negando a toda la gente despierta - pero no lo has experimentado en absoluto. Puedo decirlo porque sé lo que es el vacío.

Cuando digo que el vacío es dicha no estoy diciendo que el vacío esté lleno de dicha, no me malinterpretes. "La vacuidad es dicha" es simplemente hacerte consciente de su sinonimia. Puedes llamarlo vacío o puedes llamarlo dicha; ambas palabras son sinónimas. El vacío es dicha porque no hay nada que pueda aburrirte, que pueda hacerte sentir aburrido, que pueda crearte ansiedad, que pueda darte miedo, que pueda crearte angustia. No hay nada en absoluto. Porque no hay nada, toda la mente se ha ido, ese estado se llama dicha. Uno puede llamarlo vacío, uno puede llamarlo dicha; son sólo dos expresiones para el mismo fenómeno.

Y, Alejandro, no seas cobarde. Tienes un gran nombre, Alejandro, ¡no seas cobarde!

Pero el propio Alejandro era un cobarde en este sentido. Diógenes, uno de los más grandes místicos de su época, le dijo: "Detén este insensato esfuerzo por conquistar el mundo. Mírame a mí. Sin conquistar el mundo he conquistado!"

Y Alejandro miró a Diógenes y sintió la belleza del hombre, la gracia del hombre. Estaba tumbado desnudo en la orilla de un pequeño río, tomando el sol por la mañana. El lugar estaba en absoluto silencio, y Diógenes tenía un aspecto tan hermoso que Alejandro sintió celos por primera vez en su vida. Alejandro lo tenía todo, casi había conquistado el mundo entero. Sólo le quedaba la India, así que se dirigía hacia ella y estaba seguro de que también la conquistaría. Pero sintió celos de Diógenes, un faquir desnudo sin nada, ni siquiera un cuenco para mendigar. Buda, al menos, solía llevar un cuenco para mendigar, pero Diógenes también tiró el cuenco para mendigar porque un día vio a un perro bebiendo agua del río, e inmediatamente tiró el cuenco para mendigar al río, diciéndole al perro: "¡Maestro, me has dado una gran lección! Si tú puedes arreglártelas sin una escudilla para mendigar, ¿por qué yo no?".

No tenía nada y, sin embargo, tenía algo que le faltaba a Alejandro. Alejandro dijo inmediatamente: "Si la próxima vez Dios me pide que vuelva al mundo, me gustaría ser Diógenes y no Alejandro". Pero, ojo, dijo "la próxima vez", posponiéndolo para la otra vida.

Alejandro se rió porque había dicho algo grande. Pensó que Diógenes lo apreciaría, pero Diógenes le dijo: "¡No seas tonto! ¡No intentes engañarme! ¿Qué quieres decir con 'la próxima vez'? Si tanto te interesa ser Diógenes, ¿por qué no ahora? ¡Ahora o nunca! ¿Y quién te lo impide?

Dios no te lo impide. Esta orilla es lo suficientemente grande para los dos. ¡Tira la ropa al río, túmbate, toma el sol! Y ni siquiera tienes que preocuparte por la comida, porque yo voy a mendigar, y traeré suficiente para ti también. Tú simplemente descansa aquí, olvídate de todo el mundo. Sé Diógenes ahora mismo".

Alexander dijo: "Es difícil. Ahora mismo no puedo hacerlo, pero algún día llegaré. Primero tengo que terminar mi conquista - ¡Tengo que conquistar el mundo entero!"

Y Diógenes dijo: "Tengo que decir dos cosas. Una: recuerda, si has conquistado el mundo entero, ¿qué harás?" Y Alejandro sólo tenía treinta y dos años en ese momento. "¿Qué harás cuando hayas conquistado el mundo entero? ¿Lo sabes? No hay otro mundo. Estarás perdido. Al menos ahora estás ocupado, ocupado, sin asuntos, pero si conquistas el mundo entero entonces surgirá el verdadero problema: ¿qué hacer después? - porque no hay otro mundo".

Y se dice que Alejandro se sintió triste incluso al escuchar la idea de que no existe otro mundo. Estaba conmocionado. Inmediatamente sintió que una gran tristeza descendía sobre él y dijo: "No me hables de cosas tan tristes. Primero déjame conquistar esto y luego ya veré. Y vendré a verte cuando haya conquistado el mundo entero".

Diógenes dijo: "Nadie vuelve, tú no podrás volver. No estés tan seguro del futuro. Uno sólo puede estar seguro de este momento".

Y en realidad sucedió así: Alejandro murió en el camino; nunca llegó de vuelta a casa. Sólo tenía treinta y tres años cuando murió, y realmente murió por la misma razón que Diógenes le ha señalado. En el momento en que conquistó la India se deprimió mucho, tanto que se hizo alcohólico; empezó a beber demasiado. ¿Qué hacer ahora? Murió por beber demasiado, murió como un alcohólico.

Se suicidó. Por lo demás estaba perfectamente sano, pero bebía continuamente día y noche.

Tu nombre es Alexander - ¡sé un poco consciente! No vuelvas a hacer la misma tontería. Has venido la próxima vez, ¡y todavía no quieres hacerte sannyasin! Y yo no soy nadie más que Diógenes para pedírtelo: Da el salto, ¡conviértete en un sannyasin! Nada cambiará, pero todo se volverá hermoso. Gracias.

Buda insiste en llamarlo vacío, shunyata, y los Upanishads hacen hincapié en llamarlo dicha - y están hablando del mismo fenómeno. La insistencia de Buda es mucho mejor porque es más aplicable a ti. Estás destinado a malinterpretar el Upanishad porque la forma de hablar del Upanishad es positiva. Dice que es dicha, y en ti ciertamente crea codicia; empiezas a buscar la dicha. Eres miserable y quieres la dicha, deseas la dicha; empiezas a hacer todo lo posible por mejorar las cosas para poder ser dichoso. Te extravías a causa de la palabra "dicha" y su positividad.

Buda se dio cuenta de este fenómeno. Veinticinco siglos habían pasado entre Buda e Isa Upanishad. Isa Upanishad tiene toda la razón -es dicha-, pero decírtelo a ti no es correcto porque estás destinado a malinterpretarlo. De ahí que Buda cambiara toda la expresión; dijo que es la vacuidad.

Llamarla vacuidad tiene una importancia tremenda porque nadie quiere la vacuidad: Alexander no quiere la vacuidad. No crea codicia en ti. ¿Quién codiciaría el vacío? Su propia negatividad destruye la codicia, el deseo, la ambición y el ego.

Y una y otra vez le preguntaron a Buda: "¿Qué sucede cuando uno se vuelve vacío?" Y él permanecerá en silencio. Él dirá: "No me preguntes. Vuélvete vacío y VE lo que sucede". Nunca dirá: "Sucede la dicha", por la sencilla razón de que saltarás inmediatamente sobre la idea de la dicha.

Y para ti la dicha sólo significará placer, a lo sumo felicidad -algo de la mente, algo del cuerpo-, pero no será exactamente lo que es la dicha.

No es ni del cuerpo ni de la mente. Es una trascendencia -una trascendencia de todo lo que conoces, de todo lo que has experimentado, de todo lo que eres. Es mejor llamarlo vacío; te corta de raíz.

Pero han pasado veinticinco siglos desde que Buda volvió, y la gente es tan estúpida que lo malinterpreta todo. Malinterpretaron el Isa Upanishad que habla de la dicha. Buda intentó irse al otro extremo, empezó a llamar al estado último vacío, shunyata, sólo cero, puro cero y nada. Funciono por un tiempo, mientras el estaba vivo. Siempre funciona cuando el Maestro está vivo: funciona. Cualquier método se vuelve mágico cuando el Maestro está vivo, cualquier palabra se vuelve significativa cuando el Maestro está vivo. Es el carisma, es la presencia del Maestro lo que hace que las cosas funcionen. Es su magia.

Una vez que Buda se fue, la misma gente que ha usado mal la palabra "dicha" empezó a usar mal la palabra "vacuidad". Gente como Alexander, empezaron a pensar que la vacuidad es aburrida, que la vacuidad es aburrida, que la vacuidad no es más que muerte. ¿Qué sentido tiene alcanzar la vacuidad? Sin saber nada sobre la vacuidad, empiezan a condenarla.

El budismo fue desarraigado de la India por la sencilla razón de que Buda ha utilizado términos totalmente negativos, y la India se ha acostumbrado a la terminología positiva, afirmativa. Buda parecía muy extraño, no pertenecía a la tradición, era antagónico a la tradición. Intentaba ayudar.

Ahora intento hacer las dos cosas a la vez. Digo que la dicha es el vacío: otro esfuerzo.

Los Upanishads dicen que es la dicha, Buda dice que es la nada. Tú has escapado de ambos; yo estoy tratando de agarrarte por ambos lados. Yo digo que el vacío es dicha, la dicha es vacío.

Dices cosas que no has experimentado en absoluto. Usted dice: CUANDO NO HAY NADA NO PUEDO VER NINGUNA BELLEZA EN ELLO.

Cuando no haya nada, ¿crees que estarás allí? Cuando no haya nada, no estarás allí.

Habrá algo que no podrá llamarse "yo", que no podrá identificarse con el ego. Entonces, ¿quién estará ahí para ver la belleza? No habrá belleza y no habrá el vidente, sólo habrá silencio: no yo, no tú, no sujeto, no objeto - no dualidad... una pura unidad, un silencio absoluto.

Pero te pillaron, te pillaron con tus propias palabras. USTED DICE: ESTOY HARTO.

Como si vivieras en ella, estás harto de ella. Ni siquiera has probado una sola gota de la nada, del vacío, y estás harto de ello. ¡Qué astuta es la mente! ¡Qué astuta es la mente! Y cuán políticamente encuentra maneras de evitar ciertas cosas. ¡Cómo racionaliza!

Justo un mes antes un amigo, Ajai Krishn Lakhanpal, me había pedido - me había escrito una carta - "Maestro, estoy dispuesto a tomar sannyas hoy. Si me das sannyas hoy estoy dispuesto, estoy listo para entregarme. Pero mi propia elección será", dijo, "que me gustaría tomar sannyas después de un mes, el 25 de octubre, porque es mi cumpleaños."

Viendo su "pero"... porque no me gustan los "peros". Por lo demás, cuando alguien pide sannyas insisto AHORA. ¿Qué se puede decir del mañana? No puedes estar seguro del mañana. El mañana puede llegar, puede no llegar. Incluso si llega, tu mente está cambiando constantemente. ¿Cómo puedes estar seguro del mañana?

Mañana tu mente puede darte otras ideas.

Al ver su "pero"... era la primera vez que se lo permitía, la primera persona a la que se lo he permitido, para variar, a ver qué pasa. Le dije: "Ok, 25 de octubre, arreglado. Tomas sannyas el 25 de octubre".

Ayer fue 25 de octubre. Le dije a Sheela que llamara a Ajai Krishn y le preguntara: "¿Qué ha pasado? Ha llegado el 25!" Ahora ha encontrado racionalizaciones. Estaba esperando; ese "pero" fue suficiente para mostrarme.

Ha encontrado racionalizaciones.

Ahora dice - escribió una carta de nuevo - "Sé que te había prometido tomar sannyas el 25..."

Y aquella vez había escrito: "Es por mi cumpleaños. Y en segundo lugar, me gustaría pedir permiso a mi madre. Sé que ella dirá que sí, así que no hay problema al respecto". Y ahora dice: "Mi madre ha dicho que sí, pero dice que no le hará mucha gracia. Dice: 'Sí, si quieres tomar sannyas puedes hacerlo, pero a mí no me hará mucha gracia'. Y no quiero herir sus sentimientos". Y además, uno de sus gurus, Kammu Baba, le había dicho pocos años antes -ya murió, ya no vive- que "Nunca hieras los sentimientos de tus padres". "... así que no puedo herir sus sentimientos."

La mente sigue buscando racionalizaciones. Nunca ve las cosas directamente; trata de evadirlas. Ahora bien, si Kammu Baba tiene razón, entonces Buda se equivocó. Hirió mucho los sentimientos de sus padres, de su mujer, de su hijo. Entonces Mahavira estaba equivocado, entonces Jesús estaba equivocado, entonces Nanak estaba equivocado. Entonces excepto Kammu Baba... y no sé si Kammu Baba se lo ha dicho a Ajai Krishn o se lo ha inventado, o ha pensado que lo había dicho. Entonces toda la tradición espiritual estará equivocada.

Jesús dice a sus discípulos: "Si no odiáis a vuestros padres no podéis seguirme". Y eso no es nada...

Una vez sucedió que un gran rey, Presenjit, vino a ver a Gautam Buda. Cuando estaba sentado frente a Buda, se acercó un hombre, tocó los pies de Buda -un hombre muy anciano, uno de sus discípulos, un sannyasin- y le dijo: "Ahora voy a emprender un largo viaje para difundir tu mensaje. Bendíceme".

Buda miró a Presenjit y le dijo: "Este hombre es la respuesta a tu pregunta".

Presenjit preguntaba: "Me gustaría convertirme en sannyasin, pero mi anciana madre puede sentirse herida: es demasiado mayor".

Buda dijo: "Mira a este hombre. Ha matado a su padre y a su madre".

Presenjit estaba muy perturbado: ¿Asesinado? ¿Padre y madre? ¡Y Buda está apreciando al hombre! Cuando el hombre se fue Presenjit dijo: "¡No lo entiendo! Has alabado a ese hombre y has dicho que ha matado a su padre y a su madre!".

Buda dijo: "Sí, psicológicamente. No realmente, no físicamente, pero en el fondo ha abandonado el aferramiento con el padre y la madre..."

¡Ajai Krishn tiene cuarenta y cinco años y todavía se aferra con el delantal de la madre! ¿Cuándo va a madurar? Ya es hora. Uno debe matar... no a la madre en el exterior, sino el aferramiento en su mundo interior.

A eso se refiere Jesús cuando dice: "Si no odias a tu padre y a tu madre...". No quiere decir que odies a tu padre y a tu madre: quiere decir que en el fondo tienes que desarraigar todo el condicionamiento, todo el aferramiento, todo el apego. Sólo entonces podrás madurar, centrarte, enraizarte. Sólo entonces podrás ser un individuo por derecho propio. Pero la mente sigue encontrando estrategias sutiles para evitar la realidad.

Ahora, Alexander, estás diciendo que: "ESTOY HARTO DE NADA, DE LA VACIEDAD. QUIERO SALIR DE ELLO".

Y te habrás creído lo que escribes. No tienes ni idea de la nada y estás harto de ella, ¡y quieres salir de ella! Lo que hay que hacer es entrar en ella.

Y me preguntas: POR FAVOR CONTESTAME, PERO POR FAVOR NO ME CONTESTES ASI, QUE TOMAR SANNYAS CAMBIARIA TODO Y HARIA TODO HERMOSO.

No, tomar sannyas no cambiará nada, pero sin duda hará que todo sea hermoso. El mundo sigue siendo el mismo, sólo cambia la visión, la actitud, el enfoque.

La segunda pregunta:

Pregunta 2:

MAESTRO,

EL PAPA JUAN PABLO HA AFIRMADO RECIENTEMENTE QUE SI UN HOMBRE MIRABA CON LUJURIA INCLUSO A LA MUJER QUE ES SU ESPOSA, TAMBIÉN PODÍA COMETER ADULTERIO EN SU CORAZÓN.

¿QUÉ DICE AL RESPECTO?

Gayatri,

¿QUÉ SE PUEDE DECIR al respecto? Un polaco es un polaco y es un polaco. Con Papa o sin Papa, un polaco sigue siendo un polaco. Ahora bien, esto es el colmo de la estupidez, no se puede superar: ¡incluso mirar a tu propia mujer con deseo es adulterio! Entonces, ¿para qué casarse? ¿Sólo para cometer adulterio?

En cierto modo, ha simplificado algo muy difícil. Uno de los periódicos de Milán parece mucho más sabio. El periódico escribe: "La vida es dura para el adúltero - una ronda interminable de encubrimientos, trucos, malabarismos con el calendario diario y la necesidad de comprar regalos inútiles y caros para dos mujeres a la vez. Ahora el Papa ha eliminado todos estos votos, ¡porque puedes tener infidelidad en tu propia casa!". Esto parece mucho más inteligente. Es realmente hermoso y jugoso tener adulterio con tu propia mujer. ¡Una gran idea!

Pero estas personas reprimidas están obligadas a hacer esas cosas.

He llegado a saber que durante todo el año, todo el año pasado, en todos sus sermones semanales ha estado hablando de sexo - durante todo el año condenando, condenando... ¿Por qué debería estar tan preocupado por el sexo, condenando continuamente durante un año? Debe haber algo dentro de él, alguna herida que no ha sanado.

En casa del consejero matrimonial, el marido acusó a su mujer de ser frígida.

"¡Eso no es cierto!", dijo ella. "No desapruebo las relaciones sexuales". Luego, volviéndose de su marido al consejero, continuó: "¡Pero este adicto al sexo lo espera todos los meses!".

¡La mujer debía ser católica! Los católicos han hecho uno de los mayores daños a la humanidad. El cristianismo ha sido una de las religiones más represivas; lo que ha sucedido a partir de esta represión es justo lo contrario de ella. Tenía que ocurrir, era inevitable. El péndulo se ha movido hacia el otro extremo en Occidente, y la responsabilidad recae total y exclusivamente sobre los hombros de la Iglesia. La gente se ha vuelto indulgente, se ha obsesionado demasiado con el sexo.

Durante dos mil años, el cristianismo, en particular la Iglesia católica, ha reprimido, condenado. Pero ha llegado un momento en que el volcán ha entrado en erupción. Lo que se ve ahora en Occidente es pura indulgencia, feo.

El sexo es bello, pero puede volverse feo de dos maneras: o te vuelves represivo, y se vuelve feo; o te vuelves indulgente, y se vuelve feo. El sexo es bello si se acepta con naturalidad, como parte de la vida. no hay por qué condenarlo, tampoco hay por qué alabarlo.

¿Cuándo va a aceptar la humanidad las cosas con facilidad, de forma relajada?

Pero estas personas no han aprendido ninguna lección, y siguen interpretando las escrituras según su propia agitación interior.

Lo que el Papa polaco estaba haciendo era simplemente hacer un comentario sobre una de las declaraciones de Jesús. La declaración es totalmente diferente, pero sólo un malabarismo de palabras, sólo un pequeño cambio, y todo el asunto ha salido mal.

Esta es la declaración original de Jesús. Jesús dice: "Habéis oído que se dijo: 'No cometerás adulterio'. Pero yo os digo que todo el que mira a una mujer con lujuria ya ha cometido adulterio con ella en su corazón."

Ahora la mujer es una cosa y esposa es totalmente otra. El polaco ha leído "esposa" en vez de "mujer" - ¡tu propia esposa! Y por supuesto puede jugar con las palabras. Puede decir: "Por supuesto que tu esposa también es una mujer". Cierto, pero ¿cuál es el significado de que sea tu esposa? ¿por qué uno se casa? Para vivir una vida sexual natural y sin problemas. Pero cambiar la palabra "mujer" por "esposa" es realmente feo; va en contra de Jesús, no es fiel a su mensaje. Pero no se puede esperar nada mejor de los polacos.

¿Cómo se reconoce a un polaco en una zapatería concurrida?

Es él quien intenta poner las cajas de zapatos.

Ahora bien, tratar de convertir a la mujer en esposa es exactamente lo mismo: ¡tratar de ponerse las cajas de zapatos en lugar de los zapatos!

Dos polacos conducen un camión de tres metros de altura. Pasan por delante de una señal que indica un túnel de dos metros de altura. "Ignora la señal, Sol. Sé que a estas horas la policía no va a estar allí".

Wykowsky, el limpiacristales, fue llamado por un propietario para que le diera un presupuesto. "¿Cuánto por limpiar las ventanas de la planta baja?".

Wykowsky sacó un bloc, garabateó un minuto y contestó: "Dos dólares por ventana".

"¿En el segundo piso?", preguntó el propietario.

De nuevo Wykowsky escribió en el bloc y contestó: "Un dólar con cincuenta centavos por ventana".

"¿Y el sótano?"

"Cinco dólares por ventana", dijo Wykowsky.

"¡Un momento!", dijo el dueño de la casa. "¿Cómo es que dos dólares por las ventanas del primer piso, un dólar y medio por las del segundo, y quieres cinco dólares por cada una de las del sótano?".

"Señor", dijo el polaco, "¿no se da cuenta del tamaño del agujero que tengo que cavar para meter la escalera?".

En una boda polaca:

La ceremonia había tenido lugar en el salón de baile del hotel de la ciudad. El recién casado bajó de la suite nupcial y le dijo a un amigo: "¡Mi mejor amigo está arriba en la cama con mi mujer!".

"¿Qué... qué vas a hacer al respecto?", preguntó su compañero.

"Nada", respondió el polaco. "Está tan borracho que cree que soy yo".

El polaco estaba de luna de miel, pero era demasiado inexperto para saber la diferencia entre el amor y la ninfomanía, porque acababa de escaparse de un monasterio católico.

La primera mañana después de la boda se levantó, se acercó a la ventana del hotel y levantó la persiana. El día era oscuro y sombrío y llovía a cántaros. Asqueado, bajó la persiana y volvió a meterse en la cama.

A la mañana siguiente, el joven se levantó de nuevo y levantó la persiana. Seguía lloviendo. Volvió a bajarla y se metió en la cama.

A la tercera mañana salió tambaleándose de la cama, se tambaleó para levantar la persiana y subió con ella.

Todo lo que puedo decir: que no se puede esperar nada mejor del Papa - ¡es un polaco puro! Lo que ha dicho es absolutamente absurdo: ¿adulterio mental con la propia esposa? Pero en cierto modo se trata de una de las ideas más antiguas de la Iglesia católica. El placer sexual es sospechoso. De hecho, TODO placer es sospechoso. Estos supuestos religiosos tienen miedo del placer, están en contra de todo placer. Quieren que tu vida se vuelva tan completamente deprimida, sombría y triste que te veas obligado a empezar a buscar otra vida, una vida más allá de la muerte. Todo su esfuerzo es destruir tu vida herenow tan totalmente que el único refugio que te quede sea la vida después de la muerte. Entonces estarás a disposición de los sacerdotes para que te exploten.

Si eres feliz, si disfrutas de la vida, si vives cada momento con placer, con una danza en el corazón y una canción en los labios, si tu vida es una pura fiesta, no te preocuparás mucho por las iglesias y los templos. Si tu vida es una ceremonia, ¿a quién le importa la vida del más allá? En este mismo momento, si estás viviendo totalmente, toda preocupación por el futuro desaparece.

Y estas iglesias, estos sacerdotes, todos dependen de tu deseo de una vida futura. toda su estrategia es destruir tu placer aquí para que te intereses en el placer de la vida celestial. ¿Y lo ves? - lo que niegan aquí lo suplen allá.

Aquí dicen que amar a una mujer es pecado. ¿Y en el cielo? - te proporcionarán mujeres hermosas. En algunas religiones incluso te proporcionarán chicos guapos, ¡así que los homosexuales no deben preocuparse! Aquí condenan el vino y allí corren ríos de vino, en el paraíso. Aquí insisten en la prohibición y allí todo lo que se niega y se prohíbe estará disponible mil veces.

Los hindúes dicen que todos los placeres están mal, pero en el cielo estarás sentado bajo árboles que cumplen deseos

-KALPAVRISHKAS- y todo lo que desees se cumplirá inmediatamente, al instante, sin que haya ni un solo instante de distancia entre el deseo y su cumplimiento. Naturalmente, aquí tienen que destruir todas las posibilidades para que te concentres en el futuro. Y entonces pueden explotarte, porque tienen las llaves del futuro.

Si sólo eres católico, puedes salvarte; o si sólo eres mahometano, puedes salvarte; o si sólo eres hindú, puedes salvarte. La estrategia es la misma, el truco es el mismo. Todos los sacerdotes han estado utilizando el mismo secreto comercial: destruir el placer en la vida de la gente, hacerlos tan miserables como sea posible - una vez que son miserables están obligados a caer a sus pies y pedir su consejo y orientación.

No hay nada malo en el placer. Incluso en el placer físico no hay nada malo; es un don de Dios. Si Dios estuviera en contra del cuerpo no te daría el cuerpo en primer lugar; si estuviera en contra del sexo no te daría la energía sexual, el deseo sexual y el anhelo. Si todas estas cosas te son dadas por naturaleza, son naturales. Sí, una cosa es cierta: no permanezcas aferrado al placer físico sólo porque hay posibilidades más elevadas. mayor potencial en ti.

Por eso digo que el placer físico es hermoso en su propio lugar, pero no es el fin de la vida. Puedes tener placeres psicológicos; los placeres psicológicos se llaman felicidad. Escuchar música hermosa -Beethoven, Mozart o Ravi Shankar-, escuchar poesía grandiosa -Kalidas, Balbhuti, Shakespeare, Milton-, escuchar la naturaleza -los pájaros, el viento que pasa entre los árboles, la danza de los árboles al sol-, o contemplar hermosas pinturas, grandes esculturas, arquitectura... son placeres de la mente.

Los placeres físicos son dos: la comida y el sexo. No hay nada malo en ellos, así que no los reprimas, porque la represión traerá indulgencia. Acéptalos de forma sencilla e inocente, y luego sigue adelante. Ese no es el final, es sólo el principio del viaje.

E incluso los placeres de la mente no son el fin; luego están las alegrías del espíritu. Meditación, silencio, oración, éstas son las alegrías de la meditación, alegrías del alma. Y aún queda lo último, el turiya, lo cuarto: incluso ir más allá del yo. Eso es lo que Buda llama alcanzar el cero, la nada: simplemente ser, sin ninguna idea del "yo". Eso es inexpresable; se llama dicha.

Estos son los cuatro planos: placer, felicidad, alegría. dicha. Y cuanto más alto vas, más rico te vuelves.

Pero recuerda que lo superior contiene a lo inferior. Lo último, lo cuarto, es cuarto sólo porque contiene a los tres. No está en contra de los tres: esos tres son sus cimientos, peldaños de la escalera. Lo superior contiene a lo inferior; lo inferior no contiene a lo superior. Una vez comprendido esto, entonces lo inferior es bueno hasta donde llega, aunque no llega lo suficientemente lejos.

Así que llega hasta donde puedas, pero no te detengas ahí. Todavía hay más en la vida. Explora. Muévete del cuerpo a la mente, de la mente al yo, y del yo al no-yo, anatta, la nada. Sólo entonces conocerás el desarrollo último de tu ser. Eso es la dicha, el loto de mil pétalos floreciendo.

Y por último: lo que ha dicho el Papa polaco es machista. Habla de que los hombres desean a las mujeres, pero no a la inversa. A las mujeres no se las tiene en cuenta en absoluto, no merecen consideración.

Nadie se preocupa por ellas. Habla de los hombres, de que el hombre no debe codiciar a la mujer, pero no de las mujeres. ¿Qué pasa con las mujeres? No hay nada que decir. No se las considera seres humanos; son mercancías, muy inferiores. No tienen futuro, no pertenecen al mundo espiritual.

Durante siglos ha prevalecido esta actitud machista. En la India, los llamados santos siguen diciendo que la mujer es la puerta del infierno, pero no dicen lo mismo de los hombres. Siguen condenando a las mujeres, pero nunca dicen nada de los hombres.

Si la mujer encapricha al hombre, entonces el hombre encapricha a la mujer.

Pero ni siquiera vuestros santos son verdaderos sabios: ¡son cerdos machistas! Por lo demás, el hombre y la mujer son dos aspectos de la misma humanidad; requieren el mismo respeto. Pero todo el pasado ha sido condenatorio con respecto a las mujeres. Sólo demuestra una cosa, nada más: que vuestros santos tenían en el fondo miedo a las mujeres, de ahí que crearan todo tipo de barreras a su alrededor, que "la mujer es la puerta del infierno". Intentaban convencerse de que la mujer sólo consiste en huesos y sangre y pus y mucosidad. ¿Y en qué consisten? - ¿oro, plata, diamantes?

¡Es muy extraño! Ni un solo santo dice en qué consiste - y viene de la mujer.

Viene del vientre de la mujer, trae toda la sangre y el hueso y el pus y el moco de la mujer, y condena a la mujer. Realmente tiene miedo, miedo de su propia sexualidad; miedo porque le han dicho que el sexo es pecado. Y, por supuesto, para él la mujer simboliza el sexo.

Nadie se preocupa por la mujer, ni por su situación. De hecho, las mujeres son muy poco agresivas en lo que a sexualidad se refiere. NINGUNA mujer puede violar a un hombre, sólo un hombre puede violar a una mujer. La sexualidad del hombre es agresiva, la de la mujer es receptiva. La mujer puede vivir sin sexo mucho más fácilmente que el hombre, de ahí que las monjas sean mucho más verdaderas que los monjes - los monjes son unos hipócritas. Pero la pobre mujer es condenada continuamente.

Me gustaría cambiar toda esta fea tradición. Sólo se respetará a la mujer cuando también se respete el sexo, recuérdalo. La mujer sólo será aceptada cuando el sexo también sea aceptado como algo natural.

Estos papas, estos shankaracharyas, estos IMAMS, estos supuestos santos han creado una situación muy fea. Hay que destruirla por completo y empezar de nuevo en la que el hombre y la mujer ya no estén separados, ya no se piense por separado, en la que el hombre y la mujer sean considerados por igual porque son dos aspectos del mismo sexo, dos caras de la misma moneda.

La tercera pregunta:

Pregunta 3:

MAESTRO,

¿ESTÁ LOCO ESTE MUNDO?

Siddhartha,

PARECE QUE SÍ. Al menos hasta ahora ha sido una locura. El hombre no nace loco, sino que es conducido a la locura por los sacerdotes, por los políticos, por los padres, por todo tu sistema educativo, por tu moralidad, por todo lo que se te impone, por todos los condicionamientos. Te conducen a la locura.

El hombre no tiene por qué estar loco, pero aún no ha sido posible aceptar al hombre en su naturalidad. Creamos una estructura a su alrededor, lo podamos, seguimos y seguimos dándole cierta forma y patrón, no le permitimos ser él mismo Y ese es todo mi esfuerzo aquí: aceptar a la humanidad con profundo respeto, amor, confianza, para que el hombre pueda recuperar su cordura. Y el problema es que el hombre es llevado a la locura por tus llamados bienquerientes.

Las personas que intentan ayudarte son las que te están envenenando. Los funcionarios públicos, los misioneros, los llamados santos están haciendo grandes maldades. Son las personas más maliciosas del mundo - no intencionalmente, no conscientemente, pero ese es el resultado final de todo lo que han estado haciendo. han sido enloquecidos por otros santos y te están enloqueciendo a ti.

Y si no los seguís os sentís culpables; si los seguís os convertís en hipócritas. No te dejan otra alternativa, sólo dos alternativas: o estar loco como ellos o sentirte culpable. Y ambas alternativas son enfermizas.

Siddhartha, observa la vida a tu alrededor y descubrirás de todas las formas posibles que el hombre está loco.

Cuando el niño de siete años empezó a ir al colegio, su madre le sugirió en voz baja: "Hijo, pon una sonrisa en tu cara y pásatelo bien".

Pero cuando el muchacho volvió a casa tenía el ceño muy fruncido.

"¿Qué ha pasado?", le preguntó su madre. "Creía que ibas a sonreír y a pasártelo bien en el colegio".

"No funcionó, mamá", dijo. "Intenté seguir sonriendo, ¡pero la profesora pensaba que estaba tramando algo y siempre me miraba mal!".

Nadie quiere que seas feliz. Si eres feliz, todo el mundo sospechará de ti: "Estás tramando algo. ¿Por qué pareces tan feliz?". Si estás triste, te aceptan: formas parte de la multitud. Todo el mundo está triste y tú también lo estás; encaja. Pero si bailas y te alegras, estás loco. Entonces hay que llevarte a un hospital, hay que tratarte, darte descargas eléctricas o algo así, porque ¿cómo puedes ser feliz? ¿Cómo puedes ser tan dichoso? Cuando toda la humanidad está sufriendo, tú tienes que sufrir.

Y la multitud siempre ha estado en contra de la gente que era dichosa. Crucificaron a Jesús, envenenaron a Sócrates, asesinaron a Mansoor; y su único pecado era que intentaban ser dichosos, que no formaban parte de la multitud, de la triste y enferma sociedad. Intentaban ser individuos.

El consejero matrimonial estaba haciendo a una mujer algunas preguntas sobre su disposición. "¿Se ha levantado malhumorada esta mañana?".

"No", respondió ella. "Le dejé dormir".

Una conductora se saltó un semáforo en rojo y colisionó con otro coche. Saltó del coche y le espetó: "¿Por qué no miras por dónde vas? Es usted el tercer coche con el que choco esta mañana".

Cuando a un cliente le dijeron que ya no podía comprar su medicamento de patente favorito, reprendió airadamente al farmacéutico.

"Pero le digo que ahora se ha prohibido", insistió el farmacéutico. "Ahora se necesita receta médica porque crea hábito".

"¡No crea hábito!", gritó el cliente. "¡Sé que no lo es porque llevo veinte años tomándolo todos los días!".

Un cliente se quejaba a un consejero matrimonial de que la inmadurez de su mujer estaba haciendo que su matrimonio se fuera al garete. "Es tan inmadura", acusaba, "¡que cada vez que me baño viene y me hunde los botes!".

El anciano millonario salió de su exclusivo club abatido y desesperanzado, y subió lentamente a su limusina.

"¿Adónde, señor?", preguntó su chófer.

"Tírate por un barranco, James", fue la respuesta. "¡Me estoy suicidando!"

A un destacado sexólogo entrevistado en televisión le preguntaron: "¿Qué opina de la opinión de que la impotencia va en aumento?".

"¡Creo que la pregunta es contradictoria!", respondió.

Es un mundo de locos.

Ya anciano, Diógenes detuvo a un veterano y le preguntó: "¿Qué eras en la última guerra?".

"Oh, yo sólo era soldado raso", respondió el veterano.

Diógenes se balanceó como si estuviera a punto de caer. "¡Dioses!", jadeó. "¡Por fin!" Luego, tras recuperar el aliento, apagó la linterna y se fue a casa.

Piénsalo, es un poco difícil.

Y la última pregunta:

Pregunta 4:
MAESTRO,
¡SEGURO QUE ERES UN GRAN CÓMICO SENTADO!
¿QUÉ PASARÍA SI TE PUSIERAS DE PIE?
Vivek,